完美操作

大牛股的绝技

——做对涨停擒稳主升浪

陈铭○著

立信会计出版社
LIXIN ACCOUNTING PUBLISHING HOUSE

图书在版编目(CIP)数据

完美操作大牛股的绝技. 做对涨停擒稳主升浪/陈铭
著. —上海:立信会计出版社,2018.4
ISBN 978 - 7 - 5429 - 5744 - 3

Ⅰ.①完… Ⅱ.①陈… Ⅲ.①股票交易—基本知
识 Ⅳ.①F830.91

中国版本图书馆 CIP 数据核字(2018)第 049055 号

策划编辑 何颖颖
责任编辑 蔡伟莉
封面设计 南房间

完美操作大牛股的绝技——做对涨停擒稳主升浪

出版发行	立信会计出版社		
地 址	上海市中山西路 2230 号	邮政编码	200235
电 话	(021)64411389	传 真	(021)64411325
网 址	www. lixinaph. com	电子邮箱	lixinaph2019@126. com
网上书店	http://lixin. jd. com		http://lxkjcbs. tmall. com
经 销	各地新华书店		
印 刷	常熟市梅李印刷有限公司		
开 本	710 毫米×960 毫米	1/16	
印 张	15.25		
字 数	270 千字		
版 次	2018 年 4 月第 1 版		
印 次	2019 年 6 月第 2 次		
书 号	ISBN 978 - 7 - 5429 - 5744 - 3/F		
定 价	40.00 元		

每当我独自回顾自己这 30 年的股票投资经历时,都会生出不少感慨。作为新中国的第一代股民,我经历了从一个小散户到大户,又被邀请至投资公司、证券公司、证券咨询公司、私募基金工作;做过操盘手、投资部经理、基金经理、投资总监、常务副总经理,经历了新中国股票市场成立以来的所有历程。在残酷的、大浪淘沙般的证券市场中,有很多曾经听说过、看到过、交往过的市场上的英雄豪杰被市场和岁月淹没掉了。好在通过自己认真学习和钻研,我算是比较早地形成和完善了自己的一整套符合证券市场规律的理念、高效率和高成功率的实战操作模型以及轻松、正确买卖大牛股的方法,总算是在行业内和股友们面前站稳了脚跟,赢得了广泛的好评和尊敬。我之所以将自己独创的理论和高效率、高成功率的实战操作模型编写成本套书进行出版,并公开发表出来与大家分享,一方面是希望帮助更多有缘的朋友,在股市中实现财富增值的梦想,另一个方面则是要实现笔者很早就有的一个梦想,那就是将自己独创的操盘理论和指标操作体系,在全中国发扬光大,提高全民操作水平,进而共同赚取全世界资本市场的钱。真正实现国富民强、让中华民族以最快时间屹立于世界财富的巅峰,不再在世界各个资本市场上吃亏。让我们早日真正实现国泰民安、人民生活富裕!早日实现伟大复兴的中国梦!

本套书中的各种技术指标理论,有的并不是我创造出来的,大家可能在已经出版过的普及技术分析的书籍上看到过类似的描述。但请大家在阅读时一定注意,很多关键地方都已经加进了我的实战操盘心得经验的提升,这些"不同之处"和"特别之处",恰恰是大家所需要充分了解和掌握的有效规律和恰如其分的实战技巧。

这是一套结合各种常用的股市分析方法对股票走势进行全面立体的分析判断,从而轻松、快速、精准地选出大牛股的书籍。

这是一套系统介绍如何用高成功率和高精准度的公式模型在实战盘中轻松实现及时高抛低吸的书籍。

这是一套全书通篇没有空洞的说教,也没有低效率的分析,有的只是经过了无数次实战验证测试的科学的、高效率、高成功率的经验教训的总结;是一套告诉你

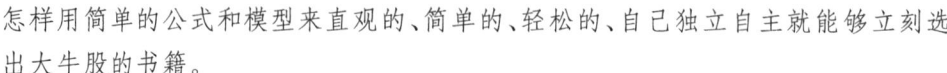

怎样用简单的公式和模型来直观的、简单的、轻松的、自己独立自主就能够立刻选出大牛股的书籍。

　　衷心希望有志于股市投资的你，把这些知识点融会贯通起来，以便于轻松及时选出大牛股、回避下跌风险，建立符合你自己脾气、性格、习惯、时间的买卖操作体系，让你今后对行情的判断胸有成竹，让你彻底远离恐惧、迷惘、沮丧、失落乃至绝望。现如今，中国已有实实在在的 1.6 亿股民，这个数字还会不断增加，然而真正懂股票，会做股票的并不多，"七亏二平一赚"是这个行业的铁律，而我所要做的就是让你通过钻研、感悟、相信、执行本套书中的内容，掌握好这一整套简单可靠的盈利模式。尽快具备良好的心态并树立起严格的纪律性，这神奇的股市会让你迅速积聚大多数人一生都不能拥有的财富，你的人生可能从此与众不同。努力让你自己也成为"一赚"里面的一分子！让你也拥有在股市中活得更长久、更滋润的安身立命之根本。

　　本套书资料翔实，语言通俗易懂，方法简便实用，没有任何股市基础知识的投资人，只要经过认真的短期学习，就可轻松掌握本套书介绍的股市操盘技巧。本套书既可作为新股民学习股市操作技巧的入门向导，又可帮助老股民和专业人士通过掌握已经被优化和提升了的分析手段来提高操盘水平，是一套不可多得的股票操作实用工具书。

　　为了帮助读者尽快掌握本套书所介绍的技巧，尽早将书中的技巧用于实战，已将书中和还未能在书中介绍的其他全部技术指标和技巧资料，制作形成了一套完整的视频资料、公式和模型。经过严格测试和长期实战验证，表明运用这一整套公式辅佐操盘，历年行情中的大牛股均被一网打尽，从而大大降低投资人选股的盲目性、失误率，提高资金使用效率，加快资金增值速度。有兴趣的读者，可直接跟我本人联系购买。

　　尽管本人写作本套书时力求和盘托出但碍于篇幅有限，难免有挂一漏万的现象存在。欢迎读者将意见与建议传到下列地址，以便作者在即将出版的本套书续作的写作中借鉴。不胜感激！读者如有疑难问题，也可传到下列地址，本书作者闲暇时将予以解答。读者如欲请作者帮助理财或希望作者提供操盘建议，欢迎一并与作者联系。

　　我的 QQ 号码：5426892220（网络上经常有人用挂我头像的其他号码 QQ 冒充我，请认清我唯一的以 542689222 为号码的 QQ，以免上当受骗）。

　　我的邮箱：542689222@QQ.COM。

　　我的手机号：13004143358。

　　读者也可扫描我的微信号，以便及时沟通交流。

CONTENTS 目录

第一章

市场运行各阶段的一些规律性特征

在股市中,只学会参与一些抄底、抢反弹等的"游击战""运动战",虽然也会有所盈利,有时还可能获利不错,但是与那些经常能够轻松骑上大牛股跑一段的投资者来比,毕竟还是小巫见大巫。不能沾沾自喜地满足于这种小打小闹的赚钱方式,还是需要掌握一些有效知识,了解点怎样识别能大涨股票的规律性特征,熟悉一下庄家主力会在什么阶段做什么事情以及出了什么情况可获得怎样的结果,学会换位思考和理解庄家主力的思维及行为方式来及时跟进庄家主力的操作步伐,以便自己在今后的实战操作中做到眼到、心明、手脚准。本章针对一些主力要发动一波行情的规律性特征进行详细地阐述,希望能够让广大股友能掌握这些特征和规律。

整个市场或庄家主力启动一波主升浪行情时,以及结束一波牛市行情时及今后走熊的整个过程中,总会在盘面上露出一些征兆,往往都会经历一整段先苦后酸再辣而后甜或苦累的过程。大家一定要有这个心理准备。赚钱哪有那么容易和一帆风顺呢? 股市是一个充满风险和机遇的场所。有关利益体在这个市场中尔虞我诈,有着数不胜数的骗局。我们千万不能以单纯的眼光和心态,去进行自己的买卖操作。市场的参与主体,很多都是以急功近利的投机心态在做短期交易和操作。希望你不要做一个"堂吉诃德"式的悲剧人物。在如今诚信体系尚未充分完全建立和完善的现实背景下、在诚信意识稀少的证券市场中,你若一意孤行,不顾一切因素进行长线投资,无异于以卵击石、飞蛾扑火。大多数情况下,只能上对不起父母,下对不起妻儿,夜不能寐,食不知味,整天像个祥林嫂。

每一次的牛市启动,一定是接在之前一波猛烈的持续下跌的熊市后面的。没有之前的下跌,怎么可能有见底、底部震荡企稳建仓、逐步形成底部平台和不断震荡洗盘形成上升通道、再实现变轨拉升、最终完成出货下跌这套周而复始循环往复的俗套呢?

下面就熊市末期到见底—震荡筑底—平台突破—洗盘—拉升—见顶—出货走熊—反弹—继续下跌的整个熊牛转换流程,进行详细且靠谱的针对性判断依据以及应对方案的阐述,以期让大家完全掌握相关知识,方便今后按图索骥、一眼就看清楚当时是属于什么阶段,这个阶段应该如何去做,做了以后会有什么好处,不是这么做会有什么损失。希望大家认真学习以后,尽快建立好有效率的正确买卖体系,执行好操作纪律,随时随地跟紧市场节奏做,始终秉承"不做预测、多做观测、想好对策、看到现象、快下决策"的客观态度和客观冷静的操作。坚决不做死多头、也坚决不做死空头、坚定不移地跟紧市场方向随时随地做好"小滑头",永远顺着盘中主力定下的方向力度去顺势而为、同向操作。

第一节　熊市末期的特征和应对方案

每次熊市末期虽然有些条件和特征略有不同,但总体上还是大同小异、有迹可循的。

在大盘下跌的末端,市场成交量往往都萎缩到了两条均量线的下方,成交量往往都萎缩到顶部成交量的五分之一以下,市场对后市一片悲观。"覆巢之下安有完卵","一定要抱着'宁可错过、不可做错'的心态先出来再说"的言论,获得空前认同。恐慌气氛弥漫在整个市场,利空政策或利空信息不断推出,即使偶有利好也一次又一次被利用来引发更多的抛盘。跌幅榜上躺着众多跌停或者大跌 5% 以上的个股,且有很多个股是连续几天以中大阴线方式向下杀跌。

此时,理论上是一个大盘容易出风险的阶段,应该慎重进场或干脆主动见好就收,回避掉可能到来的不涨、下跌风险。

此时,是主动性抛盘最猖獗的时候。主动性抛盘就是在盘中始终有抛盘对应着买盘,使股价逐波往下走。分时图上即时成交价线始终在均价线下方,反弹不到均价线,且多是向下又运行。

图 1-1 为上证指数在 2016 年 1 月份经过连续两大波凶猛下跌后到达 2636 点时的月线指标体系走势图。此时,复合时间周期指标数值指示指数到了可以抄底的时候,但是当时盘口是下跌得非常惨烈的时候,利用这种抄大底模型抄底的感觉和效果真的是无与伦比的享受和愉悦。

主动性抛盘的杀伤力极大,经常伴有快速的跳水走势,往往杀得散户晕头转向,不知所措。

在下跌出货时,主力有时在下档常挂出三四位数的大单,看似价位在这里有支撑,这么多买单,给人一种有买盘有支撑的感觉。实际上,股价经常会下跌得更低。那种很大的买盘托着股价慢慢上涨的,基本可以认为是庄家在出货,不能追进。因为

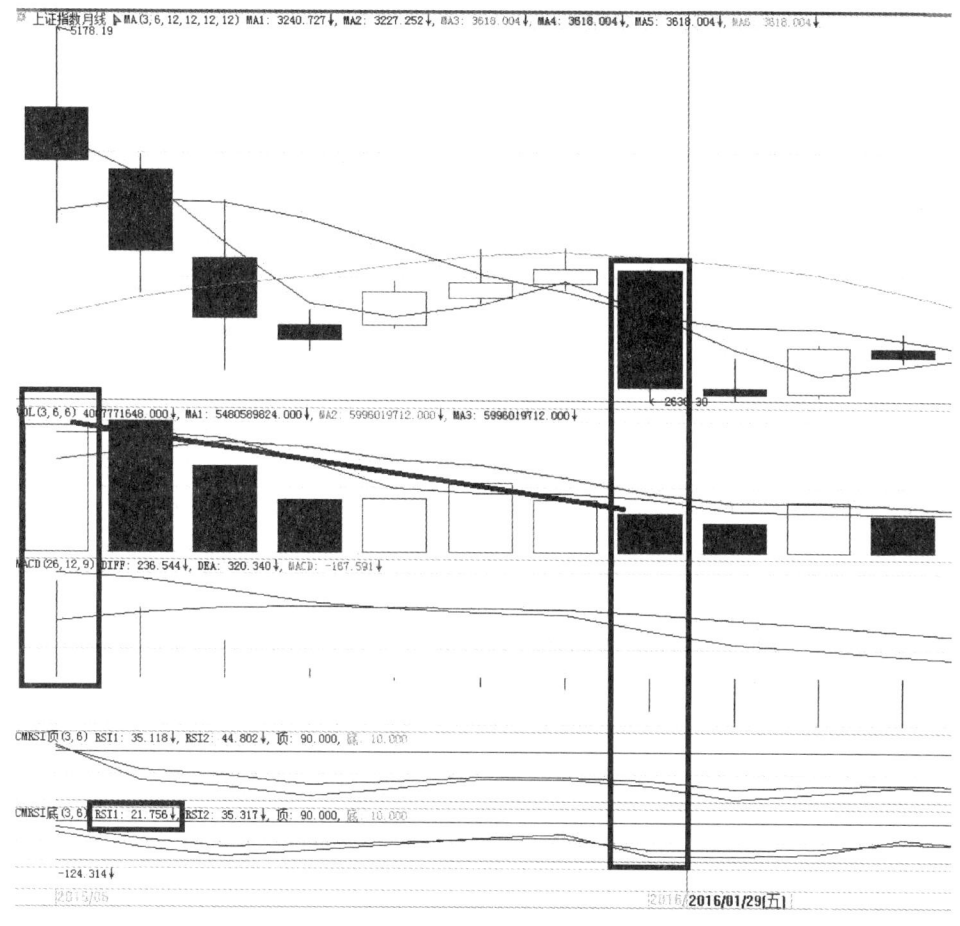

图 1-1

庄家主力真的要使得这个股票开始拉升通常都是贴着卖出价格及时买进了的。虚头八脑地把很大的买盘一会放在下档一个地方,一会又从另外一个地方撤单出来,都是虚情假意玩猫腻的,起码说明现在不会涨,反倒是容易跌。

此时,各时间周期的四位一体指标体系数值都是以比较大角度的下跌斜率反压着指数和个股,以较大的跌幅不断往下运行的。

无论大盘还是个股,也无论基本面再好或再坏的股票都一再跌破公认的"强支撑",中阴、大阴线不断出现,新低迭创,整个市场的估值体系不断随之下移。

此时,各指标的高点都在形成一个下降趋势,指标的趋势提前于指数率先走弱,就往往会对指数产生向下的带动作用,这是一个重要的风险性信号。

在指标形成一个下降趋势走势时,成交量也没有能够形成后量超前量的走势,说明资金在此时不愿意介入市场内,这个时候投资者应当更加小心。俗话说得好,"抄底晚一步比早一步更安全,逃顶早一步比晚一步更舒心。"一旦下跌形成,重要的不是股价是几元,而是趋势。不管是高价股还是低价股,不能因为股价已经很低了就拿着,一定要看它的趋势,只要它的趋势还是向下的,就尽量利用盘中一切反抽机会卖出。我们可以看到,原先牛市顶点之时的价格,在一波熊市的下跌过程当中,股价不断地被腰斩以后再腰斩,到最后只有牛市顶点之时价格的一折或二折。

此时,3 月线依然是大角度空头向下运行的、月线的 MACD 指标柱状体仍然是在向下延伸的,以及月线 CMRSI 顶指标的两条曲线仍然是在空头向下的,代表长线趋势仍然是熊市下跌态势。此时,4 周线依然是大角度空头向下运行的、周线的 MACD 指标柱状体仍然是在向下延伸的,以及周线 CMRSI 顶指标的两条曲线仍然是在空头向下的,代表中线趋势仍然是熊市下跌态势。此时,5 日线依然是大角度空头向下运行的、日线的 MACD 指标柱状体仍然是在向下延伸的,以及日线 CMRSI 顶指标的两条曲线仍然是在空头向下的,代表短线趋势仍然是熊市下跌态势。

此时,只要它们这些时间周期指标数值都没到极低位前,指数和个股提前见底止跌的可能性极低,相反最后一跌的疯狂程度倒是会让人痛不欲生的。熊市末期的下跌是非常悲壮的,也是最难熬、最黑暗、最容易让人绝望的阶段。

图 1-2 为上证指数从 2015 年 4 月到 2016 年 1 月期间的走势示意图。在这张图上,大家清楚地看到每一次指数只要跌破之前上涨过程当中形成过的一个高点

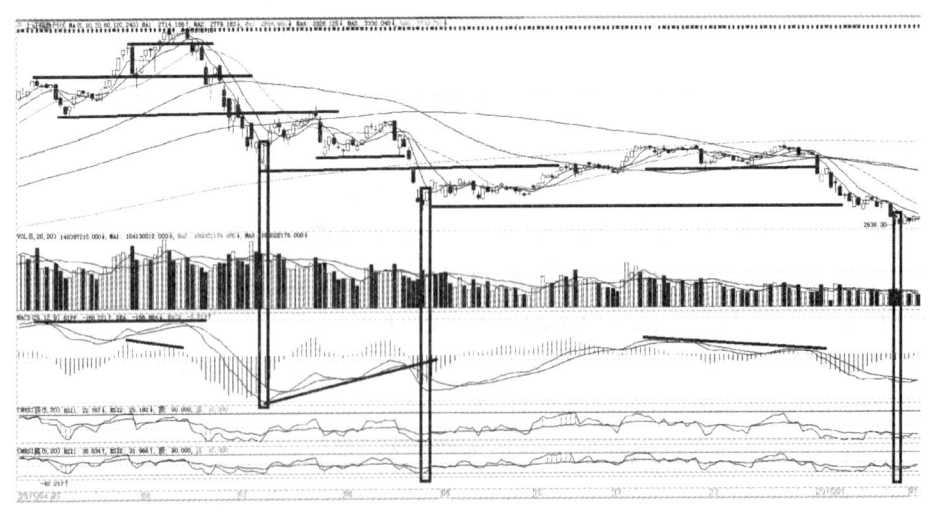

图 1-2

的支撑,它就会向下震荡回落,形成一次比较快速且有力度的下跌过程。每一次跌破之前上涨过程当中形成过的一个低点的有效支撑时,它就又会形成一次比较快速且有力度的下跌过程。每一次反弹的过程中,反弹到了之前上涨过程当中形成的低点或平台处,或之前下跌过程当中的下跌抵抗反弹平台的底部或平台中心附近的时候,它又会对本次的反弹起到抑制和再度向下扭转的作用。也正应了这句话:"原来的顶是后面的底,原来的顶如果撑不起来后面这个底的话,那么这个底就不是底,就还要向下寻更低的底"。

每一次短期均线死叉中期均线的时候,往往会形成新一波的下跌。往往在下跌的过程中,出现的缩量反弹,都弹不高,弹不久。下跌趋势过程中的顶往往都是一个比一个低的,下跌趋势过程当中的底往往也是一个比一个低的。一波熊市行情过程中,是不可能一波跌到位的,而一定是由几个下跌平台组成的。在熊市下跌过程中,跌了一大段以后,必定会有一次反抽或反弹出现的。反抽或反弹的高度往往由原来上涨过程当中低点的压力区来决定的,或由熊市下跌过程中前一次形成的低点来决定的。没有很大很强的气势来对其进行突破是不可能轻易冲得上的,多数股票都是在此位置附近夭折掉一波好不容易起来的反弹。在熊市下跌过程中,每一次日线、周线,甚至要加上月线复合时间周期的指标数值都同时到达极低位时,必定会有一波反弹出现,此正所谓"下跌也是一波三折的"。通常最起码在下跌过程中形成了下跌三平台以后,才有可能在内外因共同作用下,形成新的上升阶段行情,以去改变原有的熊市下跌趋势,结束其熊市历程。在 MACD 指标图上,大家也可以清晰地看到,只要任何一次 MACD 指标中的柱状体出现顶背离或者MACD 指标曲线出现顶背离,就会形成一个新的加速下跌的过程。每一次跌破了MACD 指标上升趋势线的话,也会形成一波快速的、猛烈的下杀过程。K 线底部如果说形成了日线级别的 MACD 底背离的话,容易短期形成反弹的走势。但是只要成交量不能够持续地放大,则这次反弹也是幅度不会高、时间不会长的,反弹的过程也不会流畅的。

在这个熊市下跌的阶段,往往每次在大盘前期的重要高点附近卖出股票,空仓都是对的;在这个熊市下跌的阶段,往往每次有效跌破颈线位卖出股票,离场都是对的。面对指数与指标双双形成的弱势态势,在指数没有可能出现放量突破前高点的时候,往往及时地抛股离场都是对的。

此时,有时有可能会出现短暂下跌途中构筑的假底部平台,一旦主力选择跌穿此假底之后,往往是新一轮跌势的开始。所以对于这种假底部平台的被跌破,是一定要及时第一时间抛股离场观望的。

　　一般一波有级别的牛市行情结束后,股价从高位区域价格震荡平台开始下跌起算,也绝对不会少于三个大的价格震荡下跌平台,绝大多数个股会在熊市结束时,让你清晰地看见其经历过了三个以上的大型价格震荡下跌平台。一般规律是:之前牛市时是以五个震荡上涨平台向上运作的,其熊市时不会少于四个大型价格震荡下跌平台;之前牛市时是以四个震荡上涨平台向上运作的,其熊市时不会少于三个大型价格震荡下跌平台。熊市结束的那个最低点,基本处于原先一波牛市时的第一震荡上涨的平台的最高点上方一点的位置。

　　图1-3为上证指数于2005年6月到2008年10月间的周线走势示意图,反映的就是符合上文阐述内容的股票走势。

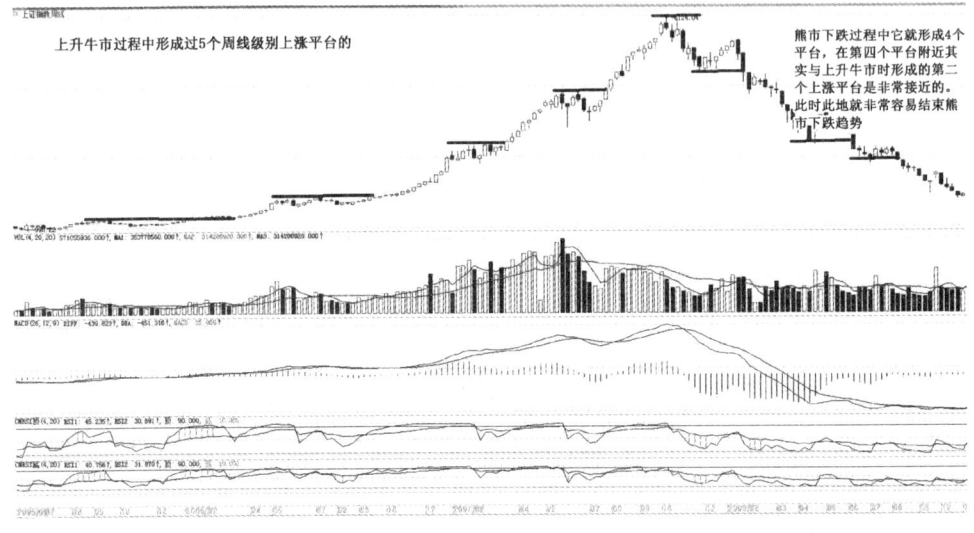

图 1-3

　　盘中即使偶有股票反弹,也因没有主动性买盘成交量的配合,常出现虎头蛇尾的走势,并且再度引发市场更多、更大的抛压,股价呈现新一轮的较大的跌势。

　　每次在这个阶段盲目乐观去抄底的人,只要是买入后没有及时抛出的,后果都是套在半山腰。暴跌后的盘中无量反弹,都是投资者及时离场的好时机。一般情况下,股价在下跌过程中不放量是正常现象,一是没有人接盘而抛不出去,二是惜售情形较高没人肯"割肉",出现无量阴跌天天跌的现象,只有在出现恐慌性抛盘之后,再次放量才会有所企稳。

　　在此阶段,反弹自救性质的涨停板有时也确实会出现在下降的途中,而且一般一次只会出现一个涨停板,极少有第二个。此阶段股价移动平均线成空头排列形态,K线受空头排列的股价移动平均线的压制。分时图上多是一波偷袭似的快速拉到涨停板,只是给套在高位的投资人一点画饼充饥式的惊喜而已,但是却会引起有人追进,企图摊薄成本,降低亏损。岂不知次日常常又是跳空低开等快速弱势表现的K线,然后一路向下,再多套一批投资人在半山腰间。

大家只管记住:在复合时间周期指标数值都在阶段性顶部的时候和下降途中,没有符合抄底模型条件满足的情况下出现的涨停板,无论它表现得多么诱人,你都尽量不要去介入就是了。这种时候盲目介入容易受到伤害。在没有分清趋势方向的前提下,在没有控制住自己急于求成的不良心态的前提下,在没有分清涨停板位置与性质的前提下,容易误入庄家设置的骗局和陷阱中。

只有狙击多周期共振多头向上初、中时期的,突破拉升性质的涨停板才是最安全的,也是获利最快的。

图1-4为002785万里石在其2016年年末和2017年年初上涨和下跌趋势迥然不同过程中的走势示意图。

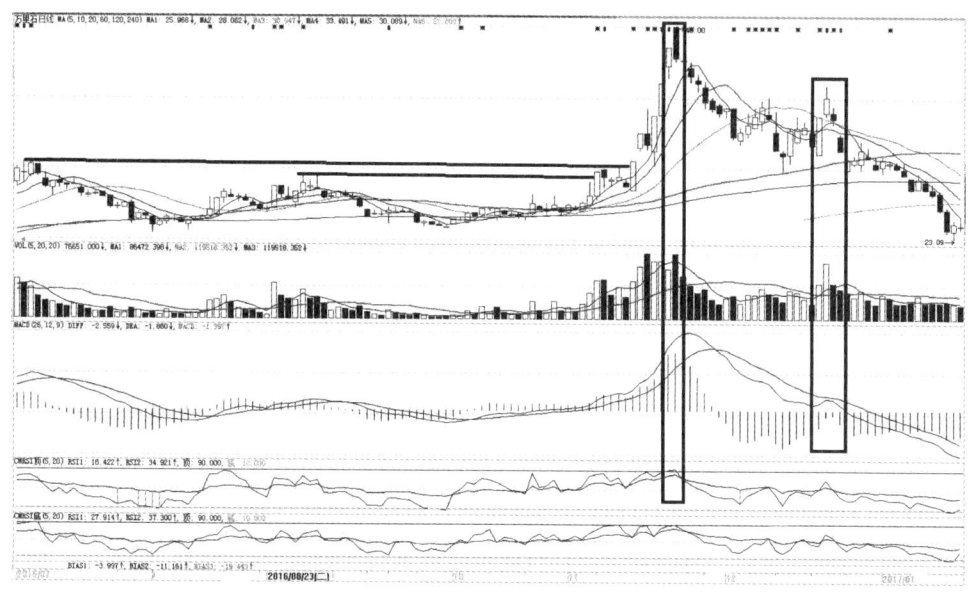

图1-4

在2016年11月14日之前,其在图中的两条横线处,实现了它对之前高点的有效突破。这种以涨停板形式形成四位一体指标体系放量全多头向上突破的突破,是比较靠谱、比较有效的,也属于是比较强势的。此时,投资者是可以及时分仓介入的。在其震荡上涨到了复合时间周期指标数值都在极其高位的时候,投资者对其任何涨停封不住、高开低走的涨停等弱势表现形式都不能掉以轻心,出现这种类似的高位不良现象,应该考虑及时落袋为安。因为此时见顶、下跌风险最大。如果开跌,因为庄家获利实在太大,它下跌的空间也会变得很大,庄家主力主观上也更愿意落袋为安,所以此时的下跌通常都会比较惨烈。其实大家都可以理解在其任何的顶底分形附近,其基本面不可能出现巨大的落差的道理。不可能在涨的时候,它基本面非常好,在顶部一开跌的时候,它马上基本面非常不好了。只是上涨的时候庄家主力的资金愿意介入、持续介入、抛得少、买得多,那就容易将股价打成不断地震荡上涨的多头态势;反之,若庄家主力的资金不愿意介入、而在持续抛出、抛得多、买得少,那就容易将股价打成不断的震荡下跌的空头态势。说白了在我国这种严重的投机市里,股价的涨跌完全就是靠庄家主力资金的持续流入或流出来决定上涨还是下跌的趋势方向的。我们一般散户只是利用四位一体指标体系理论的一些规律性的方式方法,来相对有效地去判断主力们运行的方向、力度、持续度,从而尽可能地跟紧他们操作的节奏而已。

从 2016 年 11 月 22 日以后,它一路震荡走低,震荡走低的过程当中,它也有反复,有时候也有极短期的震荡走高的时间和空间,但是由于其日线和周线的MACD 指标的柱状体、指标曲线、均线系统等等各要素条件和各时间周期要素条件态势都开始不同程度先后形成空头排列,所以此时就对其个股形成了反压作用,就会形成上涨不易、下跌更快的动能势能,同时庄家主力为了尽量、尽快出清筹码,还会不断地制造不同方式的诱惑,有时还会冷不丁地搞个放量涨停什么的,但是这种涨停已经都是下跌途中的陷阱了,没有持续性,也形不成四位一体指标体系放量全多头有效态势。此时它再怎么忽悠你,你也用不着去上当受骗,承受不应该承受的损失。在不断地往下走的过程,是庄家主力不断地派发的一个过程。这种下跌过程什么时候告一段落?通常都是在复合时间周期指标数值都到极低位以后,才有可能暂时形成一个短暂的歇息反弹平台。

第二节　见底企稳阶段的所有特征和应对方案

在市场处于月线(代表长线)、周线(代表中线)、日线(代表短线)的 CMRSI 底指标数值都到极低位之后,整个市场中有超过 20％左右的个股,其复合时间周期指标数值也都同时达到极低位以后,就代表一大段下跌趋势临近末期或已经到了末期,此时总有一些股票因为各种各样的原因,提前见底开始了反弹行情,或者因为出现利好而使股价提前结束调整,进入下一轮升势,甚至形成反转行情,短线投资者可以在此时利用60分钟四位一体指标体系发出放量全多头信号;或日线四位一体指标体系也发出放量全多头信号之时,及时先分仓介入再说,在市场处于长线、中线、短线都到一波下跌趋势末期时,只要政策面或个股上出利好就容易获得涨停,这种涨停很有可能是其内在的主力和庄家想迫不及待地结束下跌行情,开始发动震荡向上攀升的行情了。此时,确实也可以抱着"宁可信其有""宁可出小错也不能错过"的心态先分仓及时介入。

比如,2015年7月9日大盘中短线止跌那天有1 260个个股涨停板。2015年8月26日、27日,大盘中短线止跌那天,有276个个股涨停板。2016年1月27日、28日大盘中短线止跌那天,有58个个股涨停板。2017年1月16日、17日大盘中短线止跌那天,有64个个股涨停板。

在这种时刻,投资者需要及时对之前连续快速大幅度、大角度暴跌过了的、符合国家当时产业扶持政策和有市场巨大产业前景的这种符合"抄大底"模型的个股提前放在一个极度超跌的自选股板块中,用"最低点买入法"或"5分钟四位一体指标体系放量全多头买入法"去预警这些股票,在其预警框中跳出来之时及时分仓买入,享受立刻涨停的投机喜悦结果。

图1-5为300311任子行的月线满足抄大底模型条件时的走势图。在2017年1月份的抄底行动中,它是我参与成功抄底的一个好品种个股。当时它60分钟和

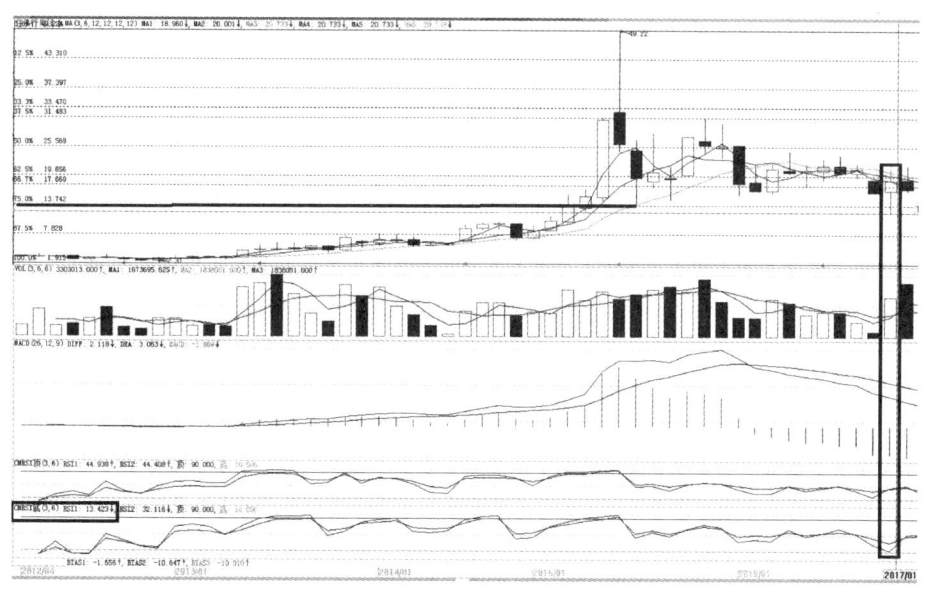

图 1-5

日线、周线、月线的 CMRSI 底指标当中的 RSI1 数值都同时到了满足模型条件的极低位。它的炒作题材概念又是跟目前的形势和时髦概念非常沾边的。特别是以前其在走牛阶段，我也曾经反复在其向上过程中赚过不少钱，同时在图 1-5 中，黑横线处是其第一次暴跌至顶底 70％时抢过其中短线翻倍行情的，对它有比较"深厚的炒作感情"，所以在其符合抄底条件时，已经把它放在了一个极度超跌的自选股板块中。

图 1-6 为 300311 任子行的周线满足"抄大底模型"条件时的走势图。

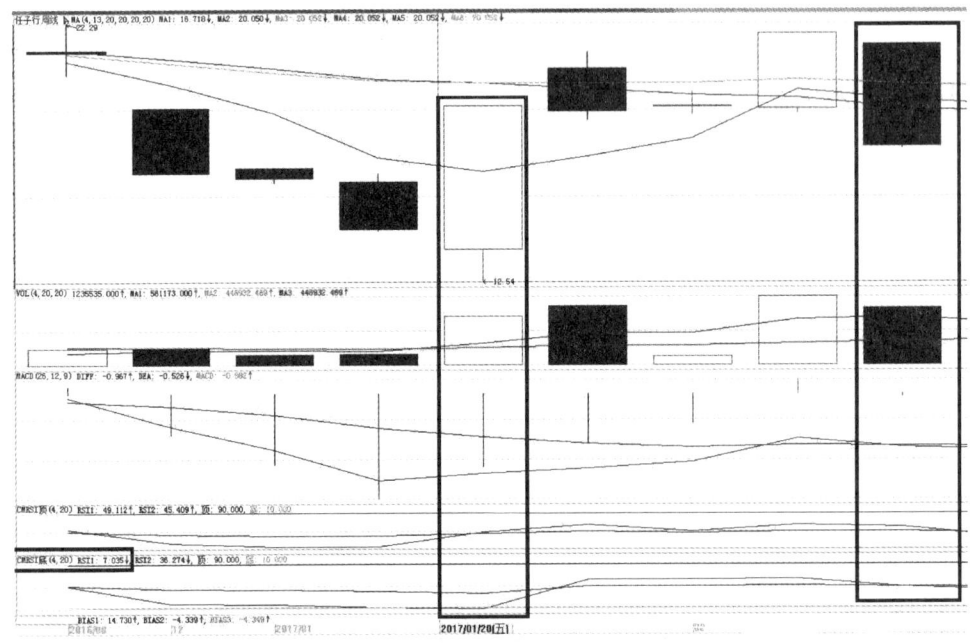

图 1-6

图 1-7 为 300311 任子行的日线满足"抄大底模型"条件时的走势图以及后市的几个重要卖出点。

在图 1-7 的光标处，其 60 分钟、日线、周线、月线 CMRSI 底指标当中的 RSI1 数值已经共同都到了极低位。同时右边的成本筹码分布图里，大家也可以看到获利比例已基本为 0，市场的平均成本远远地超过当时的最低价 30％以上，说明整个市场中持有这个股票的所有人全部处于大幅亏损状态。这种时候抄底进去获利的可能已经非常高了，并且这种中短线极低位抢反弹进去获利的机会很大，稍一犹豫最佳买点很有可能便转瞬即逝。这种千载难逢的绝佳买点是值得珍惜的。这种时

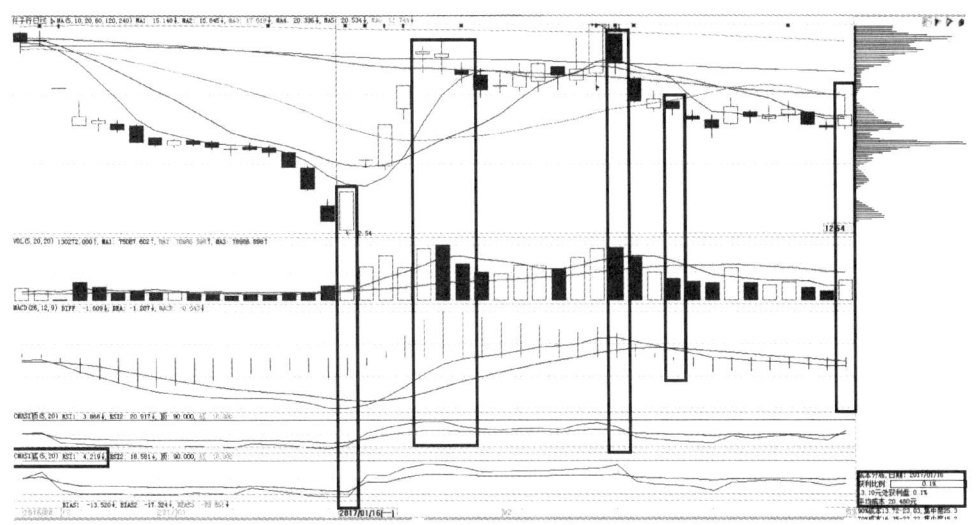

图 1-7

候如果 5 分钟四位一体指标走势图上，也出现了放量全多头这一极度超跌股低位启动买点信号，就应该毫不犹豫地及时抢买入。买入后它如期上涨是非常正常的。随着它不断放量震荡向上攻击，你可以一直持有。持有到其复合时间周期指标数值都到极高位，满足了最高点卖出法条件时，才可以考虑短线卖出，甚至中线卖出。在图中第二个大的长框中，由于当时其 20 日线还是属于空头排列状态，还没有彻底向上扭转过来。那这个时候它还仍然属于极弱势股的抄底和反弹。对于这种股票逃顶，就应该用弱势股的最高点卖出法"走为上"模型去进行卖出。此时，其 5 分钟、15 分钟、30 分钟、60 分钟、日线 CMRSI 顶指标当中的 RSI1 的参数数值都到了极高位，那么在其出现分时图的上豁口附近的时候，就应该考虑高抛卖出。如果在前一根 K 线没有高抛卖出，在第二根 K 线跌破前一根 K 线的二分之一中心位的情况下，也应该考虑利用盘中反抽机会抛出。若其前两根 K 线都没有抛出，第三根 K 线已经缩量大幅走低并且柱状体开始缩短了，也必须考虑及时止盈止损获利了结。由于快速反弹，它已经接近了之前启跌平台的底边附近，那么通常情况下，本身它就有回调的要求，在这种地方去做一次短期的卖出本身就是必须要做的事情。股价通常也不太可能一而再、再而三地向上攻击。在出现第三个长框时，其股价已经将前一根大阳线的一半位置跌破，同时 MACD 指标的柱状体也快速向下缩短，CMRSI 顶指标也已经出现顶背离死叉，那就是一个抛也得抛、不抛也得抛的抛点。出现第四个长框时，其股价已经在收盘时跌破 20 日线、MACD 指标的两条曲线都已经空头排列形成死叉,说明一波中短线上涨行情结束了。此时,投资者如果还有这个股票的话,就必须以无条件地止盈止损,出局观望为宜。在第五个长框处,20日线已经拐头向下,股价也已经第一次反抽到下跌途中的 20 日线处。这是一个波段下跌行情过程当中很好的、最后的高抛点。

图 1-8 为 300311 任子行满足"抄大底模型"条件后,5 分钟四位一体指标体系走势图中出现放量全多头启动买点时的 5 分钟四位一体指标体系走势示意图。对于满足了"抄大底"模型条件的个股,通常最安全有效的买点就是要等到其 5 分钟四位一体指标体系走势图中出现放量全多头启动买点时再买入最好。虽然此时比最低点已经涨上来了一点,但是它确实是已经开始真正见底启动的时候。这个模型不会让你碰到有的个股虽然复合时间周期指标数值出现了见底的信号,但是却因为指数环境仍然非常弱势和恶劣,股价仍然会再随同指数往下磨叽一点时间和空间的潜在风险。

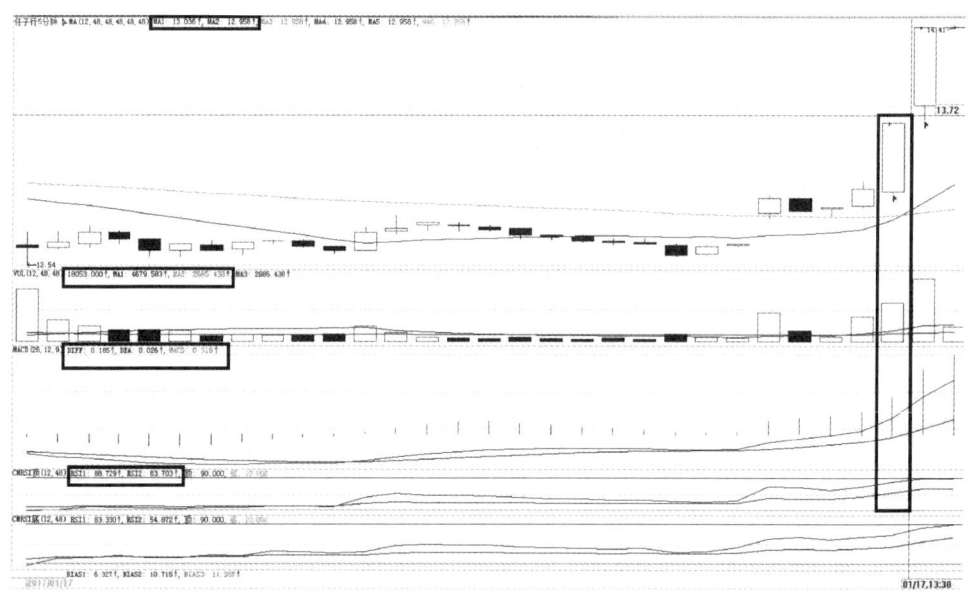

图 1-8

这种个股一旦买入,其后期都会不同程度放量开涨的。一旦其后市主动性买盘成交量不再持续放大了、出现特别经典的见顶 K 线和 K 线组合了、跌破其上升过程当中的 5 日线了,或跌破了最靠近其上涨过程当中的 K 线前一根有量有实体的中大阳线的交易重心了,或其小一个时间周期的四位一体指标体系当中基本上已经形成全空头排列之时,可以立刻利用盘中反抽机会抛清该股再说。

在市场下跌末期出现利空时,由于市场人气涣散,买盘低迷,加之庄家的刻意打压,股价更容易出现一波快速下跌走势。但由于大势已跌了很长时间、已有了很大的跌幅,因而这种继续向下猛跌的速度和幅度变小了,向下猛跌的时间也没有以前那么长了。利空消息出来后不久,若其股价在 60 分钟、日线、周线、月线的CMRSI 底指标当中的 RSI1 数值都过 20 以内后,出现了见底放量回升;在股价出现中大阳线之时,其 60 分钟四位一体指标体系已经形成了放量全多头形态,特别是其日线级别四位一体指标体系也即将形成或已经刚刚形成了放量全多头形态时,再加上周线级别的 MACD 指标走势图上的柱状体已经开始向上延伸的时候,在其分时图的交易重心附近分仓买入就是了,也可利用其涨停板以后第一次出现5 分钟四位一体放量全多头之际及时分仓介入,也可以在其刚刚第一次出现 5 分钟四位一体放量全多头之际及时分仓介入,也可以在满足两者情况下的第一个放量涨停板附近及时追买。

图 1-9 为 002349 精华制药在 2017 年 1 月 16 日至 2017 年 3 月 10 期间的四位一体指标体系走势图以及符合上文所阐述的买卖条件的走势示意图。

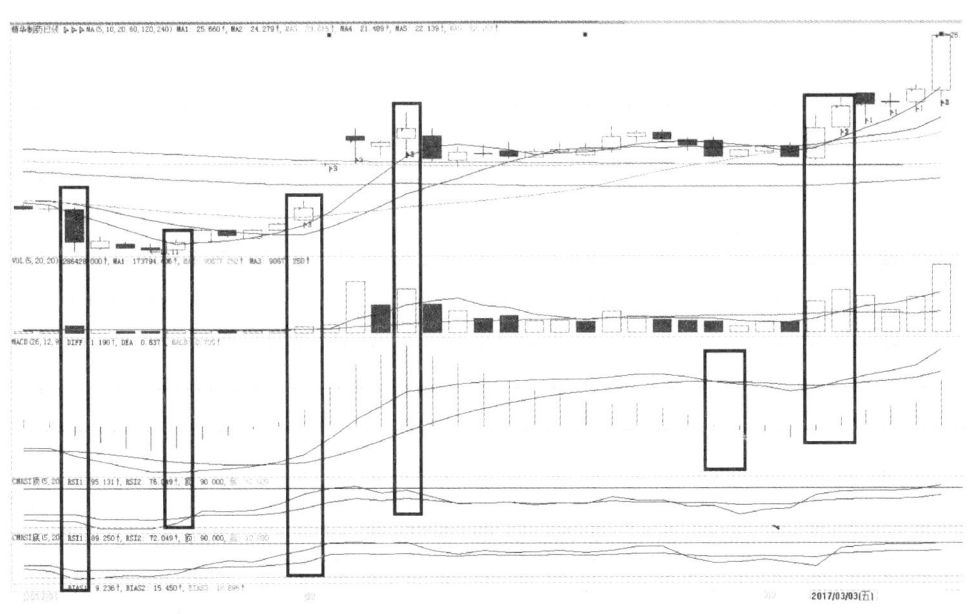

图 1-9

图 1-9 中在 1 月 16 日的长框中出现了其日线、周线、月线的 CMRSI 底指标当

中的 RSI1 数值都到了满足"抄大底"模型的最低点买入法的条件的买入时候,但是它硬是磨叽了好几天,没有迅速涨起来。这种现象在很多股票的实际走势过程中也确实是经常出现的,并不是所有股票一见大底就立马连续大幅上涨的。一直到了第二个长框处,才出现了第一次 5 分钟四位一体放量全多头这一个最低点见好后的启动买点。之后,由于成交量没有及时持续放大,所以它只是震荡慢慢走高。直到第三个长框出现时,同时出现了 60 分钟和日线级别共同放量全多头这一个重要的买入信号出现,同时其周线柱状体也已经开始拐头向上,非常扎实的中短线上涨行情的买点真正产生了。此时,需要及时在其当时分时图交易重心附近加仓买入。在第四个长框处出现了满足强势股最高点卖出法的"敌疲我撤"模型条件要求,并且此处与其之前的平台高点相重叠,我们都知道第一次上攻到其前期重要高点附近时,必然会有一次震荡下跌的走势规律的,所以此处必须要进行一次高抛。随后,日线当中的柱状体和股价一路震荡走低,柱状体一路走低意味着 60 分钟级别和日线级别的调整没有结束。一般而言,如果 60 分钟和日线以及周线的柱状体都在下跌的途中,说明其中短、超短线时间周期的调整都没有结束。如果其周线柱状体是上升的,而日线和 60 分钟级别的柱状体是下跌的,那么只说明其短线、超短线下跌震荡还将延续,而中线上涨趋势依然是存在着可能性的。其到 3 月 3 日之前,周线 MACD 指标当中的柱状体始终是多头向上的,说明它目前的回调只是一个超短线、短线的震荡回调,是一个有限度的超短线、短线级别的回调整理洗盘过程。同时,在这种短期调整时,20 日线是非常重要的一个参考物。其 20 日线一定要多头向上,并且还要有角度地多头向上,才能充分证明其中线走势依然是良好的,目前短期走势、超短线走势,还不太容易影响到其周线的上涨态势的根基。第五个框出现时,其 MACD 指标当中的两条曲线都已经开始拐头向下了,正常情况下其一波上涨行情,就应该是要结束了。当这种现象出现的时候,一般都需要先抛为主的。需要等待它什么时候 60 分钟、日线、周线柱状体再度放量向上移动时,下跌趋势才可能得到有效改变,才能认为又一波新的上涨行情开始起来了。在第六个长框出现的时候,大家看到的是,再一次形成了 60 分钟、日线级别的四位一体放量全多头现象,并且这个放量全多头还得到了周线级别的四位一体指标体系放量全多头的有效配合,那么其新一波的更大级别的上升行情就又正式开始展开了。此时,就又必须在其分时图的交易中心附近分仓买入持股待涨了。

图 1-10 为 002349 精华制药在 2017 年 1 月 25 日至 2017 年 3 月 9 日期间的 60 分钟四位一体指标体系走势图上出现的若干个 60 分钟四位一体指标体系放量全多头的买点信号及后期的走势变化情况示意图。

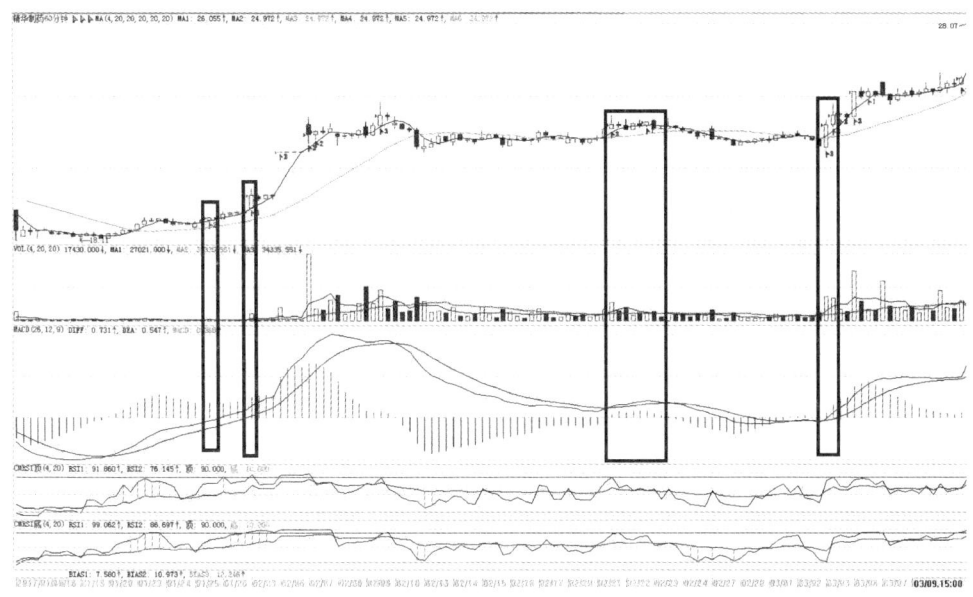

图 1-10

　　图 1-10 中有些时候出现了 60 分钟四位一体指标体系放量全多头信号后,会大幅上涨,而有些时候出现了 60 分钟四位一体指标体系放量全多头信号后,它是下跌的。那是什么原因造成的? 我们应该如何规避呢? 其实很简单,在出现 60 分钟买入信号时,只要看比它大一时间周期 MACD 指标当中的柱状体和曲线以及 5 日股价移动平均线是往下走的还是往上走的就可以了。如果在日线级别的走势图上 MACD 指标当中的柱状体和曲线以及 5 日股价移动平均线,都是向上运行的,那么此买入信号是有效的,是值得信赖的。如果出了 60 分钟四位一体指标体系放量全多头买入信号时,其日线、周线、月线 CMRSI 顶指标当中的 RSI1 参数数值都在高位的,那么就应该尽量放弃和回避这种可能是陷阱的买入机会;反之,如果复合时间周期指标数值都在极低位,此时出现 60 分钟四位一体指标体系的放量全多头买入信号,那这个信号就是非常好的、非常有效的一个信号,是一个低位启动的买入信号,是一个绝对要珍惜的买入信号。

　　另外,有时出了 60 分钟四位一体指标体系放量全多头信号后,立刻就又形成顶背离死叉的话,往往后期要么大跌,要么长时间缩量震荡整理。对此,唯一有效的手段就是及时利用盘中任何缩量反抽机会抛出筹码离场观望最好。耐心等待其后出现放量金叉或放量老鸭头形态,形成新一轮 60 分钟四位一体指标体系放量全多头形态时,再及时在其当时分时图均价线附近介入为好。

在此阶段和今后震荡上涨的所有阶段,我认为短线操作可以与中线操作实现更好的结合,使利润最大化。在中线操作中,选股是非常重要的,要把选取炒作题材放在选股标准的首位,选取具有炒作题材的股票是获利的基础和前提,要敢于捕捉热点板块的领涨龙头股;要把技术形态放在选股标准的重要位置,通过技术形态来判断是否有大资金在准备炒作,或者正在炒作该只股票。因为强势的技术形态是靠庄家主力用真金白银堆出来的,钱不断介入、持续地推动其向上的过程就是股价上涨的阶段。

在阶段性行情的初期进行中线操作,应选取急跌之后强力反弹的股票,要敢于捕捉领涨龙头股。在阶段性行情的中后期要敢于选取高位强势的股票,要牢记"强者恒强"的规律,不要想当然地选取低位弱势的股票等待补涨,这种低位弱势的股票上涨时不愿涨,下跌时却跌得非常快。

对于那些 3 月线向上、4 周线向上、20 日线向上、月线 MACD 的柱状体向上、周线 MACD 的柱状体向上、日线 MACD 的柱状体向上的股票需要重点关注,因为它们才是真正最值得进行中线操作的理想标的物股票。在中线操作中,投资者要不断检视自己手中的股票,主动地调仓换股,及时清除那些不具有炒作题材或者不符合近期炒作热点的股票;及时清除那些技术形态呈现弱势、呆滞不涨的股票;及时清除那些基本面有缺陷、有不良信息或者技术形态有缺陷的股票,努力使自己持有符合当前炒作热点的强势上涨或者具有强力上涨潜力的股票。在中线操作中,同样可以在持股过程中不断利用短线操作方式降低持股成本,增大收益。比如,中线持有一只股票,我们可以留取五分之一仓甚至是十分之一仓的少量筹码作为底仓不动,另外的大部分筹码可以高抛低吸,不断博取差价。股票价格持续上升且远离均线系统、日线和周线级别的 CMRSI 顶指标数值都到高位以后、股价涨幅超过前期整理平台 30% 以上、出现日线 MACD 指标当中的柱状体开始向下缩短时,都是绝佳的卖出机会;而股票首次回踩 20 日线(60 分钟、日线、周线)的 CMRSI 底指标数值都处于低位、MACD 柱状体再次放量向上放大时,都是再次逢低接回筹码的机会。

对于股价已经强势运作在 60 分钟、日线、周线级别的 MACD 指标 0 轴线上的强势股,一旦其日线级别的缩量调整一结束,就能够很快再度轻松强势地形成 60 分钟和日线级别四位一体指标体系共同放量全多头的;同时得到周线级别柱状体放量向上配合的,必须要在当天其分时图的交易重心附近分仓买入。因为这样的情形一发生往往都是其庄家主力又要开始向上拓展空间的明确信号,特别容易在后期得到持续的放量强势推升下形成新一轮的向上飙升行情。

　　图 1-11 为 000877 天山股份在 2017 年 2 月 7 日在本身已经放量站上了 60 分钟、日线、周线级别的 MACD 指标 0 轴线上后，经过了一段时间的在 0 轴线上的缩量整理后，再度形成 60 分钟和日线级别四位一体指标体系共同放量全多头；同时，得到周线级别柱状体放量向上配合的向上攻击态势的 60 分钟四位一体指标体系走势示意图。

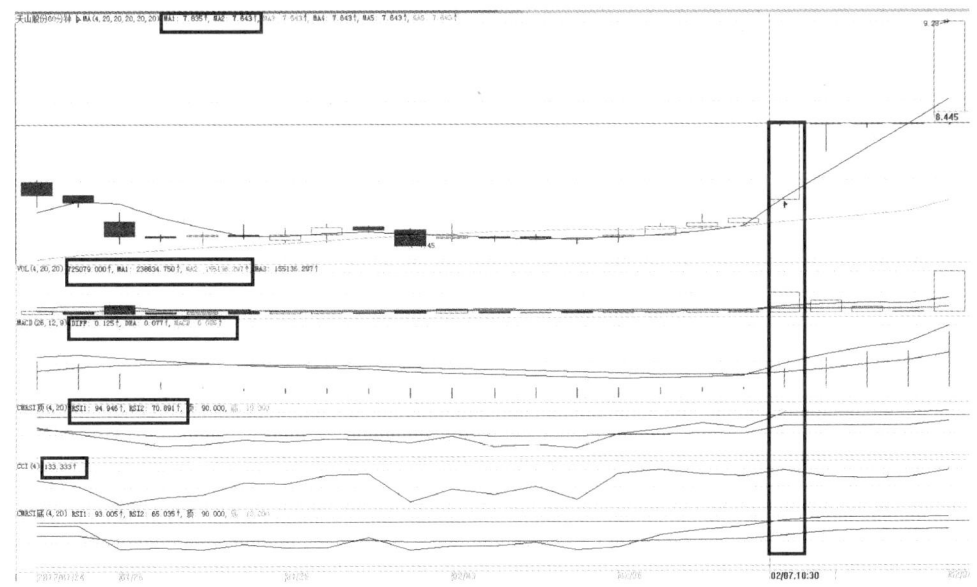

图 1-11

　　图 1-12 为 000877 天山股份 2017 年 2 月 7 日在本身已经放量站上了 60 分钟、日线、周线级别的 MACD 指标 0 轴线上后，经过了一段时间的在 0 轴线上的缩量整理后，再度形成 60 分钟和日线级别四位一体指标体系共同放量全多头；同时得到周线级别柱状体放量向上配合的向上攻击态势的日线四位一体指标体系走势示意图。

　　因为这样的情形一发生往往都是其庄家主力又要开始向上拓展空间的明确信号，特别容易在后期得到持续的放量强势推升下形成新一轮的向上飙升行情。所以这样的机会不容错过，此时一定要克服人性弱点及时分仓先介入再说。

　　图 1-13 为 000877 天山股份 2017 年 2 月 7 日在本身已经放量站上了 60 分钟、日线、周线级别的 MACD 指标 0 轴线上后，经过了一段时间的在 0 轴线上的缩量整理后，再度形成 60 分钟和日线级别四位一体指标体系共同放量全多头；同时得到周线级别柱状体放量向上配合的向上攻击态势的周线四位一体指标体系走势示意图。

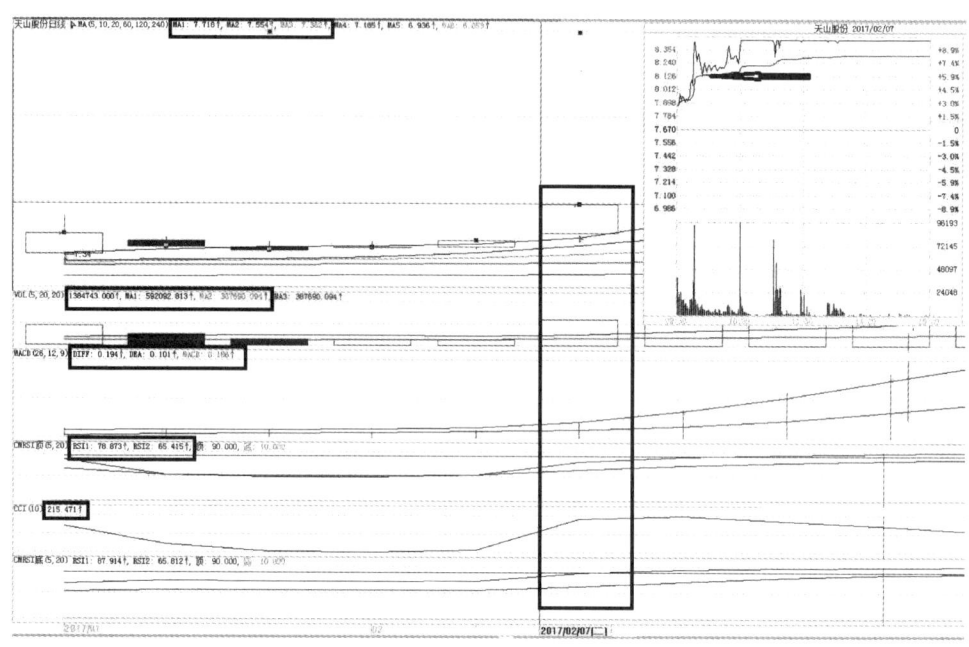

图 1-12

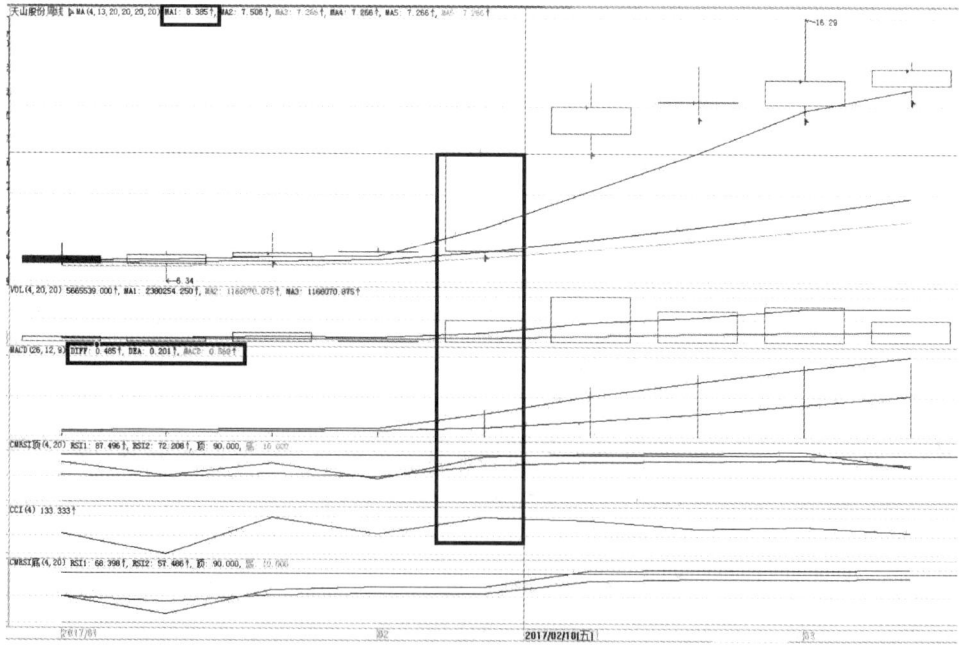

图 1-13

一、利用"地量买入法"进行波段操作的最佳买入时机

在每一次重要低点或向上拐点出现前,往往都是会有地量产生的。下跌或缩量盘整到远低于均量线水平的地量后,在出一根放 1 倍以上的主动性买盘成交量中阳线时买入,伴随着四位一体指标体系震荡向上的过程中持有,然后等到天量放出后,出现经典的见顶 K 线时卖出,这是最正确的操作。有很多时候光依据成交量的变化,再结合 MACD 指标的柱状体方向变化,就基本可以判断大盘波段(牛熊)拐点的到来,尤其是对处于信息与资本双重弱势的中小投资者来说,这一方法更为简单有效。

每一轮熊市底部一定会伴随着一个地量产生的过程,但地量与地价产生的先后顺序可能略微有所不同,有时先有地量后有地价,有时却先有地价后有地量,这是底部与顶部关于先量后价的略微不同。无论是先有地量还是先有地价,底部的形成都一定同时伴随着极度缩量的过程。此时是利用"地量买入法"进行波段操作的最佳买入时机。有一种非常严格的地量买入法还可以总结为一个简单的公式:股票经过最起码两个月以上的杀跌+股价连续下跌幅度最起码超过 30%+股价持续杀跌的同时伴随着成交量逐步萎缩到两条均量线下方+单日成交量低于或等于调整前天量的 20%左右+各复合时间周期的 CMRSI 底指标数值都在 30 以内后,方可考虑开始分批在分时图下豁口附近低位建仓。在调整结束末期或横盘末期的最起码的 5 分钟四位一体指标体系以及 60 分钟四位一体指标体系走势图上刚刚形成放量全多头之时,才是准确分批介入的买入机会。这样可以有利于投资者回避风险、获取收益。

图 1-14 为 600613 神奇制药在 2016 年 11 月 22 日到 2017 年 3 月 10 期间满足上文所阐述的方式方法条件要求的日线级别走势示意图。

其在 2016 年 11 月 22 日时当日最高价为 18.75 元,成交量为 28.65 万手,成交金额为 5.16 亿元。而等到日线、周线、月线 CMRSI 底指标数值都到极低位时的 2017 年 1 月 16 日时,其股价只有 12.51 元了,最高价和最低价的股价落差已经超过 36%了。当天成交量虽然比之前一段日子萎缩在两条均量线下方的成交量已经大了不少,也只有 63 108 手,成交金额只有 8 324 万元。此后,股价继续在低位缩量横盘震荡,直到图中黑色竖线标识的 1 月 24 日开始 MACD 指标的 DEA 线开始拐头向上形成一波震荡上涨的波段行情时,下跌行情才告结束。在第二个长框处首次出现见底反弹以来的第一次得到了周线级别柱状体向上延伸有力配合的 60 分钟四位一体指标体系的放量全多头态势,当日成交量比前一天放量超过 1

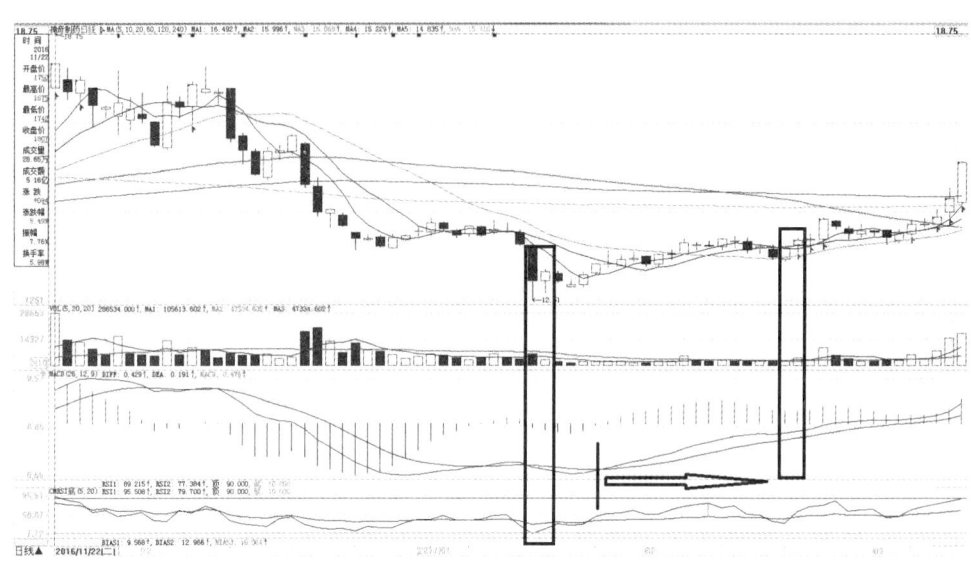

图 1-14

倍。非常放心的新一波波段上涨的相对底部起涨买点才真正刚刚出现。后期才在成交量的逐步配合下，在 MACD 指标的柱状体经过几次震荡向上运行下，在 MACD 指标的 DEA 线的不断向上指引下，逐步由一个极度弱势股慢慢向强势股和极强势股方向演变。今后在其日线和周线的 CMRSI 顶指标数值都到高位以后，它肯定又会放出巨大成交量的，那时就将是其一波上升行情即将结束的时候了。

当然也不排斥那些极度不愿意冒风险的极度爱好低吸的投资者，采用在极度缩量暴跌后利用"要有足够深的跌幅才能引起主力吸筹的兴趣和动力"的原理去进行买入，然后再耐心等待主力到达出货箱体幅度高点后利用放量滞涨的机会抛股了结的做法。

我们都知道一般主力的吸筹往往最起码需要 20％左右的震荡空间，而主力的出货同样最起码需要 20％左右的震荡空间。如果震荡空间厚度没有 50％以上，那么主力进出的盈利就将十分有限甚至没有盈利空间，如果获利比例比这个还少，那主力就没有坐庄的欲望了。所以在那些有过中短期连续快速暴跌的个股的复合时间周期指标数值都在极低位的缩量止跌期买入，然后等到其逐步震荡走高，复合时间周期指标数值都到极高位、底和目前的顶之间有 50％左右的振幅后去卖出，也是可以平稳获利的一种可行性方案，最多输了时间但不会输钱。

图 1-15 为 300355 蒙草生态的主力习惯性地使用震荡厚度 50％左右的空间，

进行经常性地高抛低吸的周线示意图。大家可以清晰地看见每次在周线、日线 CMRSI 顶指标的高位,庄家主力往往下抛筹码,而每一次日线和周线 CMRSI 底指标数值都达到极低位时,它们就逐步向上运作,在这个几乎都为 50% 左右的空间里来回做区间震荡行情。这种庄家在市场中是屡见不鲜、数不胜数的。大家掌握了上文阐述的方法以后,也可以充分理解和跟随这样的庄家主力,在这种区间行情里随波逐浪,进行有理有利有节的操作,收益水平其实也不差的。

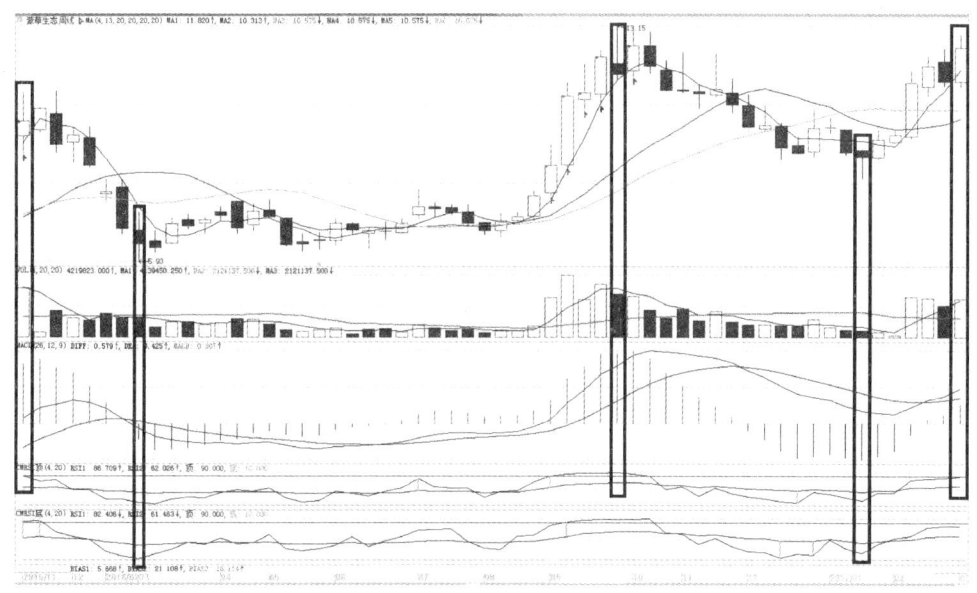

图 1-15

二、狙击涨停板的七大要素

在指数和个股刚刚见底开始见底反弹或筑底反弹的这段日子里,要充分利用有利时机在开盘交易的前 60 分钟(10：30 之前)狙击涨停板。不过在筛选这种理想目标股时,需要考虑以下七大要素。

第一,必须是在 10：30 之前涨幅榜排名靠前的个股,特别是在涨幅榜第一版上的个股。涨幅排名靠前给我们传递一个强烈的信号:该股有主力介入,且正在往上拉高股价。其意图无非就是在目标股进入上升阶段后不断拉高股价以完成做庄的目的,或是在拉高过程中不断收集筹码,以达到建仓的目的。

第二,必须是开盘就大幅上扬的个股,最低要求是涨幅在 3% 以上,正常情况下目标个股上涨 5%～8%最好。因为各路主力开盘前都会制订好当天的操盘计划,所以开盘时的行情往往会有意或无意暴露出庄家对当天走势的看法。开盘大幅拉升的主要原因是主力坚定看好后市,准备发动新一轮的个股行情,而开盘就大幅拉升,可以减少散户在低位与其争夺筹码。

第三,必须是量比靠前的个股。量比是指当天成交量与前 5 日成交量的比值。量比越大,说明当天放量越明显,也说明该股的上升得到了成交量的支持。在股价上涨的过程中,其分时图均价线一定要有明显的上升角度,并且始终是向上挺进的,其中不管股价如何锯齿形波动,它必须是流畅地上行的,那么才更加能够证明其拉升是真实有效的,而不是靠主力各种各样虚假的投机手法来完成拉高的。

第四,股价必须基本上都处于日线、周线、月线 CMRSI 顶参数数值的中低位范围。股价基本上都处于日线、周线、月线 CMRSI 顶参数数值的中低位时,涨幅靠前、量比靠前就说明主力的真实意图在于拉高股价,而不是意在诱多。涨幅靠前、量比靠前的处于日线、周线、月线 CMRSI 顶参数数值全都在高位的,或周线、月线 CMRSI 顶参数数值都刚刚从高位拐头向下幅度不大、时间不久的个股可能存在诱多陷阱的可能,参与的风险较大。相对前期的高点而言,股价跌幅在 50%以上,日线、周线、月线 CMRSI 底参数数值都刚刚到过极低位后不久,才开始慢慢向上拐头、CMRSI 顶参数数值仍然在中低位的个股都可视作低位低价股。

第五,此时 60 分钟、日线级别的四位一体指标体系要刚刚形成放量全多头态势,同时其周线柱状体必须要有向上延伸的状态。

第六,个股拉出涨停板前,如果有重大利好支撑与推动则更为理想。比如,重组、高送转、新概念、新题材等可以推动股价暴涨的重大利好出台后,绝大多数的个股都会出现持续拉升,甚至是连拉涨停板。

第七,短线操作的成功率是随着大盘的波动节奏和强弱变化而变化的,抛开大盘做个股的做法是没有理智的、一厢情愿的、极度自我的赌徒行为。个股的短线想做好、做顺,当天的盘面尽量要满足量能充沛,量能预计不能低于昨天的,当天的板块涨幅榜第一版上的所有板块不能低于 1%的涨幅,沪深 A 股涨幅榜上第一版上的所有个股不能低于 5%以下的涨幅等条件的相互配合。绝大多数的庄家主力在运作股票的时候都非常注重看大盘环境,更何况我们普通老百姓。

按照以上七大关键条件要素进行筛选,投资者就可以成功猎到具有涨停板潜力的个股,果断跟进追涨。大家可以看看所有历史上曾经出现过的大牛股在其起涨点和途中追涨点结合了以上七大关键条件要素后的走势去体会,也可以在所有出现过暴跌阶段的个股上,去看看那些出现诱多涨停的个股,当时的周线、月线四位一体指标体系的走势特征,来强化记忆和体会本书中阐述过的纪律特征。这样就能够尽快形成条件反射,能够立体全面地判断什么类型的走势有机会,要尽快及时参与,什么类型的走势是陷阱,需要放弃和规避。

第三节　在震荡行情中进行中短期操作

由于刚刚经过长期的熊市,整个市场还处于惊魂未定的不稳定期,有的股票确实因为见底了,出现了大反弹甚至大反转,但是更多的个股可能因为各种要素还没有理顺或充分准备好,还会经历一段时间的相对底部的震荡行情。其实这种震荡行情在今后的上涨或下跌过程经常会一起出现的,所以投资者有必要学会怎样判别震荡行情,以及怎样在震荡行情中进行中短期操作。

(1) 首先通过均线系统判断目前行情是不是处在震荡阶段。震荡行情中 20 日线或 60 日线角度都是相对平缓的,甚至有不同程度的反作用力现象同步出现。震荡行情中其左中右的三个隔壁邻居时间周期走势图中一定是有不同程度的反作用力要素存在的。所以这种震荡行情需要等到它们之间的这种内耗化解掉以后,才会出现一波相对轰轰烈烈的流畅的强势上涨行情。所以有些人会直接放弃这种股票,而专门去寻找那些各个时间周期的四位一体指标体系都已经形成放量全多头的个股先去做掉,然后再回过头来在其理顺各个时间周期的四位一体指标方向后,再及时介入其复合时间周期四位一体指标体系刚刚全多头开始向上发散的强势进攻段。

(2) 判断清楚目前行情是处在震荡行情阶段后,然后就可以根据缩放量的规律关系,复合时间周期指标数值的规律关系,以及 MACD 指标的柱状体变化规律等因子条件在其表现高点和低点,放低盈利幅度预期,作出恰如其分的买卖操作。

(3) 另外在震荡市场中,股价上下波动的幅度和时间一般都不大、不长,长期持股和频繁追涨杀跌都不好,此时的最佳操作策略就应该是及时、经常地进行符合"四位一体操盘术"所规范的高抛低吸。

(4) 在大盘弱势行情和明显没什么大的主动性买盘成交量推动的震荡行情中,个股独自出现跳空向上的缺口,后期还没有得到持续性的主动性买盘成交量的有效强势配合的话,则应保持短线思路,随时准备出场,因为该缺口随时有可能被回补。

(5) 在明确的震荡市特征的行情中,进行短线操作时,应重点回避强势图形中出现缩量滞涨的个股,即在第一根放量长阳快速拉升后,连续 2 个交易日以上没有相对应的主动性买盘成交量强势配合,其后相反连续收出高位十字星或其他经典的见顶 K 线,分时图均价线表现或连续表现为疲软走势的,则预示着主力后继上涨乏力,股价通常都会出现大幅回落的走势。

图 1-16 为 600802 福建水泥在 2017 年 2 月 10 日这一周出现周线级别四位一体指标体系放量全多头时的周线走势示意图。

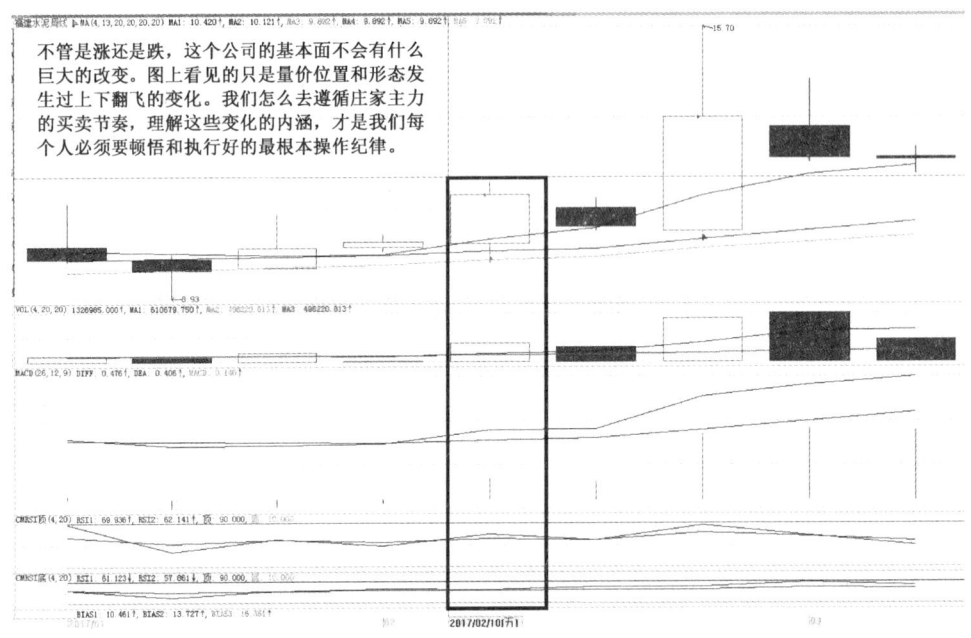

图中文字:不管是涨还是跌,这个公司的基本面不会有什么巨大的改变。图上看见的只是量价位置和形态发生过上下翻飞的变化。我们怎么去遵循庄家主力的买卖节奏,理解这些变化的内涵,才是我们每个人必须要顿悟和执行好的最根本操作纪律。

图 1-16

图 1-17 为 600802 福建水泥在 2017 年 1 月 24 日和 2 月 10 日以及 2 月 21 日三次出现日线级别的四位一体指标体系放量全多头时的日线走势示意图。

图 1-18 为 600802 福建水泥在 2017 年 1 月 23 日到 2 月 21 日期间多次出现 60 分钟级别的四位一体指标体系放量全多头时的 60 分钟四位一体指标体系走势示意图。

结合以上三个时间周期的走势图,给我们一系列的重要启示是:面对周线这种代表着中线级别和日线这种代表着短线级别,以及 60 分钟这种代表着超短线级别的四位一体指标体系之间,若有反作用力的时候,绝对不能掉以轻心,不能以为会有连续性的行情出现。若要有连续性的行情出现,那就非要有这三个时间周期的四位一体指标体系全多头的配合才可以。最起码也应该要有周线级别的 MACD

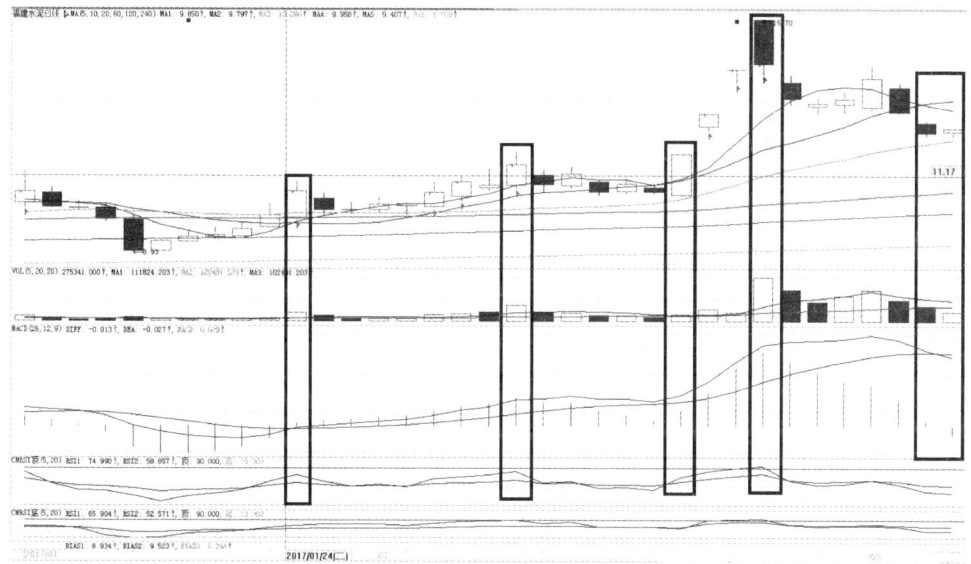

图 1-17

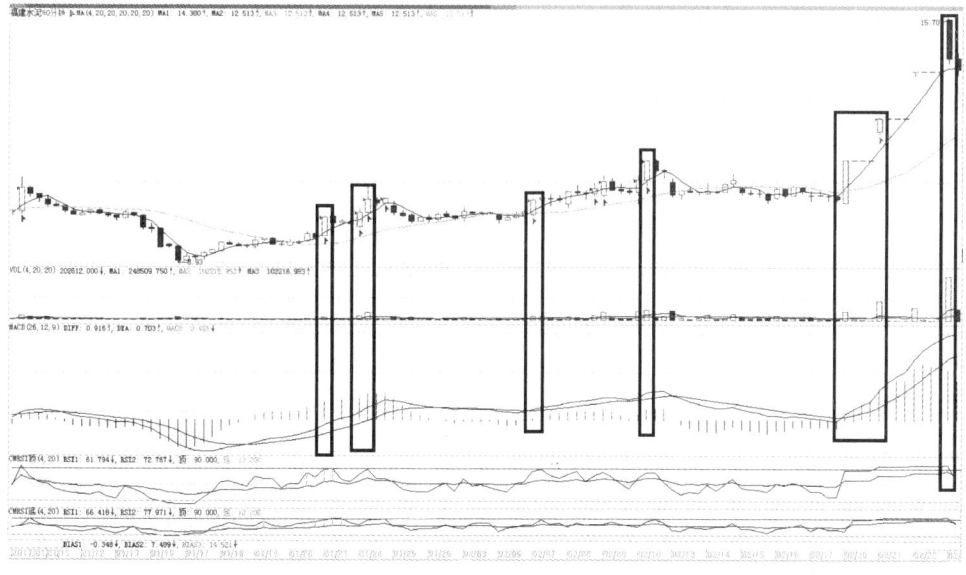

图 1-18

指标当中的柱状体正在放量向上移动的这种现象来做支撑配合,同时还要求 60 分钟和日线这两个时间周期级别的四位一体指标体系都要形成放量全多头攻击形态做保证。此外,还要多关心其之前的重要高点是不是会对股价上行有阻挡作用?如果是其第一次去对前期的高点进行攻击的话,绝大多数情况下,情愿在攻击未果或者攻击到差不多位置的时候,先及时地落袋为安,出来一下为最好。

而当复合时间周期指标数值都在极高位,分时图上又出现满足条件的上豁口现象的时候,也应该先出来一下为好。

在几个时间周期存在着反作用力,或者共同在走弱势的时候,坚决不能轻易提前买股票。任何一个时间周期级别四位一体指标体系出现放量全多头的现象时,需要重点关注和参与的是第一次出现信号的时候,而不是出现信号以后,已经经历了一段快速上涨以后的第三次、第四次的时候。我们都知道,风险是涨出来的,在不同时间周期存在反作用力的震荡上涨市环境当中,绝对不能去追高,追高就容易将自己置于不利之地。而当周线、日线、60 分钟这三个时间周期四位一体指标体系走势图上都刚刚显示出第一次出现四位一体放量全多头形态时,则此时才是最应该要大胆地去介入的时候,此时才需抛弃不敢追涨的陋习,及时在其刚刚出现四位一体指标体系放量全多头之时,分仓在其交易中心附近买入,享受之后容易出现的比较流畅且强悍的快速拉升行情。因为只有当复合时间周期四位一体指标体系出现放量全多头现象,同时复合时间周期指标数值又不都在极高位的情况下,才最容易产生连续的、流畅的、强悍的上攻行情。此时,才是千载难逢的最好的介入机会。成熟的投机客就应该在这种机会出现时,才及时介入。其他任何一次有反作用力的全多头现象,都不太会是最好的中短线买点,充其量只是小级别的快进快出超短线买点。对此不要期望太高、太长,否则容易让自己陷于被动。而当复合时间周期指标数值都在极高位时,则一定要及时落袋为安,面对盘面上的任何一次风吹草动,其实我们每一个人都是必须要警醒的,都是绝对要第一时间去作出反应的,跟着庄家的节奏去做,那么你的结果就一定会好。

市场走势经常有反复。而你这次超短线、短线操作,可能是做错的结果,也要先去做。毕竟我们一定要懂得"不能把惯例当特例,也不能因为偶然一次的特例而放弃或动摇对惯例和规律的坚定信仰"的道理。市场上存在着太多因为不懂得股市规律、没有行之有效的操作体系、不能坚定地执行纪律而左右摇摆到处吃亏上当的,成天"怨天尤人的祥林嫂"和认为股市中技术无用论者,活在股市当中的"祥林嫂和阿 Q 们"迟早会被市场无情地消灭的,他们的命运只能是悲哀的,是不值得效仿和尊重的。

市场永远是对的。时刻争取跟市场的中长线趋势同步运行,并且在超短线、短线的拐头区域及时跟对节奏同步操作的人,才可能长期滋润、如鱼得水般地活在这个市场中,并且活出尊严,获得广泛的尊重。在弱肉强食的环境中,永远是适者生存、剩者为王、强者为王、胜者为王。

第四节　判定出货还是洗盘的应对方案

由于前期追高进入的筹码以及在后期拉升行情过程中的跟风筹码,对股价的进一步上移会形成双重阻压,因此主力必然会采取各种调整手段进行洗盘,洗盘回调阶段其实是广泛地分布在不同时期的,也有不同级别的。这主要是庄家主力为了防止跟风盘、短线获利盘对其拉升或准备出货时造成干扰,有效地推升市场平均持仓成本,降低自身的风险,是随时随地由庄家主力主动进行的高抛低吸的一种调控手段。我在和股友的沟通交流过程中也经常碰到有人问:怎么看清楚庄家到底在拉升过程当中有没有逃跑或怎样事前就明确庄家目前是洗盘而不是在出逃筹码?

老实说,全世界没有哪个人、没有哪种方法可以在事前、事中确定说庄家现在没出货,而只是在浅幅洗盘或在进行中长线逃庄的。洗盘的过程一定是伴随着一定量和一定力度的出货的。

图 1-19 为 002346 柘中股份在其 2016 年 11 月份到 2017 年 1 月份期间出现过若干次不同级别的你说它是洗盘也好,说它是出货也可以的不同程度的回调宽幅震荡和暴涨行情。当然这种宽幅震荡可能是比较极端也比较厉害的,但是在实际盘面变化中,类似这样的例子还是非常多地反复出现的。有的是像第一个长框中表现的成交量迅速萎缩,股价却连续小幅震荡横盘走高的洗盘方式,然后在复合时间周期指标数值都到极高位或前期重要高点附近开始缩量或放量下跌;有时是浅幅下跌;有的是快速连续大幅暴跌;有的是在 20 日线附近止跌;有的是在 60 日线附近止跌;有的是 20 日线仍然大角度向上时止跌的;有的是 20 日线已经空头向下时止跌的;有的是日线、周线 CMRSI 底指标数值都调整到了低位以后止跌的;有的是日线、60 分钟、30 分钟、15 分钟、5 分钟这些时间周期级别的 CMRSI 底指标数值都调整到了低位以后止跌的。各种各样形式的都有。我们怎么可能在其刚刚形成拐头向下时,搞清楚是洗盘还是出货呢?

所以我建议大家不管在什么情况下,只要一旦该股出现了长、中、短期 CMRSI 顶指标当中的 RSI1 数值都到了高位,或中、短期 CMRSI 顶指标当中的 RSI1 数值

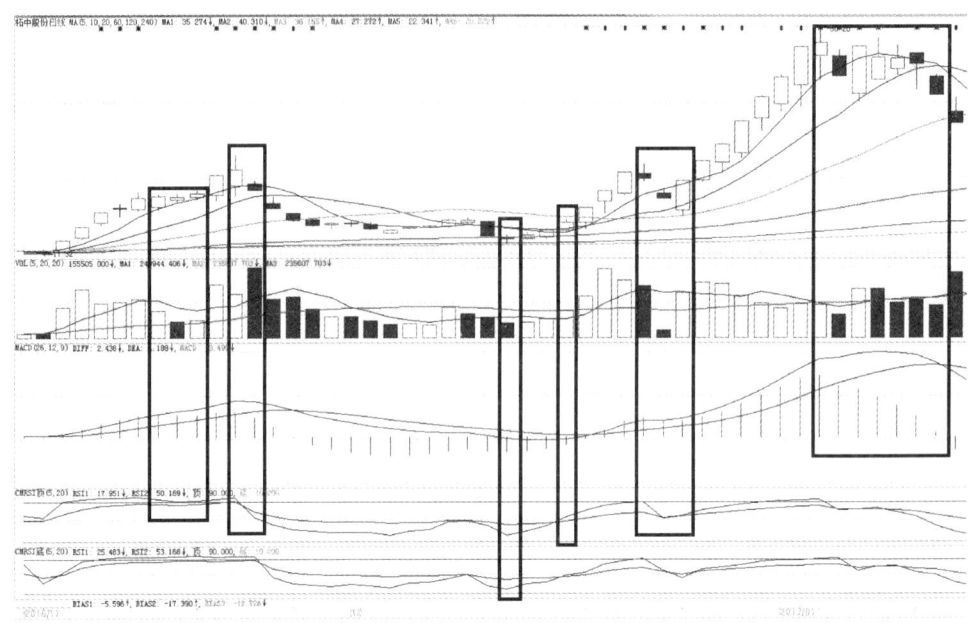

图1-19

都到了高位之时出现特别经典的见顶K线的时候,跌破了其上升过程当中的5日线;或跌破了最靠近其目前K线前一根有量有实体的中大阳线的交易重心;或其小一个时间周期的四位一体指标体系当中基本上已经形成全空头排列之时,先不管三七二十一就立刻利用盘中反抽机会抛清该股再说!此是当务之急、重中之重的第一反应。因为我们没有办法确定后期该股是不是只跌一天还是会跌多少天,也没有办法确定后期该股是只跌5%还是会跌50%,也没有办法确定后期该股只是浅幅洗盘还是在进行中长线逃庄。在危险来临之际"君子不立危墙之下",先尽量第一时间从该股里面把筹码撤出来,保证自己资金的安全和针对后市操作的主动权,才是最重要的,才是永远第一位的。此时,不用患得患失,需要的是坚决执行止盈止损纪律的果断执行力。从我已有的30年实战经验教训总结来看,准确率、有效率还是超过80%以上的。所以绝对应该先去这样处理的。万一哪个个股确实后期走势非常强悍,后期迅速又放量站上了其上升过程当中的5日线,或后期迅速又放量形成了双阳胜阴,或后期迅速又放量让其小一个时间周期的四位一体指标体系形成全多头排列之时,说明这个股票背后的庄家主力非常凶悍,其要立刻积极向上运作了。那就再赶快及时介入回来就是了。

一般看庄家是否在拉升中出逃,有以下这些基本方法:

　　首先,对比洗盘与异动拉升时的成交量。如果洗盘下跌时的量小于之前正常上涨时的成交量,洗盘下跌时的量在短时期内迅速、持续地萎缩到均量线的下方,同时其周线级别的 MACD 指标当中的柱状体还是一如既往向上的。那么这样的洗盘震荡基本上还算是正常的,说明洗出的多数是散户的筹码,而主力则没有大量出货。如果洗盘下跌的量大于上涨时的成交量,那多数是主力在主动借机出货了。在这里要多说几句:任何股票要产生猛烈的下跌一定是主力庄家大量集中抛筹码造成的,只要他们抛的力度小,跟风盘在上涨势头中是接得了的,只有当主力庄家大量集中持续抛筹码,造成跟风资金接不了了、接得怕了,才会造成股价的下跌,若此时主力庄家不在相对关键支撑位去大力回补筹码,那么股价如断了线的风筝一样随风飘荡,就不值得奇怪了。更有甚者,股价直线下跌也是顺理成章的。所以不能忽视任何一次盘中的股价弱势表现,面对走弱的盘面态势一味地麻痹大意、心存侥幸、无所作为,最后吃苦头的只能是自己。

　　其次,看洗盘时震荡下跌时阴线的形态特征。一般正常情况下,主力洗盘都会给前一个交易日重心附近买入者出局的机会,以达到来回震荡洗盘的效果,在 K 线上会看到普遍都有较长的上下影线,盘中分时图上显示的是股价围绕着分时图均价线为中枢位,频繁地进行缩量下跌、放量上涨形式的上下震荡,分时图上多数显示的是底部及向上时有量,而顶部及向下时相对于底部分形阶段来说是缩量的。而没有上下影线的光头光脚的阴线,分时图上显示的均价线形态是类似“一江春水向东流”似的极其弱势态势的,则不是通常主力在做正常的洗盘行为,而更应是主力趁机在猛烈出货。

　　再次,底部区域一般出现涨停 K 线或标志性大阳线后,股价往往会整理几日,如何才能证明这些 K 线是整理洗盘而不是出货呢？一般可以这样假设,如果整理几日后股价突然跌破这根起涨 K 线的最低价,那就算它是出货走势。如果整理几日后突然出现了另一根大阳线或涨停板,则证明前几日就是主力的洗盘行为,那再次出现的这根大阳线或涨停板就可定义为洗盘结束再度拉升的新起涨 K 线,后市就必然还有拉升行情。这样前后两根大阳线所确定的上涨趋势就确信无疑了,那后市自然也就可继续看涨做多。

　　最后,看洗盘经历的时间。一般来说,主力在进入拉升阶段时,洗盘的时间不会太长,其是舍不得用大量的金钱以及宝贵的低价位筹码去进行长时间、持续地洗盘的,所以我们会常常看到主升浪启动后的洗盘,阴线往往是一两根或三五根,超过五根阴线的洗盘,通常就要怀疑他是不是将有见顶回落、强势不再的危险了。因此,我们在判定是洗盘还是出货时,通常必须要随时随地观察其在强势震荡向上的过程中,小一时间周期的 MACD 指标不能出现顶背离死叉现象,一旦出现顶背离死叉就需要立刻利用盘中反抽冲高机会先抛出了。若其小一时间周期四位一体指标体系中,出现全空头排列现象的话,也可直接立刻准备止盈止损。

绝大多数情况下,经历过短时间快速的洗盘,又能够在很短的时间内重新放量站上 5 日线,又能够在很短的时间内重新放量形成四位一体指标体系全多头形态的,将是股价再次大幅上涨的可靠先兆。

大家只要记住正常的洗盘调整动作,一般小时级别和日线级别的超短线、短线洗盘回调是不会跌破 20 日线的,即使偶尔跌破 20 日均线之后也会迅速重新回到 20 日均线上方。只有周线级别的中线洗盘回调才会洗盘回调到 20 日线下方到达 60 日线附近的。小时级别和日线级别的超短线、短线洗盘回调会在没有跌破 20 日线的情况下,顺利结束洗盘行为。周线级别的中线洗盘回调会在没有跌破 60 日线的情况下,就顺利结束洗盘行为。如果在洗盘回调过程当中,成交量不肯持续、迅速萎缩,甚至还要跌破这个洗盘回调底线的话,那就有可能有大级别的调整风险。那跟洗盘回调阶段的定义就南辕北辙了,更需要特别小心,更需要注意先执行止盈止损纪律了。

而股价也只有经过一段时间和一定幅度的技术性调整后,才有可能在后期再度放量形成最起码的 60 分钟四位一体指标体系的放量全多头现象后,再重新向上拉动。当股价在经历了一段强势调整之后,再度形成强势的量价齐升突破并站稳在之前的平台高点之上时,股价才可能会进入快速拉升的阶段,此时才是实施新一轮的有效上涨行情的最好的中短线买点时机。

图 1-20 为 002730 电光科技在 2016 年 11 月 30 日到 2017 年 3 月 14 日期间出现多次出货和洗盘等现象,以及在出现了 60 分钟级别的四位一体指标体系放量全多头现象后,形势开始得到逐步扭转过程当中所经历的日线级别四位一体指标体系走势示意图。

图 1-21 为 002730 电光科技在 2016 年 11 月 30 日到 2017 年 3 月 14 日期间出现多次出货和洗盘等现象,以及在出现了 60 分钟级别的四位一体指标体系放量全多头现象后,形势开始得到逐步扭转过程当中所经历的周线级别四位一体指标体系走势示意图。

大家结合这两张日线、周线示意图和上方的长框以及标线,再结合上文中阐述的内容,应该可以更好地领悟出形态和指标的内在魅力。

从其日线的第一个长框处开始出现了复合时间周期指标数值都到过高位以后庄家主力的一轮放量出逃行情。MACD 指标当中的柱状体由原来的依次向上,迅

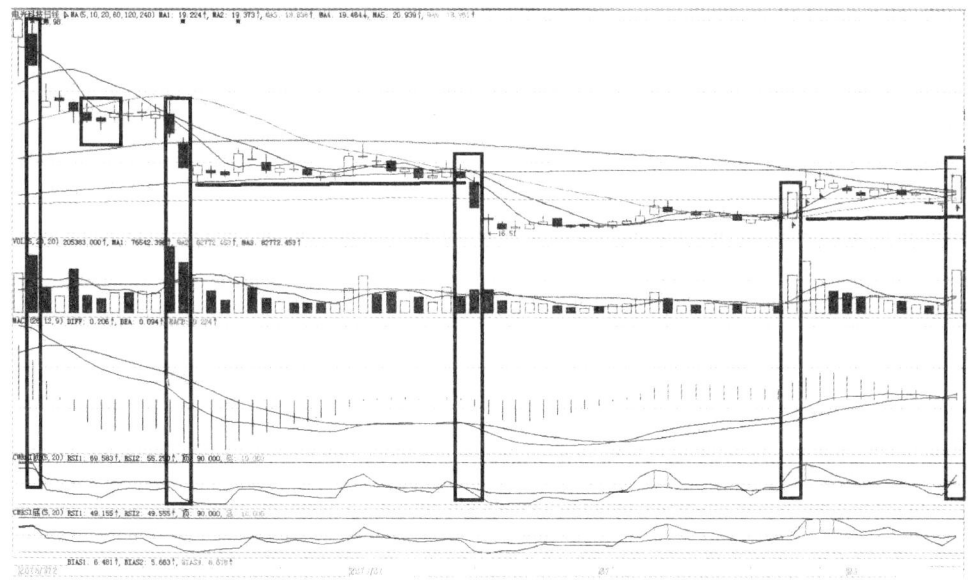

图 1-20

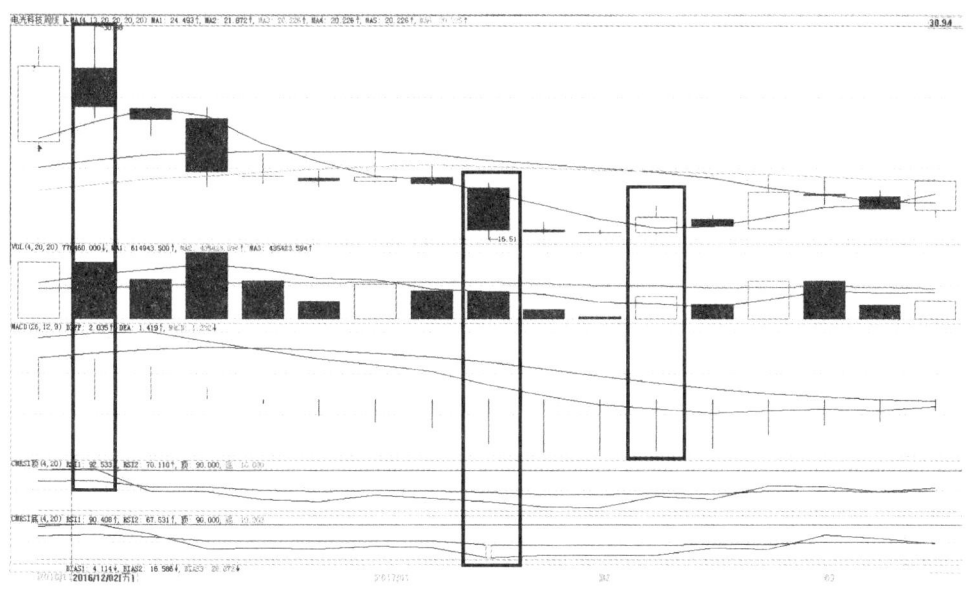

图 1-21

速地改变为日线、周线级别的共同向下走势。这就充分地在第一时间告诉我们这绝对不是一般意义上的洗盘行为了。如果是正常的洗盘行为,其成交量会在下跌的过程中迅速、持续缩量。有时不会使得日线的柱状体往下缩短,更不会轻易使得周线的柱状体向下缩短。我们可以一票否决制地认为,只要使日线和周线的柱状体都往下走的这种下跌,就一定是庄家主力出货造成的,而不是单纯意义上的洗盘。另外,正常的洗盘是不会轻易跌破20日线的,通常小幅、有限的洗盘都会在20日线上方结束,跌破20日线本身就已经不是一个可以容忍的洗盘行为。特别是跌破20日线以后,3天之内还不能放量快速站回20日线上方来,同时周线的柱状体还在往下持续地延伸,那就绝对不是洗盘了。这是庄家主力坚定地在出货的一个非常弱势的具体表现行为了。后期如果在任何时间周期级别的走势图上形成倒挂老鸭头的现象,则下跌速度、下跌力度会更猛。在任何洗盘过程中,如果将一个短期维持的低位小平台跌破,并且在跌破时同时还受到了均线空头排列、MACD指标的倒挂老鸭头,或者金叉不久后又迅速再变为死叉向下、共振向下配合的话,那么通常一波快速有力的下跌又开始了。同时,我们在图上的每次大阴线处基本上都能够看见其当时的分时图上会出现非常经典的"一江春水向东流"的这种分时图均价线走势。这种分时图均价线走势,在任何时候只要一出现,都必须要引起我们高度的重视,应该尽量在出现这种分时图形态时的当天,尽量利用盘中任何缩量反抽机会尽快先卖出。虽然此时可能股价已经跌了不少,但后期走势肯定仍将低迷一段空间和时间的,所以此时抛也得抛,不抛也得抛。图1-21显示的16.51元的这个位置附近,是其60分钟、日线、周线的CMRSI底指标数值都到了极其低位,同时分时图上出现了满足条件的下豁口现象的时候,通常此时意味着其中短线有见底止跌反弹的可能了。如果此时能够获得月线级别CMRSI底指标数值也都到了极其低位的配合的话,更加应该是一个短期、中期抄底的买入信号,有时甚至是一个长期、中期、短期、超短期的共振反转低点买入信号。该股自从2017年2月10日这一周开始见底后,其周线级别柱状体由原来的依次下跌,改为依次上涨。意味着此股出现了短期、中期趋势的改变,由原来的下跌趋势,开始转为逐步多头向上的上升形态。但是任何一次底部的反转形态,必须要靠这最起码的60分钟四位一体指标体系的放量全多头形态出现为标志。其在2月底,出现了四位一体指标体系的放量全多头现象,但由于此时其各个时间周期四位一体指标体系的走势图当中还有反作用力现象存在着,所以尽管形成了60分钟四位一体指标体系的放量全多头的形态,但是其上涨态势还是受到了各方面的条件抑制,容易再次形成缩量的洗盘行为。此时的缩量洗盘没有将其2月23日这根孔武有力的标志性强势起涨 K 线的最低点跌破。在经过了短期的震荡缩量洗盘以后，股价终于在 MACD 指标的 0 轴线之上，再度形成放量老鸭头形态。这预示着新一轮的上涨，即将拉开帷幕。其正式地由原来的中期下跌弱势形态，转为震荡上涨的中短期强势形态。

第五节　第一次触平台高点就会有洗盘的规律

"触平台高点就会有洗盘的调整"是股价运行的一个必然规律。

一般情况下，只要股价向上运行并接触至超过 1 个月以上时间的前期平台高点时，没有特别强势轻松地结合短期均线、短期均量线一起同步越过前期平台高点，或者没有量价强势配合以封死涨停板的那种非常轻松的形式越过前期平台高点的话，都会受到前期平台高点和短线跟风获利盘的双重压力，而进入震仓洗盘的调整阶段。我根据无数次的实战总结过：特别是前期平台高点在 10 日以上的，第一次冲击前期平台高点时，90% 以上都是立刻要回调一下的，有的最起码见高点以后回调 7% 左右，有的回调 13% 左右，有的回调 21% 左右，有的甚至回调到箱体底边附近再进行新一轮的箱体震荡行情。更有甚者，直接导致一波大级别的下跌行情展开。

股价第一次上攻到前期平台就一定会有洗盘调整是规律。但有时股价还没有攻到前期平台时，也会有调整洗盘甚至下跌行情产生。其原因有可能是主力在拉抬过程中刻意洗盘，以减轻拉升阻力，也可能是受到当时股指回调的影响，主力顺势打压等各种各样因素的影响而会导致这种现象出现。而且有时即使短期比较凶悍地一冲而过，也往往在冲过这个压力位差不多 15% 左右的位置就又戛然而止了。因此，我们在每天的盘口，必须保持警惕，客观地根据庄家主力选择的操作节奏和方向，去尽量同步操作。敬畏市场、尊重市场是我们每个投机客必须时刻保持的态度。永远要顺势而为，而不能逆市而行。

所以我一再友情提醒大家：以后看见股价基本接近平台前期高点附近时，一定要警惕随时随地可能发生的见顶回落洗盘行情的出现。一旦此时出现满足我在《四位一体操盘术》一书中告诉大家的最高点卖出法条件时，一定要及时卖出。一旦此时出现跌破 60 分钟级别的 4 小时线时，一定要及时卖出。一旦此时出现 60 分钟级别的 4 小时线拐头向下时，一定要及时卖出。一旦此时出现 60 分钟级别的 MACD 指标柱状体或 DIFF 曲线顶背离迹象时，一定要及时卖出。这样可以保证你把股票抛在平台高点的向下拐点区域。

图 1-22 为 002352 顺丰控股在 2016 年 7 月 1 日到 2017 年 3 月 3 日期间发

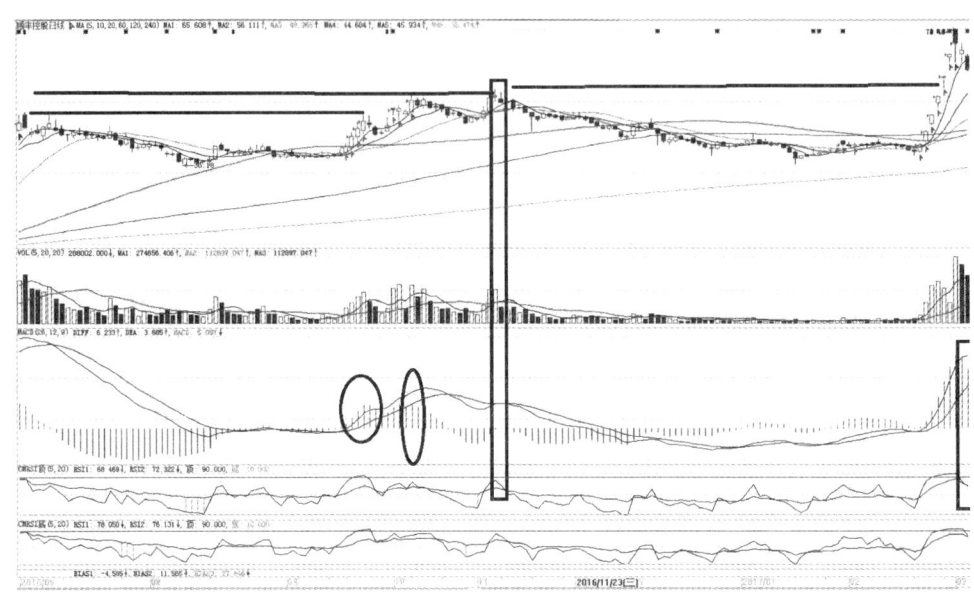

图 1-22

生的符合上文阐述的多次第一次触平台高点就会有洗盘的走势示意图,以及在出现这种情况前后的日线级别四位一体指标体系变化特征走势的示意图。

第六节　选择"预期获利空间足够大"的股票

在选择一个股票进行中短线操作前,要尽量选择"预期获利空间足够大"的股票。

"预期获利空间足够大"一般是指上、下两个比较大的高低价格平台之间所形成的垂直距离的大小,就是后期股价能够拉升的预期获利空间。从理论上讲,如果上、下两个比较大的高低价格平台所形成的垂直距离较大,股价拉升的获利空间就大;反之,则小。当然世事无绝对,在多数情况下,这样去判断和操作是比较有效和划算的。

股价每次有效突破之前的高位价格平台后,都会往前期一个比当前股价更高的、有量有价的、有过根本性价格转势形式发生过的、高位价格平台进攻的。所以我们通常会把这个高位价格平台作为后期股价拉升的"预期获利空间"。

如果当前股价与前期更高的技术平台之间所形成的垂直距离比较小,或前期出现多个渐次走高且垂直距离不大的震荡平台,那么后期股价拉升的过程通常都会比较纠结,走势会不太流畅,可能会用很长时间去慢慢消化上方的层层阻力位,所以一般选股操作时,尽量去选择之前高位平台离开现价距离远一点的、之前高位平台下跌速度和角度快一点、陡峭一点的、原先下跌阶段量能越小越好的为佳。反正现在股票数量越来越多了,可以供大家选择的机会点也越来越多了,大家在面临实盘操作的时候,尽可以挑选那些符合当前热点的,挑选那些原来的顶离现价越高越好的,挑选那些走势形态流畅的,挑选那些你一眼就看得明白、跟得踏实的个股去操作。尽量不要去挑选那些股价只要稍微向上拉一拉,就会接触前期震荡下跌平台压力区的股票,心烦意乱地辛苦做。正所谓"吃力不赚钱、赚钱不吃力",大家想想"脸朝黄土背朝天",天天只知道在地里干农活的农民能赚多少钱?

　　图 1-23 为 603800 道森股份每次突破底部平台高点后的不同走势变化情况,以及 2017 年 3 月 10 日放量形成 60 分钟、日线、周线、月线这几个重要时间周期共振四位一体指标体系全多头后,在有效突破了前期高点后向之前一路缩量快速空跌下来的高点冲刺的走势示意图。其所有的要求和条件都符合上文阐述的内容。

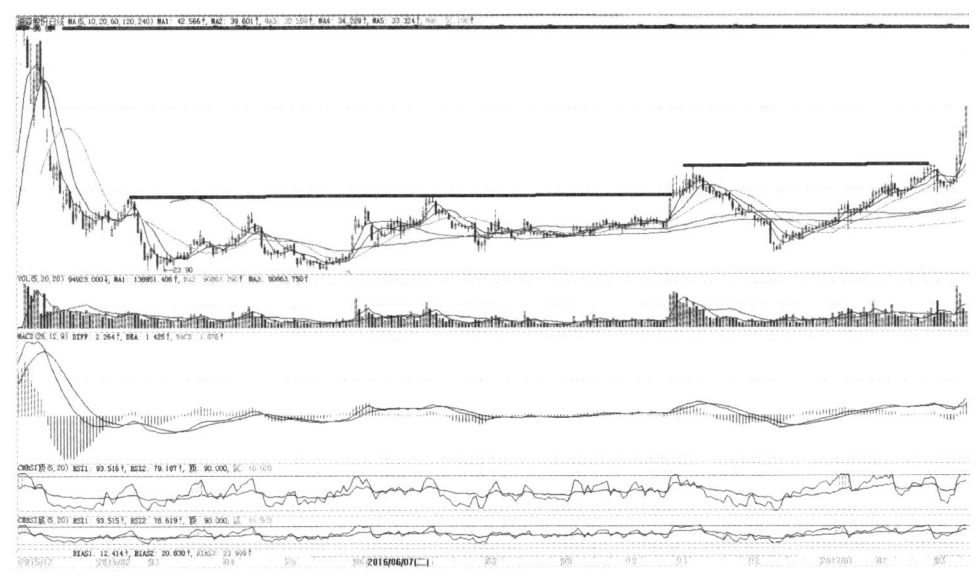

图 1-23

　　尤其是那些以短线投机为生的投机客们,更要善于在第一时间发现上、下两个震荡平台之间垂直距离大的、空的、符合当前炒作热点的股票,一旦在股价有效突破相对底部平台高点,形成多时间周期四位一体指标体系的放量全多头态势,展开

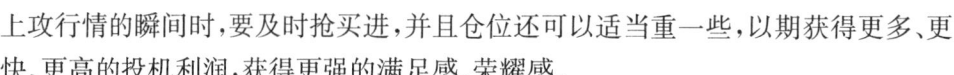

上攻行情的瞬间时,要及时抢买进,并且仓位还可以适当重一些,以期获得更多、更快、更高的投机利润,获得更强的满足感、荣耀感。

另外,还有一种特别有效、可以立竿见影获得非常好效果的"预期获利空间足够大"的股票。那就是新股、次新股有效共同形成 60 分钟和日线四位一体指标体系放量全多头,并且得到最起码的周线级别柱状体向上推进配合的、突破其上市以来新高的股票。一旦满足条件的个股创新高后,只要当时指数环境不太差,通常都会有一波非常凌厉的中短线上涨行情出现。

图 1-24 为 603577 汇金通在 2017 年 3 月 7 日 60 分钟四位一体指标体系走势图上,共同形成 60 分钟和日线四位一体指标体系放量全多头,并且得到最起码的周线级别柱状体向上推进配合的,突破其上市以来新高时的走势示意图。一旦满足这些苛刻条件的个股创新高后,只要当时指数环境不太差,通常都会有一波非常凌厉的中短线上涨行情出现。

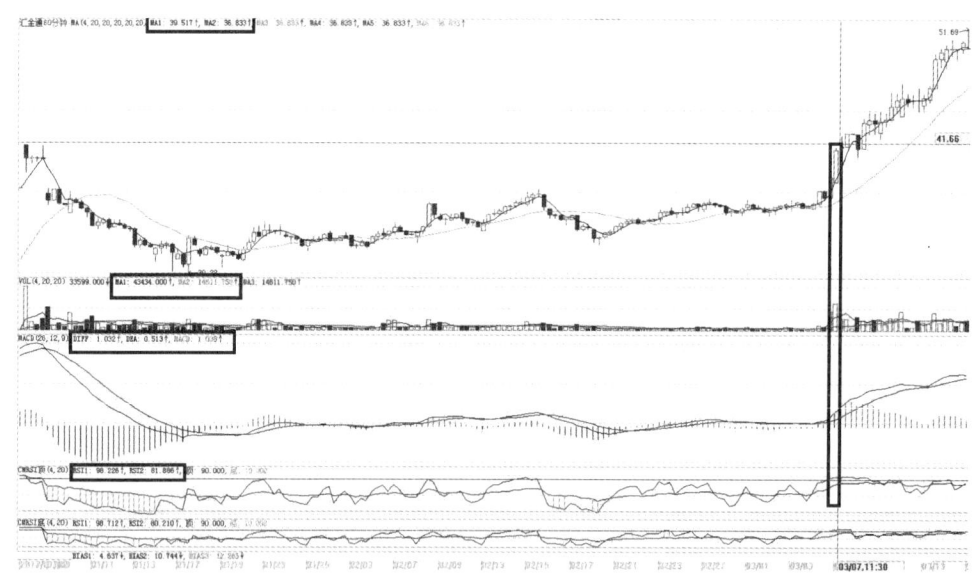

图 1-24

图 1-25 为 603577 汇金通在 2017 年 3 月 7 日日线级别四位一体指标体系走势图上,共同形成 60 分钟和日线四位一体指标体系放量全多头,并且得到最起码的周线级别柱状体向上推进配合的,突破其上市以来新高时的走势示意图。一旦满足这些苛刻条件的个股创新高后,只要当时指数环境不太差,通常都会有一波非常凌厉的中短线上涨行情出现。但是在满足了极强势股最高点卖出法"乐极生悲"

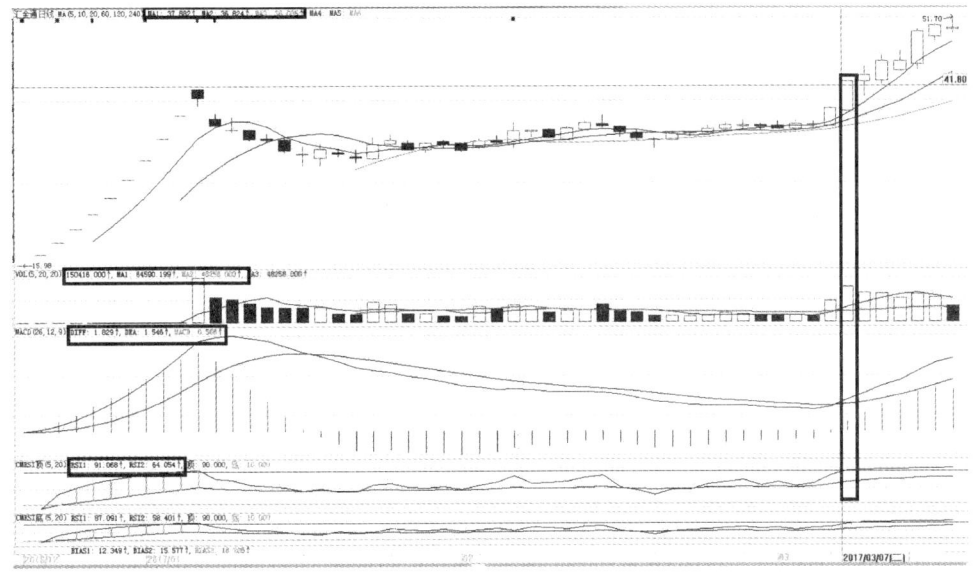

图 1-25

条件后,最好准备高抛一下,或者在出现疲软走势时一定注意要先止盈止损出来一下再说。炒股票时千万不能忘记执行操作纪律。

第七节　把握突破形态的趋利避害机会

图 1-26 为 002793 东音股份在 2016 年 11 月 23 日发生的一次创历史新高的突破走势。按以前正常的方法步骤看它当时的 4 周线和 5 日线、4 小时线以及 60 分钟、日线、周线 MACD 指标当中的柱状体也是向上推升股价上行的;日线级别四位一体指标体系走势图上,共同形成 60 分钟和日线四位一体指标体系放量全多头;突破的时候还是以最强悍的放量涨停板的形式进行的突破,照理说它会是个很好的突破买入机会,但是为何它之后没涨多少幅度就连续大幅下跌形成了一次让人大受损失的多头陷阱呢? 任何个股在运作的过程中都会受到各种不同情况、不同因素的影响,有的是内在因素,有的是外在因素,所以会造成各种千奇百怪的异常走势,这也是股市的魅力所在。对于我们每一个参与股市操作的投机客来说,满足买入条件时第一时间及时介入,买入后首先就是看庄家主力的运行行为来调整自己的后续操作了。一般而言,第一次突破高点都是会失败的,都是会有回踩的后

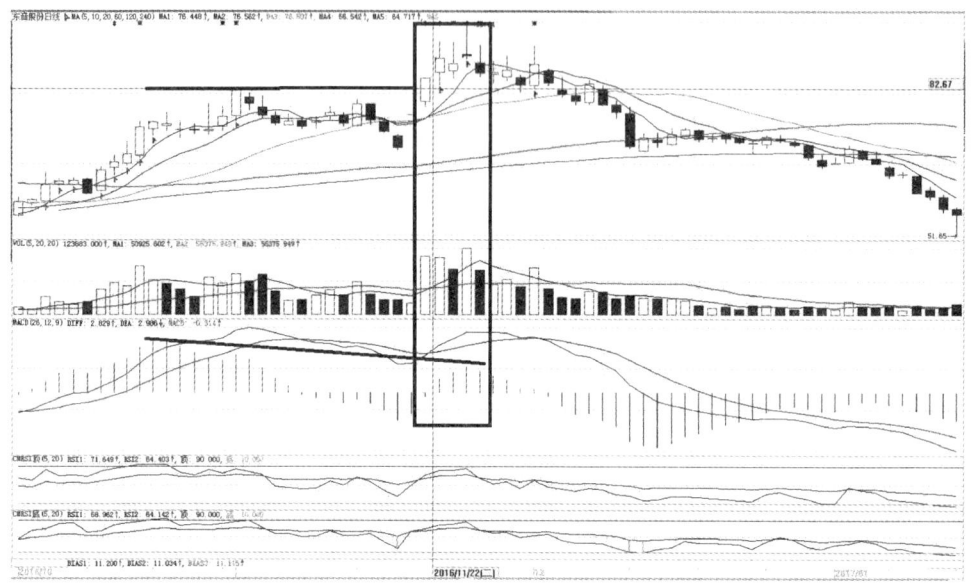

图 1-26

续动作的,特别是 K 线上有点风吹草动的时候,MACD 指标上有柱状体向下缩短现象了,指标有顶背离迹象了,股价跌破前 1 日二分之一位置了,股价跌破 5 日线的时候,就应该随时随地准备立刻抛股下车观望后续变化为宜。如果该股买入后就上涨,然后满足了强势股或极强势股最高点卖出法条件后,投资者最好准备高抛一下,落袋为安为好。装在自己口袋里的钱才是真正属于自己的钱。炒股票时千万不能忘记执行操作纪律。

一般而言,发现盘中股价第一次突破前期高点时,你若有此股尽可以先抛了再说,但是这种突破前期高点的情况若是在较短的时间内,第二次、第三次发生的话,那就需要看看四位一体指标体系走势图上的细枝末节中的强弱度来决定怎么买卖了。若这时的 5 日线、5 日均量线、MACD 指标当中的柱状体已经基本接近前期平台高点时的柱状体数值、甚至超过前期平台高点时的柱状体数值、MACD 指标当中的 DIFF 的数值也已经基本接近前期平台高点时的 DIFF 数值、甚至超过前期平台高点时的 DIFF 数值、当时的成交量也已经可以超过前期平台高点时的成交量水平了,那就另当别论了。一般只要量价齐升形成四位一体指标体系放量全多头态势的话,那在近期连续发生的第二次、第三次突破前期高点时,需要及时先在其当时的交易重心附近买入部分仓位。若突破时各时间周期四位一体指标体系走势图上都没有什么反作用力现象存在的话,更需要加大仓位及时介入。因为此时较可能在强势的量价配合下,顺利突破前期高点,形成一波有效的冲击新箱体高度的、气势恢宏的上涨行情了。此刻确实比较容易产生涨停板现象,甚至形成中短线快速、连续的飙升行情。

图 1-27 为 002695 煌上煌在 2016 年 10 月 21 日股价强势大涨创前期平台新高时,同时在 60 分钟、日线、周线上形成四位一体指标体系全多头之时,更加上在 60 分钟和日线级别的 MACD 指标所有要素条件,都在 0 轴线上形成 MACD 指标当中的柱状体数值创新高的、最有力强势配合的,并且基本上都符合上文阐述的条件要求的 60 分钟四位一体指标体系走势图。

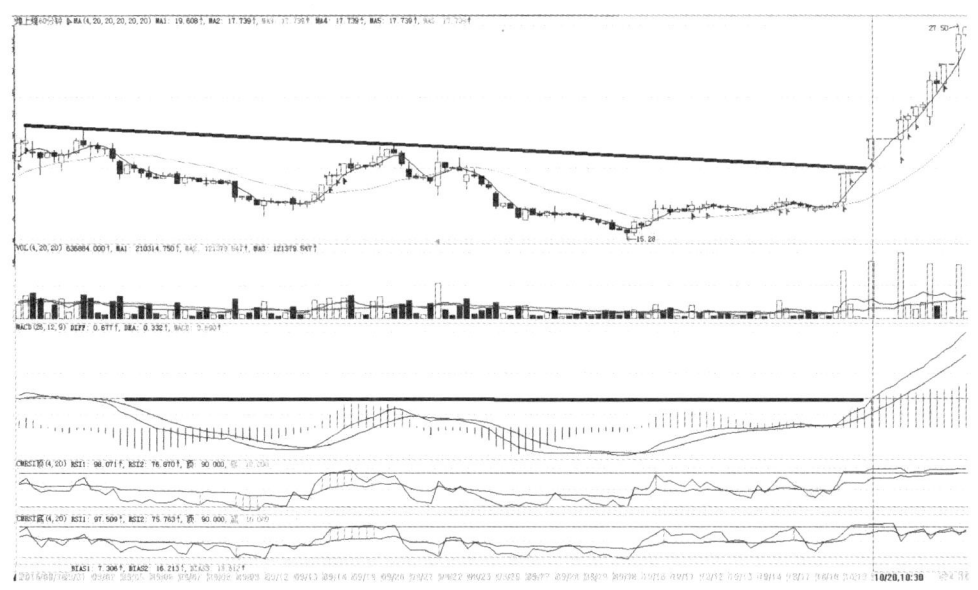

图 1-27

图 1-28 为 002695 煌上煌在 2016 年 10 月 21 日股价强势大涨创前期平台新高时,同时在 60 分钟、日线、周线上形成四位一体指标体系全多头之时,加上在 60 分钟和日线级别的 MACD 指标所有要素条件,都在 0 轴线上形成 MACD 指标当中的柱状体数值创新高的、最有力强势配合的,并且基本上都符合上文阐述的条件要求的日线级别四位一体指标体系走势图。

图 1-29 为 002695 煌上煌在 2016 年 10 月 21 日股价强势大涨创前期平台新高时,同时在 60 分钟、日线、周线上形成四位一体指标体系全多头之时,更加上在 60 分钟和日线级别的 MACD 指标所有要素条件,都在 0 轴线上形成 MACD 指标

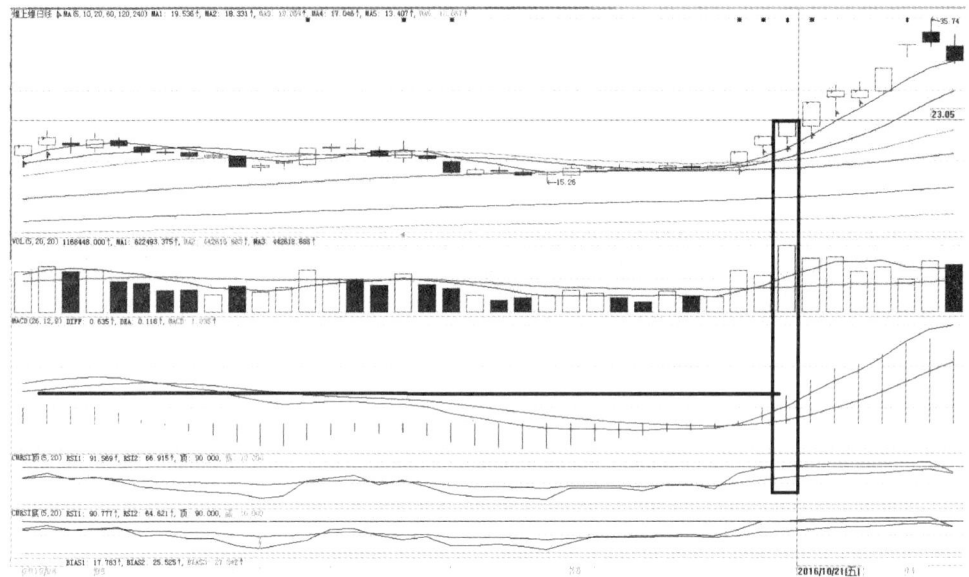

图 1-28

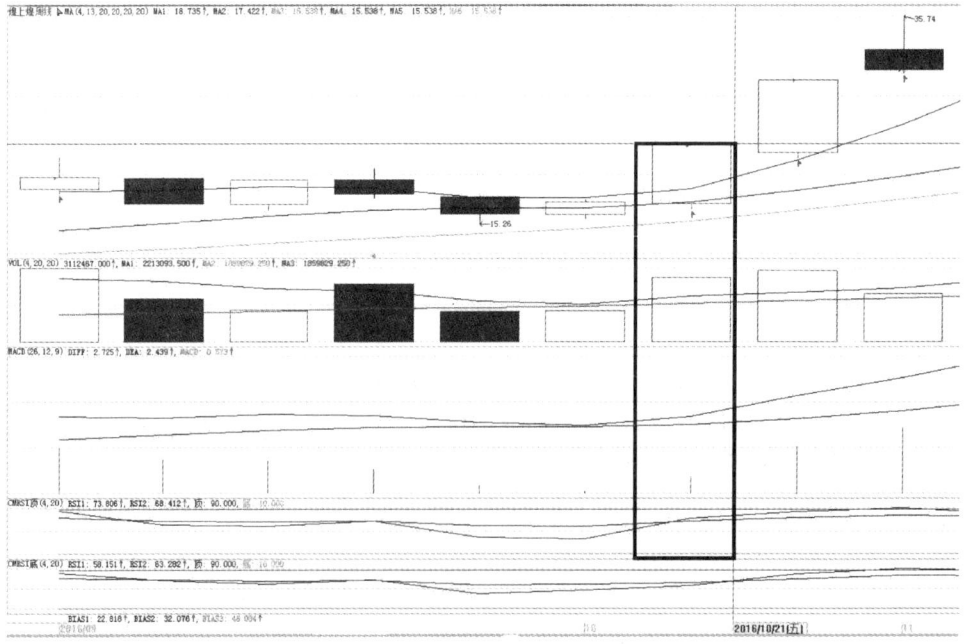

图 1-29

当中的柱状体数值创新高的、最有力强势配合后,在周线的 MACD 指标所有要素条件,都在 0 轴线上形成放量老鸭头的周线级别四位一体指标体系走势图。

另外,需要特别留意不是第一次有效突破前期高点的个股,在其真实有效突破的时候,观察它是否出现放量的大阳线和放量向上的跳空缺口。如果股价在二次突破之时出现了这种强劲的表现形式后,能持续地放量,则这类突破股多数都将有非常不错的上涨机会和不俗的收益。所以投资者必须细心挖掘这类机会偏大品种的短期强势表现机会。

图 1-30 为 000918 嘉凯城在 2015 年 12 月 25 日到 2016 年 8 月 18 日期间股价出现符合上文阐述的这种条件要求的日线四位一体指标体系走势图。出现这种强势大涨创前期平台新高时,如果同时在 60 分钟、日线、周线甚至月线上也已经差不多刚刚形成四位一体指标体系全多头之时,加上在 60 分钟和日线以及周线甚至加上月线级别的 MACD 指标所有要素条件,都在 0 轴线上形成 MACD 指标全多头的最有力强势配合时,其实是可以适当重仓参与一把,赚一把恶狠狠的快钱、猛钱、大钱的。

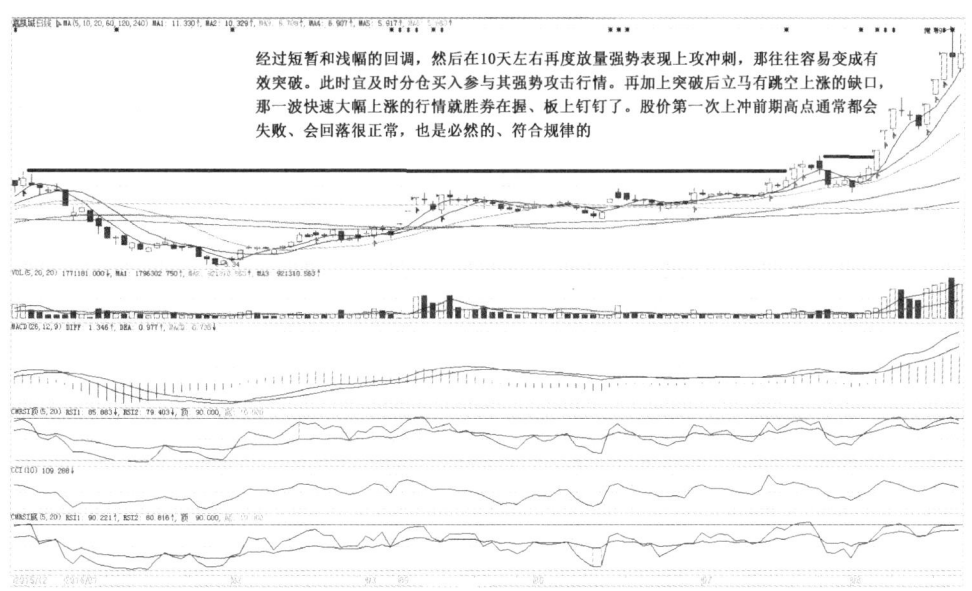

图 1-30

股价在波动的过程中,必然会在各个高点上留下沉重的套牢盘,对于被套牢的投资者来说,一旦有了解套的机会,就好像死里逃生一样,大多数不是想着获利,而是想着赶紧平仓出局的。历史的最高点上被套的,又往往是被套得最死的,现在机构给这些套牢最严重的投资者以解套的机会,机构这么好心吗? 这说明了什么?

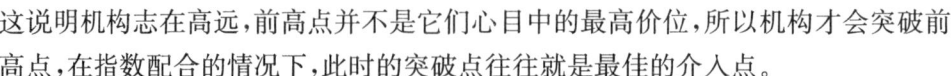

这说明机构志在高远,前高点并不是它们心目中的最高价位,所以机构才会突破前高点,在指数配合的情况下,此时的突破点往往就是最佳的介入点。

既然机构给投资者以解套的机会,不怕这些套牢盘出现的抛压,已经完全做好了承接这些套牢盘的准备。其实投资者也就没必要担心,可以择机在有效突破历史新高的情况下,跟随机构一起入场做多。不过这样的手法也一定要注意外部的环境,个股创历史新高以后,股价又经过一番调整之后,再度起涨,几根小阳线已经轻松地突破之前的高点,形成突破的走势,既然股价已创新高,也就没必要犹豫了,直接跟随主力再次过新高的点位入场进行操作就是了。

图 1-31 为 300598 诚迈科技从 2017 年 2 月 20 日到 3 月 14 日期间所经历的符合上文阐述的道理和现象的日线级别走势图。

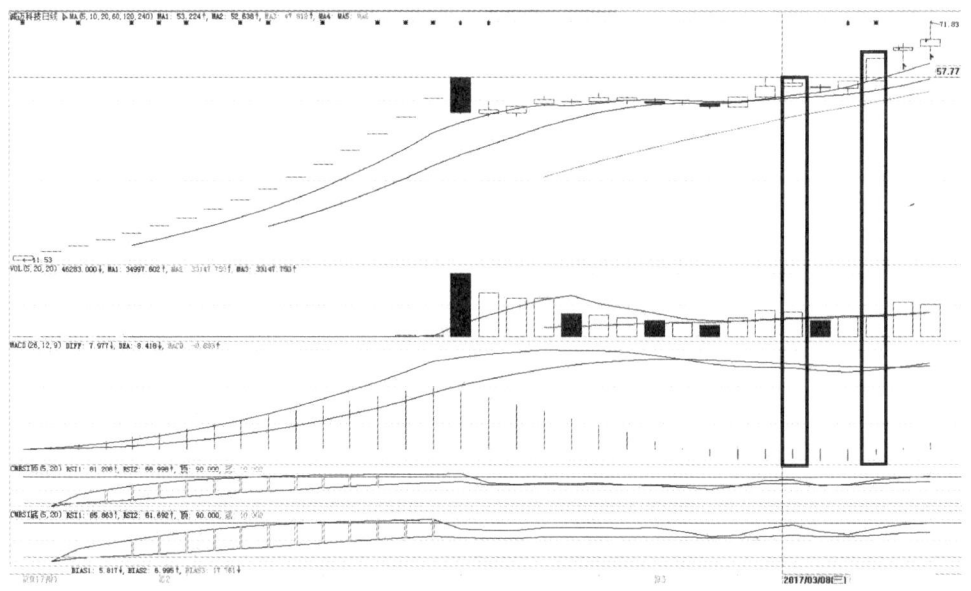

图 1-31

图 1-32 为 300598 诚迈科技从 2017 年 2 月 20 日到 3 月 14 日期间所经历的符合上文阐述的道理和现象的 60 分钟四位一体指标体系走势示意图。

从上述两个时间周期的走势图上,我们可以清晰地看见,其在 2 月 20 日之时,形成了巨大的、超过了 57% 换手率的一根高开低走的大阴线,形成了一个非常吓人的顶部,其后经过了震荡下跌后,曾经在 3 月 8 日第一次返身向上冲过了 20 日的 K 线最高点,此时应引起我们极大的关注,将它放在自选股中,但此时还不是最

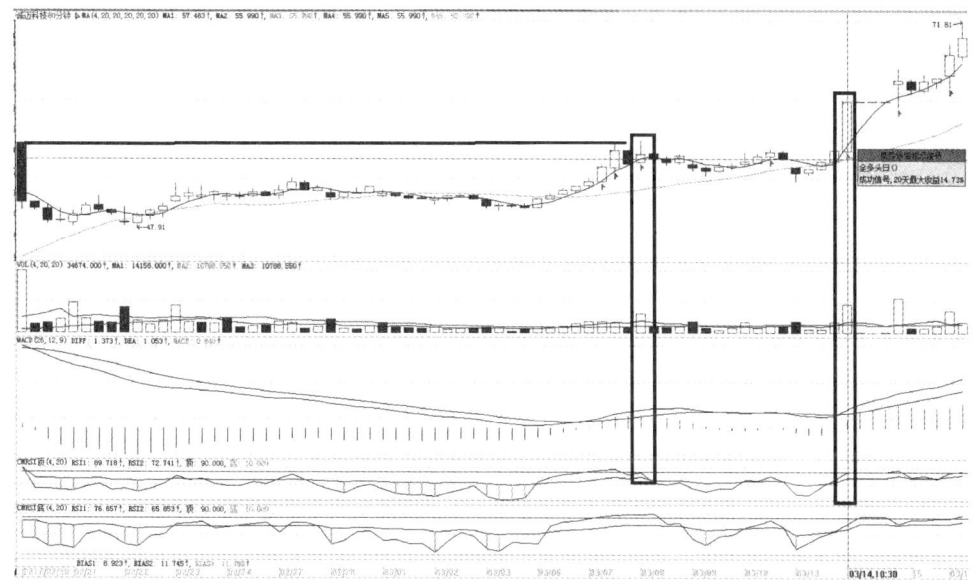

图 1-32

佳买入点,因为我们都知道,第一次去冲高点,往往都是冲不过的,第一次形成 60 分钟四位一体指标体系放量全多头时,其当时的柱状体比起其前一个高点的柱状体最高点要低了很多,这样就说明它的力度可能比较弱。短期它还将有一个回落,在这个回落的过程当中,如果能够在最好不超过 10 个交易日左右的情况下,再度能够形成放量向上突破其前两个重要高点之时,同时其当时的 MACD 指标当中的柱状体和两条曲线比起其前一个高点的柱状体最高点和曲线的位置要高了很多,这样就说明它的力度可能比较大。那么这就是一个非常好的、切实可行的绝佳买点。在这种买点出现时,投资者可以适当地分仓在其当时的分时图交易重心附近买入,以期获得它突破以后的一个中短期可以值得预期的快速飙升行情。当然,在出现这种飙升行情的时候,其周线、日线、60 分钟走势图当中所有的四位一体要素条件都必须要向共同多头向上的方向去做有效的持续配合,才能够买入和持有。

此时,在没有出现我在《四位一体操盘术》一书中,告诉大家的最高点卖出法条件前,一定不要轻易卖出;没有出现跌破 60 分钟级别的 4 小时线前,一定不要轻易卖出;没有出现 60 分钟级别的 4 小时线拐头向下前,一定不要轻易卖出;没有出现 60 分钟级别的 MACD 指标柱状体或 DIFF 曲线顶背离迹象前,一定不要轻易卖出。这样可以保证你轻松、顺利地骑在一匹大黑马上,获得应该有的投机利润。

不过,在实战中,不管什么时间、不管什么情况,不管之前如何强势,买入任何股票后都必须及时跟进止损措施设置,并且要严格执行止盈止损纪律。我们针对这种价格的突破前期高点形式,设定的一个最低止损位是设在突破 K 线的开盘价处的。后期股价继续震荡向上,则止盈止损位也就顺理成章地随之向上延伸设置了。

第八节　几种必须掌握的形态和其买卖点要诀

长线的见底企稳一般都会在政策面、消息面、技术面、资金面的共同配合下产生共振作用的有效配合,在 K 线形态上出现放量阳包阴,或者一阳吞数阴的这种强势形态特征,才可能确立一个相对有力度的底部。若之后成交量和 K 线能够持续地释放做多能量,那么股价的企稳反弹,甚至反转行情就得到了充分的保证,就可能形成真正意义上的见底企稳阶段。

见底、蓄势、启动阶段是最复杂多变的一个阶段。有的庄家主力在此期间会采用 V 形反转急拉升的一种操作方式,直接将股价迅速从底部拉起,突破最接近底部区域的那一个相对低位整理平台后,再进行一段时间的相对窄幅横盘整理。有的庄家主力会在此期间用双底、头肩底、复合头肩底、圆弧底、潜伏底等各种各样的方式,逐步拉长时间,将底部形态做得更扎实一些、稳妥一些。

在展开讲述各种价格形态前,这里要重点讲一下各种各样形态分析当中都要碰得到、用得到的"颈线位"的相关知识点:颈线位是主力资金布局、发动行情的最重要关隘,是大形态分析和操作中含金量最高的位置,是涉及的技术条件要求最高、最多、最严的形态位置点。以下的判断要点适合所有的价格形态走势分析,今后就不一一再重复赘述了。

主力资金在一个恰当的位置开始波段建仓,建仓后等待拉升时机与洗出跟风盘同时并行,然后在建仓成本区的循环低点继续收集,并促使股价回到前成本高点区域,颈线位就此形成。实盘操作时最应该注重的就是颈线位突破的交易机会与颈线位获得支撑时的两大机会点。

颈线位有效突破后是否就是主升行情的到来,除了需要看盘面强弱度,看题材力度,还需要看主力资金投放方式与拉升模式。就颈线位而言,如果主力选取的是小波段渐进方式,那么前颈线位多成为股价洗盘时的回踩点,即颈线位支撑,这样的股价走势在盘面中时有发生,机会也不难把握。

突破颈线位是追涨点,回踩颈线位并有效止跌是低吸点。突破颈线位再回踩反转是好机会。股价在这个颈线位附近时不妨做个有心人,因为这种地方很有可能会有止跌回升行情出现。若在这个颈线位附近出现底部经典 K 线或强势启动的经典 K 线组合,同时其当时的主动性买盘成交量再度向上放出、此时的主动性买盘成交量比前次低点放出的成交量更大、MACD 柱状体数值的位置比前次低点的 MACD 柱状体数值更高、左中右三个时间周期的 MACD 指标当中的柱状体再度向上开始延伸了,比其小一时间周期的四位一体指标体系已经基本上或已经形成放量全多头了的话,那就表示由跌转升、再次上涨的概率已经完全靠谱了,当然就更加值得及时在其当时的交易重心附近分仓买入。若当时还没注意到或没有下定决心买入,在看见连续两天在这个颈线位附近之上持续放量在做进攻性上涨,同时其隶属于的板块也在强势向上表现着,那么其上涨的概率就更大了,那就更需要及时在其当时的交易重心附近分仓买入了。

图 1-33 为结合上文阐述的颈线位的知识点和所有条件要求,300398 飞凯材料在 2016 年 12 月 14 日至 2017 年 3 月 16 日期间,形成的满足所有要点和形态特征的日线级别走势示意图。

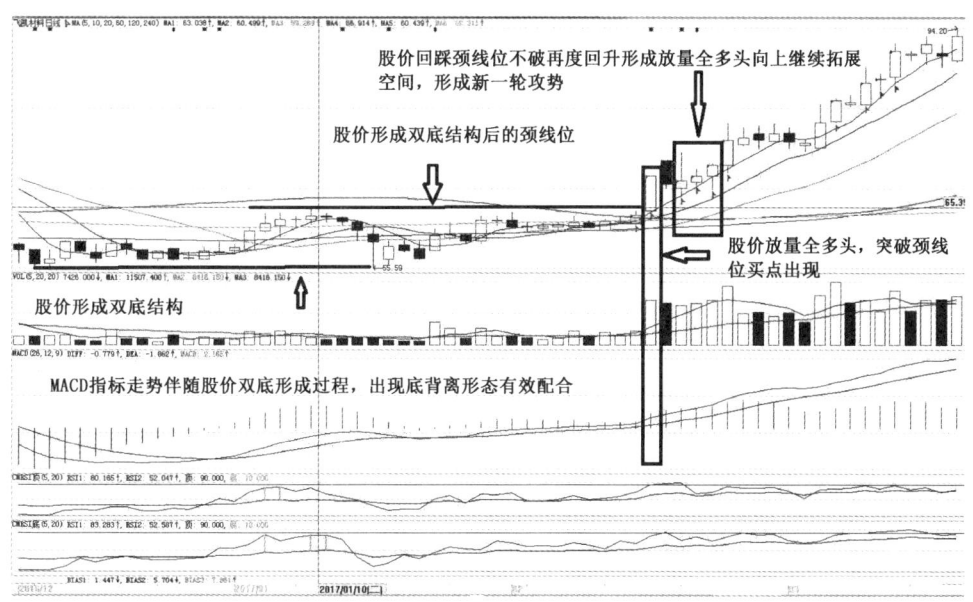

图 1-33

判定颈线位是有效的突破,一定要符合几大条件:启动时、启动后量能要足、要有持续性;行情刚刚启动股价还没透支完的;前期缩量横盘整理时间和空间都要充分的;均线系统都不能有反作用力的、要刚刚完成好黏合密集、刚刚开始多头向上发散的;股价启动时其隶属的板块也能够共同发力向上的,其在板块中属于龙头品种的,当时指数环境也属于偏强势或已经在走强势趋势的时候。这五大条件,一个都不能缺少。

图 1-34 为结合上文阐述的颈线位的知识点和所有条件要求,002302 西部建设在 2016 年 8 月 22 日至 2017 年 1 月 24 日期间,形成的满足所有要点和形态特征的日线级别走势示意图。

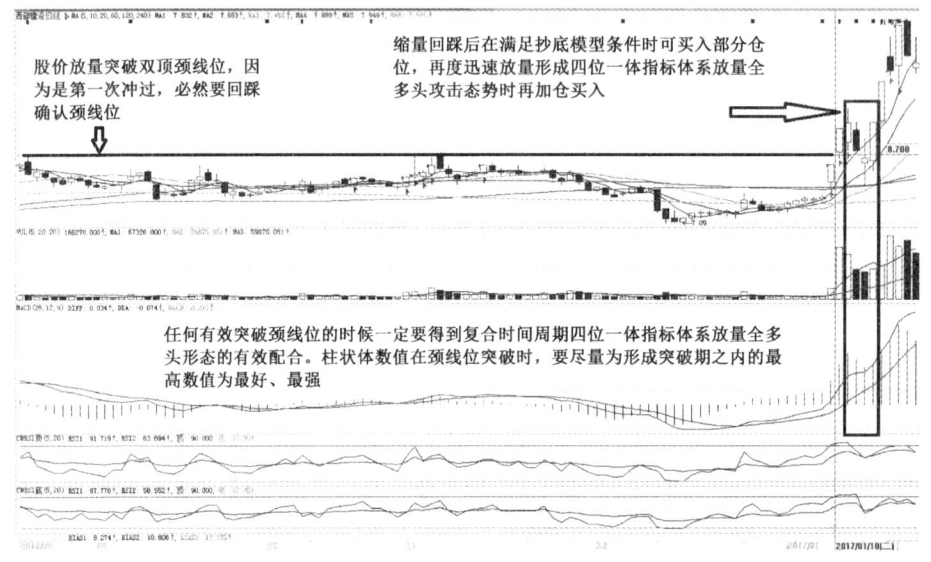

图 1-34

一、头肩底形态

头肩底形态指的是酷似人的头与肩的形状的一种形态,并因此而得名。头肩底是一种上升形态。形成左肩时股价下跌,成交量相对放大,接着是一个标准的头肩底,此时成交量出现较小的上升,然后股价再次下跌,且跌破前期的低点,但成交量随着股价的下跌而增加,较左肩反弹阶段时的成交量放大,形成底部。从底部最低点回升时,成交量有可能放大。但整个底部的成交量比左肩多。当股价回升到前期反弹高点时,出现第三次回落,此时的成交量明显少于左肩和头部,股价在跌至与左肩齐平时,逐渐稳定下来,形成右肩。最后,股价发动一次升势,成交量随之增加,当颈线被突破时,成交量显著放大,整个形态由此确立。

头肩底的具体形成特征和要求如下:

(1)股价在形成右肩后,突破颈线时必须有成交量配合,否则股价很容易再次出现回落而跌破颈线。

(2)头肩底形态的颈线常常向右方下倾,如果颈线向右方上倾并且倾斜的角度变大,则意味着市场更加坚挺,股价其后上涨的幅度也会越大。

(3)在形成右肩股价突破颈线后,往往会出现回抽颈线确认后再突破,此时为最佳买点。

(4)突破的前提是股价的位置和阶段。当处于底部吸货区域、中途整理区域、庄家成本区域附近的,若向上突破其真突破的概率较大,若向下突破其假突破的概率较大;当处于高位派发区域、远离庄家成本区域的,若向上突破其假突破的概率较大,若向下突破其真突破的概率较大。

(5)在考察任何一个形态突破可靠与否时,一定要结合股价与主动性买盘量之间的配合情况来分析判断。如果量价失衡如:成交量巨大突破后迅速量价都大幅回落、突破后立刻放量不涨或突破时主动性买盘成交量过小等则可信度就差,就需谨防庄家主力以假突破的方式出货。当股价无量突破颈线时,且突破的幅度不足以确认为正式突破时,此时有出现假突破的可能。如果股价在突破后不久又再度回到颈线之下3％以上,应予以卖出观望。分析突破时的时间也有利于提高判断准确性。比如,当天的突破时间越早越可靠,越晚越不可靠,特别是在临近尾盘有巨大分时图上的"上豁口"现象的突破更应值得怀疑;观察当天突破时的量价配合气势也非常重要。突破时能做到完全的量价齐升、一气呵成、刚劲有力地表现出来的,其可靠性就高,突破后能够稳稳地坚守在高位不晃的,其稳定性、有效性、可靠性就高。如果仅是以盘中有巨大分时图上的"上豁口"现象的瞬间去碰触一下的,那么它的这种突破肯定就不能成立。这些盘面细节都是十分重要的,不能轻易忽视。在涨停突破时,盘面必须有气势、有力度、有可持续性,必须要得到最起码的60分钟和日线级别的四位一体指标体系的放量全多头现象来做有效配合的才真正可靠。

头肩底形态是一种股价见底的明确信号,投资者在此形态出现后应当及时买入。若此形态完美构筑成功时更得到了60分钟和日线级别的四位一体指标体系走势图上刚刚形成放量全多头走势配合的话,则更加容易获得涨停板的结果。当然如果更获得周线级别的柱状体等要素条件强势向上的配合的话,就更值得果断买入。

图1-35为结合上文阐述的头肩底形态的知识点和所有条件要求,002352顺

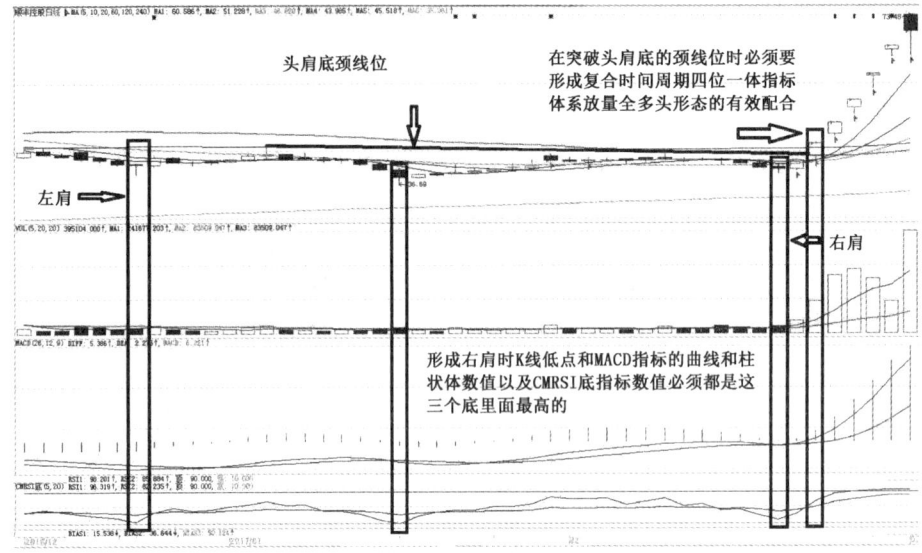

图 1-35

丰控股在 2016 年 12 月 26 日至 2017 年 3 月 1 日期间，形成的满足所有要点和形态特征的日线级别走势示意图。

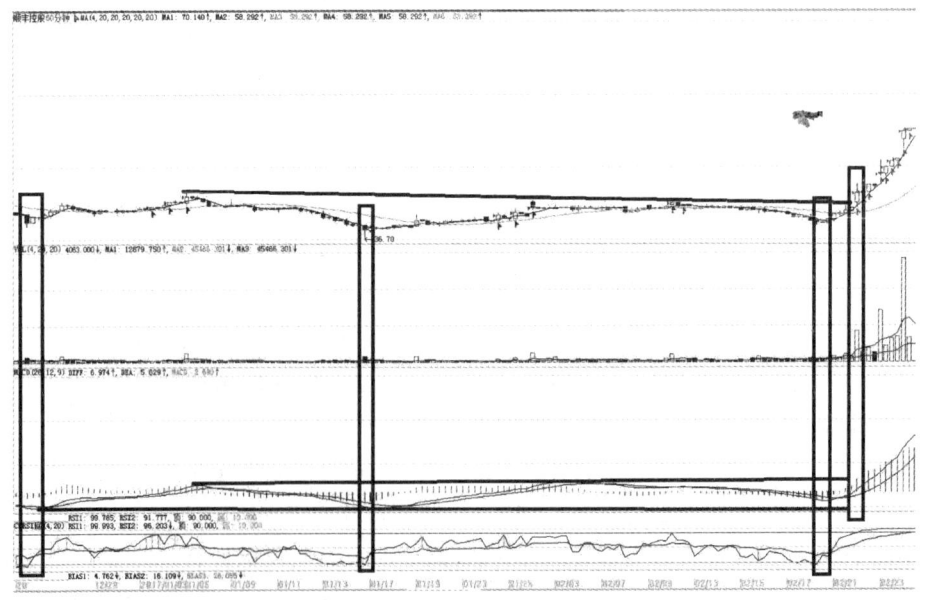

图 1-36

上图 1-36 为结合上文阐述的头肩底形态的知识点和所有条件要求,002352 顺丰控股在 2016 年 12 月 26 日至 2017 年 2 月 22 日期间,形成的满足所有要点和形态特征的 60 分钟级别四位一体指标体系走势示意图。

二、头肩顶

头肩顶是一种典型的趋势反转形态,是股票在上涨行情接近尾声时出现的一种转跌形态,这种形态的图形由左肩、头部、右肩及颈线组成。当股价经过连续上涨,成交量出现放大后回落整理,形成第一个峰谷,也就是左肩;错过上升行情的投资者此时买入,从而推升股价,并在突破第一个峰谷位置时创出新高,但成交量未见连续放大,股价遭遇获利盘打压后再度回调,从而形成第二个峰谷,也就是头部;之后股价回落到第一次下跌的低点附近时再度受到低位买盘的刺激而上涨,但反弹至第一个峰谷附近就掉头向下,并跌穿第一次和第二次回落时的低点连线,也就是颈线,第三个峰谷形成,也就是右肩。由此,头肩顶形态形成。

头肩顶形态的实战要点如下:

(1)头肩顶形态如果出现在日线图上,是一个长期性趋势的转向信号,通常会在一波上涨市的尽头出现,投资者应当回避。

(2)当第三次回升股价没能形成放量过上次的高点就折返的话,也就是右肩形成之时,若此时还有 60 分钟四位一体指标体系全空头排列现象出现时,尽量及时卖出。

(3)一般来说跌破颈线位是必须要抛的。如果股价最后在颈线处得到回升,并且股价高于头部,又或是股价于跌破颈线后出现回升并高于颈线,60 分钟四位一体指标体系走势图和日线、周线上有相互配合的强势态势出现时,这才可能是一个失败的头肩顶,那么此时投资者可择机再行下一步的买入操作。

图 1-37 为结合本文阐述的头肩顶形态的知识点和所有条件要求,600545 新疆城建在 2016 年 11 月 28 日至 2016 年 12 月 21 日跌破头肩顶颈线位期间,以及后期跌到头肩顶理论上的量度跌幅附近时满足所有要点和形态特征的日线级别走势示意图。

三、双重底形态

图 1-38 为结合本文阐述的双重底形态的知识点和所有条件要求,300398 飞凯材料在 2016 年 12 月 14 日至 2017 年 3 月 16 日期间,形成的满足所有要点和形态特征的日线级别走势示意图。

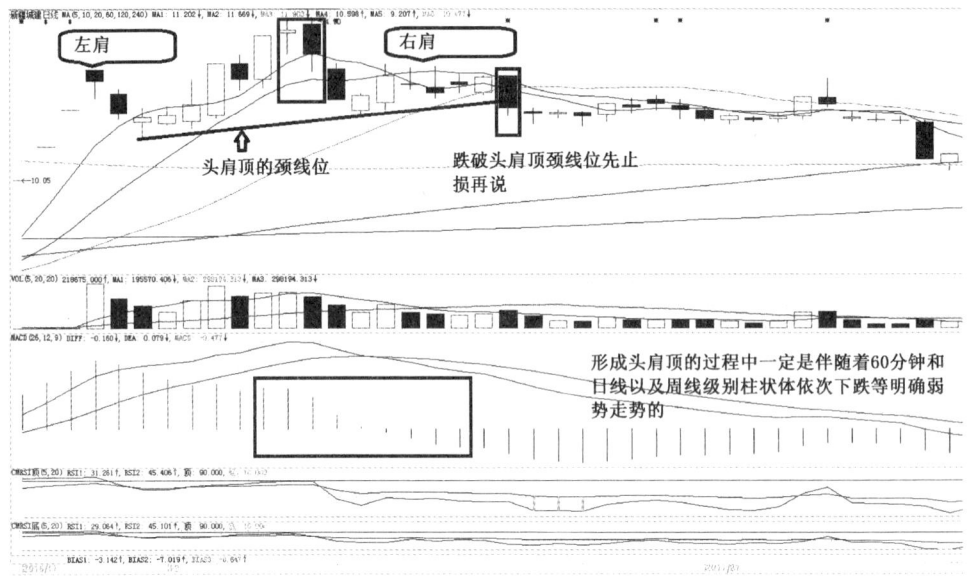

左肩

右肩

头肩顶的颈线位

跌破头肩顶颈线位先止
损再说

形成头肩顶的过程中一定是伴随着60分钟和
日线以及周线级别柱状体依次下跌等明确弱
势走势的

图 1-37

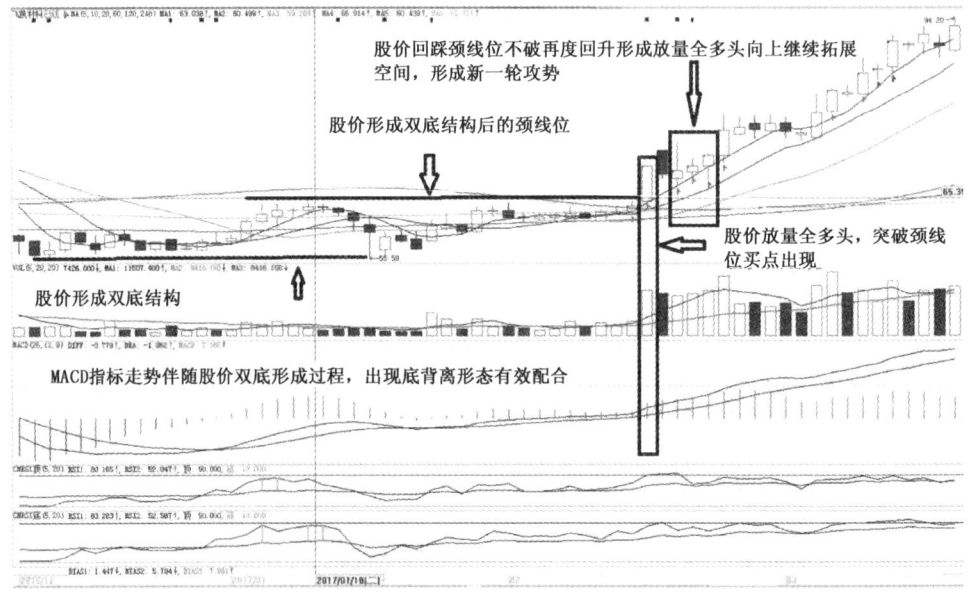

股价回踩颈线位不破再度回升形成放量全多头向上继续拓展
空间，形成新一轮攻势

股价形成双底结构后的颈线位

股价放量全多头，突破颈线
位买点出现

股价形成双底结构

MACD指标走势伴随股价双底形成过程，出现底背离形态有效配合

图 1-38

双重底(也有叫 W 形态的)形态在股市的每个阶段都经常会出现,也是一个常用形态。真正具有底部技术意义的双重底形态,其反映的是市场在第一次探底消化获利筹码的压力后再次下探,而后再度发力展开新的行情,既属于技术上的操作,也有逢低吸筹的意义,也就是主力在第一次上涨中获得的筹码有限,为了获得低位的廉价筹码,所以主力使股价再度下探。这就反映出两重含义:

一是做多的资金实力有限并且参与的时间仓促,所以通过反复的方式获得低位筹码,同时消化市场压力,否则市场的底部就会是 V 形的。

二是市场的空方压力较大,市场上涨过程中遇到了较大的抛盘压力,市场并没有形成一致看多的共识,股价不得不再次下探。双重底也称"W 底",是指股票的价格在连续两次下跌的低点大致相同时形成的股价走势图形。两个最低点的连线叫支撑线。

双重底的形成是这样的:在下跌行情的末期,市场里股票的出售量减少,股价跌到一定程度后,不再继续下跌。"双重底"图形的特点是:两个低价支撑点位置基本相当,通常右侧低点要高于左侧低点,形成右高左低的态势,而且整个股价走势中,股价变动与成交量变动的方向基本相同。

在右侧低点附近一旦价格有盘中放量上拉的动作,且得到 60 分钟四位一体指标体系已经形成放量全多头形态配合之时,就可以入场开仓,也可在价格放量强势攻击过 W 底颈线位后,得到 60 分钟四位一体指标体系已经形成放量全多头形态配合之时入场。

针对双重底的比较粗暴且简单的止损方式有以下两种:一是买入后如果价格下跌,跌破左侧低点则止损出局;二是如果按第一种方法止损幅度较大的话,也可在买入后跌破右侧低点时止损。

当然也可以结合书中已经反复说过的止盈止损的方法进行比较精细化的操作。

四、双重顶形态

图 1-39 为结合本文阐述的双重顶形态的知识点和所有条件要求,603311 金海环境在 2016 年 11 月 8 日至 2016 年 12 月 2 日收盘跌破双重顶颈线位期间,以及后期跌到双重顶理论上的量度跌幅附近时的满足所有要点和形态特征的日线级别走势示意图。

双重顶也称双顶或 M 头,是 K 线图中较为常见的反转形态之一,该形态由两个较为相近的高点构成,其形状类似于英文字母"M"而得名。双重顶是形态理论中最常见、最实用的形态之一。在股票技术分析中,形态理论是一个重要组成部

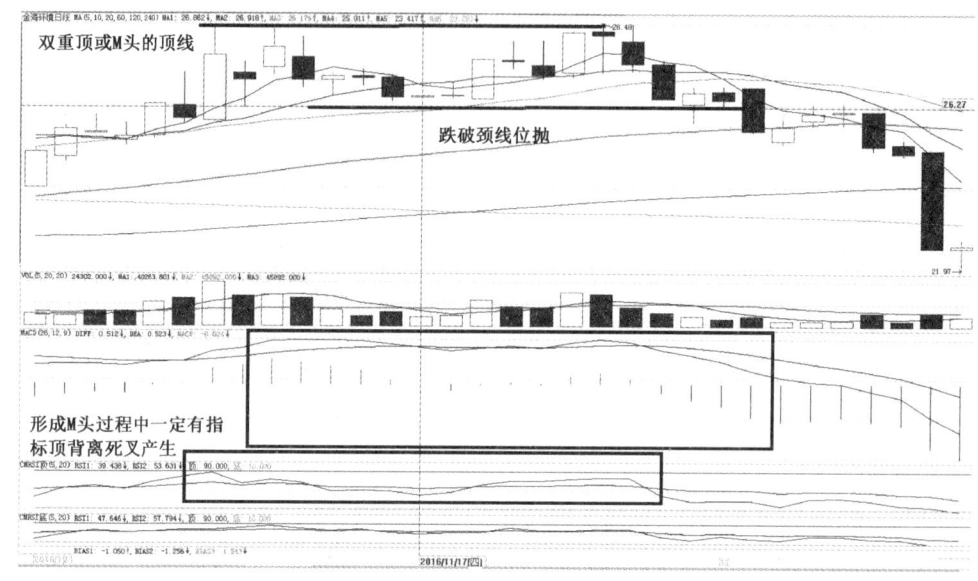

图 1-39

分,它通过对股票运动时形成的各种价格形态进行分析,研究股价所走过的轨迹,并且结合成交量的变化,推断出股票的走向,进而决定采取什么样的行动。

双重顶是一种看跌形态,股价连续两次上攻均在同一水平附近遇阻回落,说明股价在此区域上涨乏力,同时多方的力量消耗巨大,此时空方如果发动反击,多方基本没有回击的能力。

股价在连续上涨的过程中,当上涨至某一价格水平时,股价开始掉头回落,下跌至某一位置时,股价再度反弹上行,至前高左顶附近之后第二次下跌,并跌破第一次回落的低点,也就是跌破图中的颈线(在第一个左顶形成回落的低点,通过这个位置画条水平线,就是我们经常所说的颈线)。当股价再度冲高至右顶,回落并跌破颈线时,双顶形态正式宣告形成。当股价向下跌破双重顶的颈线时,说明股价将要进入下跌走势,此时还持有该股票的交易者应该及时清仓离场。

五、箱体震荡形态

箱体震荡形态通常出现在止跌企稳的底部区域,或上涨过程当中,也经常出现在大的下跌趋势过程当中,表示的是股价经过一轮上涨或下跌后在一个相对狭窄的横盘震荡区域出现蓄势缩量震荡,是在走势图中经常发生的一种普遍现象。这种相对狭窄的缩量横盘震荡平台有时是在股价突破前期高点后,庄家主力所进行的主动性洗盘调整行为,一方面要针对短线获利浮筹进行清洗;另一方面也是对之前一波上涨后的一种夯实确认暂时休整。这个过程中,股价下跌幅度不能太大,调整时间也不能太长。通常在 20 日线或 60 日线很快顶托到股价底部附近时就会形成四位一体指标体系的放量全多头态势,接着就准备再上一层楼的新一轮上涨行情了。俗话说得好:"会涨的股票不会跌,会跌的股票不会涨"。不要认为股价上涨了一段空间后就不会涨,炒股最关键的是看其是强势还是弱势。有的大牛股经过了这样一次上涨中继的蓄势震荡洗盘后,会再度发力上攻去拓展更高的高点,而有的会在此期间形成顶背离的下跌态势,然后在四位一体指标体系走势图上发出全空头排列现象后见顶回落。

　　箱体运行在股市当中其实是非常常见的,其横盘震荡时间也是最长的。箱体有几个重要的部位:箱底、箱顶、拐点。箱体理论特别强调箱底及箱顶两个重要部位,而且箱底及箱顶两个重要部位也比较容易在箱体成形后一眼就看得比较清楚。但是实战运用当中拐点确实更重要,更有实战价值。

　　我经过长期深入的研究总结发现:箱底附近只要复合时间周期指标数值都到极低位附近、同时量能也持续缩量到两条均量线的下方的极致位置,然后只要一放量形成 60 分钟四位一体指标体系的全多头态势之时就是向上的拐点,这个拐点产生时如果量能和均价线都能够继续强势向上攻击的话,就非常容易抓到涨停板,甚至碰上连续大幅上涨的绝佳买入机会。然后在箱顶附近刚刚形成日线级别四位一体指标体系放量全多头态势的时候也特别容易把握到涨停板或连续大涨行情。这种有效的拐点都是精明的投机客不能轻易错过的绝佳进场点。

　　箱顶突破位是指箱体顶端被放量突破,这种放量一般伴随着价格的大幅波动。放量突破箱体顶端,前期套牢盘全部解套,主力借放量震荡之机消化掉解套盘、短线获利盘。主力敢于解放套牢盘,说明志在高远!因此,箱顶突破位经常是主力大举进攻的新起点。

　　一般而言,箱体的运行时间必须有一定的高度和时间跨度,其积累的能量才具有爆发力,才能在箱体突破位出现后,激发出一段较大规模的上升行情。

　　箱体的拐点位置,往往都是市场主力反向操作的起始位置,箱顶突破位则相当于承上启下进入一波主升浪的颈线位、咽喉位。这个位置出现涨停板,是一种极强势的表现形式,其迫切做盘心理暴露无遗。因此,箱体突破位位置附近的第一个涨停,相当于是吹响拉升的号角,预示着后续将有极大的概率连续拉升!

　　不是所有的涨停板都可以追进,但是拐点处的第一个涨停板,风险小、潜在收益大,值得一追!

　　图 1-40 为结合本文阐述的箱体震荡形态的知识点和所有条件要求,000877 天山股份在 2016 年 8 月 23 日至 2017 年 2 月 7 日彻底有效突破箱体震荡颈线位后时的满足所有要点和形态特征的日线级别走势示意图。

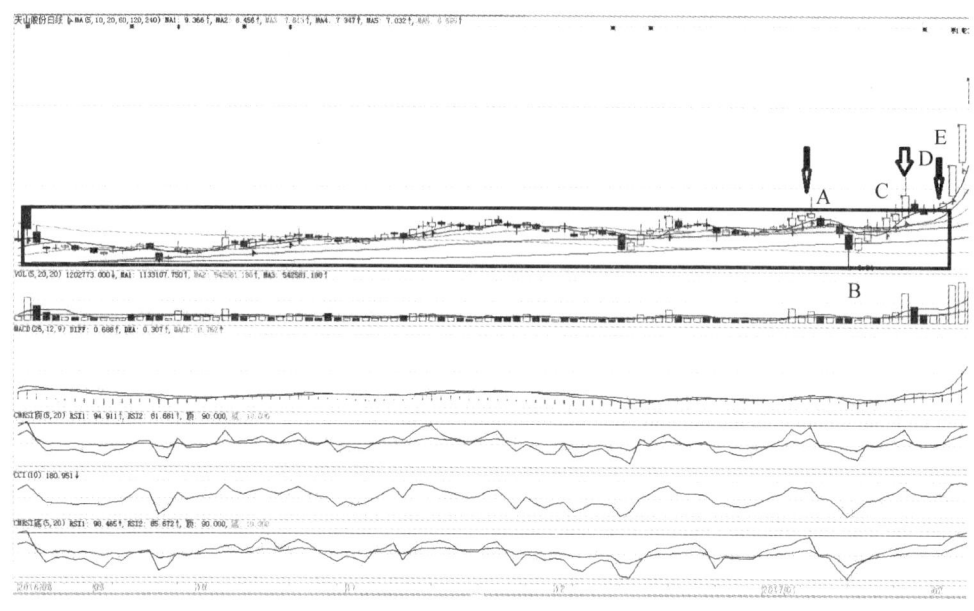

图 1-40

　　在图 1-40 A 点处,股价第一次上穿过箱体震荡的顶部,我们知道绝大多数的第一次突破前期高点,是一定会失败并被回踩的,所以此次买入信号一定不是一个很好的买点。在 B 点处,其复合时间周期指标数值都在极低位,是一个比较理想的抄底好买点。在 C 点处是其在前次突破箱体震荡的顶部后 10 天左右再一次的突破了箱体顶部的颈线位时,此时应该是一个比较好的买点。因为,此时其 60 分钟、日线、周线、月线四位一体指标体系,都基本已经形成了放量全多头的形态,其后经过极其短暂的几天小幅缩量震荡洗盘回调,就在 D 点处,再度形成 60 分钟级别的四位一体指标体系的放量全多头;在日线上也形成了 0 轴线上的老鸭头现象,并于次日 E 点处,庄家主力发动了跳空高开、放量快速向上拉升的行情,一举将所有时间周期的四位一体指标体系全部拉升成放量全多头形态,引发了一波轰轰烈烈的暴涨行情。所以 C 点和 D 点以及 E 点处是我们都必须保持极度敏感的追涨点。一旦这种位置看见量价齐升的强悍庄家主力拉升行为开始,须及时分仓买入先参与进去再说。

六、突破下降趋势反压线的拐点涨停捕捉法

突破下降趋势反压线的拐点涨停捕捉法的诀窍主要是以下几点：一是一定要放量突破下降趋势反压线；二是放量突破下降趋势反压线时，一定要有 MACD 指标的底背离金叉或底背离后再度形成放量老鸭头现象的配合；三是放量突破下降趋势反压线时，要及时配合 60 分钟四位一体指标体系放量全多头或日线级别的四位一体指标体系放量全多头现象；四是若在放量突破下降趋势反压线时，能够同时出现各时间周期四位一体指标体系放量全多头现象的为最佳。

如果某个个股出现了强势突破下降趋势反压线的拐点性质的第一个放量上攻涨停，同时它又是一波小上升通道的拐点处的第一个放量上攻涨停，那么其双重的拐点性质决定了其后市的爆发力绝对不容小觑。那当日就可果断在其交易重心附近分仓买入出击涨停了。

正常情况下，若在突破下降趋势反压线的拐点附近得到多周期四位一体指标体系共同放量全多头现象的配合，就立刻快速形成一个突破性的涨停的话，很可能会开启一轮对原有下降趋势的反转行情。如果本身其下降趋势的规模就已经很大、很久的话，接下来所对应的反转行情的级别一般也不会小。

图 1-41 为 002634 棒杰股份 2016 年 9 月 13 日到 2017 年 3 月 17 日期间发生的利用突破下降趋势反压线的拐点涨停捕捉后期主升浪的日线级别走势示意图。

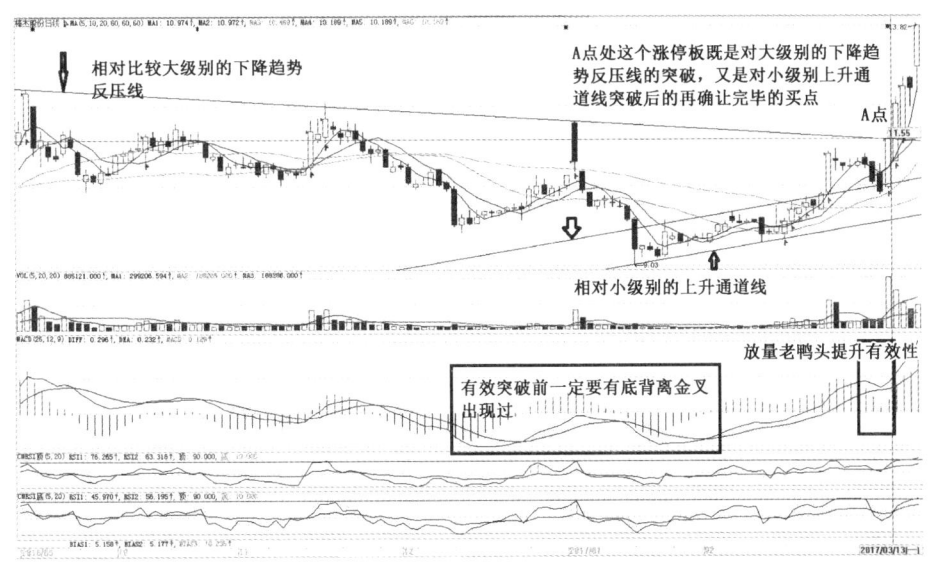

图 1-41

图 1-42 为 002634 棒杰股份 2017 年 3 月 13 日到 2017 年 3 月 17 日期间发生的利用突破下降趋势反压线的拐点涨停，捕捉后期主升浪的 60 分钟级别走势示意图。

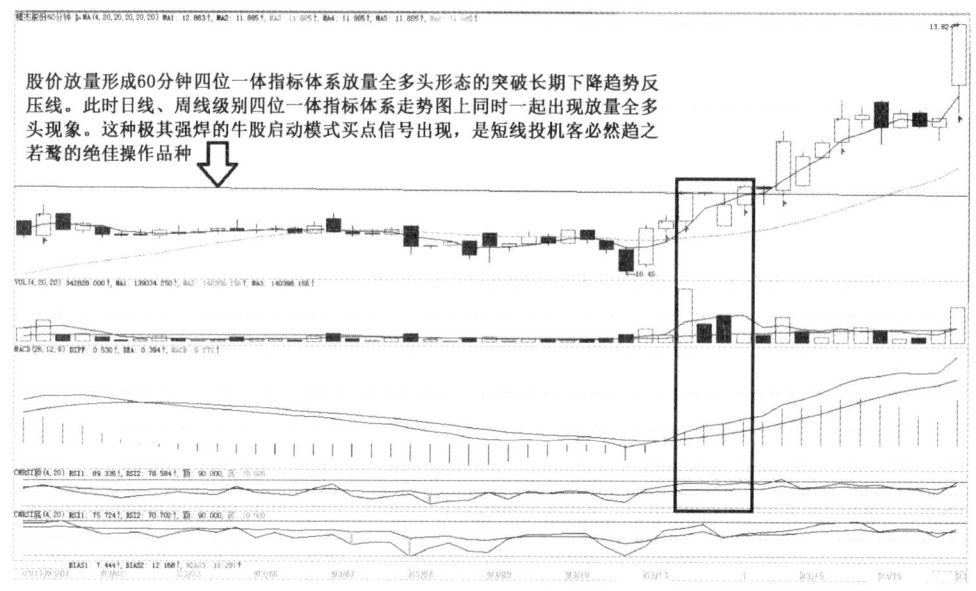

图 1-42

我们都知道只要个股在短期均线多头向上的和在上升趋势性上方运行的，只要是满足 60 分钟四位一体指标体系刚刚形成 0 轴线放量全多头现象，或同时出现不光 60 分钟级别还加上日线级别甚至再得到周线级别四位一体指标体系都在 0 轴线上放量全多头配合的话，是非常容易产生涨停板的。所以一般出现同时满足这些条件的个股的话，都要给予特别的关注与重视，此时要结合当时指数是不是出现有利于操作的环境和其隶属于的板块是不是出现有利于操作的环境来决定是不是应该及时在其当时的交易重心附近进行买入。

上升趋势运行过程中，如果出现窄幅横盘，则需密切关注，这是一种极其重要的技术信号。窄幅横盘表示多空双方进入极其胶着的状态，这种横盘一般会被与横盘前趋势同向的突破所终止，在实战中，需综合分析复合时间周期指标数值所处的技术位置的高低，来判明突破的行情级别以及空间可能会有多少。一般而言，在强烈的上升趋势中出现窄幅横盘，是极佳的中继操作机会，当然也是抓涨停的绝佳机会。

图 1-43 为 002307 北新路桥 2017 年 2 月 8 日发生的符合上文阐述的条件要求的 60 分钟级别走势示意图。

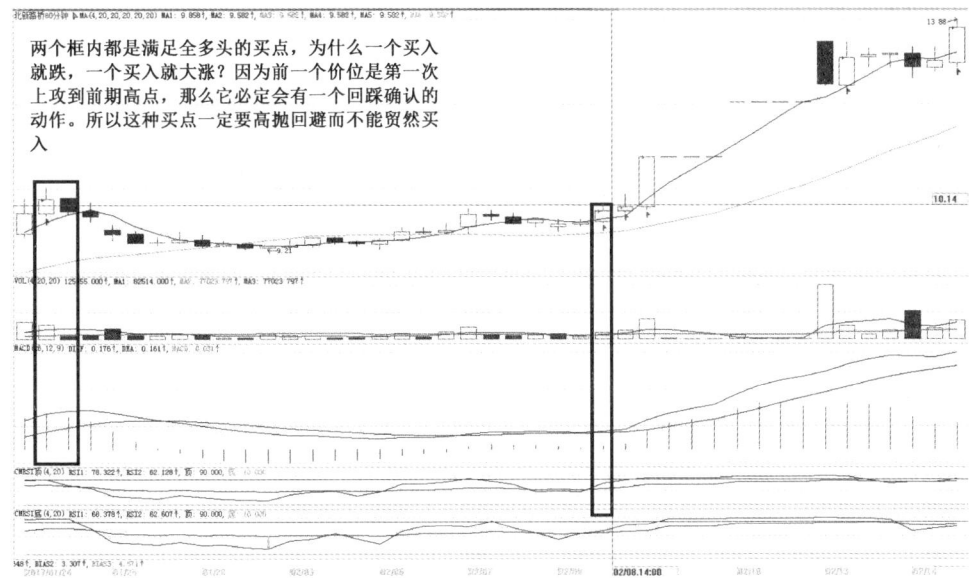

图 1-43

图 1-44 为 002307 北新路桥 2017 年 2 月 8 日发生的符合上文阐述的条件要求的日线级别走势示意图。

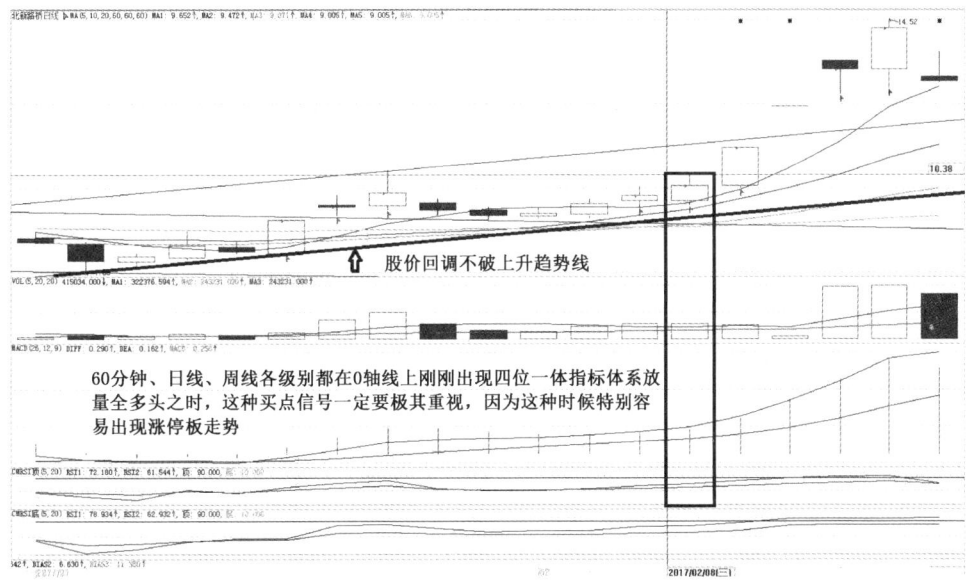

图 1-44

图 1-45 为 002307 北新路桥 2017 年 2 月 8 日发生的符合上文阐述的条件要求的周线级别走势示意图。

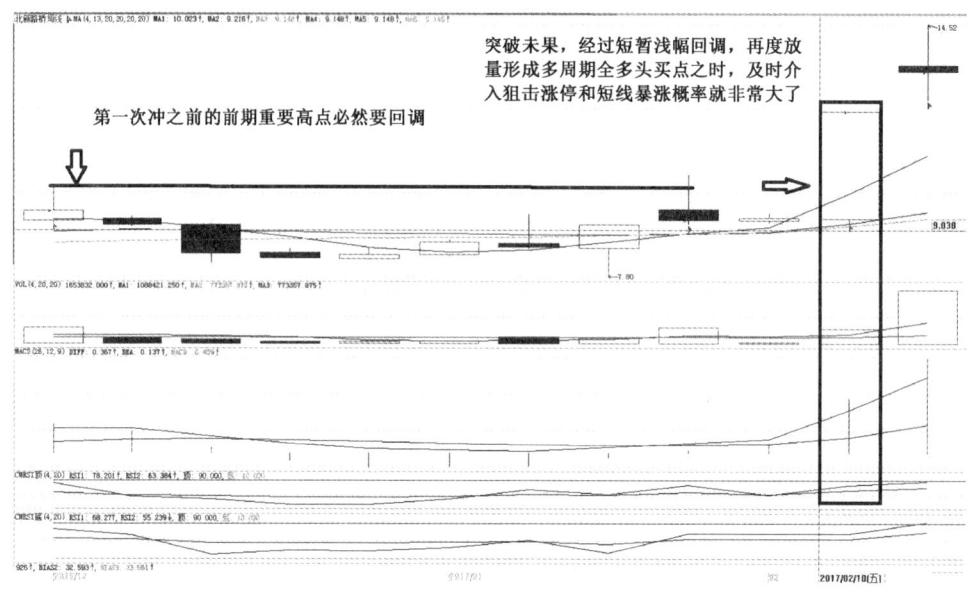

图 1-45

在实战操作中,面对中继盘整区间突破现象发生时,应把握以下技术要点:

(1)迅速观察其在突破之前,股价震荡幅度尽量不能超过 20%,其极限的震荡幅度不能超过 30%。以防反复做高抛低吸差价的可能捣乱的浮筹过多,导致突破不流畅不成功。成交量必须持续出现过大幅萎缩,这样能够相对说明做空力量已经衰竭或接近衰竭。在再次启动前的低位要出现明显的企稳 K 线结构迹象,在其最后一次底部起来到突破成功的过程中,要流畅地出现 60 分钟、日线级别四位一体指标体系的持续放量全多头进攻趋势特征,周线上也尽量没有什么四位一体指标体系的反作用力现象产生。此期间量价配合得越强势越流畅,则突破成功的概率也越高越大。

(2)以大阳线甚至涨停板形式向上突破时,量价配合必须要有气势、有力度,不拖泥带水,突破后股价能够持续迅速地向上脱离该区域。

(3)在突破之后,股价和主动性买盘成交量必须要持续走强,才能保证进一步巩固有效突破的结果。如果第二天或随后几天里股价出现分时图上的均价线上涨乏力或疲软走势,如放量不涨、放量下跌、长上影线或形成大阴线等盘面不良现象时,还是应及时减仓或离场为妙。

（4）掌握突破的幅度和时间原则，即突破幅度要大于3％，且有效站稳于突破价位之上的时间要超过3天。

如果股价在出现突破整理平台高点后，没涨多少空间和时间后，又出现向下回靠平台高点，甚至有时还向下刺穿了前期启涨时的高点，并侵回到原来的平台中，但是很快又再度形成四位一体指标体系的放量全多头现象，再度形成持续放量向上攻击的态势时，则意味着这种回靠的庄家的主要目的是测试此平台是否有支撑力。如果支撑住了，股价后市往往会出现继续上涨，因此一旦发现股价未能跌破前期上涨时的高点即出现持续放量的再度回升后，应当及时分仓买入。若回靠平台高点，甚至有时还向下刺穿了前期启涨时的高点，并侵回到原来的平台中，但没能够在短短的两天时间内出现持续放量的再度有力度的回升现象，则说明主力庄家仍将继续在此平台内震荡整理，此时投资者应当待股价整理结束，再度形成四位一体指标体系的放量全多头现象后再介入。

图1-46为000877天山股份2017年2月7日前发生的符合上文阐述的条件要求的日线级别走势示意图。

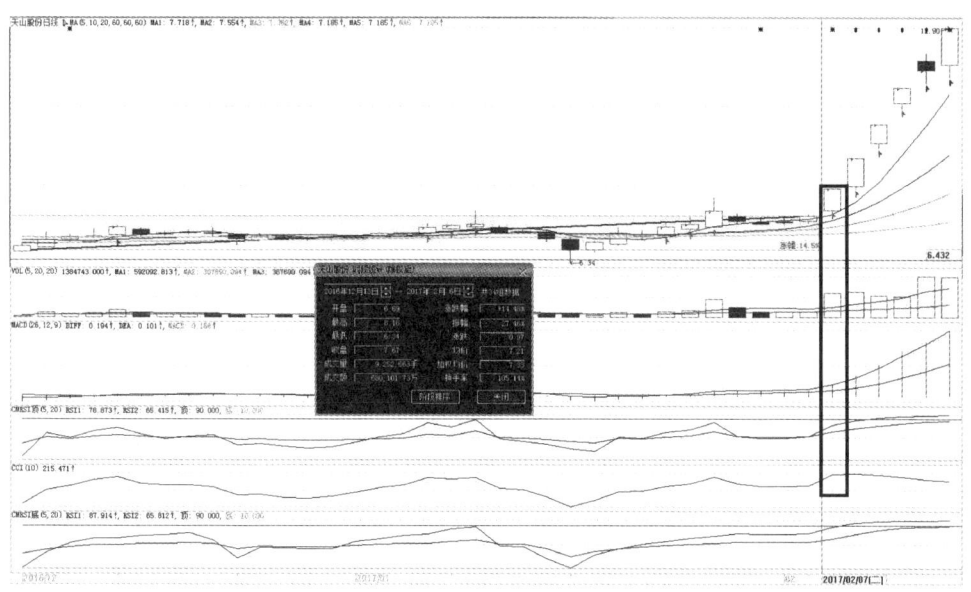

图 1-46

图1-47为000877天山股份2017年2月7日前发生的符合上文阐述的条件要求的周线级别走势示意图。

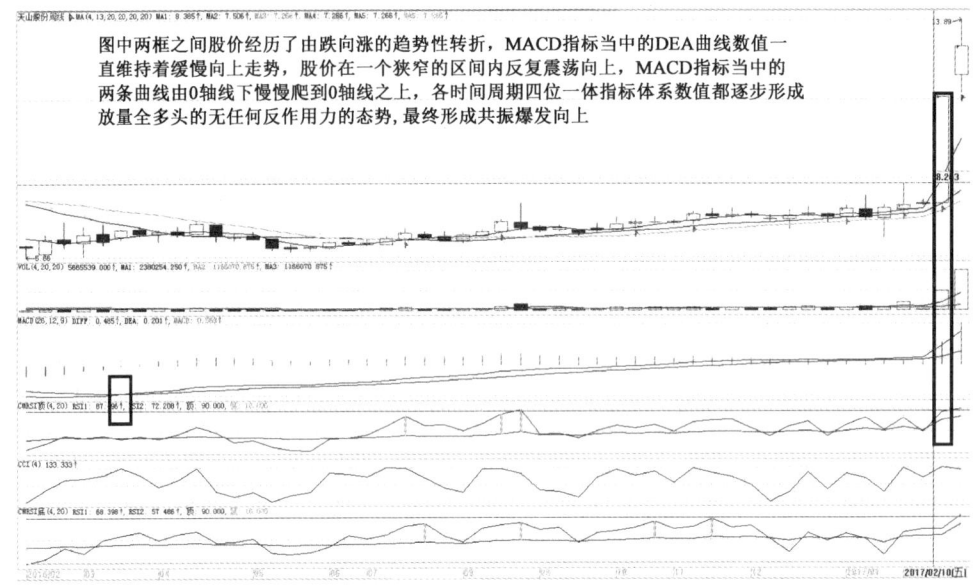

图中两框之间股价经历了由跌向涨的趋势性转折，MACD指标当中的DEA曲线数值一直维持着缓慢向上走势，股价在一个狭窄的区间内反复震荡向上，MACD指标当中的两条曲线由0轴线下慢慢爬到0轴线之上，各时间周期四位一体指标体系数值都逐步形成放量全多头的无任何反作用力的态势，最终形成共振爆发向上

图 1-47

图 1-48 为 000877 天山股份 2017 年 2 月 7 日前发生的符合上文阐述的条件要求的月线级别走势示意图。

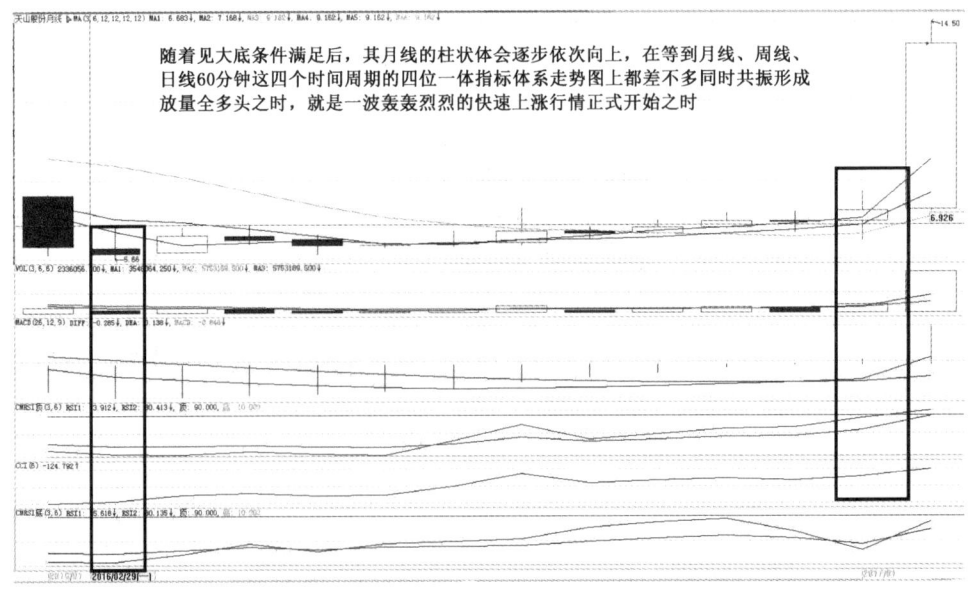

随着见大底条件满足后，其月线的柱状体会逐步依次向上，在等到月线、周线、日线60分钟这四个时间周期的四位一体指标体系走势图上都差不多同时共振形成放量全多头之时，就是一波轰轰烈烈的快速上涨行情正式开始之时

图 1-48

七、潜伏底形态

潜伏底这种盘面现象是股价在一个投资价值区域里,呈横向窄幅波动或者小箱体运行,成交量大幅萎缩,持续时间较长(持续时间越长、震荡幅度越小,后市股价上涨力度越强、涨幅越大)。这是庄家为了避免提高收集成本而在一个窄小的区间里悄悄收集筹码所致。盘面上,往往是在某一个高点堆放大卖单,封堵股价的上涨空间,避免建仓成本过高,当股价遇阻下跌到某一个低点时,又有买盘介入,阻止股价继续下跌。久而久之,股价走势呈现一条横向盘整带(但并非绝对的横盘,有时出现上倾或下斜)。其间,由于没有明显的涨跌出现,不容易引起市场的注意,使得庄家在横盘中吸货的意图得到极好的隐藏。

在低位长期横盘的股票一旦启动,其涨幅往往十分惊人,"横有多长,竖有多高"说的就是这种形态。对于中长期投资者而言,是一种很好的选择。

所谓相对低位就是说这只股票已经经过了长期的下跌,跌到了前期高点的50%以下,有时候跌幅甚至超过70%。在下跌的初期,也会形成放量过程,但在低位开始横盘之后,成交量渐渐萎缩,股价振幅区间在20%左右。横盘时间要在一两个月以上,有的股票则长达半年,甚至更长。庄家在没有完成吸筹任务之前,并不希望大家看好这只股票。所以,总是少量的一点一点地吃进,尽量避开大家的关注。当然,偶尔会出现脉冲放量的情况,就是隔一段时间,出现一两根小幅放量的中阳线。但事后股价不涨反跌,短期内根本无利可图,不会吸引短线跟风盘。这种形态与边拉升、边洗盘方式相似,股价在拉升过程中伴随小幅回档,将短炒者及信心不坚定的浮筹震出。在日K线图上,以小阴小阳或十字星的K线形式出现,股价上涨不急、下跌不凶,股性十分温和,找不到明显的拉升和洗盘动作。在走势形态上,股价每次回落的低点一个比一个高,每次拉升的高点也一个比一个高,股价的重心不断地往上移。这种走势的个股,其庄家实力都比较强大,控筹程度比较高,时机上多数出现在大势向好的环境之中。

由于这种走势的个股,盘中不会堆积大量的获利筹码,同时留下的持股者绝大多数都是对后市非常有信心的中长线投资者,所以容易消化前面的压力,非常适合于突破走势,一旦突破就会形成主升浪走势。

它的有效突破时机的最简单的判定方法就是:在其放量强势突破其平台高点附近时,其日线、周线、月线的四位一体指标体系一定是差不多时间都刚刚形成放量全多头态势之时。

图1-49为000672上峰水泥2016年8月1日至2016年11月30日前发生的

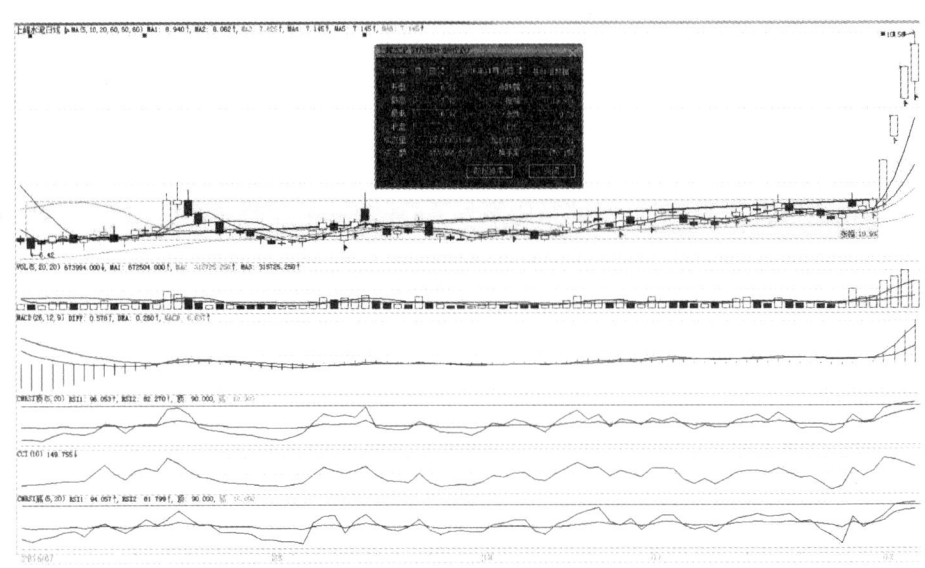

图 1-49

符合上文阐述的条件要求的日线级别走势示意图。

图 1-50 为 000672 上峰水泥 2016 年 8 月 1 日至 2016 年 11 月 30 日前发生的符合上文阐述的条件要求的周线级别走势示意图。

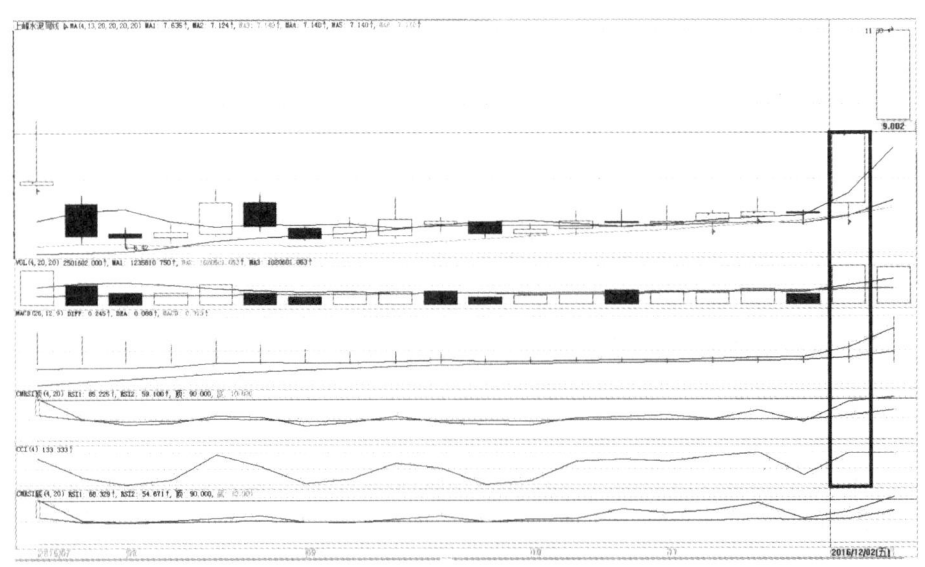

图 1-50

　　圆弧底通常出现在价格的底部区域,在实战中是比较安全的底部图形之一。在短线操作中,交易者必须对该形态给予足够的重视,一般形成圆弧底的时间需要数月之久,底部换手充分,构筑过程中绝大多数时间内 K 线和均线贴合得很近,圆弧底的股价和成交量也是呈两边高,中间底的形状;圆弧底部波动幅度极小,成交量缩量运行,长时间整理;股性不活跃,人气低迷;通常出现在熊市向牛市转变的过程中;股价由缓慢下跌再到缓慢上升逐渐加快最终演变成急速放量拉升过左侧的颈线位。一旦向上突破,将有一轮可观的行情出现。

　　因为圆弧底形成的过程非常漫长,所以短线投资者不要过早介入。如果过早介入,常常会造成时间成本和机会成本的损失。投机客们会受不了长时间的等待和煎熬的,只可以在股价开始上升、成交量也逐步增加,在周线、月线的 MACD 指标走势图上看见圆弧底形的柱状体和曲线开始依次随着成交量的放大,在柱状体恢复并超过其圆弧底左侧的颈线位柱状体数值以后、在成交量恢复并超过其圆弧底左侧的颈线位成交量数值以后、K 线价格恢复并超过其圆弧底左侧的颈线位 K 线价格以后;在确认到其日线、周线、月线四位一体指标体系都已经形成放量全多头态势时,才及时分仓追买,享受其今后的中短线甚至中长线暴涨利润。

　　图 1-51 为 000877 天山股份 2015 年 10 月至 2017 年 1 月间发生的符合上文阐述的条件要求的月线级别走势示意图。

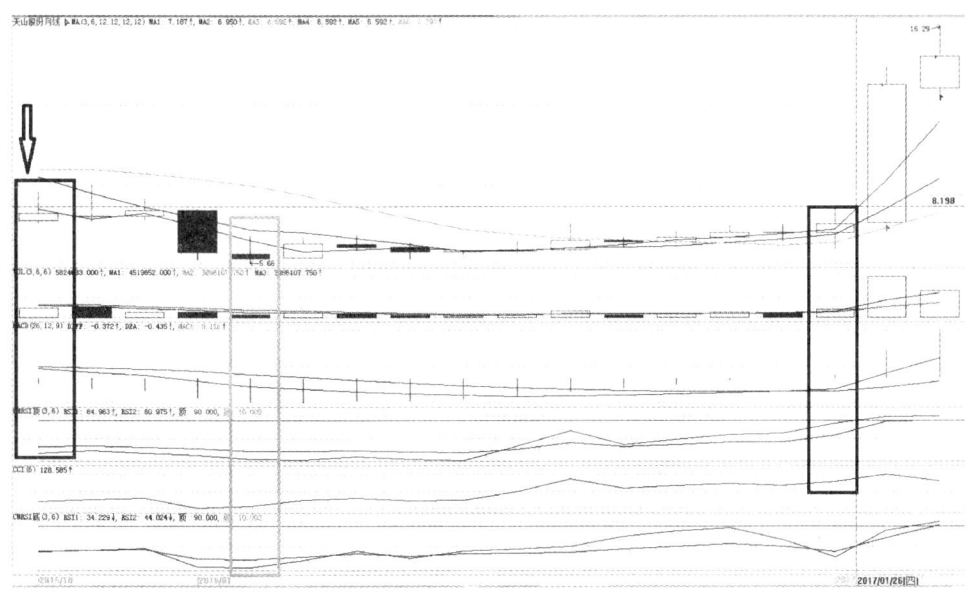

图 1-51

要想简单、直观且有效地判断圆弧底形态,最好是利用其月线 MACD 指标当中的柱状体和曲线,以及月线级别的四位一体指标体系系统从原来空头排列依次转变为多头排列来判断比较靠谱和容易获得一目了然的良好结果。图 1-51 中在 2015 年 10 月时,其月线图上出现了月线级别的四位一体指标体系所有要素条件都刚刚全部转为空头排列的现象,在其 2016 年 2 月份时,其日线、周线、月线 CMRSI 底指标数值共同到达最低位,见到大底以后,其月线柱状体开始依次震荡向上,直到 2017 年 1 月份时,其月线的四位一体指标体系走势图中的所有要素条件,全部刚刚形成了放量全多头的形态。在月线图上形成了柱状体的完美的圆弧底形态,此时就可结合 60 分钟、日线、周线这些时间周期级别的四位一体指标体系走势图,去及时地寻找到非常恰当的、有效的买入点,然后在其交易重心附近进行及时的分仓买入,即可享受到其持续的放量拉升的后期走势。这样的判断方法,既简单、方便,又直观、准确,不失为捕捉这种大形态特征起涨点的最佳方法。

八、三角形整理买入规则

三角形整理形态是指股价 K 线图出现类似一个三角形的走势,是一种中继形态,三角形整理形态可分为上升三角形、下降三角形。

股价运行至某价格区间后开始震荡回调,如果震荡回调的高点基本保持水平方向,低点却在不断地抬高,此时把每一个短期波动高点连接起来,便可画出一条阻力线;此时把每一个短期波动低点也相连出现另一条向上倾斜的线,便形成上升三角形。上升三角形的形成是由于市场中的买方力量仍具有主导地位,卖方基本上处于守势,所以在形态上,这种三角形的上边线基本上是属于水平状态的,下边线向上倾斜,暗示了即使是在横向盘整的市场运动中,买盘仍然处于主动状态。一旦放量形成突破颈线位时,能够得到复合时间周期四位一体指标体系放量全多头的买入形态配合的,那这个买点就成立了。此时,就可以考虑在其当时的分时图交易重心附近分仓买入了。如果跌破了上升三角形的下边线的话,则先及时利用盘中任何缩量反抽之际抛出再说。因为一旦跌破上升三角形的下边线的话,超短线、短线往往会先有一波快速下跌的,并且往往下跌幅度还不小的。

图 1-52 为 002558 世纪游轮 2016 年 12 月 22 日至 2017 年 2 月 17 日期间发生的符合上文阐述的条件要求的日线级别走势示意图。

图 1-53 为 600545 新疆城建 2016 年 4 月 20 日出现跌破了上升三角形的下边线的 K 线后,短线下跌的日线级别走势示意图。

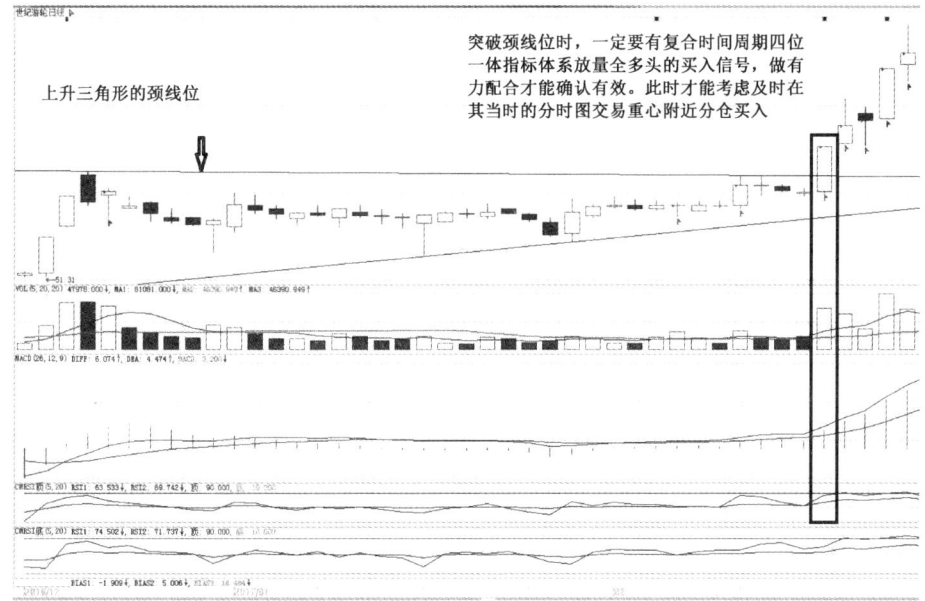

图 1-52

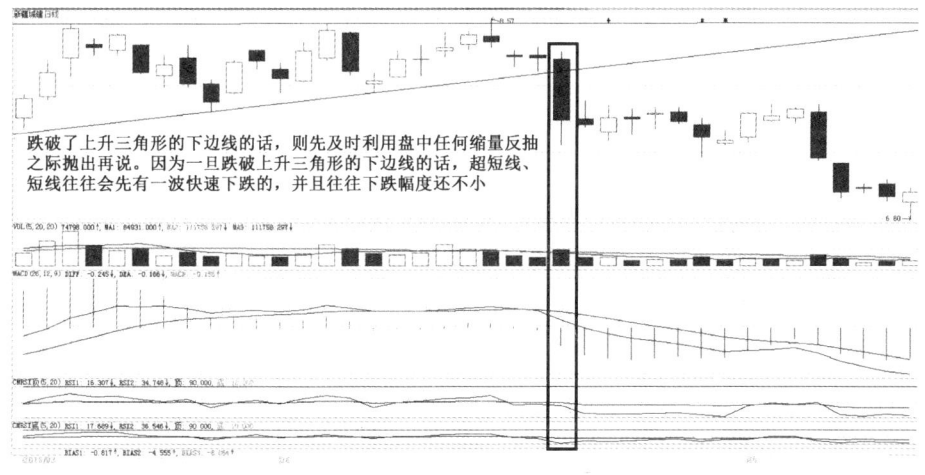

图 1-53

如果震荡的低点保持在一个水平线上,而高点不断地降低,那就形成下降的三角形。

图1-54为300398飞凯材料2016年12月14日至2017年2月16日期间发生的放量强势突破下降三角形上边线的日线级别走势示意图。

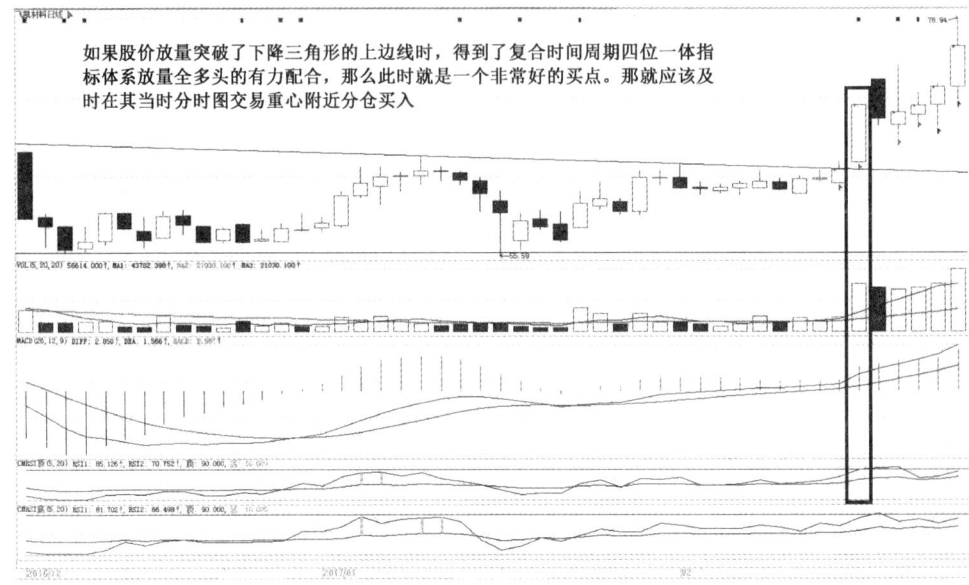

如果股价放量突破了下降三角形的上边线时，得到了复合时间周期四位一体指标体系放量全多头的有力配合，那么此时就是一个非常好的买点。那就应该及时在其当时分时图交易重心附近分仓买入

图 1-54

图 1-55 为 600291 西水股份 2016 年 12 月 21 日到 2017 年 2 月 3 日出现跌破了下降三角形的下边线的 K 线后，短线下跌的日线级别走势示意图。

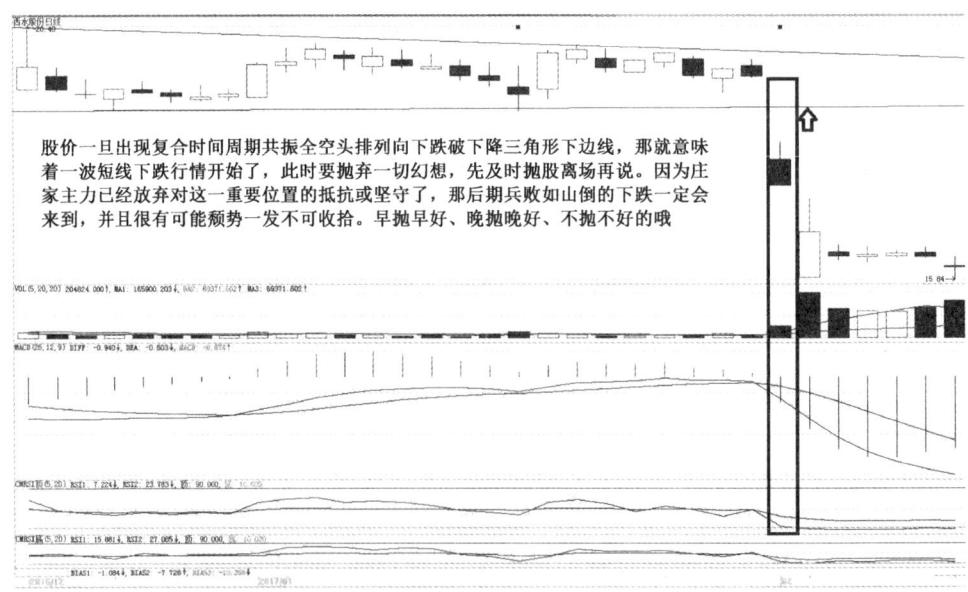

股价一旦出现复合时间周期共振全空头排列向下跌破下降三角形下边线，那就意味着一波短线下跌行情开始了，此时要抛弃一切幻想，先及时抛股离场再说。因为庄家主力已经放弃对这一重要位置的抵抗或坚守了，那后期兵败如山倒的下跌一定会来到，并且很有可能颓势一发不可收拾。早抛早好、晚抛晚好、不抛不好的哦

图 1-55

最终趋势方向性的操作需要等待上升三角形整理结束之后再定是较安全和有效的。在整理过程中,越接近整理末期越要少参与,如果股价最终选择的是放量向上突破颈线,投资者才需要积极及时介入。若上升三角形最终是选择向上突破颈线时,一般都配有较大的成交量。当有成交量作为上升三角形突破的伴随条件时,并且获得了复合时间周期四位一体指标体系的放量全多头配合之时,再加上当时的大盘环境良好、隶属于的板块也走势强劲,则投资者必须及时分仓介入。无量往上突破颈线位多是假突破,则投资者不可贸然介入。同时上升三角形越早往上突破,则后劲越足,迟迟不能突破的上升三角形,则多数可能是多头陷阱。

九、楔形买入规则

楔形形态是股价在整理过程中,将阶段高点和阶段低点进行连线,两条线的方向相同但是角度逐渐收缩,就像楔子一样的形态走势。K线走势逐步下降的楔形整理形态是"下降楔形"。K线逐步升高的楔形整理形态是"上升楔形"。楔形也是一种中继形态,当楔形整理形态结束后,股价将要延续之前的上涨或者下跌走势,继续运行。

当股价向上放量突破楔形整理形态的上边线时,表明整理走势结束,股价将要进一步上涨,发出看涨信号,此时交易者可以积极进场买入股票。

当股价向下跌破楔形整理形态的下边线时,说明整理走势结束,股价将要重新进入下跌走势,发出看跌信号,此时的交易者应该及时清仓离场,持币观望。

与三角形整理形态类似,在楔形整理形态中,当股价向上突破上边线时,也需要得到成交量的配合才能够视为有效突破,并且获得了复合时间周期四位一体指标体系的放量全多头配合之时,再加上当时的大盘环境良好、隶属于的板块也走势强劲,才是安全有效的买进时机。

图1-56为600984建设机械2017年1月9日至2017年3月15日期间发生的放量强势突破上升楔形整理形态的上边线以及再度回踩上升楔形上边线获得有效支撑再度上涨的日线级别走势示意图。

图1-56中A点处,股价放量突破上升楔形的上边线,同时得到复合时间周期四位一体指标体系放量全多头的买入形态配合的,那这个买点就成立了。此时就可以考虑在其当时的分时图交易重心附近分仓买入了。股价突破成功后上涨到满足最高点卖出法条件时,需要进行适当的高抛,以锁定到手的利润。然后等到回踩到上升楔形上边线(B点)附近,在获得有效支撑再度上涨的时候,若有60分钟和日线、周线柱状体开始同步放量向上拐头之时,可择机在其当时的分时图交易重心附近分仓买入。

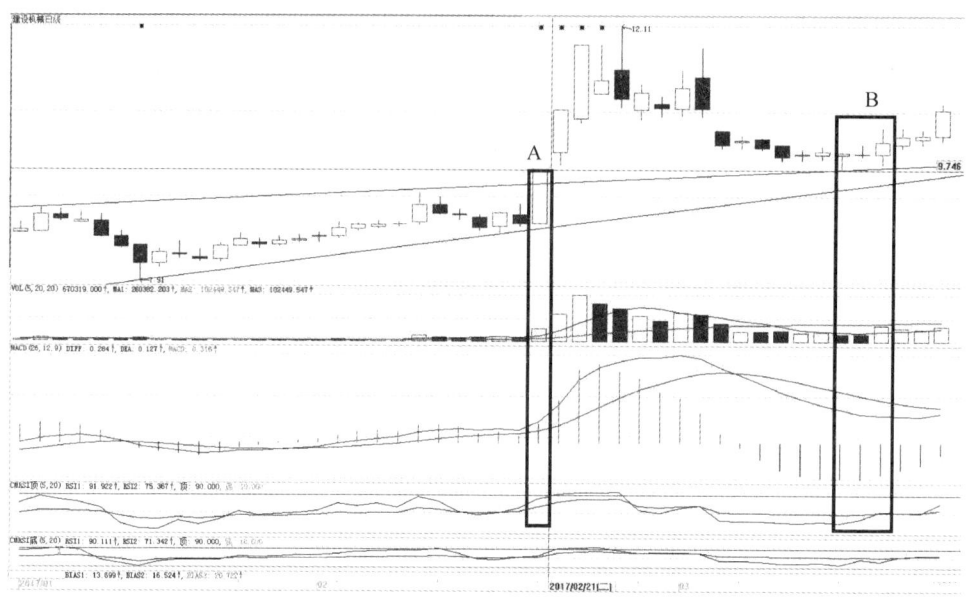

图 1-56

图 1-57 为 002307 北新路桥 2016 年 11 月 28 日至 2017 年 2 月 8 日期间发生的放量强势突破下降楔形整理形态的上边线以及再度回踩下降楔形上边线获得有效支撑再度上涨的日线级别走势示意图。

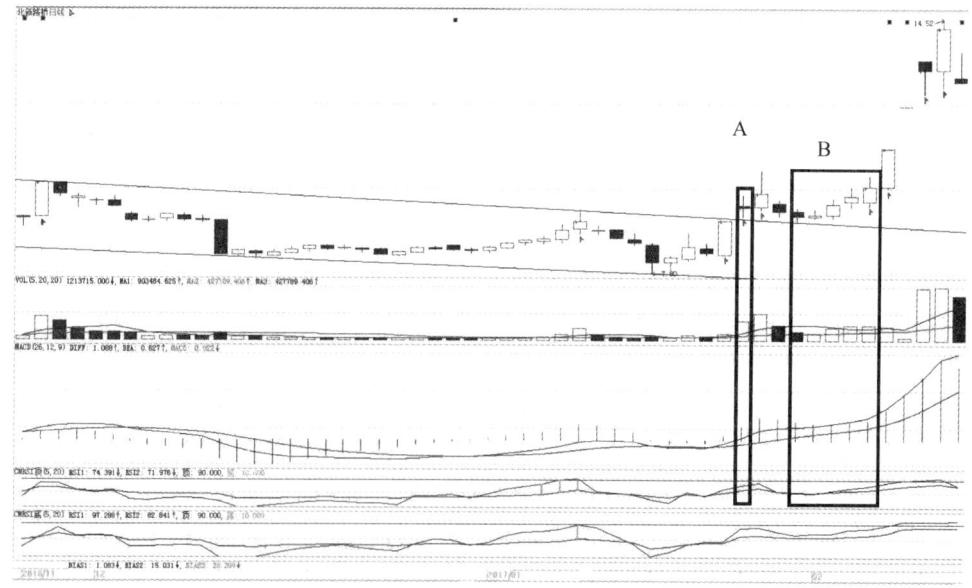

图 1-57

图 1-57 中 A 点处,股价放量突破上升楔形的上边线,同时得到复合时间周期四位一体指标体系放量全多头的买入形态配合的,那这个买点就成立了。此时就可以考虑在其当时的分时图交易重心附近分仓买入了。但是有时股价突破成功后会立马先大幅上涨一下,有时也会出现图 1-57 中这样的没涨多少,就很快回踩到下降楔形上边线(B 点)附近的现象,在获得有效支撑再度上涨的时候,若有 60 分钟和日线、周线柱状体开始同步放量向上拐头之时,可择机在其当时的分时图交易重心附近分仓买入,享受其中短线猛烈的上涨行情带给你的喜悦和丰厚的利润。

十、上升旗形买入法则

上升旗形形态是股价经过一段短暂的飙升后,成交量放大后股价也受阻回落,小幅回调后便开始反弹,反弹没有创出新高又出现回落,股价如此往复下移,如果将其下跌走势中反弹的高点用直线连起来,再将下降走势中回落的低点也用直线连起来,就可以发现其图形像一面挂在旗杆上迎风飘扬的旗子。这种走势就叫"上升旗形"走势。

一般而言,上升旗形形态构筑完毕后,股价将继续维持原来的上涨趋势,继续往上攀升。当突破"上升旗形"形态时,投资者可及时介入。

在上升旗形的旗杆形成后,成交量基本应该从左向右迅速依次萎缩。如果成交量不是依次递减,而是经常有不规则的放量,则要防止窄幅向下整理变为反转向下。上升旗形整理形态在旗形形成之前和被突破之后,成交量都很大。突破后有时也会有回撤的可能,若回撤不跌破原下降趋势线反压时形态便更加可确立。

上升旗形分为旗杆和旗面,旗杆形成过程当中,往往是接近直线的拉升,然后转入休整。形成旗面的过程当中,看似股价要下跌,但实际上是主力做的陷阱,让普通投资者卖出其手中的筹码。一旦主力筹码收集充分之后,就会发动新一轮攻势。这种整理形态一旦突破,涨势通常势如破竹,往往几乎以接近"垂直"的方式奔向目标区。此后这种股票短线基本上都是大幅飙升的。旗形整理结束后进场正是好时机,特别是那种刚突破前高的旗形更值得关注。

旗形整理的成交量必须从左至右逐步递减。股价一定要在前期高点上方做整理,同时 MACD 必须金叉或呈向上发散状。股价整理结束后突破时必须放量。突破时放量能基本证明是有效突破,具备这些条件买入的可靠性比较高。当然万一股价随后跌回旗形之中,则需止损出局。

面对上升旗形,正确的做法是:先利用最高点卖出法卖出,或短线先止损出局。再次友情提醒大家无论何时进行短线操作时,应重点回避强势图形中出现缩量滞

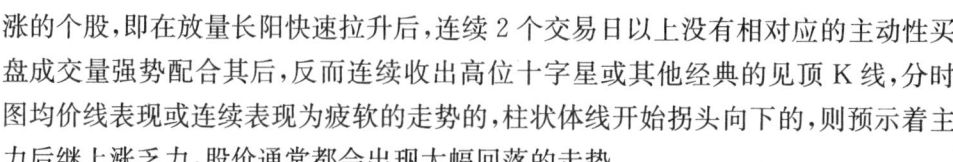

涨的个股,即在放量长阳快速拉升后,连续 2 个交易日以上没有相对应的主动性买盘成交量强势配合其后,反而连续收出高位十字星或其他经典的见顶 K 线,分时图均价线表现或连续表现为疲软的走势的,柱状体线开始拐头向下的,则预示着主力后继上涨乏力,股价通常都会出现大幅回落的走势。

然后不要忘记它,经常认真观察其形态的进一步变化,只要调整幅度不深(极强势的上升旗形其下跌不会跌破大角度向上的 20 日线的),通常强势的旗形整理时间在一周左右,一旦股价哪天放量形成 60 分钟四位一体指标体系全多头态势的时候先及时在其当天的交易重心附近买第一笔。一旦如期放量突破了旗面,并且其日线甚至周线上,也基本刚刚形成四位一体指标体系的放量全多头态势时,在其当天的交易重心附近买第二笔。然后等到符合最高点卖出法条件时再择机卖出。

图 1-58 为 002307 北新路桥 2016 年 2 月 8 日至 2017 年 3 月 17 日期间发生的符合上文所阐述的所有形态条件要求的日线级别走势示意图。

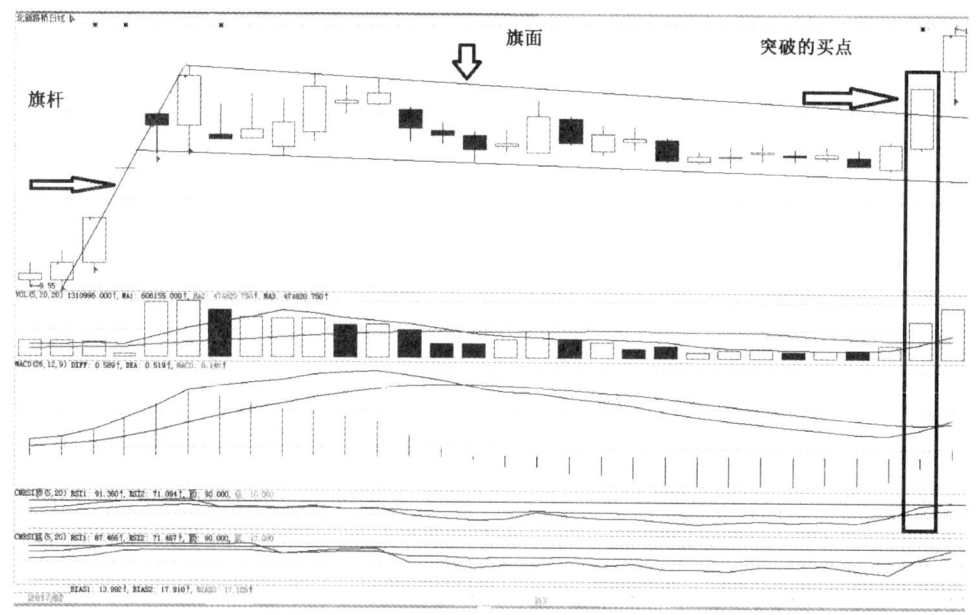

图 1-58

股价在长期的运行过程中,可能会形成某些技术形态,如常见的双重底(顶)、头肩形、圆弧形、三角形、楔形或旗形等,股价一旦成功放量突破这些技术形态的颈线位,说明技术形态构筑完毕,股价将沿着突破方向继续运行,达到最小"量度升幅",因此是一个较好的买入信号。

股价向上突破技术形态时,说明股价下跌或回调结束,是一个较好的买入信号,投资者可以按照相关技术形态的法则进行操作。在实盘操作中,一定要把握以下技术要点:

(1)突破的前提是股价的位置和阶段。如果处于底部吸货区域、中途整理区域、庄家成本区域附近的,若放量向上突破则其真突破的概率较大;若向下突破则其假突破的概率较大。如果处于复合时间周期指标数值都在高位区域、远离庄家成本区域的,若其没有出现有效量价配合的向上突破,则其假突破的概率较大;若向下突破,则其真突破的概率较大。

(2)任何情况下的股价突破时,盘面必须要有气势、有力度、要有可持续性,短暂的冲破都不能算有效突破。另外要观察技术形态的构筑时间,一般而言,技术形态构筑时间比较短的技术形态可靠性不高。

(3)在考察成交量时一定要注意价与量的配合,如果量价失衡(成交量巨大突破后回落、突破后放量不涨或突破时成交量过小)则可信度差,谨防庄家以假突破的方式出货。

(4)当股价无量突破颈线时,且突破的幅度不足以确认为正式突破时,此时有出现假突破的可能。如果股价在突破后不久又再度回到颈线之下,应予以卖出观望。比如当股价向上突破颈线时,成交量需配合增加,要超过左肩或底部时的最高成交量。若股价向上突破颈线时成交量并无显著增加,其后几日也未见补量时,可能将会变成一个"假突破"。

(5)分析突破时的一些盘面细节,有利于提高判断准确性。例如,当天的突破时间早晚,通常当天的突破时间越早越可靠,特别是在临近尾盘的突破更应值得怀疑;观察当天的突破气势,突破时量能、分时图均价线、指标体系如果都能气势磅礴地一气呵成的,显得轻松有力的,那可靠性就高。突破后能够坚守在高位没有丝毫疲软态势的,可靠性就高,如果仅仅是股价在当天盘中的瞬间碰触,那么这种非常有气势的突破,那就不太容易成为真突破了。这些盘面细节十分重要,应当细心地进行观察分析。

(6)突破后一定要有持续性的放量和强势上涨的持续性做支持,得不到持续性的放量和强势上涨的持续性做支持的,其突破的真实性和有效性就得不到保障,就容易形成假突破。突破形态出现时及时同步出现四位一体指标体系放量全多头形式配合的,其真实突破的可能性要远超过没有得到及时同步出现四位一体指标体系放量全多头形式配合的。

在整个指数环境的蓄势启动阶段,不管指数和板块以及个股表现的形式怎样千奇百怪,万变不离其宗的是,在此期间各时间周期的均线系统会逐步弥合不同程度的反作用力,使得它们先后在走平上翘的过程中,量能会逐步地进行缩放涨的有序变化节奏;指标体系也出现了逐步的底背离,或者放量迅速大角度向上移动的态势。

我们的证券市场有一个普遍的现象,就是熊长牛短,也就是投机性非常厉害。市场的参与者各方大家都是急功近利的,指数似乎永远没有慢牛走势这一说。一旦确认了底部以后,在整个指数环境的蓄势启动阶段,有些个股会突然地进行急切的拉升行情。在整个指数环境的蓄势启动阶段往往是短线投机客最活跃、最容易赚到钱的阶段,是一个比较容易介入相对低位启动的大牛股的正式有价值的买点阶段。

当蓄势启动阶段出现多周期共振,形成四位一体指标体系的放量全多头拉升之时,一定要克服贪婪和恐惧心态,不要再患得患失、斤斤计较,需要的是及时先在其当时的交易重心附近分仓买入再说。

作为散户来说,我们要承认自己是永远的行情被动者地位:行情没启动前尽量不要去抄底,行情没正式启动前不要提前去埋伏,提前去做的效果往往都是不尽如人意的,往往使得自己心态不稳、效果不好,可能操着国家领导人的心,赚的是葱姜不如的钱,甚至还亏钱。有时投资者还会因为提早介入而受不了庄家主力的折磨在刚刚解套的时候卖出了,或者在大牛股启动前一刻割肉了,而屡屡与大黑马失之交臂,痛失良机。

所以,我一直在提倡用“四位一体操盘术”模型量化到要见大底或中底的时候,去盯住5分钟和60分钟的四位一体指标体系走势图上,什么时候出现放量全多头现象时,再及时在其当时的交易重心附近分仓买入。

我也一直建议用“四位一体操盘术”模型量化到个股出了大牛股启动模型预警以后,再及时在其当时的交易重心附近分仓买入。

从理论上说,任何一种绝对高成功率的买入模型,都只表明它出现以后会有可能获得快速且大幅的上涨机会,但是不代表买入后一定都会如愿以偿。这种好买点出现后,如果正巧碰上整个市场环境不好,或庄家主力方面出现了什么问题,或庄家主力的任何个性化的变化,也有可能出现不涨反跌或迟迟不涨等错综复杂、千奇百怪的后市表现。我们必须明白买入后的行情演变不是模型可以左右的,不是我们任何个人可以左右的。再好的买入模型出现买入点以后,当我们买入了以后,后市表现只能靠主力庄家们能不能持续释放主动性买盘成交量,来维护股价的连续上涨,来决定我们自己后期的持仓、卖出策略。

一旦上攻到复合时间周期指标数值都到了高位,就要根据其实际走势特征在满足"乐极生悲""敌疲我撤"这种极强势股或强势股最高点卖出法模型条件时,考虑见好就收、落袋为安。倘若后期走势没有先达到最高点卖出法条件时,就因为各种各样突发因素,而导致跌破 5 日线时,也就及时先止盈止损出来观望再说。这样长此以往地执行下去,结果一定是游刃有余、长久安全有效的。这样做有理有利有节的操作,还用愁没有良好的收益到手吗?

十一、高位衰退阶段

本书后面章节有大量篇幅和内容集中讲涨停板和主升浪,所以把高位衰退阶段放在此处先说掉,以便大家集中在后面文章中去学习和体会。

高位衰退阶段是整个循环周期中的最后一个环节。该阶段的出现,标志着一个循环周期的结束。该阶段的最大特点就是:股价和量能同步上涨的速度加快了一段时间后,很多个股和指数的复合时间周期指标数值都达到和达到了极高位水平,庄家主力的账目收益已经非常惊人了,市场中只要持有这个股票的人,都赚得盆满钵满了。然后成交量不再继续放大了,阳 K 线少了,阳 K 线也小了。阴 K 线越来越多了,阴 K 线越来越大了,阴线开始吞没阳线了。5 日线原来是离开上涨阶段的 K 线很远的,现在股价开始跌破 5 日线了。日线、周线 MACD 指标当中的柱状体开始陆陆续续拐头向下了。60 分钟和日线级别的指标顶背离现象不断出现和愈演愈烈。60 分钟四位一体指标体系全空头排列了,甚至日线级别的四位一体指标体系也已经形成全空头排列现象。在下降趋势或者熊市已经明确了的情况下,投资者只能果断选择抽刀断臂清仓卖出了,否则将面临更大幅度的下跌调整行情。

我建议在复合时间周期指标顶部没有及时出货的短线投资者,在看清长线、中线指标确实已经共同拐头向下后,别管它是利空涨停还是利多涨停,也别管它是利空跌停还是利多跌停,只要其出现后市主动性买盘成交量不再持续放大了、出现特别经典的见顶 K 线和 K 线组合了、其分时图均价线走势已经出现很疲软的态势了、跌破了其上升过程当中的 5 日线了,或跌破了最靠近其上涨过程当中的 K 线前一根有量有实体的中大阳线的交易重心了,或其小一个时间周期的四位一体指标体系当中基本上已经形成全空头排列之时了,可以先立刻利用盘中反抽机会抛清该股再说就是了。

第二章

先有涨停板，后有主升浪

第一节　涨停板的相关知识

很多时候，我们可以利用涨停这种极端的走势来判断庄家前、后期的行为和方向的真伪。因为涨停板是一种比较极端的走势，判断个股是否有强庄入驻的简单方法，就是看其最近几个月内，是否有过拉涨停板和封涨停板的行为。这是判断强庄入驻的一个重要条件。如果该股中的这个庄家连一个涨停都不敢拉，只能证明这个庄家可能资金虚弱，胆识不够，或者它还没有对拉升行情做好充分准备。追涨这类个股，后期不涨或涨得很磨叽的风险往往倒蛮大的。

涨停板的这种极端的走势只有庄家才有实力和能力去主导。以涨停板为标准去检测、了解庄家真实实力，去检测、了解他之前走势的真实含义、去检测他之后走势的真实方向。这样做既客观又准确且有效和简单，何乐而不为？绝大多数情况下，庄家之前刚刚安排了一段缩量洗盘或低位吸筹，现在立马开涨就采用最极端的进攻态势——"涨停板"那是闹着的玩吗？庄家主力进这个市场炒作，它的目的没有什么高尚的。他跟市场中的所有人目的都是一样的，都是想在这个市场中通过高抛低吸赚到尽可能多的差价的钱。只不过一般投机客钱少、能力差，只可能被动的、尽量亦步亦趋的、跟在市场趋势和庄家操作后面赚点蝇头小利钱而已。庄家主力们则仗着他们拥有的资金优势、信息优势、人脉优势、对政策的掌握、认识优势、对市场规律和人性弱点的掌握、认识优势等各方面的优势，来相对主动地安排高抛低吸的节奏变化，赚取一个相对大一点的总资金平均收益水平。他们万变不离其宗，一直周而复始地在演绎着低位吸货、对倒拉升、高位放量出货的把戏。庄家主力们永远都是在市场悲观的底部区域疯狂吸货，因为他们的持续疯狂吸货，才会使得市场能够企稳，并要么逐步走高、要么快速走高，绝大多数的庄家在快速拉升的阶段，才会采用最极端的进攻态势——"涨停板"来聚集市场的跟风人气、吸引市场的跟风眼球。一旦股价接近他相对理想的出货空间价位，他就会将手中的筹码或暂时性，或永久性地抛给市场中蜂拥而入的投机客们。当他买少卖多，接盘侠们接不住，持续不断地抛盘，或感觉接了以后短期没有收益，甚至还产生亏损，并且这种亏损的势头好像没有要终结的时候，才容易形成合力抛货，造成进一步恶化的结果，形成断崖式的下跌或逐步震荡的下跌。

下跌过程中只要主力庄家短期不进行买多卖少的举动，其股价的短线下跌就不可能结束，就可能演变成中线下跌。下跌过程中只要主力庄家不立马进行连续性的买多卖少的举动，其股价的持续震荡下跌就不可能结束，就可能演变成长线下跌。直至连续跌得足够深后，引起另一个非常有实力的庄家主力的眼球和兴趣，来进行新一轮的低位布局，逐步重新焕发起新一轮的牛市行情。

所以抓紧时间认真学习有关涨停板的知识，刻苦努力学习、体会前人总结的涨停板相关技术知识，对提高股民的看盘和操盘能力具有重要意义。

（1）涨停家数的多少，是跟大势强弱有直接关系的。我们一般通过观察今天涨停家数就能对今天市场的强弱度得到一个直观的判断。涨停家数多，说明大势强；涨停家数少，说明大势弱。

（2）如果同一个板块或者同一个概念出现许多个股纷纷涨停，涨停个股关联度越高，最起码说明这个板块或这个概念题材很强。这种呈建制的同一个板块或者同一个概念的集体大涨或涨停，不是其某一个庄家刻意做盘所能形成的。所以涨停的个股或板块之间关联性越强，说明热点越明显、越具体、市场也就越强；反之，如果个股和板块之间彼此毫无关联，那其市场强度表现和延续性就会大打折扣。

（3）涨停时间的早晚与走势的强弱通常都呈正比。开盘半小时左右就能强势地、顺利地封死涨停，其后相应的走势就容易强一段空间和时间。如果最后半小时才涨停，其后变数就会增加，相应的走势就容易弱一段空间和时间。总之，越早封住涨停的股票走势越强。

（4）涨停后封单的大小跟走势的强弱通常呈正比。虽然说巨量封死涨停后有些封单是假的，是可以轻松被庄家自己撤掉的，但不可否认的是，封单数量越多，其中的真实买盘相对来说也就越多。如果涨停后只有一点点封单，或封单在快速地减少。则通常表示庄家要抛货撤退了，那持有该股的散户需要也赶快超短线、短线抛一下的。

（5）此时只要板块指数涨幅榜的第一版上有三个以上板块涨幅超过2％以上和板块指数涨幅榜的第一版上的这些板块平均涨幅最起码超过1％以上，只要更多的板块和个股满足 60 分钟四位一体指标体系放量全多头的现象；日线和周线上具有一定代表主动性买盘成交量意义的 MACD 指标当中的柱状体，能够不断地持续向上推动，那就值得以迎接中线好行情的心态，去做好这波中短线震荡向上行情。

股价在什么位置其实跟投资价值没有任何直接关联的。个股的股价变化都是靠其背后的庄家主力，用钱的持续流进流出再配合各种各样的利多、利空消息安排"炒作"出来的。所以对于各种各样的利多、利空消息，与同股价的形态位置和指标体系的趋势位置结合起来，进行综合分析，才可能相对客观地判断清楚主力庄家们下一步更容易会在实盘中怎么进行趋势性的炒作。

任何人在市场中都难免被庄家主力欺骗，被骗是正常的，被骗不可怕，关键是需要及时客观地判断清楚现实发生了的态势，然后及时纠正自己已经犯下的错误，尽快地采取跟庄家主力目前运行的态势相一致的操作行为。比庄家主力慢一拍不要紧；比庄家主力晚一月在顶上抛、晚一周在顶上抛、晚一天在顶上抛、晚一小时在顶上抛都不要紧；比庄家主力晚一月在底下买、晚一周在底下买、晚一天在底下买、晚一小时在底下买都不要紧，关键是不能一错再错、错上加错、不断犯错。避免这样的问题一再发生的根本有效办法就是：迅速掌握四位一体操盘术的整个理论体系和规律特点，用好这些抄底逃顶、抓主升浪起涨点的规律性方法，及时客观地尽量克服自己的贪婪与恐惧的人性弱点，迅速跟上主力庄家已经确定了的趋势方向的力度、强度、持续度，来做同方向的短线思维下的相应合拍的操作就可以了。

只要其 4 周线、3 月线仍然有比较大的上升角度，其周线、月线的 MACD 指标当中的柱状体还是有力度的在上涨的阶段中，并且其 20 日线和 60 日线还是以大于 45 度角度向上延伸的情况都满足的话，则利空因素可能只会使股价出现短期回调，待利空消息的影响在持续缩量的以相对较平缓的 5 日线缓慢下跌后，再度出现放量站上 5 日线，并且导致 5 日线开始拐头向上的、分时图上均价线也开始有角度的向上运行的共同配合下，股价仍会进一步向上拓展空间，那就可以在盘中回调至分时图交易重心附近再度放量向上时买入，因为此时已经充分表明股价进一步夯实了上涨的基础，获得了相对有效的支撑后重新要开始回升了，那么当然值得再次买入啦。

涨停板也好、主升浪也好，确实是有规律的。其经常会出或者说容易出涨停板和主升浪的规律条件，反映在股价走势图的 K 线异动形态、均线、指标位置形态、成交量缩放涨形态和分时图量、价、均价线三协同爆发形态的协调配合之中，你只要懂得了其到临界点附近的表现特征，就能比较容易地、及时地发现它、抓住它。

　　涨停板经常出现在比较重要的关键位置的走势之中，要么是在大幅下跌之后出现，要么是在洗盘震荡结束后开涨之时出现，要么在最高点附近出现。

　　涨停板出了以后有时会连续上涨一段空间和时间，有时只涨一会便转瞬即逝，转而开始下跌了。其背景跟当时的市场好坏强弱、股价趋势形态和多周期指标的高低、上涨的基本面性质不同等因素都密切相关。如果你买到了确实有效的突破拉升性质的涨停板，它就容易连续上涨，让你充分享受到大幅连续上涨的乐趣。如果你不慎买入了上涨过程当中巅峰的涨停板，或者买的是回光返照式反弹出货性质阶段的涨停板，那它会让你遭受亏损的煎熬。所以说狙击涨停板既能够让你享受快乐，也会让你经受磨难。整个过程考验你的是技术功底和执行纪律的毅力以及克服人性弱点的能力。

　　狙击涨停板一定要看清涨停板的位置与性质。"位置决定性质、性质决定成败"，要想尽可能买到的是能确实产生主升浪的涨停板，就必须要从多种性质的涨停板中寻找出具有突破拉升性质的涨停板，其后才相对容易碰上主升浪行情。所以一定要求自己尽量控制好自己的情绪，严格执行好买卖纪律，才可能从投资中获得收益。由于我们通常都是追求相对短线的波段操作，我们的主要狙击目标只是狙击波段主升浪，因此我们要尽量把注意力集中到只狙击突破拉升性质的涨停板。

　　围绕涨停板这个现象和结果去做有效研究和及时跟踪的话，我建议尽量只选择那些走势特征明显和走势流畅的板块和个股，去做实时预警跟踪分析判断。我觉得这样才能多快好省、效率高、效益好。因为只有那些走势特征明显和走势流畅的板块和个股，才是实力最强的主力庄家。也正是因为他们正在进行猛烈的向上操作，才会使得其走势特征明显和走势流畅。走势特征明显和走势流畅的个股，才容易有涨停板现象出现和经常出现涨停板。也正因为他们容易出涨停板和经常出涨停板，才容易有主升浪行情出现。而那些走势特征不明显和走势不流畅的板块和个股，其背后运作的主力庄家往往不是强悍的主力庄家，或者是目前实力和各方面条件没有完全具备，暂时没有很强的拉升欲望的主力庄家。就算他们勉强进行拉升，拉升起来也容易黏黏糊糊、磨磨叽叽、不爽快的。在这种股票中参与炒作，容易破坏心态，实战效果和效益都不会太理想。所以尽量不要参与这种相对弱势的庄家主力的个股炒作为好。我喜欢盯住那些刚刚发生过异动 K 线形态的个股、在其又完成了拉升前洗盘形态的、接下来马上就形成四位一体指标体系放量全多头反转向上有力拉升的龙头板块和龙头个股，喜欢在完成了、形成了这些牛股爆发必然程序的个股中，去淘快速、猛烈的短线主升波段利润。股票运行的过程中不会轻易地、莫名其妙地出现涨停板的。在主力庄家还没有万事俱备到容易去做冲击涨停板的操盘行为前，或许他还有很多工作没有做到位，条件还不成熟，如果我们过早地买入去被动地等待他拉升，那往往是得不偿失的，也是不客观的，往往会事与愿违，心态和操作节奏会乱掉。

第二节　尽量只追满足追涨条件的第一个涨停板

一旦股票运行在合适的位置和条件下，开始向涨停板发起冲击了，出现了满足我们所熟悉、所掌握的各时间周期四位一体指标体系的形态，在分时图上出现了满足追涨涨停板量价指标图形特征的时候才可以放心大胆地去及时追涨。市场不缺少机会，每天有无数"机会和陷阱"层出不穷，平时要经得起诱惑，要能够"静若处子、动若脱兔"，做机会的把握者。

（1）在追涨停板时，我们必须尽量只追击在满足条件之后出现的第一个涨停板。

图 2-1 为在追涨停板时我们必须尽量只追击在满足条件之后出现的第一个涨停板的图例。其显示的是 000877 天山股份 2017 年 2 月 7 日在满足条件之后出现

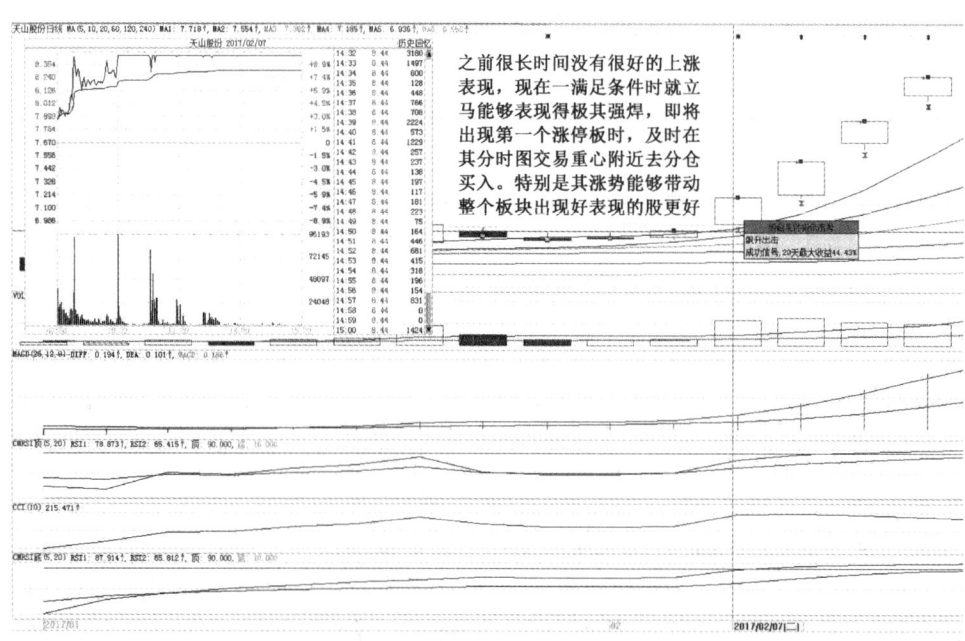

图 2-1

的第一个涨停板之时的走势示意图。分时图买点为股价冲高预警后第一次接近分时图均价线附近。

（2）在追涨停板时，只追击有效突破拉升之时的第一个涨停板。

图 2-2 为只追击有效突破拉升之时的第一个涨停板的图例。其显示的是 600425 青松建化 2017 年 2 月 8 日有效突破拉升之时的第一个涨停板的走势示意图。

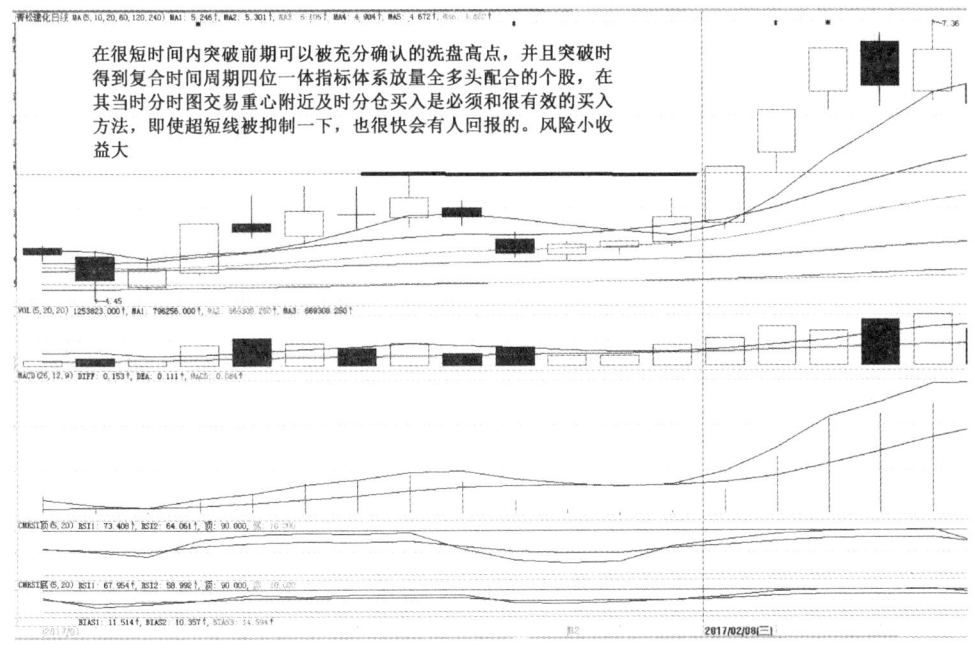

在很短时间内突破前期可以被充分确认的洗盘高点，并且突破时得到复合时间周期四位一体指标体系放量全多头配合的个股，在其当时分时图交易重心附近及时分仓买入是必须和很有效的买入方法，即使超短线被抑制一下，也很快会有人回报的。风险小收益大

图 2-2

图 2-3 为只追击有效突破拉升之时的第一个涨停板的分时图买入点图例。其显示的是 600425 青松建化 2017 年 2 月 8 日有效突破拉升之时的第一个涨停板时的分时图买入点图例。

（3）必须尽量只追击确定无疑其是龙头板块当中的龙头股的前三个连续涨停板内的涨停板。

图 2-4 为只追击确定无疑其是龙头板块当中的龙头股的前三个连续涨停板内的涨停板的分时图买入点图例。其显示的是 600149 廊坊发展 2016 年 8 月 1 日到 8 月 3 日期间连续三个符合"龙头品相"买入模型的涨停板出现时的买入点和分时图买入点图例。

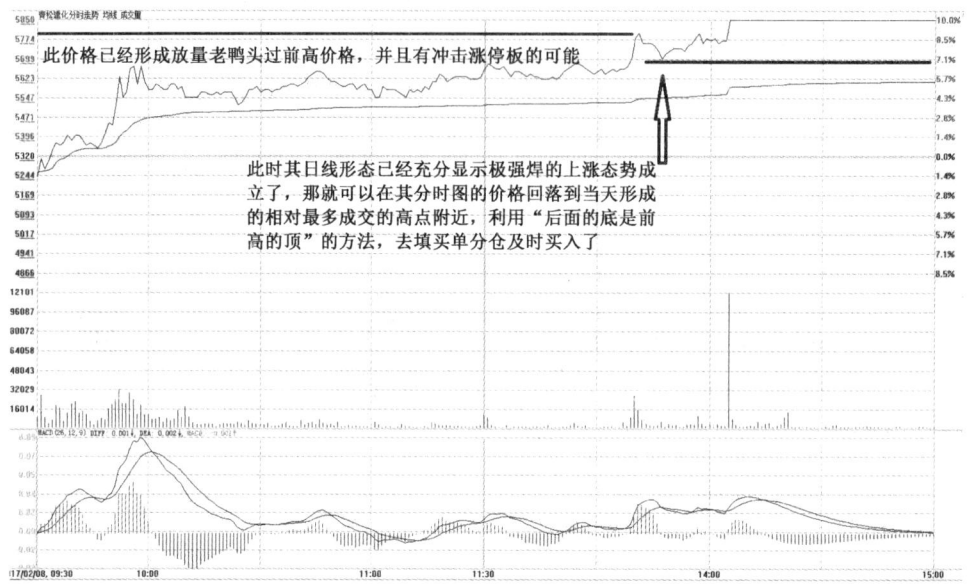

图 2-3

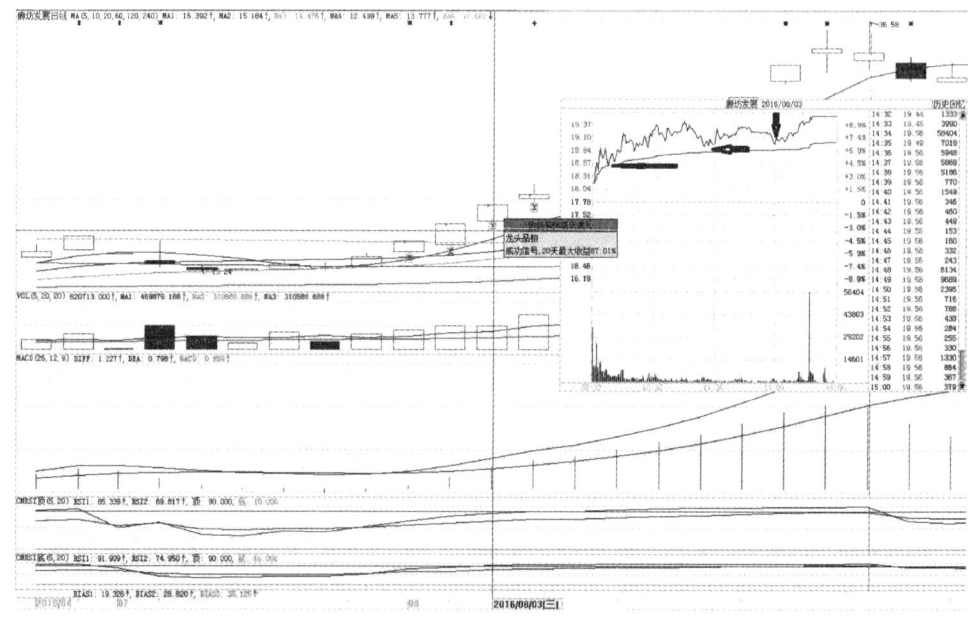

图 2-4

我发现很多人对一个新概念板块的炒作启动，通常都是不太敏感的。在其启动初期都莫知莫觉的，不知道用什么方法及时捕捉到其启动初期的买入点。只有等到连续涨了几个涨停板以后，媒体上开始有关这个新概念板块的文章大量地推出之时，才可能刚刚知道市场现在有这么一个新的板块热点在被庄家主力们恶炒了，也才分得清楚谁是其中的龙头了，然后因为股价已经涨了一大段了，很多人因此会望而却步，结果当然也就错失了一波"恶狠狠"的短线飙升行情。

其实此时对于我们运用"四位一体操盘术"买入模型来进行实盘跟踪的股友来说，在及时性上就有得天独厚的条件了，我们可以将全市场所有个股纳入我们的预警体系当中，用这些经过大量实战验证的高成功率的买卖模型进行实时跟踪，当出现"龙头品相"买入模型的预警从预警框中跳出来时，可以引起我们足够的重视，可以及时参与，也可能我们在出现"龙头品相"买入模型的预警从预警框中跳出来时的第一个涨停板时，没有及时参与，或者来不及及时参与，第一时间也不知道会有一个新的题材、新的热点爆发出来，但是在第二天，如果它很快就又有一次涨停了，那么在其连续两个涨停出现的时候，应该说就会使你不得不极端重视这个连续出现了买入信号的这个股票。此时其所隶属于的这个板块当中可能已经有两个股票甚至三个股票有两个涨停，或者另外两个也都快接近涨停了的现象发生。此时可以在其第二个涨停即将出现的时候及时介入涨得最猛的这个昨天已经发出"龙头品相"买入模型的预警涨停板的个股，退而求其次也可以放到第三天，在其强势上涨的分时图交易重心附近进行及时的分仓买入。因为我们都知道，如果一个股票是被庄家主力们作为这个板块的龙头来炒的话，那么其龙头往往都是强势启动后，连续在前三根 K 线中是以连续涨停的形式上攻的。一个概念板块的炒作过程当中哪个股票强势启动后，连续在前三根 K 线中是以连续涨停的形式上攻的，那它就是这个新概念炒作的龙头。谁都知道，炒作就要炒龙头的道理，也知道龙头一旦启动是不会马上偃旗息鼓的。其起码会从一个相对平庸的股票，在短时间里面快速运行到满足"乐极生悲"这种极强势股最高点卖出法条件后，才可能会暂时休整一下的。那么理论上只要在极强势股的最高点卖出法条件没有满足之前，买入并持有它都是有利可图的。特别是在其前三个涨停板中及时买入的，那么它的短期获利的安全性、有效性，更加能够得到保障了。短线买入的利润空间也就比较巨大。只要买入和持有过程中，股价没有跌破 5 日线之前，上涨的概率远大于下跌的概率。在指数环境处于反弹上涨阶段或指数环境处于稳定的上涨阶段，参与这种"龙头品相"买入模型刚刚预警出来的龙头股票，反而是风险最小，收益最大的一种短线操作方法和手段。实战效果真的不错。

廊坊发展就是那个阶段恒大系被疯狂炒作之时,第一个出现涨停,并且连续涨停的"龙头老大"。运用此方法,可以比较轻松地、尽早地及时买入,并且持有这种短线会很疯狂的牛股,获得理想的中短线收益。分时图上(见图 2-4)的几个箭头处都要么是回靠均价线的买入点,要么是回靠前期股价形成过的高点平台的低吸买入点的示意图。

对于那些复合时间周期指标数值都在极高位的,经历过了连续大幅拉升后的涨停板,或各中长期复合时间周期指标已经刚刚开始空头排列的反抽、反弹过程当中的涨停板,投资者要最大限度地克制住自己,不要去盲目做,要坚定地秉承"宁做鸡头不做凤尾"的原则,就像廊坊发展在 2016 年 8 月 16 日和 8 月 31 日这两天出现的涨停板就不能去追买了。因为 8 月 16 日时的这个涨停板发生时,其日线、周线、月线的 CMRSI 顶指标当中的 RSI1 数值已经都在 90 以上了,量能也已经放大得非常离谱了;中短线的连续上涨幅度也已经超过了相对安全的 50% 以内并且已经翻倍有余了,庄家主力赚得都只想抛不可能再买的地步了。那这种时候不管它怎样诱惑你,你都不用再去买了,反而在盘面上只要出现最高点卖出法条件就尽量卖出,或盘中一有明确走软迹象就抛完了事。

廊坊发展在 2016 年 8 月 31 日这天出现的涨停板为什么也不能去追买呢? 是因为这种连续大幅拉升的个股,一旦在复合时间周期指标数值都在极高位放量见顶回落过程中没有连续的大幅下跌超过 34% 以上的话,是不可能有真正安全可靠的超短线、短线企稳反弹产生的。下跌过程当中的所有脉冲式上涨你可以一票否决制地予以高抛或放弃。特别是其日线级别的 MACD 指标当中的柱状体没有向上放量拐头前,日线级别的 MACD 指标当中的两条曲线没有向上放量拐头前,周线级别的 MACD 指标当中的柱状体没有向上放量拐头前千万不要动提前买入抢反弹的念头,这样才不容易碰上下跌途中的诱多陷阱。

在其刚刚经历好一波快速缩量下跌,或刚刚经历好一波缩量洗盘立刻在止跌后就迅速形成 60 分钟级别的四位一体指标体系放量全多头之时;同时,其日线甚至周线的 MACD 指标当中的柱状体就立刻有出放量拐头向上的迹象时,在其要出涨停板的股票时,最值得马上在其当时的分时图交易重心附近去分仓追击介入。

图 2-5 为 603322 超讯通信在 2017 年 2 月 21 日下午,刚刚经历了一波缩量洗盘后在止跌日的第三天就迅速形成 60 分钟级别的四位一体指标体系放量全多头现象;同时,其日线和周线的 MACD 指标当中的柱状体也能够立刻配合着出放量拐头向上的现象,在其分时图上出现强悍的放量上攻态势时,在其放量超过其之前洗盘的颈线位高点后,预警跳出来之时,就需要我们马上作出反应,在其当时的分

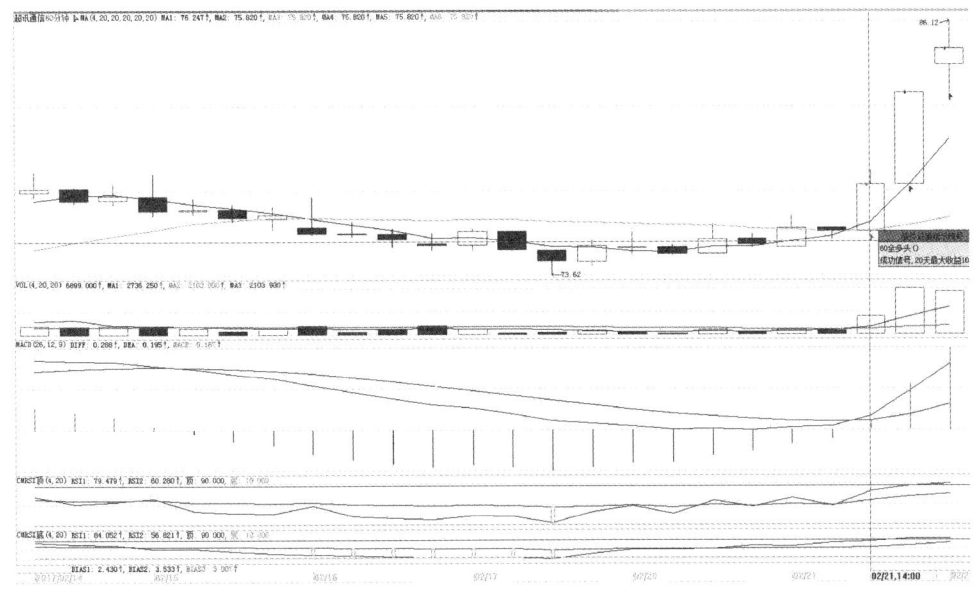

图 2-5

时图交易重心附近去分仓追击介入。

图 2-6 为 603322 超讯通信在 2017 年 2 月 21 日下午,刚刚经历了一波缩量洗盘后在止跌日的第三天就迅速形成 60 分钟级别的四位一体指标体系放量全多头现象;同时,其日线和周线的 MACD 指标当中的柱状体也能够立刻配合着出放量拐头向上的现象,在其分时图上出现强悍的放量上攻态势时,在其放量超过其之前洗盘的颈线位高点后,预警跳出来之时,就需要我们马上作出反应,在其当时的分时图交易重心附近去分仓追击介入。

在其刚刚形成日线级别的四位一体指标体系放量全多头之时,就立刻出要涨停板的股票,并且在其周线四位一体指标体系走势图上也基本或已经形成放量全多头时,其 60 分钟 MACD 指标走势图中其柱状体数值是其近 100 根柱状体里数值最高的话,最值得马上去其当时的分时图交易重心附近分仓追击介入。

图 2-7 光标处为 300072 三聚环保在 2017 年 3 月 9 日上午的 60 分钟级别走势图。此时在日线级别刚刚形成四位一体指标体系放量全多头现象,并且已经放量冲过反压线,已经在分时图上呈现强悍的攻击态势了,在其周线四位一体指标体系走势图上也基本或已经形成放量全多头之时,其 60 分钟四位一体指标体系也是

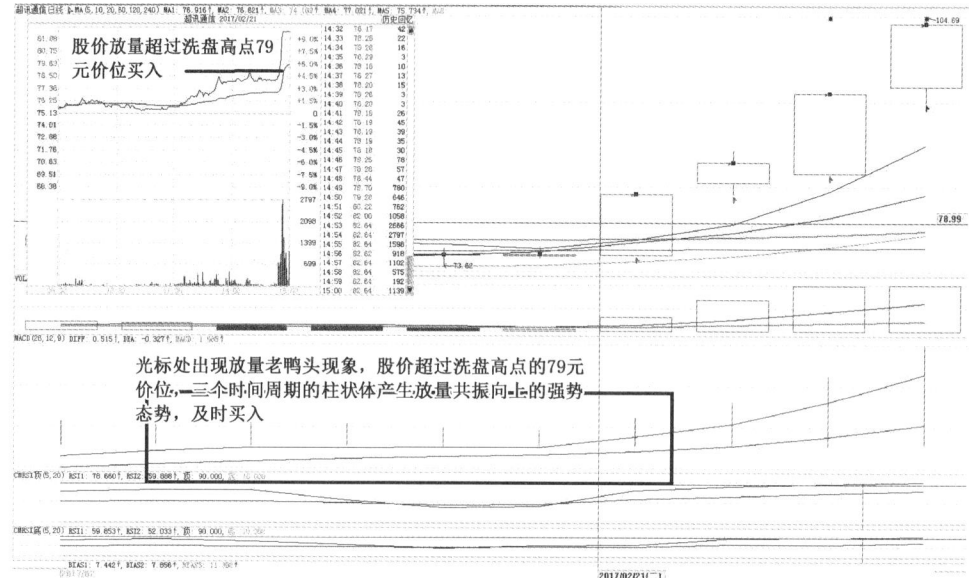

图 2-6

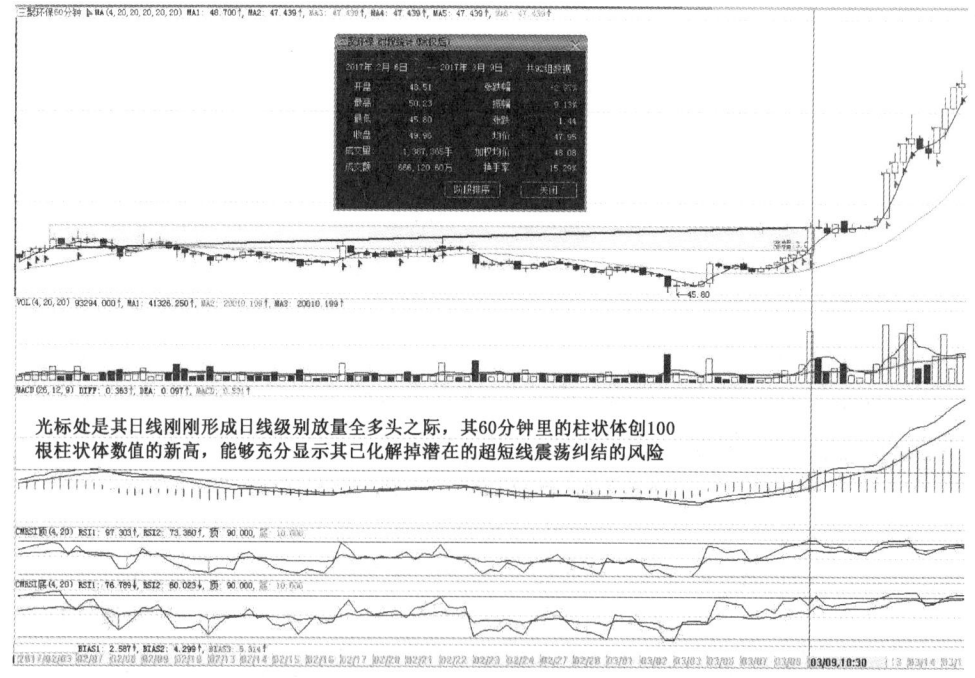

图 2-7

放量全多头配合着，其 60 分钟的 MACD 指标走势图中柱状体数值还是其近 100 根柱状体里数值最高的有力配合，最值得马上去其当时的分时图交易重心附近分仓追击介入。同时，其日线和周线的 MACD 指标中的柱状体也能够立刻配合着出放量拐头向上的现象，在其分时图上出现强悍的放量上攻态势时，在其放量超过其之前洗盘的颈线位高点后，预警跳出来之时，就需要我们马上作出反应，在其当时的分时图交易重心附近分仓追击介入。

图 2-8 为 300072 三聚环保在 2017 年 3 月 9 日出现满足上文所阐述的所有条件要求的日线级别走势图。

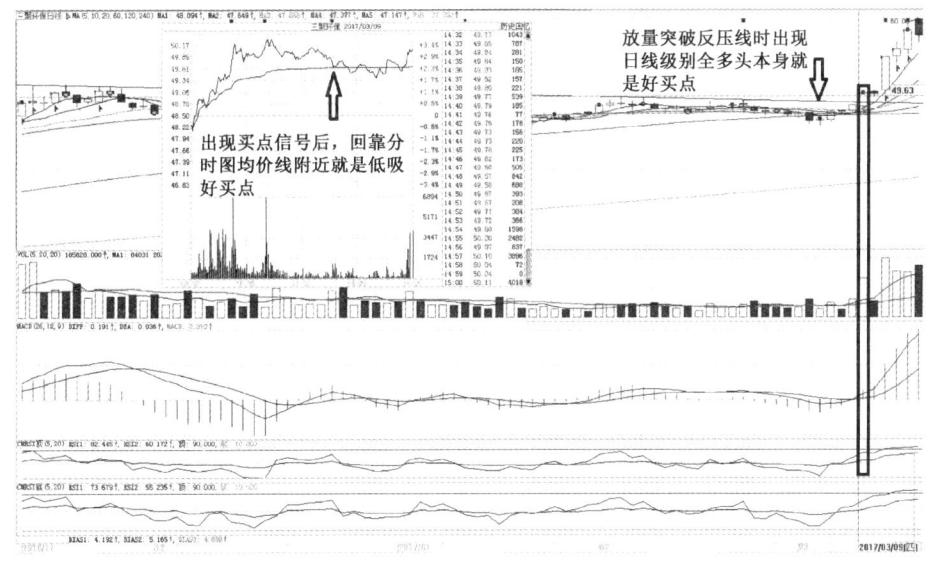

图 2-8

图 2-9 为 300072 三聚环保在 2017 年 3 月 9 日这一周出现满足上文所阐述的所有条件要求的周线级别走势图。

在其刚刚形成周线级别的四位一体指标体系放量全多头之时，就立刻出要涨停板的股票，通常都是值得去分仓买入的。特别是此时还得到了日线级别和月线级别四位一体指标体系都刚刚或即将形成四位一体指标体系放量全多头配合的话，那是更加值得马上去其当时的分时图交易重心附近分仓追击介入。这种买入模型在我的模型系统里叫"奋不顾身"。

图 2-10 为 300103 达刚路机在 2016 年 11 月 11 日这一周出现满足上文所阐述的所有条件要求的周线级别走势图。

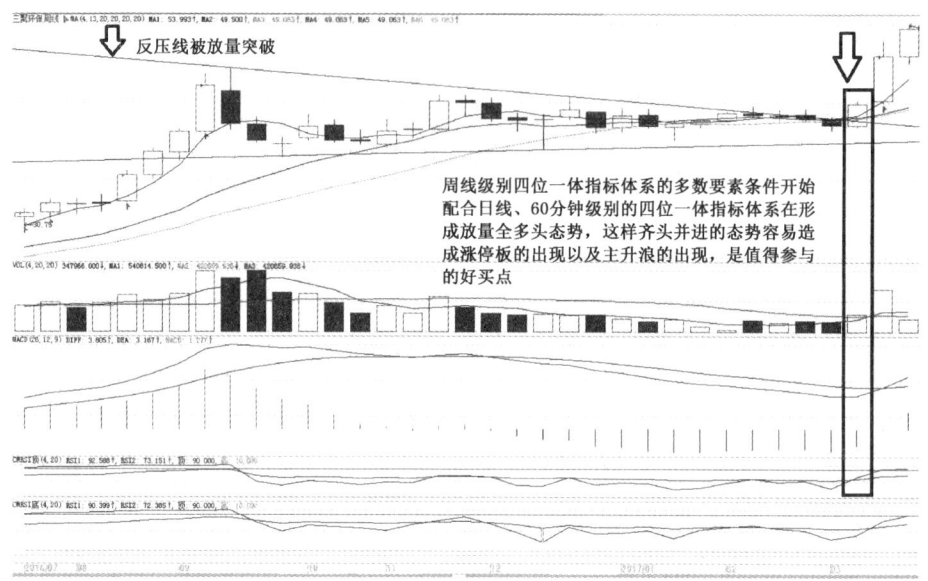

反压线被放量突破

周线级别四位一体指标体系的多数要素条件开始配合日线、60分钟级别的四位一体指标体系在形成放量全多头态势，这样齐头并进的态势容易造成涨停板的出现以及主升浪的出现，是值得参与的好买点

图 2-9

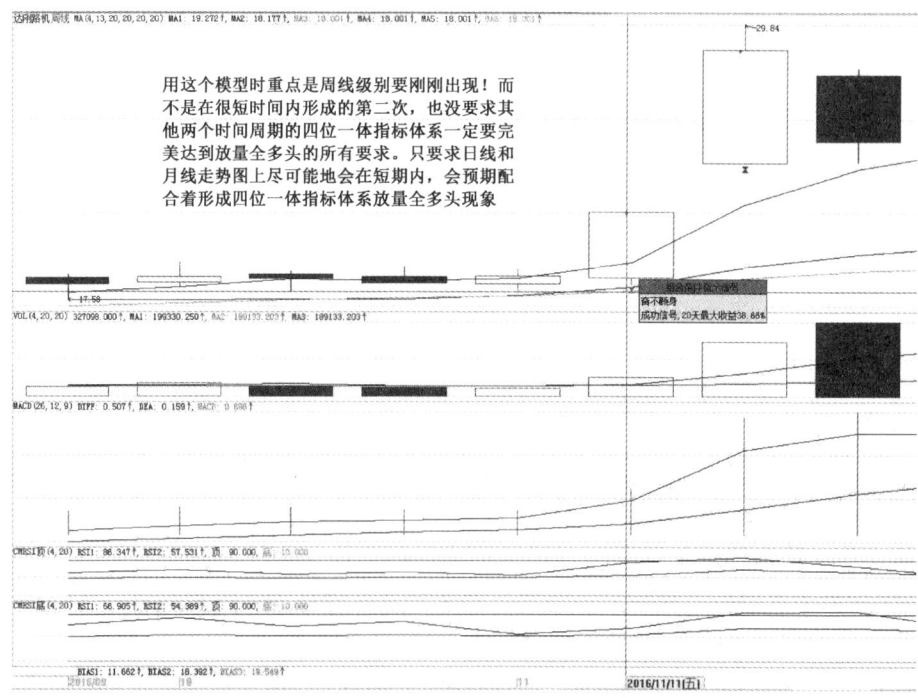

用这个模型时重点是周线级别要刚刚出现！而不是在很短时间内形成的第二次，也没要求其他两个时间周期的四位一体指标体系一定要完美达到放量全多头的所有要求。只要求日线和月线走势图上尽可能地会在短期内，会预期配合着形成四位一体指标体系放量全多头现象

图 2-10

这个模型对周线走势图是有严格要求的,要求它在形成周线放量全多头之时,一定是要刚刚形成放量金叉或者刚刚形成放量老鸭头之时形成的周线级别四位一体指标体系放量全多头。图 2-10 中第二次出现的"奋不顾身"模型买入点不算,一般是将第二次出现的买点做放弃处理的。除非第一次出现的时候其周线涨幅不超过 20 以内,那么紧接在后面再度出现的第二次买入点信号可以退而求其次地做个短平快的操作。

图 2-11 为 300103 达刚路机在 2016 年 11 月 10 日这一周出现满足上文所阐述的所有条件要求的日线级别四位一体指标体系放量全多头走势的示意图。

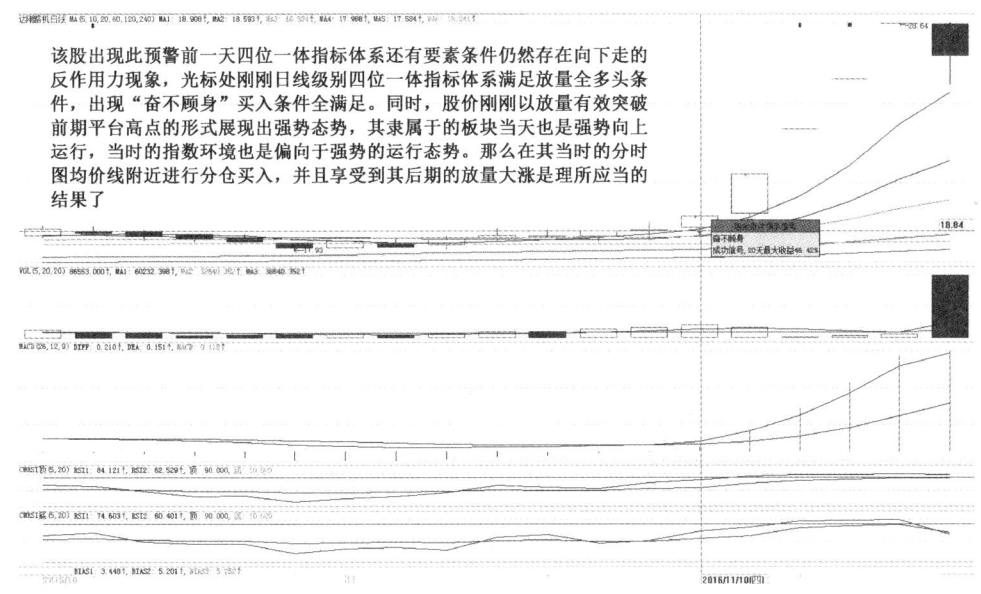

图 2-11

图 2-12 为 300103 达刚路机在 2016 年 11 月 10 日这一周出现满足上文所阐述的所有条件要求的月线级别四位一体指标体系放量全多头走势的示意图。

如果一个股票所隶属的板块是目前市场中的主流板块,在其 3 月线和月线柱状体都是向上的情况下,则每次日线、周线这两个时间周期级别走势图上,只要同时形成柱状体的放量拐头向上现象,就应该马上去其当时的分时图交易重心附近分仓追击介入,因为这种走势的股票很容易出涨停板,即使当天不涨停,今后几天里也特别容易出涨停板。此为重中之重的追击涨停板的秘诀!这也是我"攻击涨停"模型的精华。

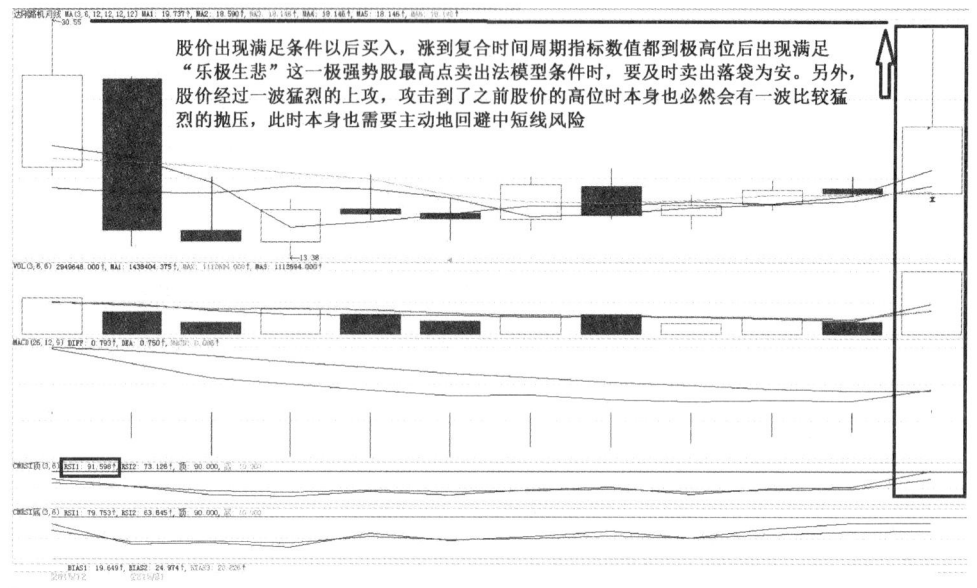

图 2-12

图 2-13 为 600425 青松建化在 2017 年 2 月 7 日出现满足上文所阐述的所有条件要求的日线级别"攻击涨停"模型买点处走势的示意图。

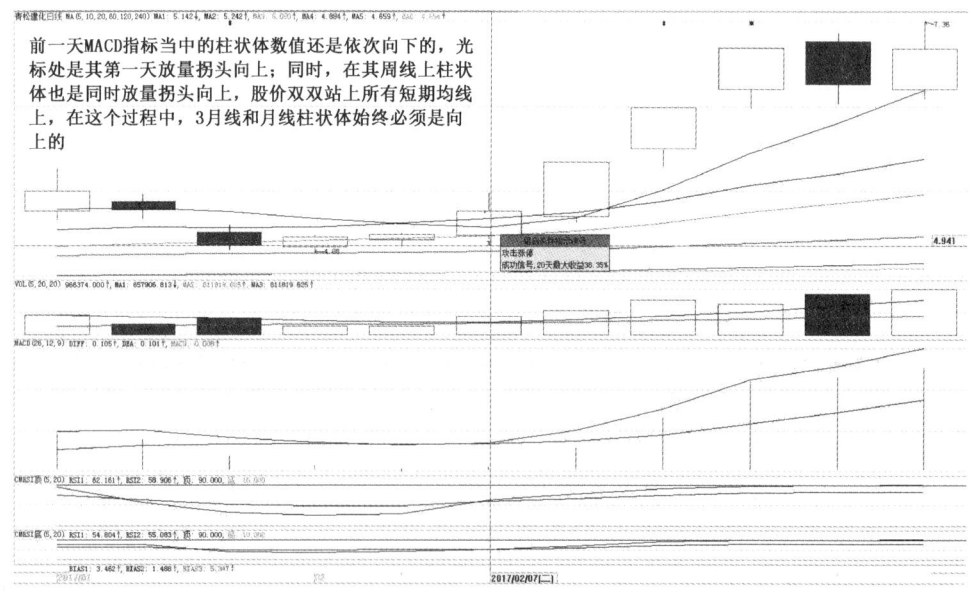

图 2-13

图 2-14 为 600425 青松建化在 2017 年 2 月 7 日这一周出现满足上文所阐述的所有条件要求的周线级别"攻击涨停"模型买点处走势的示意图。

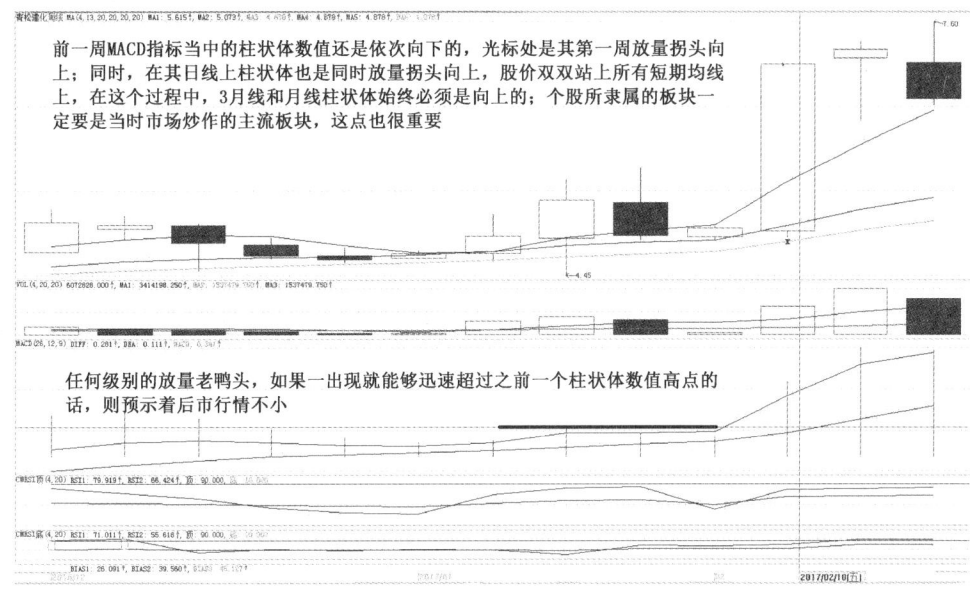

图 2-14

一、洗盘刚刚结束后就马上放量拉起的第一个涨停板

一般来说,洗盘结束的标志就是迅速出现那些经典的 K 线反转形态,并且尽可能快地重新形成四位一体指标体系的放量全多头形式。在 K 线反转形态出现后,有的个股会马不停蹄地立即展开上攻主升浪行情,以连续大幅上涨的形式进行。而有的个股则采取"进两退一"的逐步震荡上扬的态势去进行。如何在行情启动初期尽量判断清楚其洗盘结束后能够成为大黑马呢? 一般我的做法是:选择那些洗盘一结束,就能够迅速放量拉出 3％以上的中大阳线的,从分时图上来说,即时成交价线出现了第一波冲高后经过短暂浅幅回踩后,再度放更大的量、以更大角度向上突破了之前冲过的第一波高点的最高价时,就是追涨的最佳时机。股价在发力向上时所对应的成交量越能够突破两条均量线的数值越好,最好两条均量线要表现为多头向上或即将肯定多头向上为好。这表明有资金在有力入场,是主力拉升前的必要的能量聚集和发力的一种必然方式。不过对于成交量当时没有迅速放大或导致均量线迅速都拐头向上也用不着太纠结,只要后期能够持续放量也是可以的,因为这牵涉每一个庄家主力各不相同的做盘手法和各个不同位置的具体

情况来定,不必一味强求。在拉升前的洗盘阶段与其走势相对应的是成交量要有迅速依次缩小到两条均量线之下的现象,然后在再度拉升之时,成交量要有迅速依次梯级放量的体现,这才能够充分表示主力洗盘结束了。此时最起码60分钟四位一体指标体系走势图上一定要形成放量全多头态势,并且在其他几个较大时间周期的走势图上,本就已经形成着流畅的强势上攻态势的形态,这就是主力要开始启动主升浪行情了。

当然在这种时候能够迅速放量强势地、轻松地出现涨停板的个股的庄家主力,应该是最强悍的主力,也是最有实力、最有血性、最有杀气的主力。及时地在相对有效的低位跟上这样的主力庄家,往往确实能迅速与其一起分享主升浪行情的快乐和利润。很多时候洗盘后能够立刻大涨的股票,其背后的庄家在做洗盘行为时相对是被动的,对他来说本就已经万事俱备就欠拉升了。只不过拉升时碰到大盘利空的影响,他顺势而为地提早做次洗盘动作而已。当他强势快速洗盘好后,那拉升的步伐当然会更加快啦。

图 2-15 为符合上文阐述的内容,利用我独创的系列"洗完开涨模型"当中的"洗完开涨 1"模型,2016 年 11 月 21 日和 2016 年 12 月 13 日两次,在 002110 三钢闽光这个股票洗盘结束再度开涨的当天,利用盘中实时预警出来后,及时在其盘中分仓买入的走势示意图。

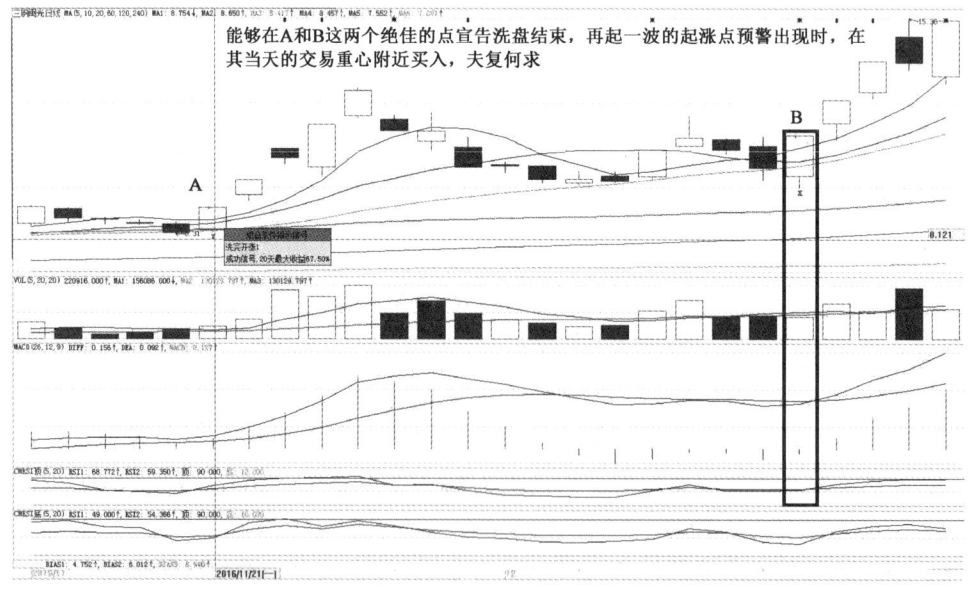

图 2-15

这种买入模型要求 60 分钟和日线级别的 MACD 指标当中的柱状体要同时呈现经过一波洗盘后首次上涨的态势，并且要求周线和月线级别的 MACD 指标当中的柱状体也要同时呈现上涨的态势，才能确立整个模型条件。虽然简单，但是内涵还是非常丰富的。其出现时必须结合其所隶属的板块是不是当天或最近一段时间内的主流热门板块和它们当时的表现力度，来确认是不是立刻追进还是利用盘中回靠分时图均价线附近来进行及时的分仓买入。

图 2-16 为符合上文阐述的内容，利用我独创的系列"洗完开涨模型"当中的"洗完开涨 2"模型，2017 年 2 月 20 日在 600984 建设机械这个股票洗盘结束再度开涨的当天，利用盘中实时预警出来后，及时在其盘中分仓买入的走势示意图。

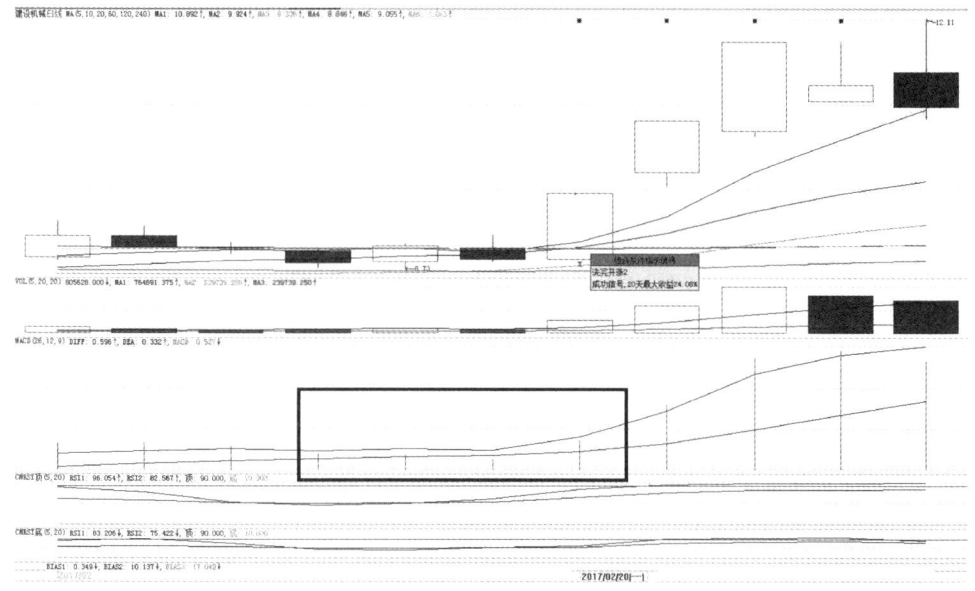

图 2-16

这种买入模型要求 60 分钟四位一体指标体系走势图上要出现放量全多头和在 0 轴线上的强势多头现象；日线级别的 MACD 指标当中的柱状体要同时呈现在 0 轴线上的老鸭头现象；当天的涨幅要大于 3％以上；其周线的 MACD 指标当中的两条曲线要多头向上的。只有这些条件同时全部满足，才能确立整个模型条件。其出现时必须结合其所隶属的板块是不是当天或最近一段时间内的主流热门板块和它们当时的表现力度，来确认是立刻追进还是利用盘中回靠分时图均价线附近来进行及时的分仓买入。

图 2-17 为符合上文阐述的内容,利用我独创的系列"洗完开涨模型"当中的"洗完开涨 2"模型,2017 年 2 月 20 日在 600984 建设机械这个股票洗盘结束再度开涨的当天,利用盘中实时预警出来后,及时在其盘中分仓买入的 60 分钟四位一体指标体系走势图上出现了放量全多头和在 0 轴线上的强势多头现象的走势示意图。

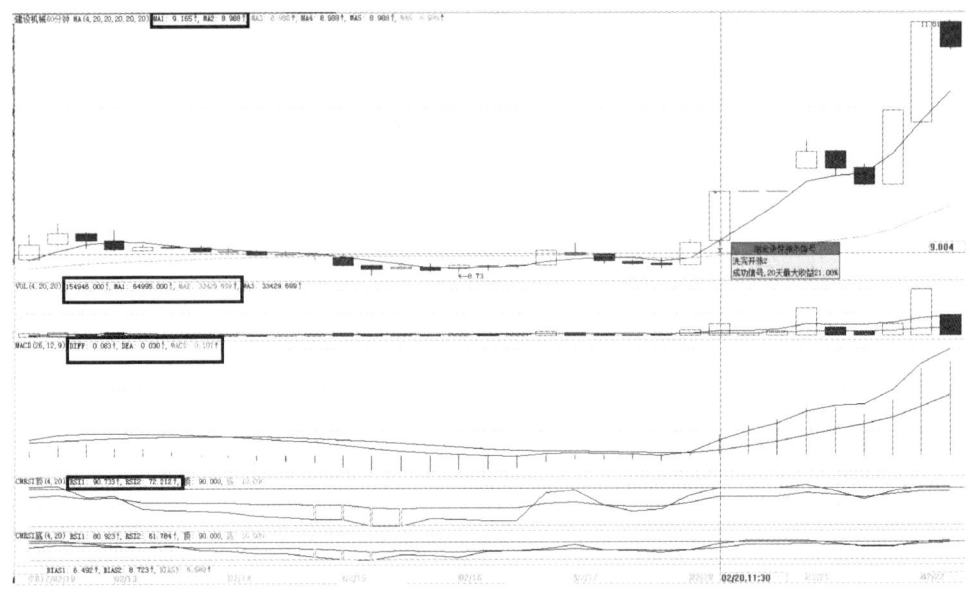

图 2-17

图 2-18 为符合上文阐述的内容,利用我独创的系列"洗完开涨模型"当中的"洗完开涨 3"模型,2017 年 2 月 6 日在 000877 天山水泥这个股票洗盘结束再度开涨的当天,利用盘中实时预警出来后,及时在其盘中分仓买入的日线级别走势示意图。

这种买入模型要求日线走势图上的 MACD 指标当中的柱状体要经历过几天的依次向下后首次拐头向上;在其结束日线级别柱状体调整之时,其日线和周线级别的 MACD 指标当中所有要素条件,要同时呈现在 0 轴线上的向上多头现象;同时其月线级别的 MACD 指标要呈现我所定义的强势多头态势。同时其日线、周线、月线的 CMRSI 顶指标当中的 RSI1 数值不能都在 80 以上的位置。只有这些条件同时全部满足,才能确立整个模型条件。其出现时必须结合其所隶属的板块是不是当天或最近一段时间内的主流热门板块和它们当时的表现力度,来确认是不是立刻追进还是利用盘中回靠分时图均价线附近来进行及时的分仓买入。

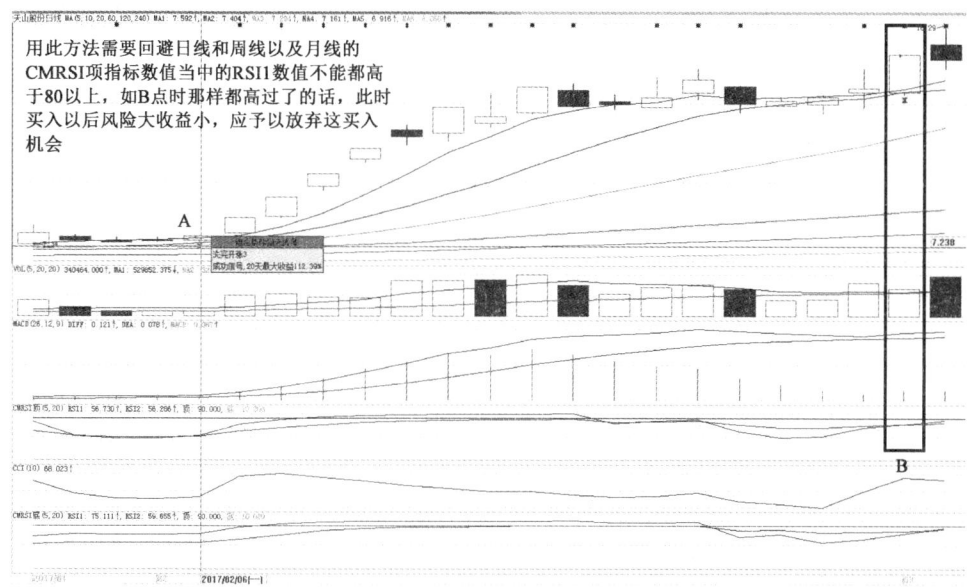

图 2-18

所以说看见洗盘结束后立即出现第一个涨停板的股票,就是我们拼命要立刻在其当时分时图的交易重心附近分仓买入的中短线黑马牛股。特别是其所隶属的板块如果也正好强势启动在板块指数量比涨幅榜前列的话,则更是绝佳的中短线炒作品种。有时在其出现第一个涨停板之时,没来得及发现和介入的,也不要捶胸顿足、懊恼不已。可在第二天利用其可能在早盘向下震荡一下的机会,在其前一天分时图的交易重心附近分仓买入,也可利用其涨停板以后第一次出现 5 分钟四位一体放量全多头之际及时分仓介入。

二、突破异动高点的第一个涨停板

我们在实战过程中,经常看到在股价突破前高后,有些股票确实是连续快速上涨一段时间和空间的,但是也有一些股价不涨反跌,感觉是假突破,有的后期会跌一段时间和空间,有的是当你在恐惧中抛出筹码后,其股价反而一飞冲天,连续上涨。

那么,我们如何判断突破的成立与否呢?我认为有时候只需要掌握一个原则就行了,就看它在股价突破前高时,是不是 10 天内再次同步放量突破其之前的重要平台高点价格,如果是第一次放量冲击相隔时间很久的前期重要平台高点价格,

90％以上是不可能成功的,一定会有一次短线调整的。但是如果是 10 天内再次同步强势放量突破 10 日内的重要高点价格的话,那需要在突破拉升当天的分时图交易重心附近及时追涨买了再说,也可在第二天利用其可能在早盘向下震荡一下的机会,在其前一天分时图的交易重心附近分仓买入,也可利用其涨停板以后再第一次出现 5 分钟四位一体放量全多头之际及时分仓介入。

图 2-19 为符合上文阐述的内容,000877 天山水泥于 2017 年 2 月 7 日真正大幅开涨和之前的一些具体表现的日线级别走势示意图。

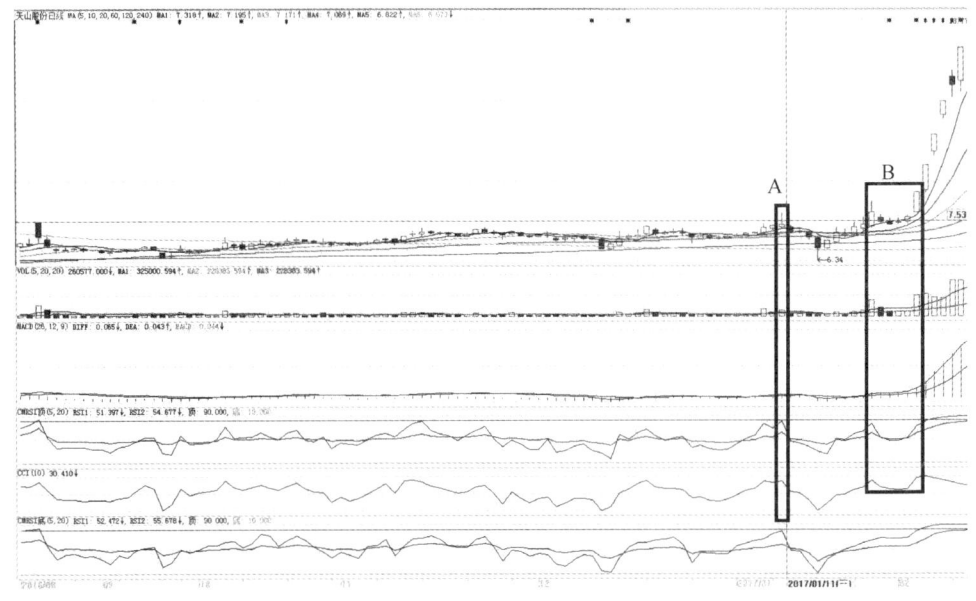

图 2-19

图 2-19 中 A 点是其第一次放量突破 8 月月初的重要高点,是规律使然注定要回落的一个卖点而不是买点。A 点到 B 点间其经历了 10 个交易日内的回落整理,然后再度向上放量突破,通常如果此时出现像 B 点处 1 月 24 日那样的 5 日线、MACD 指标的 DIFF 线与柱状体以及 5 日均量线和当日成交量数值都能够同步创新高,以及 CCI 数值也能够同时上穿＋100 以上的现象时,是一次有效的突破,应该可以在其当时的分时图交易重心附近分仓买入。但是其短线后期仍然发生了非常极端的跌破前一天交易的二分之一位的中心点位置,并且更进一步地出现跌破 5 日线的走势,那超短线、短线必须先及时止损一下,哪怕今后证明是止损错了也要先止损出局一下。然后需要等待周线柱状体向上的配合,在 60 分钟四位一体指

标体系再度形成放量全多头的现象出现后,股价再度站上5日线开始强势向上运行时,才在当时的分时图交易重心附近分仓买入。

由于我们狙击的是涨停板,跟的是主力拉升期的主升浪,这波主升浪或许仅仅只有几个、十几个交易日。在主升浪行情中的每一天,我们既要防止在半途被主力洗出来,又要防止行情突然下跌时未及时逃出来。这时盯盘的重点就是前1日K线的三个关键点。

这三个关键点是前1日K线的最高价、交易中心点、最低价。重点要看在这三个关键点主力究竟是怎样作为的。通常来说,前1日K线的这三个关键点就是后1日我们自己操作的重要参照体、关键点。它是股价后期走势的分水岭。把握了这三个关键点,在股价上升趋势未结束前,你可以与庄家为伍,一路持有。在上升趋势发生突然下跌时,你又可及时退出。在盘中主力忽上忽下震荡时,你也不至于莫衷一是、云里雾里虚惊一场。

在这里,不管前1日的K线是阴是阳,也不管它的开盘价与收盘价,只看它的最高价、交易中心点、最低价。最高价、最低价本来就是在软件上一目了然的,只有交易中心点需要简单地计算一下,计算的最简单方法就是把前1日的K线的最高价加最低价得出的价格除以2,得出的这个价格就是交易中心点价格了,也可以以前1日的K线的分时图均价线来做参考。再结合当时它的分时图均价线的走势方向和走势强度,以及其60分钟四位一体指标体系的强弱方向力度显示,基本上以这些重点要素来判断它的短期进出仓时机应该已经非常靠谱了,准确性、有效性应该已经远远超过一般的技术分析方法了。

在看盘时,一旦某个指数或个股的复合时间周期CMRSI顶指标数值都刚刚到过80以上,然后突然某天当日盘中击穿了前1日股价的交易中心点价位,这就是一个下跌信号,如果此时其分时图均价线的走势是向下方向和总体均价线走势是疲软向下的;当时的分时图均价线已经跌破了开盘后均价线的最低位了;其60分钟四位一体指标体系走势图上也已形成"顶部三宝"弱势态势的,那就表示股价马上要进入超短线、短线连续向下寻底的阶段了。这时就必须先利用盘中任何缩量反抽机会先卖出再说。卖出后须等到后期出现满足抄底条件的买入信号,或短期下跌过程中仍然还属于极强势股态势未变的情况下,出现满足5分钟四位一体指标体系放量全多头买入信号时再度分仓买入。或在短期下跌过程中已经改变其原来属的极强势股态势,但仍然属于强势股态势未变的情况下,须等到后期出现满足抄底条件的买入信号,或出现满足60分钟四位一体指标体系放量全多头买入信号时,再度在其当时的交易重心附近分仓买入。

但是如果盘中只是瞬间一度击穿了前1日股价的交易中心点,然后在半小时内被迅速向上拉起,后面就没再跌破过此交易中心点价位,同时其分时图均价线的走势是顽强地向上运行的,当时的分时图均价线没有跌破其开盘后均价线的最低位的;其60分钟四位一体指标体系走势图上,也没有形成"顶部三宝"弱势态势的,那就不能轻易下结论说股价运行态势要发生向下的改变,不能轻易抛出该股。

这种现象在极强势股和强势股的走势图上一直在不断出现的,有的是洗盘骗线性质的,有的是真正见顶回落性质的。千变万化的图形若要一一列出图形案例,篇幅太长,在本节内容里就不衍生开来举例说明了。大家可以耐心等待后续我将出的专门讲分时战法以及怎样最方便有效做"T+0"的专著来学习。现在读者可以结合本书和上述文字阐述的内容要求,自己对照指数和个股的复合时间周期四位一体指标体系走势图,以及其发生这种现象时的分时图进行体会理解,应该效果会很不错的。

第三节 不同性质和类型的涨停板的买卖判定方法

一、突破拉升性质的涨停板

主力在吸筹建仓阶段即将结束和已经结束的时候,通常就开始不太理会大盘的趋势涨跌,而经常走其自己相对独立的行情。后期他可能通过上上下下、反反复复地异动折腾,逐步突破了其前期形成的一波甚至几波的高点,或者突破了其构筑的各种各样形态的颈线位。在其相对充分地洗出了不少意志不坚定的跟风盘,把市场中相对高位的套牢盘筹码都换手到他自己手里后,筹码的获利比例大于90%以上,并且此时其平均成本价与现价之间的价格差不能大于20%以上,日线、周线甚至连月线级别的四位一体指标体系走势图上都已经形成在0轴线上的放量全多头之后,在大的指数环境不是特别恶劣的时候,主力就迅速放量使得K线反转形态出现。主力通常用很少的资金,或很小的换手率就拉出了涨停板,这通常表明了主力已对此进入了一个有效控盘的阶段,此阶段里发生的一举轻松突破前期洗盘的高点的涨停板,就是突破拉升性质的涨停板。

图2-20为符合上文阐述的内容,002307北新路桥于2017年2月9日真正大幅开涨符合"大涨突破"模型买入条件的和之前的一些具体表现的日线级别走势示意图。

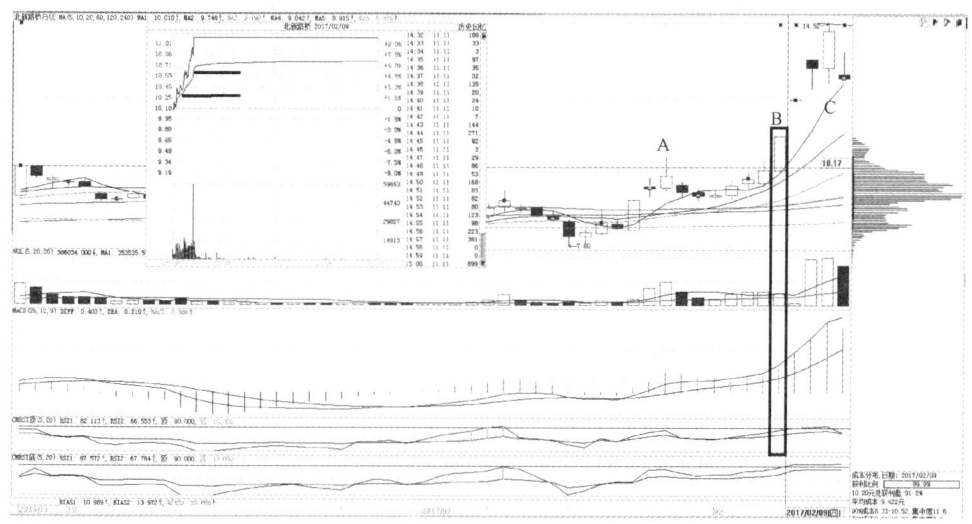

图 2-20

图 2-20 中 A 点是其第一次放量突破 11 月 28 日的重要高点,是规律使然要注定回落的一个卖点而不是买点。A 点到 B 点间其经历了 10 个交易日不到的回落整理,然后再度向上放量突破,通常如果此时出现像 B 点处 1 月 24 日那样的 5 日线、MACD 指标的 DIFF 线与柱状体数值都能够同步创新高,以及 CCI 数值也能够同时上穿+100 以上的现象,以及 5 日均量线和当日成交量都能够向上形成复合时间周期的放量全多头形态特征时,应该是一次有效的突破,应该是可以在其当时的分时图交易重心附近分仓买入的。一直涨到 C 点复合时间周期指标数值都到极高位时,并且出现远超过条件的巨大的分时图放量上豁口时,就可以超短线、短线、甚至中线高抛退出观望一下了。

这种突破拉升性质的涨停板一出现,你就要大胆地在其交易重心附近及时追涨,或利用涨停板后,在第一次出现的 5 分钟四位一体指标体系放量全多头之际及时介入。此时抓住这种机会,就等于抓住了主升浪的启动点,然后以有效的移动止盈止损方法,去配合做最猛、最流畅的趋势上涨行情,把其波段利润做好、做足。

二、快速拉升出货型涨停

在所有拉升出货手法中,快速拉升出货型涨停手法是最为强悍的手法,大多出现在小盘股中的游资操作行为。在拉升过程中,K 线往往以接连跳空的一字涨停或大阳线涨停为主。同时,上涨过程中量能并不是很大(当然也有成交量放得很大的），但到了各时间周期 CMRSI 顶指标当中的 RSI1 数值都到过 90 附近的顶部后，出现超过 10％以上的巨量大换手率，而分时图均价线却屡次被盘中跌破，分时图均价线还出现大角度向下运行的滞涨现象，在 K 线图上出现伴有巨量的吊颈线、射击之星、大阴线等顶部 K 线特征，60 分钟四位一体指标体系当中出现《四位一体操盘术》书中阐述的"顶部三宝"的拐头向下态势时。

这就是出货的明显特征。因此碰到此类走势凶悍的个股如果出现以下特征时，就需要特别小心，就应该尽快考虑利用盘中任何缩量反抽之际减仓或清空筹码，落袋为安、持币观望了。

图 2-21 为符合上文阐述的内容，600209 罗顿发展于 2017 年 1 月 5 日刚刚经历好一波快速拉升然后在前期重要高点的压力区间内，到了各时间周期 CMRSI 顶指标当中的 RSI1 数值都到过 90 附近的顶部后，出现超过 10％以上的巨量大换手率，而涨停板封不住了，并且一再被打开，或打开后，就再也封不住了，分时图均价线却屡次被盘中跌破，分时图均价线还开始出现大角度向下运行的滞涨现象，60 分钟四位一体指标体系当中出现《四位一体操盘术》一书中阐述的"顶部三宝"的拐头向下态势时，其出现明显出货特征的抛点日线级别走势示意图。

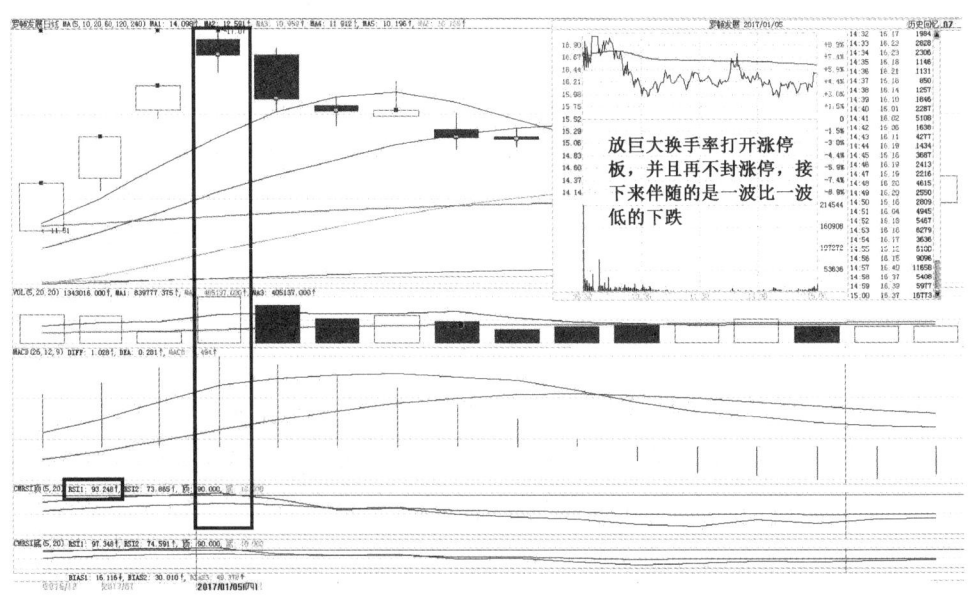

图 2-21

一旦盘中看到此类走势凶悍的个股，如果出现这些特征时，就需要特别小心，就应该尽快考虑利用盘中任何缩量反抽之际，减仓或清空筹码，落袋为安、持币观望了。

三、反弹自救性质的涨停板

反弹自救性质的涨停板肯定出现在 20 日线和 4 周线以及 3 月线基本上都往下走的下降途中，并且随着日线级别的脉冲式超短线、短线上涨的阶段，3 月线、4 周线以及月线、周线的柱状体仍然无动于衷地继续往下走。而且一次只会出现一个涨停板，极少有第二个。此阶段股价移动平均线成空头排列形态，K 线受空头排列的股价移动平均线压制。分时图上多是一波偷袭似的快速拉到涨停板，只是给套在高位的投资人一点画饼充饥式的惊喜而已，但是却会引起有人追进，企图摊薄成本，降低亏损。岂不知次日常常又是跳空低开等快速弱势表现的 K 线，然后一路向下，再多套一批人在半山腰间。

图 2-22 为符合上文阐述的内容，002805 丰元股份于 2016 年 12 月 14 日刚刚经历好一波快速下跌后突然拉出个涨停板，在 20 日线空头排列的情况下其出现涨停板时，其 4 周线以及 3 月线仍然义无反顾地都往下走，复合时间周期指标数值也没有都到底部区域的信号产生，基本可以确定是下跌过程当中的"反弹自救性质的

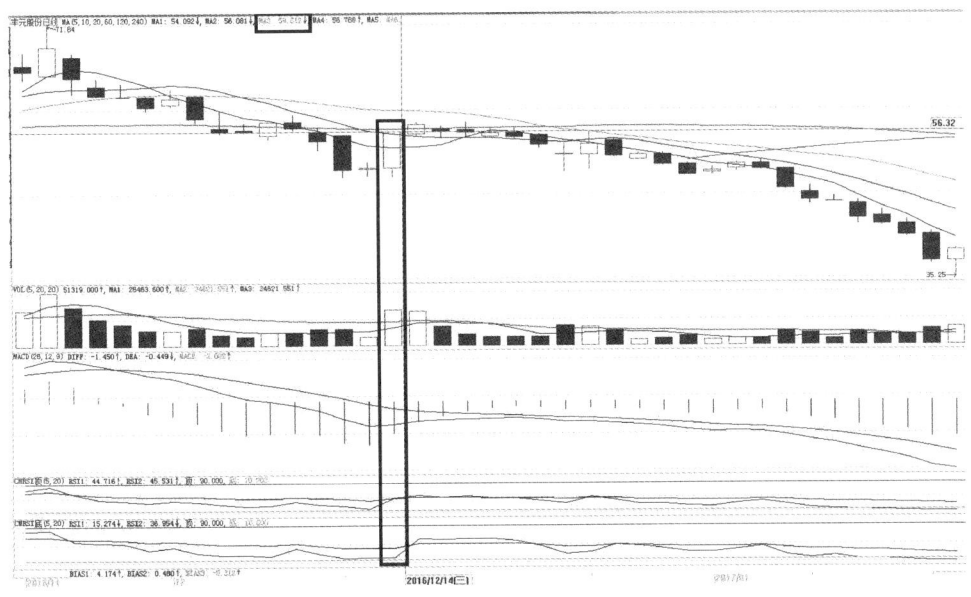

图 2-22

涨停板"。对这种类型的涨停板不能轻易上当受骗,去买入并且持有的。一旦这种股票的分时图均价线又再度开始出现大角度向下运行的疲态走势的现象,60分钟四位一体指标体系当中又出现"顶部三宝"的拐头向下态势时,其又将开始新一轮的下跌了。

图2-23为符合上文阐述的内容,002805丰元股份于2016年12月14日刚刚经历好一波快速下跌后突然拉出个涨停板,在20日线空头排列的情况下出涨停板时,其4周线以及3月线仍然义无反顾地都往下走,复合时间周期指标数值也没有都到底部区域的信号产生,基本可以确定是下跌过程当中的"反弹自救性质的涨停板"的周线走势示意图。

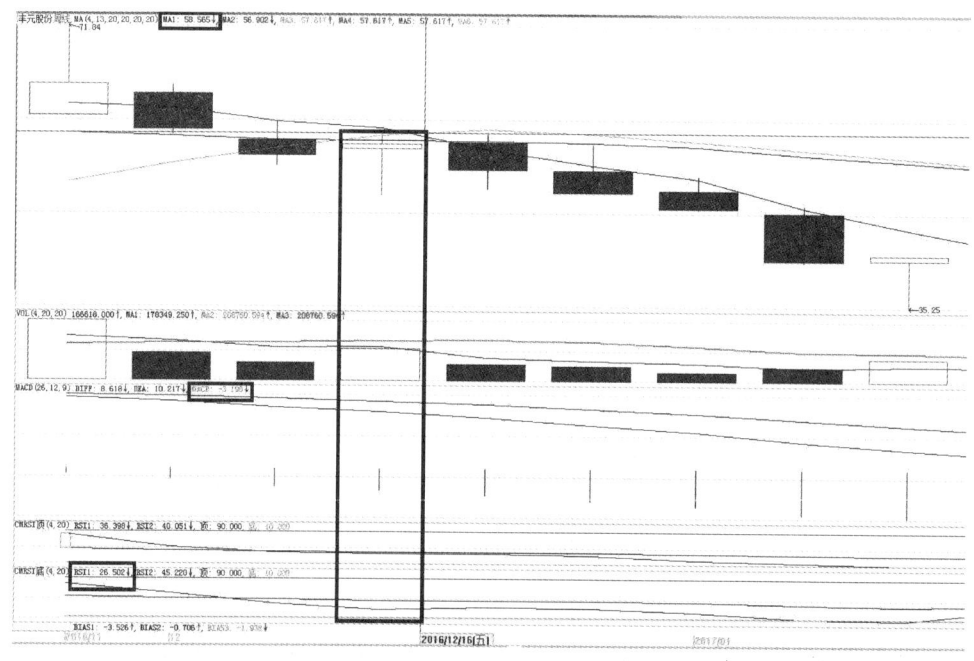

图 2-23

图2-24为符合上文阐述的内容,002805丰元股份于2016年12月14日刚刚经历好一波快速下跌后突然拉出个涨停板,在20日线空头排列的情况下出涨停板时,其4周线以及3月线仍然义无反顾地都往下走,复合时间周期指标数值也没有都到底部区域的信号产生,基本可以确定是下跌过程当中的"反弹自救性质的涨停板"的月线走势示意图。

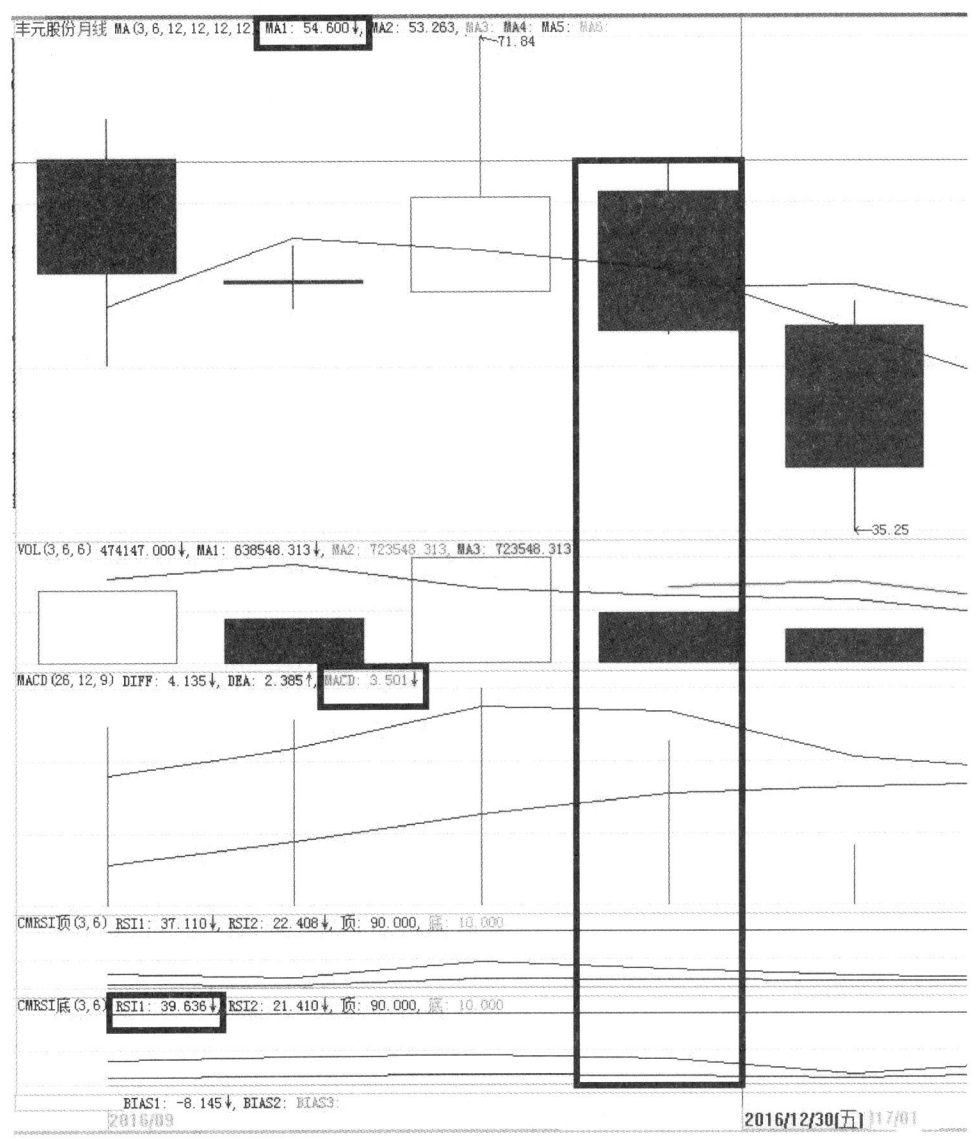

图 2-24

大家只管记住:在复合时间周期指标数值都在阶段性顶部的时候,或其刚刚在复合时间周期指标数值顶部下来没有多久时间和空间,下降途中没有符合抄底模型条件满足的情况下,出现的涨停板,无论它表现得多么诱人,你都尽量不要去介入就是了。这种时候盲目介入,就容易受到伤害。在没有分清趋势方向的前提下,在没有控制住自己急于求成的不良心态的前提下,在没有分清涨停板位置与性质的前提下,容易误入庄家设置的骗局和陷阱。

只有狙击多周期共振多头向上初、中时期的,突破拉升性质的涨停板才是最安全的,也是获利最快的。

四、跳空高开的涨停板

高开甚至跳空高开的股票在市场上经常看得到,高开显示的是其主力在集合竞价时段表露的一种态度,只是有想加强做多的可能,并不是一定表明多方在全天就会完全主动地向上进攻,高开只是向市场传达一种增加了主力会开始或延续上涨行情的可能性的信号。一般情况下,当日线和周线 MACD 指标走势图上刚刚同时形成放量金叉或放量老鸭头之时,股价就正好出现跳空高开后继续放量强势高走时,投资者才应当及时跟进,因为它往往预示着股价快速冲击涨停的可能性会增大。

一般来说,只要复合时间周期指标数值没有全在 80 以上,四位一体指标体系走势图上,出现带有缺口的跳空在 3% 以上的高开,是一种相对最猛烈的高开形态。这种情况若出现在个股猛烈上涨的初中期阶段,说明庄家已经不愿让投资者买得到比现在的价位更低的筹码了。因此,投资者应当以短线的思维积极参与,后期庄家做多的意愿已经非常强烈了,只要是盘中不出现均价线连续下跌超过 15 分钟以上的现象,那短线就不会有什么巨大风险。一般来说,在底部建仓阶段高开涨停,一般都可理解为是庄家突击放量拉高建仓。如果向上攻击量能没有有效放大,一般都可理解为是庄家试盘性攻击建仓行为。阶段性底部的一个重要特征就是 5 日线、10 日线、20 日线和 MACD 指标的两条曲线和柱状体由原本的陡峭的下跌状态刚刚改为逐步走平上翘了。如果这种现象是刚刚发生的,则说明已经有庄家在进行建仓动作了,此时发生底部建仓阶段的高开涨停,要积极准备在其交易重心附近介入短线炒作。

还有一种是在拉升阶段初期高开涨停,则是庄家欲加速发力上攻,以脱离建仓成本区。如果当日量能没有有效放大,有时是表明庄家基本控盘,直接用巨量大单将股价封在涨停位置,不给跟风盘任何机会。那需要短线投机客们在确认完确实是刚刚形成四位一体指标体系放量全多头之际,及时在其交易重心附近介入短线炒作。

如果是在拉升阶段中期高开涨停,基本属于庄家正按照操盘计划在继续发力上攻,股价加速上涨。如果当日量能没有有效放大,但盘面显示强势态势非常理想,则说明庄家基本控盘,盘中还未现大规模出货迹象。如果此时其日线、周线、月线的 CMRSI 顶指标当中的 RSI1 数值没有都到 80 以上的话,可以分仓在其交易重心附近介入短线炒作。

图 2-25 为符合上文阐述的内容,002388 新亚制程于 2017 年 1 月 12 日刚刚形成日线级别的放量老鸭头和日线级别四位一体指标体系放量全多头第二天就形成向上放量跳空,分时图上稍微在缺口上震荡了没几分钟以后就突破当时分时图高点放量向上的优秀买点的日线级别走势示意图。

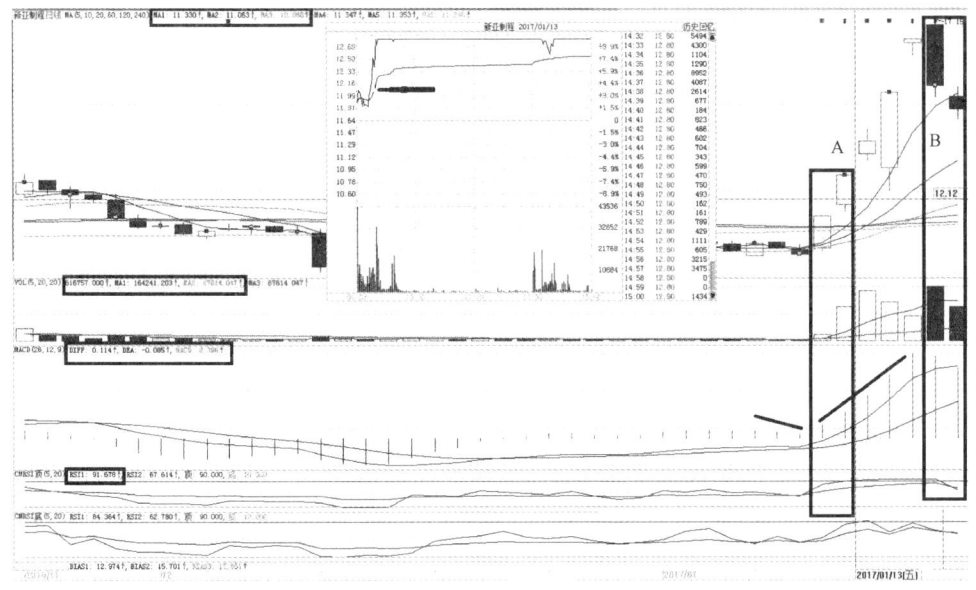

图 2-25

在出现这样高品质的短线买点时,更得到其周线级别 MACD 指标的刚刚放量金叉,以及周线级别的四位一体指标体系刚刚放量全多头之时配合,那么中线做多操作的有效保障也有了。那投资者当然应该在其当时的分时图交易重心附近去及时分仓买入。

图 2-26 为符合上文阐述的内容,002388 新亚制程于 2017 年 1 月 12 日这一周满足了"洗完开涨"系列模型当中的"洗完开涨 5"模型条件的周线走势示意图。

如果此时该股的月线、周线、日线 CMRSI 顶指标当中的 RSI1 数值没有都在80 以上,同时当时指数环境也还比较有利于庄家主力炒作,隶属的板块也属于国家产业政策扶持的,该板块也是当时的热点甚至焦点的话,那当然应该在其当时的

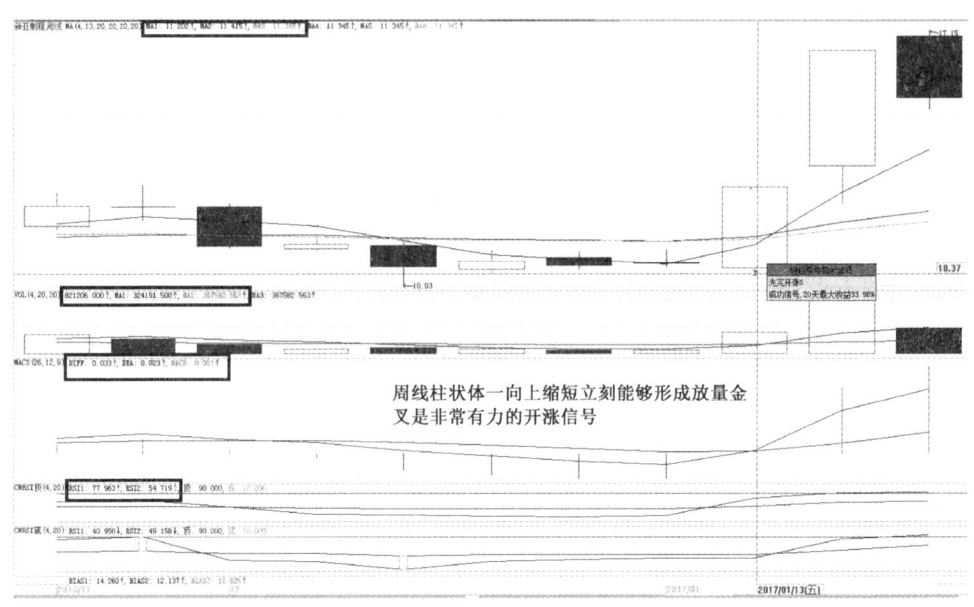

周线柱状体一向上缩短立刻能够形成放量金
叉是非常有力的开涨信号

图 2-26

分时图交易重心附近去及时分仓买入。

如果是在拉升阶段末期高开涨停,但是盘中量价配合出现疲软蹊跷不和谐走势特征,则是庄家欲大量出货而正在进行中的诱多性过程,股价只是最后的疯狂而已。如果此时其 60 分钟、日线、周线、月线的 CMRSI 顶指标当中的 RSI1 数值都接近 90 附近甚至超过 90 以上的话,投资者就应尽量回避风险,尽量不要再介入短线炒作了,有此股的要准备在满足强势股或极强势股的最高点卖出法"敌疲我撤"或"乐极生悲"模型条件之时积极逢高派发。一般而言,在一波指数的大熊市中,某个个股的波段涨幅超过 30% 左右,就要当心马上有回调产生了;在一波指数的大牛市中,某个个股的波段涨幅超过 50% 左右,就要当心马上有回调产生了;在一波指数的大熊市中,某个个股的累计涨幅超过 1 倍左右,就需要格外小心中短线的回调压力即将要来了。不过话说回来,在实战中,还是必须客观地以当时盘口主力的趋势拐点具体行为和力度来定的。我们只需要顺势而为就可以了。

如果是在盘头阶段末期高开涨停,则有可能是庄家欲准备大量出货前进行的诱多性攻击,股价将完成最后的震荡盘升,尽管有可能会创新高,形成第二个或第三个头部。如果当日放量(量比 3 倍以上)攻击,换手率 5% 以上,还是在涨停位置反复开板,那就有可能是庄家主力投入少部分资金在做对敲滚动大量出货的动作了,盘中的涨停只是在诱多,目的是吸引大量短线跟风资金进场接他们扔出来的筹码。只要其正在形成 60 分钟级别或日线级别的顶背离形态演变过程的话,就尽量不要参与。有此股的要准备在其分时图上出现满足条件的上豁口之时积极逢高派发。

图 2-27 为符合上文阐述的内容,00935 四川双马于 2016 年 11 月 2 日满足了极强势股最高点卖出法"乐极生悲"模型条件后见顶时的指标体系走势图以及当天的分时图。之后的震荡下跌过程中,其曾经也无数次的出现过脉冲式的涨停,只不过这种涨停是在周线、月线的柱状体和复合时间周期指标数值都在依次下跌的过程中发生的,它们始终形成不了多头合力将其中长期的颓势予以扭转,所以只能是一步一个脚印地往下回归其原先的起始平台。

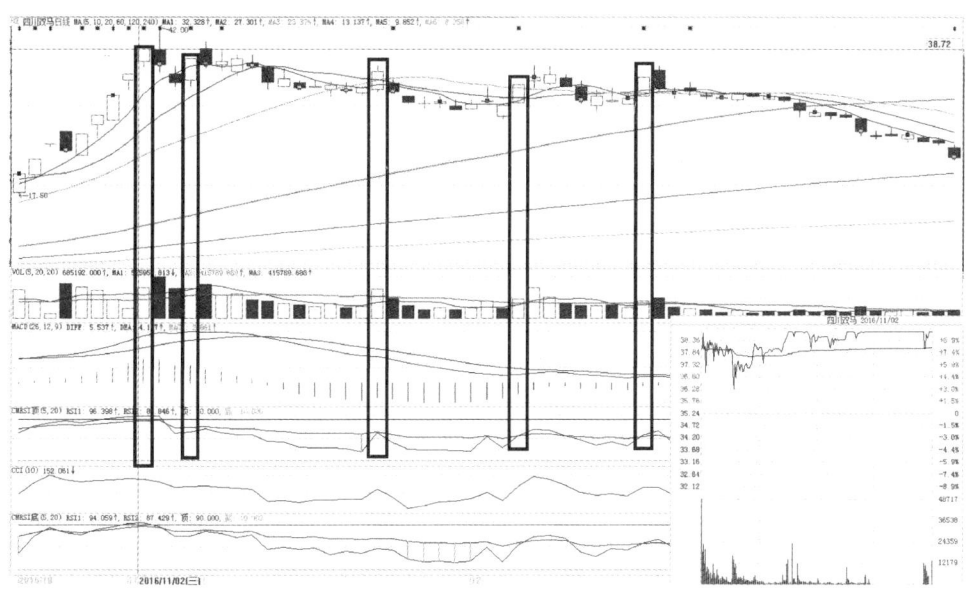

图 2-27

图 2-28 为符合上文阐述的内容,00935 四川双马于 2016 年 11 月 2 日满足了极强势股最高点卖出法"乐极生悲"模型条件后,见顶回落过程中的指标体系走势图。疯狂炒作到庄家主力拼命撤退和不断诱惑更多的人去接它们丢出来的筹码时,其悲惨程度就好比"拔了毛的凤凰不如鸡",一步一个脚印地往下回归其原先的起始平台是其最终的归宿。不到其月线甚至季线柱状体放量拐头向上前,别轻言其波段见底。

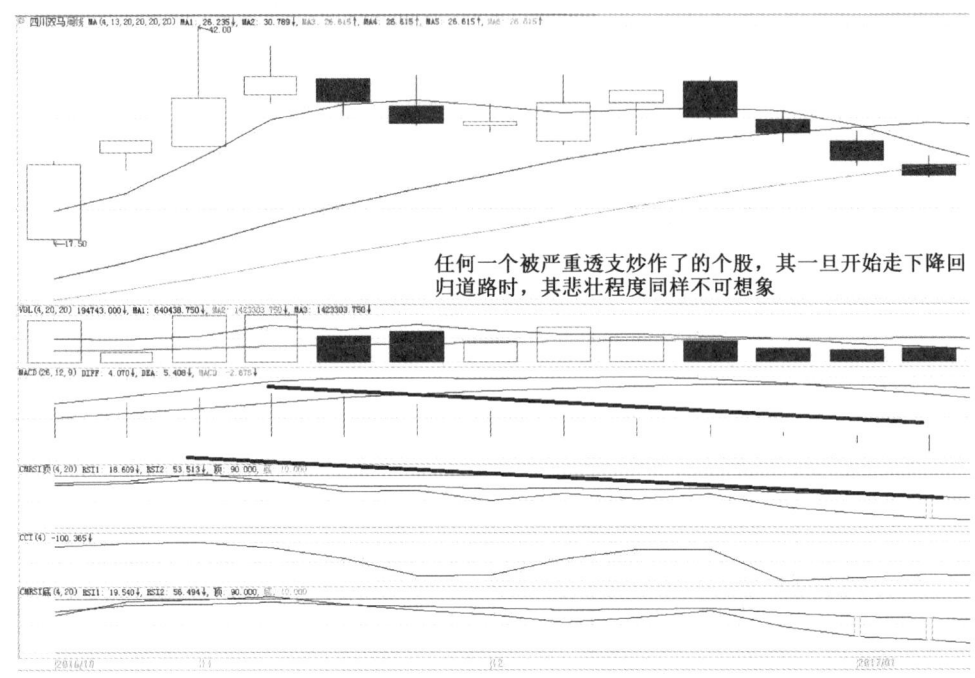

任何一个被严重透支炒作了的个股，其一旦开始走下降回归道路时，其悲壮程度同样不可想象

图 2-28

　　如果是在下跌阶段初、中期高开涨停,只要周线和日线的四位一体指标体系没有明确的走强形态出现,就可以一票否决制地认为这是庄家在进行出货的诱多性攻击的假动作。在股价分时图上只要看见即时成交价线与均价线有疲软态势一出,就可以立刻断定反抽或反弹的头部已经到了,即将遇阻大幅回落了。只要其60分钟和日线、周线、月线级别存在四位一体指标体系的反作用力现象就不能急于介入。若还有此股的,需要在其 20 日线空头排列的情况下,用"四位一体操盘术"中针对弱势股的"走为上"模型,去把这种弱势股抛在它中长期下跌途中很有可能出现的、任何一次的反抽行情的最高点。

　　这里介绍一种分时图中特征明显,有足够时间让你盘中追涨停的方法,用此方法做短线基本能够保证每次都可以让你轻松获利。"板上跳板"模型主要操作要点如下:

　　(1)发生这种跳空涨停板之前一天要有一根非常强势的放量大阳线或涨停板做基础。并且此根日 K 线形态要在创近期新高的位置附近,最好是当天在创近期新高的位置附近;在 60 分钟四位一体指标体系走势图上刚刚产生 0 轴线上的放量全多头现象,日线级别的四位一体指标体系也要即将或已刚刚产生 0 轴线上的四位一体指标体系放量全多头现象。这一点的所有内容都是非常重要的必要条件。

（2）当天分时图均价线上涨角度越大越好。并且在近两天其分时图均价线要都是强势上涨的才好;当日即时成交价线必须要在分时图均价线上方运行,分时图均价线走得要非常坚挺流畅向上为最佳。

（3）第一个小时的量基本可以确定会超过昨天的成交量了。换手率早盘时要在 2%～3% 以上,收盘时预计可以在 5%～7% 或更多一点才更好;早盘出现明显攻击量峰。攻击量峰是指成交量比当日其他交易时段放大好几倍甚至超过 10 倍,这才是有效的攻击量峰,形态呈现“山”字形堆量。特别是其所隶属的板块如果也正好强势启动在板块指数量比涨幅榜前列的话,则更是绝佳的中短线炒作品种。盘中短暂横向或稍稍向均价线方向震荡的时候必须是缩量的,这种缩量是指比攻击量峰少几倍的交易量,差不多或少一点都不叫缩量,最好是地量。

（4）其周线和月线四位一体指标体系走势图上也要同时具备尽可能地在 0 轴线上的强势放量全多头态势做有力的共振向上保障。另外很重要的一点是:所有能够连续大幅拉升的股票,在其正式飙升之际的初期,其月线 MACD 指标当中的柱状体数值最好能够为其 12 个月以上的最高数值;其周线 MACD 指标当中的柱状体数值最好能够已经超过其之前高点的 MACD 指标当中的柱状体最高数值;其日线 MACD 指标当中的柱状体数值最好能够已经超过其之前高点的 MACD 指标当中的柱状体最高数值,并且这种柱状体的数值在不断地向上延伸,即使盘中有所小幅度震荡,也不用太在意。

（5）当天大盘也一定是比较强势的走势特征,并且指数还要有比较大的上涨空间的情况做依托配合。则个股涨停或者大涨的机会很大。

（6）在这些条件全部符合的个股中尽量在其当时的分时图交易重心附近进行择机分仓买入。这种“板上跳板”模型是一种比较经典的当天盘中容易获得涨停的形态。

图 2-29 为符合上文阐述的内容,600970 中材国际于 2017 年 3 月 23 日满足了这种“板上跳板”模型条件的日线指标体系走势图以及分时图的形态特征。

这种最强势的跳空高开形式,如出现在横盘震荡的低位区时,就表明个股即将启动。尤其是当日线图上相对窄幅震荡横盘时间越久的个股,往往其后期涨幅更大。投资者一旦及时买入这种开始主升浪行情的个股后,在没有满足最高点“乐极生悲”模型条件前,不要轻易卖出。因为其后股价往往会接连出现跳空高开式的逼空行情。

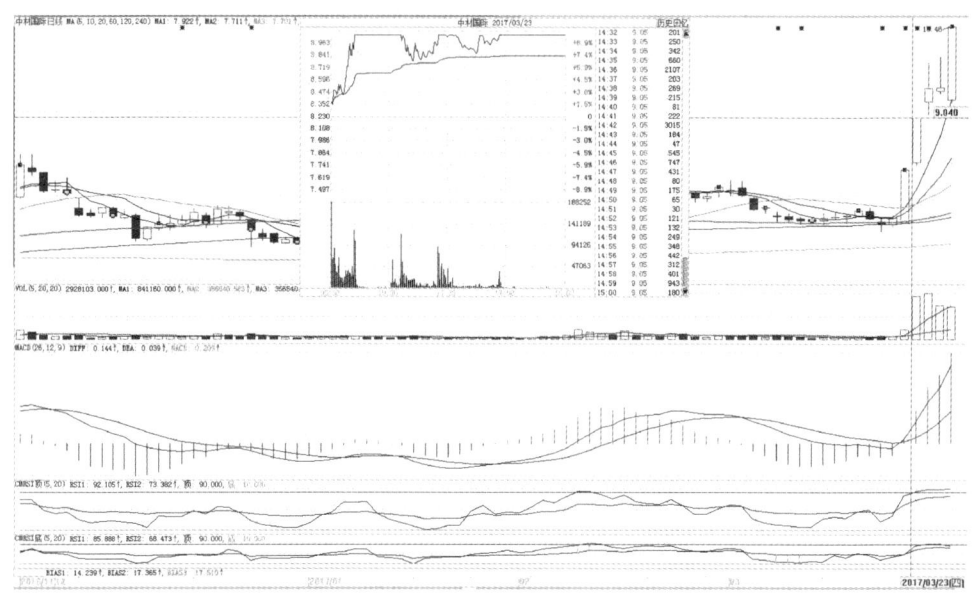

图 2-29

如果高开高走时,其所隶属的板块如果也正好强势启动在板块指数量比涨幅榜前列的话,其前后时间周期的四位一体指标体系正好也刚刚同步出现放量全多头之时,则更是绝佳的中短线炒作品种。其后的交易日中会出现持续上涨的可能性就更大大提高了。此时投资者只需耐心观察分时图均价线走势方向特征,以及通过现在这个时间周期的运行方向和力度是不是得到了比它小一时间周期的四位一体指标体系没有反作用力的强力支撑,它现在这个时间周期的运行方向和力度是不是得到了比它大一时间周期的四位一体指标体系的没有反作用力的有效支持来决定接下来的及时操作。切记不要盲目主观轻易操作。

万一其跳空高开后,如果当日股价放出巨量回补了跳空缺口,说明多方实力较差,也可能是制造了诱多的陷阱。股价极有可能在随后出现慢涨,或是震荡,或是直接大幅调整行情,那只好根据当时盘面体现出来的客观现实,进行及时的止盈止损了。

五、超跌涨停的应对方案

在认真地学习了"四位一体操盘术"的"抄底篇"文章和运用了公式模型预警后,在实盘操作中,精确地捕捉到超跌反弹股的向上拐点确实是特别容易的。但是要能够百发百中地在超跌股中买入以后,立马能够获得涨停的结果,还是非常不容易的。因为买入超跌反弹股以后,要立马就出现涨停,不光需要有一定的耐心和技巧,还需要有更多的天时地利人和的综合因素的及时配合才可能。捕捉这样的涨停股需要什么共同的条件来配合呢?

(1) 最好是其庄家深度被套。庄家在坐庄过程中有些时候因为各种各样的原因,他也会被套其中,反弹发生前的跌幅越大,做空能量释放就越充分,后市反弹空间也就越大。阶段性跌幅超过 30% 达到 50% 左右,甚至更极限地达到 70% 附近则更好。我们可以从其下跌过程当中的持续缩量和没有大的抵抗性反抽反弹表现,结合其前期高点或下跌平台阶段的量价分布,以及其成本分布获利比例图上可以轻松了解和辨别清楚。当前价位离庄家成本区越远,庄家筹码被套越深越透,则反弹的欲望就更强烈,就更容易在反弹开始后获得更大的动能势能的配合,其后就越容易获得因为极度超跌而自然而然带来的庄家自救的涨停和更多的涨停反攻机会。反弹的高度就越可观。

(2) 现价上方没有明显的阻力区。超跌反弹时最大的阻力并非是技术上或者心理上的,而是筹码分布图上形成的相对最大密集套牢筹码阻力区。深度套牢的筹码不会因为一点点的反弹而轻易抛出筹码的,只有在接近相对最大密集套牢筹码阻力区附近时,才会引起套牢者相对有力度的抛售行为,使得反弹受阻。所以一般制造反弹或反转行情的主力,在大盘并没非常强势的氛围下,是没有必要强行一举突破阻力区的。一般股票在第一次触及阻力区时,都会选择再大幅回调一下。因此在个股上行至相对最大密集套牢筹码阻力区时,可以先考虑在接近点前落袋为安一下,只要有明显止涨现象发生时,更应先抛出一下再说。

(3) 最好止跌点是发生在以前的启动平台顶部附近或之前屡跌不破的底部附近。这种地方容易获得一定的支撑,容易形成新一轮的反弹启动点。一旦止跌反弹,当天分时图上均价线和即时成交价线之间最好不要有太大的“上豁口”,换手率也不要太大。但反弹发生的初期一定要有 60 分钟级别的四位一体指标体系放量全多头的配合为最佳。这样才相对能够保证次日还有连贯性的上冲力度。

(4) 个股的流通市值不能太大,超过 100 亿元以上的流通市值的个股,其连续出反弹涨停或流畅的大幅上涨的可能性,是随着流通市值的越来越大而依次降低的。同时,其个股的业绩也不能太差。如不能是刚刚出现其公司的重大利空消息。在暴跌行情发生后做反弹阶段,如果业绩实在太差,庄家拼命拉涨停的风险太大,因为市场跟风盘少、套牢盘容易先出,导致庄家吃力不讨好,失去流动性。流通市值太大的个股反弹发生向上拉升时,需要耗费的资金量太大,往往使得庄家主力事倍功半,所以通常反弹初期都是小盘股冲得比大盘股靠前和猛烈。

(5) 反弹一旦发生后,大盘整体的表现不能太坏。指数应该也是在板块和个股要发生反弹时,已经形成了最起码的 60 分钟、日线、周线级别时间周期的 CMRSI 底指标数值都在极低位,整体量能水平已经都萎缩到均量线下方。最好是在底部有可能发生强势反弹的地方,板块和个股也大面积的共同跌到过最起码的 60 分钟、日线、周线级别时间周期的 CMRSI 底指标数值都在极低位的现象。那么此时发生的个股涨停会对板块指数、大盘指数有带动引领作用,此时股价涨停会导致板块效应出现。如果此个股正好属于当前市场反弹的领头羊板块,则基本可以稳获连续几个涨停板的短期暴利机会。

(6) 其封涨停要尽量在早盘就出现,要尽量是第一个去封涨停板的;要尽量是一止跌就不经历较长时间的磨底天数,而直接就去封涨停板的;去封涨停板的过程中,量价配合的走势要越强势越好、要越坚决越好;封停以后尽量不能再打开。这种类型的个股通常会成为一波反弹的龙头。这些表现特征都是显示庄家想向上快速做有质量、有级别、有高度的反弹行情的坚定态度,充分说明庄家想迅速脱离筹码低位区,抓紧时间在低位区抢夺好筹码后先做一把大反弹的鲜明态度。

(7) 捕捉的办法。以涨停价追龙头股,或者在龙头股封涨停时跟风抓最紧密、上涨最快的次龙头。一般而言,只要其 60 分钟、日线、周线甚至月线级别时间周期的 CMRSI 底指标的 RSI1 数值都同步调整到 30 以内、其分时图上也同步产生下豁口大于 3% 之时买入首笔。等到其分时图均价线走势方向开始出现大角度向上,再度形成 5 分钟、60 分钟四位一体指标体系放量全多头之时,出现放量阳包阴 K 线形态之时再赶快加仓。也可以此时以涨停价追龙头股,或者在龙头股封涨停时,抓最紧密跟风上涨力度次强的次龙头。享受股价再度反转向上快速上涨,出现一波暴利机会的乐趣。

有时在其出现第一个涨停板之时没来得及发现和介入的,也不要捶胸顿足、懊恼不已。可在第二天利用可能在早盘向下震荡一下的机会,在其前一天分时图的交易重心附近分仓买入,也可利用其超跌涨停板以后,在第一次出现 5 分钟四位一体放量全多头之际,及时分仓介入。

如果全部满足或大多数满足上述条件的个股出现了一定要买入。极度超跌后的反弹涨停股出现了,那么投资者便可以放心地追买,这样可以确保短线获利机会。

超跌反弹开始的初期，因为整个市场大多数人仍然处于惊魂未定的怀疑反弹真实性阶段，所以股价容易发生相对低位的剧烈波动。超跌涨停的第二天有的个股会于次日低于前日收盘价 2％ 左右开盘，并在早盘 30 分钟内，形成短暂的均价线的平盘整理格局；或平开或跳空高开，然后在分时图上形成股价探底后，再度形成比开盘后的大量更大的量，放量上攻过当时分时图的高点价。一旦这个价格被放量突破后，立刻分仓介入是此时的当务之急、重中之重。

此后随便哪天开盘后均价线大幅下探，不管什么情况下只要一旦该股出现了中短期 CMRSI 顶指标当中的 RSI1 数值都到了高位之后出现特别经典的见顶 K 线之时，跌破了其上升过程当中的 5 日线，或跌破了最靠近其目前 K 线前一根有量有实体的中大阳线的交易重心，或其小一个时间周期的四位一体指标体系当中基本上已经形成全空头排列之时，则先不管三七二十一就立刻利用盘中反抽机会抛清该股再说！然后持币观望，等待之后有明显企稳迹象时，再择机决定是否重新介入。

图 2-30 为满足上文所阐述的所有要点内容的 300311 任子行于 2017 年 1 月 17 日满足"抄大底"模型条件后的买点及今后的反弹走势日线级别示意图。

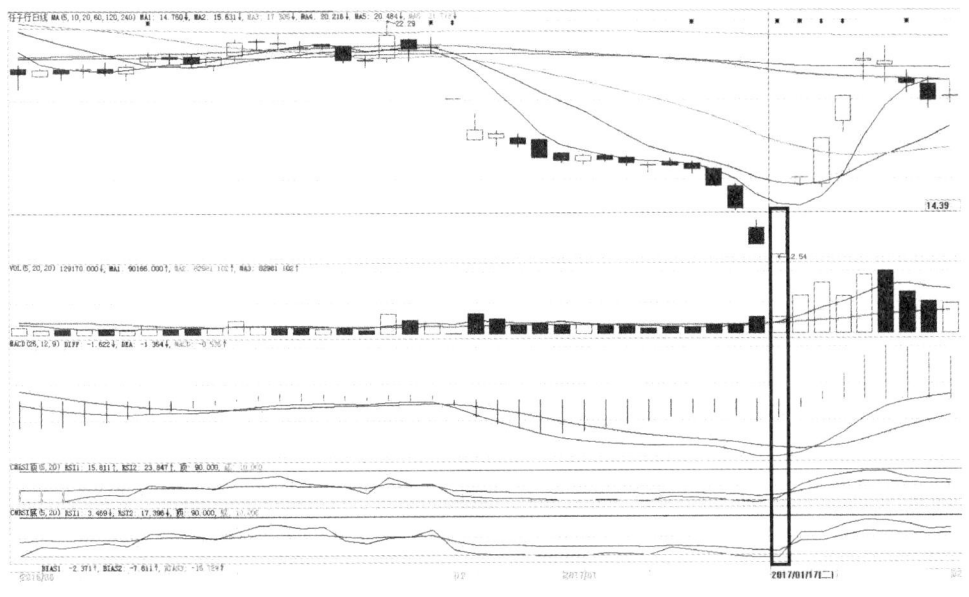

图 2-30

当大量的个股出现满足"抄大底"模型条件后会从预警框内跳出来,此时就要把它们安置在一个自选股板块里,然后对它们分别属于什么板块概念的,离开最高点下跌了百分之几十的,离开它们最近的起跌点和起跌平台最低点连续下跌了百分之几十等一系列的细枝末节进行提前分析判断。再结合指数当时的多周期CMRSI 底指标数值暴跌到位的情况去决定重点关注那些可以参与操作的个股,一旦这些个股中谁最先突然放巨量出现抄底反弹买入迹象时及时第一时间分仓追击介入。只要坚持这样提前做完功课,通常应该都可以逮到反弹龙头三剑客的。后面的反弹持续性力度则靠庄家主力持续放量向上攻击来"帮忙"决定了。后期自己需要做的是尽量把资金换买入第一天如期放量大涨后,第二天能够继续放更大的量强势上攻的反弹龙头股中。反弹龙头股没有不连续放量涨停的,不能够持续放量连续涨停的反弹股,不可能是反弹行情当中的龙头股。

图 2-31 为满足上文所阐述的所有要点内容的 300311 任子行于 2017 年 1 月 17 日满足"抄大底"模型条件后的买点及今后的反弹走势周线级别示意图。

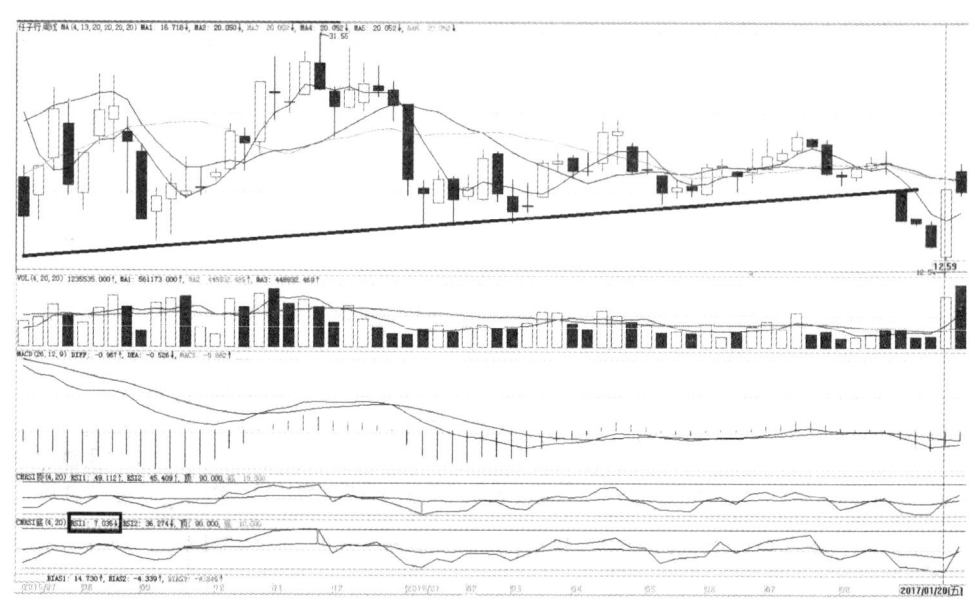

图 2-31

图 2-32 为满足上文所阐述的所有要点内容的 300311 任子行于 2017 年 1 月 17 日满足"抄大底"模型条件后的买点及今后的反弹走势月线级别示意图。

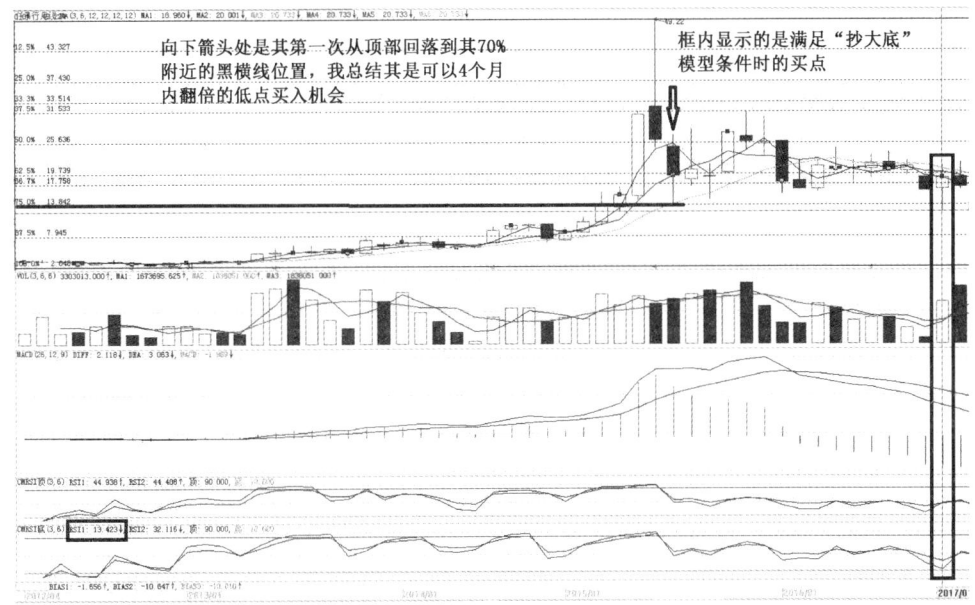

图 2-32

六、高送转股容易涨停

高送转指送红股或转增股的比例很大,这是引发股价涨停的重要原因之一。据实盘经验,在每年的中报、年报公布前后,一些高送转方案的含权个股,往往会得到市场的追捧。如果股价处于相对中低位,或四位一体指标体系发出放量全多头买入信号之时,其股价出现大涨或涨停的概率就非常大。在最终送股除权前,股价一般会有一个大幅的拉升过程,甚至一些强势个股除权之后还会有走出填权的强势上涨,所以这种目标股是我们在平时看盘、选股操作之时需要重点关心和及时介入的好品种。

高送转股的实盘操作技巧如下:

(1) 如何选择具备高送转预期的个股:一是股本扩张意愿强烈,有再融资要求的上市公司。二是有过增发行为,为了兑现增发时的承诺。三是大股东持股比例较高,为了方便大股东减持推出高送转方案引起市场关注。四是财务上“三高”特征明显,即每股公积金、每股净资产、每股未分配利润高。每股公积金高意味着转股的潜力较大,每股未分配利润高意味着送股的潜力较大。同时,财务上最好当年业绩增长,盈利状况良好,这样的股票更容易得到市场的追捧。五是股本规模适中,中小板、创业板中的一些次新"袖珍股"高送转的概率更大。因为新股发行的时候,溢价发行的部分计入资本公积金,较高的资本公积金和股本规模袖珍为后期高送转创造了有利条件。

(2)高送转股分为抢权行情和填权行情。上市公司在公布高送转方案前,市场有较强的预期,一般会推升股价连续上涨,出现抢权行情。一部分强势个股,在送转股除权派息之后,还会走出向上的填权行情。这两个阶段一般都是参与高送转股的比较好的时间段。

(3)具体操作技巧:抢权行情往往发生在主动性买盘成交量明显放大,市场对其高送转预期较强,一批符合高送转条件的新股和次新股都集体出现60分钟、日线级别四位一体指标体系放量全多头报警阶段,并且它们会持续地出现在当时的板块指数量比、涨幅排行榜前列好几天。这种时候你还无法知道哪个股票是什么送转预案,我的经验是把资金平均分配在这些一启动就涨在最前列的若干个有高送转潜力的个股上,当然若是这若干个有高送转潜力的个股它们本身就分属不同的主流板块概念的话则更佳。对于每次到了高送转概念股容易频繁被炒作的时间节点时,出现的这种极强势股一旦买入不要轻易做差价。所有的一启动就涨在最前列的有高送转潜力的个股在其暴涨阶段都是沿着大于60度角度上扬的5日均线、4周均线、3月均线大幅飙升的。均线系统可以直接判断股票运行的强弱度、持续度。任何一只大幅拉升的股票,肯定会沿着5日均线不断攀升,即使偶尔回落到5日均线之下,也会很快复位继续上涨。如果个股各时间周期四位一体指标体系存在着反作用力,那肯定不是极强势股了。它只要没有盘中跌破5日线都仍然可能再创新高的,即使盘中跌破5日线,只要半小时内,又能够放量收到5日线上方,并且不再在当天再度跌破5日线的话,它就仍然有再创新高的可能性。那在其没有满足"乐极生悲"模型卖出条件前不要轻易卖出。就算其跌破5日线你卖出了,万一这个个股确实后期走势非常强悍,它后期迅速又放量站上了其上升过程当中的5日线,或后期迅速又产生阳包阴走势了,或后期迅速又放量让其小一个时间周期的四位一体指标体系形成全多头排列之时,那是需要及时再在其当时分时图的交易重心附近分仓买回来的。

等到送转预案公布时,那些涨幅已经非常大的高送转股可能会出一次获利出局的卖出信号可以短线卖一卖。一些预案公布前股价涨幅不大的个股,在预案公布后倒往往还会在那些高送转龙头股短线偃旗息鼓回调之际,顶替上来有一波拉升过程的精彩表现。一般情况下,高送转概念板块的个股黄金炒作期为3个月左右。一般在除权派息的股权登记日前1~2天可以获利出来。绝大多数个股的所谓填权行情一般就别参与了，往往变数很大，成功填权的个股不多，鸡肋行情或形成顶背离下跌行情的倒不少。除非极少数一些前期极为强势的个股，庄家在高位没有完全顺利出货，他们才会利用除权后股价看上去较低的假象，再诱骗一些人进场接他们抛出的货。

图 2-33 为 2016 年高送转行情炒作龙头 300506 名家汇伴随着高送转预案出台前、出台后、除权日前后、填权过程以及疯狂炒作后依次表现出的退潮现象的全景式的走势演绎图。

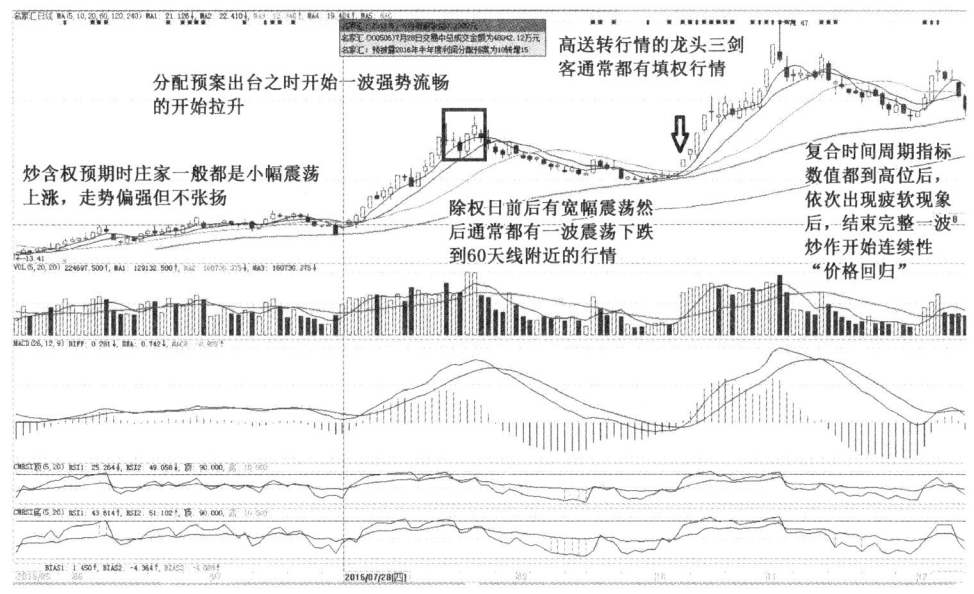

图 2-33

关注好这几个敏感时间点，结合好本文所阐述的内容，结合好多周期四位一体指标体系走势图的共振多空头转换变化规律模型买卖特征，及时在高送转龙头股中去进行相对应的操作，应该会有超过同期一般股票收益的机会的。

七、实质性资产重组的股票容易有涨停

资产重组是市场中永恒的话题。资产重组是上市公司进行资源有效整合的一种方式，也是资本运作的重要途径。通过资产重组可以卸掉一些上市公司长期背负的烂包袱，使"丑小鸭"变成"白天鹅"，改头换面重塑市场良好形象，并直接导致股价大幅上涨。资产重组的方式有不良资产剥离、产业转型、大资金注入、资产抵

押、债务豁免或转移等多种多样方式。

资产重组股的炒作技巧如下：

（1）陷入困境的中小型公司最容易成为重组的对象。一旦有实力雄厚的大股东介入，股价前期又没被爆炒过，那么未来牛市表现是可以预期的，是值得重点关注的。只有旗下有大产业、大资本的著名实力大企业收购上市公司股权成为大股东的才真正值得关注。那些愿意花巨资购买股权做大股东的，其背后肯定有重大的战略意图。很可能今后会注入该公司旗下优质资产来实现更高溢价的战略收益。这种借壳重组成功的概率会很高，后期二级市场参与的投资人获益也更确定。

对于大股东资产注入的重组，一定要评价其注入资产的质量，注入的资产能够让企业带来多少真实收益？毛利率究竟是多少？能够让企业每股收益很快增加多少？这种收益的持续性能维持多久？只有这些疑问能够得到正面确定的重组并购行为才是非常值得关注的。

不过对于私募基金、信托基金等机构举牌成为大股东的个股大家要多留个心眼，往往他们这些机构的资金来源相对复杂，有可能面临资金赎回风险，所以有时会面临更多不确定性。一旦正好面临大盘发生系统性风险，那这些运作的资金就有可能被巨额赎回，直接导致运作失败，甚至崩盘。另外还有一个最致命的缺点，就是信托和私募很少持有优质未上市公司的股权等好的有效资产，不成功概率会大幅提升。

另一种就是保险公司举牌的上市公司。其实保险公司投资目的往往都只是做一个价值投资的事情，而不是真正为改善、改变公司来做资产重组的。保险公司举牌的目的多数是冲着增加理财收益而来的，属于过江龙捞一票钱后要快速闪人的。所以他们往往都是来去匆匆，草草了事的那种，对市场的伤害其实是很大的。

（2）重组股的第一波行情一般投资者是事先不可能知道，往往是知道内幕的人哄抢筹码将股价抬高所致，如果第一波连续震荡冲高的幅度在 1 倍以内的，等到消息逐渐明朗之时，往往还会很快来一次急跌依次缩量洗盘的中短线回调过程。经过充分回调后再度在日线、周线四位一体指标体系走势图上出现放量全多头之际，才是其最猛烈的一波主升浪行情展开之时。此时基本上都是在日线、周线的 MACD 指标的 0 轴线上出现放量金叉或放量老鸭头的形态。而且一旦再度开涨之时，其 60 分钟、日线、周线、月线的四位一体指标体系都会瞬间形成放量全多头态势助攻，4 小时线、5 日线、4 周线、3 月线也都同时以大于 60 度角度的极强势态势向上一起发力，场面极其壮丽恢宏。此时可能有很多人反倒不敢及时追进，最后落得个捶胸顿足、懊恼不已的错失良机的结局。

图 2-34 为 600233 从 2015 年年底到 2016 年年底期间从大杨创世改名为圆通速递的重组过程当中的四位一体指标体系走势全景图。

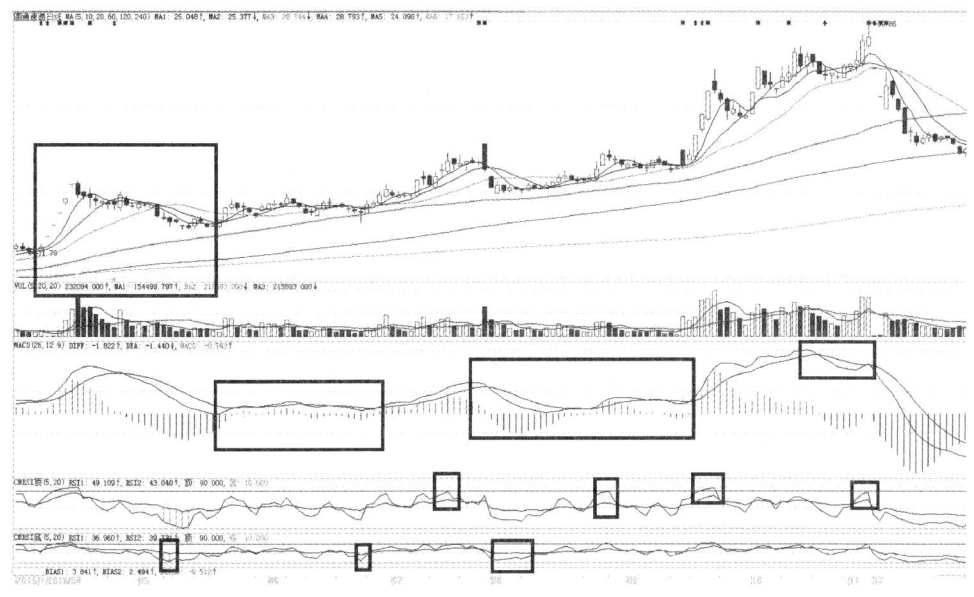

图 2-34

一般而言，重组股基本上都是从原来的行业比较差，原先的经营业绩比较差的个股中出来的。通过其背后庄家主力们反复的、持续的、长时间的资本运作，逐渐地将其转变为符合当时炒作热点、流行趋势的、具有市场良好认同性的个股。重组在我们这种严重的投机市中，是一种非常有参与价值的、有很多庄家主力愿意去积极运作的赚钱模式。经常比较容易形成在整个运作过程中，出现"乌鸡变凤凰""鸡毛飞上天"的股价被顺利炒翻天的神奇变化，并且绝大多数庄家主力都能够最终顺利地将高位筹码派发给市场中的普通散户。

针对操作重组股，我有一个比较简单有效的经验，就是针对那些业绩比较差，行业比较差的那些股票，如果它突然明显开始出现强于同行业、同板块的表现，跳出了符合复合时间周期四位一体指标体系强势多头买入条件预警的时候，就不要先入为主地不相信它客观真实地在进行的上涨、别排斥它客观真实地在进行的上涨，先及时地在其复合时间周期指标数值出现强势买入模型预警的时候，先及时在其当时的交易重心附近分仓介入再说，然后再利用复合时间周期指标数值的变化规律特征，去进行适当的、多频次的高抛低吸。在这种重组股"乌鸡变凤凰"的过程中,我总结出一条很有价值的参考规律:那就是在其日线图上60日线一定是不管当时的股价怎样上下震荡翻飞,它都是一如既往地、顺滑地向上运行的。其当时的20周线也一定是不管当时的股价怎样上下震荡翻飞,它都是一如既往地、顺滑地向上运行的。同时,其周线的MACD指标当中的DEA曲线数值,也一定是不管当时的股价怎样上下震荡翻飞,它都是一如既往地、顺滑地向上运行的。并且伴随着它重组的过程中的向上疯狂上涨运行阶段,其日线的MACD指标当中的两条曲线和周线的MACD指标当中的两条曲线,始终都是在0轴线之上运行的,一直要到重组完成,水落石出公告出来后,股价才会在复合时间周期指标数值都到过极高位后,在顶背离死叉形成过后,才开始拐头向下,经历"拔了毛的凤凰不如鸡"的惨烈的下跌行情走势。

八、市场的主流热点容易有涨停

股市中的主流热点是指获得国家政策重点支持的、不可能有不良信息利空打压的、具有能有效激发和带动市场人气的有市场号召力和资金凝聚力的概念板块。这种主流热点板块都具有便于大资金、主流资金进出的有体量,有比较好的流通性的特点。而且运作这种主流热点概念板块的机构一般都是那些非常高大上的拥有最顶尖的政府资源、信息资源、资金优势的大机构。

其开始发力向上攻击阶段的各时间周期四位一体指标体系的起始位,通常都比较低,以利于其向时间跨度和空间高度腾挪发展行情。其运作的持续时间长。这种主流热点的龙头股,不会频繁地切换和过早、过大地分化。这种主流热点往往是一波大的上升行情里,每次止跌上攻小波段行情发生时,最先启动的概念板块,同时往往这种主流热点,也是一波上升行情里涨幅最大的概念板块。在市场走强的过程中,上涨时冲在最前,回调时又能在一个相对区间内保持抗跌稳定行情的概念板块,是那种对当时的指数能起到中流砥柱、稳定市场信心的有着持续性非常强势表现的概念板块。每次行情的牛熊演绎过程中,都由主力庄家们根据当时的不同国策和市场兴奋点去树立起不同的主流热点概念板块,然后通过持续的时间去反复引领控制当时的市场行情的炒作力度、高度、持续度。这些主流热点兴则行情兴,这些主流热点衰则行情衰。这些主流热点的价位高低兴衰的起承转合,直接、密切地与行情的兴衰严丝合缝、息息相关。

因此,在一轮较有力度的上升行情中,第一时间发现并及时踏准主流热点板块当中的强势股炒作节奏,是做好一波大行情的重中之重要去干好的工作。

图2-35为2016年9月底到2017年3月底的主流热点板块"一带一路"与上

图 2-35

证指数同期的叠加走势图。在此期间很少有哪天盘中没有"一带一路"板块当中的个股不出现涨停板的,甚至很多时候是连着几天有不少这个板块当中的个股集中封死在涨停板上。体现出涨时强于指数,涨时比指数涨幅大,跌时也强于指数,跌时比指数跌幅小,涨时早于指数涨,跌时晚于指数跌的特点。

其实这种同期的主流热点板块,利用软件的板块指数涨幅榜和板块指数量比排行榜排序功能,是很容易找得到的。只要它们都是排在前列的,并且获得当时政策环境极力呵护配合的,其复合时间周期四位一体指标体系走势图上,又是刚刚都形成放量全多头现象不久的,其复合时间周期指标数值,都不是已经在极高位的,那就是应该及时利用盘中震荡机会,在出现符合"四位一体操盘术"买卖模型预警之时,在其当时的分时图交易重心附近分仓买入的好品种。

九、突发重大事件发生时容易有涨停

突发重大事件是由于突发性的政策利好或者由于突发性的事件所形成的一些行业、板块热点,或者个股的某些重大利好等。这类事件有的会促成一波中短线行情,有的只形成一波"一周游"超短线、短线行情,有的只是造成一次"一日游"超短线行情。所以应在第一时间结合大盘超短线、短线、中线趋势走势的具体位置来判

断是否值得介入以及介入时间的持续度。因为这类热点的持续性很难把握,且行情往往受大盘短期态势影响较大。所以对于这种机会我们要把握好如下的根本点:在指数环境超跌反弹的临界点附近和指数上扬的初中期没有出现高位顶背离走势风险的情况下,才能对于这种事件性热点形成的机会进行短线炒作,并且要尽量快进快出以防系统性不测之风险干扰到行情的演绎。

遇突发性重大利好的实盘操作技巧如下:

(1)在熊市的末期或牛市的初中期遇到突发性重大利好,那么应该及时重仓介入龙头板块里面的龙头股。一般在复合时间周期指标数值都还没全到极高位之前,在龙头板块里面的龙头股三个涨停板之内及时买入的,通常短线都是比较安全且有比较好的上涨利润空间的。除非其复合时间周期指标数值都已经全到极高位之后,那么空仓者切勿匆忙追高入场,须提防"利好出尽是利空"的走势结果出现。一般来说,在重大利好出现之前,往往"春江水暖鸭先知",那些掌握了信息优势、资金优势的相关利益体早就提前买入进去了,股价往往已有提前反应了,短期已经有了一定的涨幅了,复合时间周期指标数值如果已经都在高位了,在重大利好宣布后,股价反而容易出现见光死的跌势。

(2)突发政策利好在熊市初中期出现的话,这种突发性利好可能临时性改变一下股价短期运行方向,却通常都是无法改变股价原有的运行趋势的。一旦短线后期股价缩量上涨有软绵乏力迹象时,应尽快逢高离场。在下跌趋势行情中,一旦突发性利好导致的缩量反弹出现过后,股价会有接下来的一段加速下跌的。

(3)突发性利好降临,在指数熊市环境中短线操作一定要记住:快进快出,切勿贪心。突发性利好造成的上涨,就反弹时间来说,一般最多在3～7个交易日内结束,即使是重大利好,反弹时间也难以超过13个交易日;就反弹幅度来说,一般反弹在10%～20%就已经算不错了,不太可能超过30%。反弹过后股价还会延续下跌,因此短线操作一定要快进快出,有获利要走,擦掉获利或没有获利也要走,千万不要想入非非太贪心,千万不要患得患失犹豫不决错失抛股离场的良机。只有在指数的上升趋势行情阶段,突发性利好降临,使得原本下跌行情中或窄幅震荡中的股价被迅速放量强势启动激活,在复合时间周期指标数值都没到高位前,而迅速同步出现了超短线和短线的四位一体指标体系放量全多头配合,并且还得到了周线级别四位一体指标体系中的柱状体和4周线拐头向上的有力共振配合下,才可以适当延长些操作时间。当然如果后期成交量和股价表现出现明显的转弱走势,那还是必须要及时止盈止损先出来再说的。

(4)突发性事件带来的利好刺激,很多时候具有时效性,带给个股的是短期利好，很难持久。大多数突发性的上涨都是热钱或游资来得急，去得快的临时性炒作。短期炒作过后往往是一片狼藉，股价仍会长时间陷入下跌整理状态中的。所以一定要当机立断果断处置。一般而言，突发性事件带来的利好刺激，使得股价表现过后若很快就又跌破 5 日线就应该立刻止盈止损，若表现过后很快就又跌破起涨时那根相对有气势的标志性起涨 K 线的最低价的话，那就是最低止损点了。

十、建仓时期的涨停特点

建仓时期的涨停通常出现在经历了其个股的大级别熊市的长期持续的量能极度萎缩的大幅杀跌后。此时其股价和形态位置已经低到能够吸引庄家主力想进行建仓，开始要规划新一轮牛市运作的底部收集筹码的阶段了。一般而言，建仓期的涨停通常不会超过连续三个板，多数都是从一个股价的底部分型拐点开始到一个相对高点顶部分型拐点之间 30% 以内的股价区间。庄家就在这种相对狭窄区间内通过一个相对长的时间进行耐心的、主动性的高抛低吸做差价，将相对高位的散户手里的筹码一点点地诱惑到他设置的价位区间内交给他。

有的是在长期缩量暴跌后，股价横盘窄幅震荡一段日子，一旦在日线级别形成四位一体指标体系底部放量全多头的阶段，某天在突发利好配合下以一根涨停大阳线启动形式拔地而起，催生一波中短线确立底部、确立牛市形成的第一波建仓浪行情。

建仓浪行情往往是行情演绎过程比较复杂，行情反复比较多，趋势性行情特征不是十分明显，走势不会很流畅的。通常在第一次上涨到前期每一个重要压力位（平台、高点）附近，都会有不同表现形式和不同幅度的震荡调整出现的。一般第一波建仓浪行情高度基本上是熊市底部向上运作到 30%～50% 的空间幅度，有时庄家主力甚至会在第一波建仓浪行情顶部附近搞个涨停板出现，只是放量涨停板出现后不久，甚至当天就开始震荡调整态势了，然后以逐步缩量震荡下跌的方式去进行第二浪的调整，或者去进行箱体震荡调整。

图 2-36 为 002302 西部建设 2016 年 2 月底见底及后期出现满足上文所阐述的底部建仓震荡的所有内容的走势示意图。

十一、高位衰竭性出货涨停

高位震荡出货法经常出现在中长线庄家控盘个股之中，由于长时间的吸筹、拉升，个股上涨的空间较大，同时庄家之前吃货也比较多，难以在较短时间内把筹码派发完，所以经常会采用高位宽幅震荡的手法来引诱投资者高位介入。一般来讲，

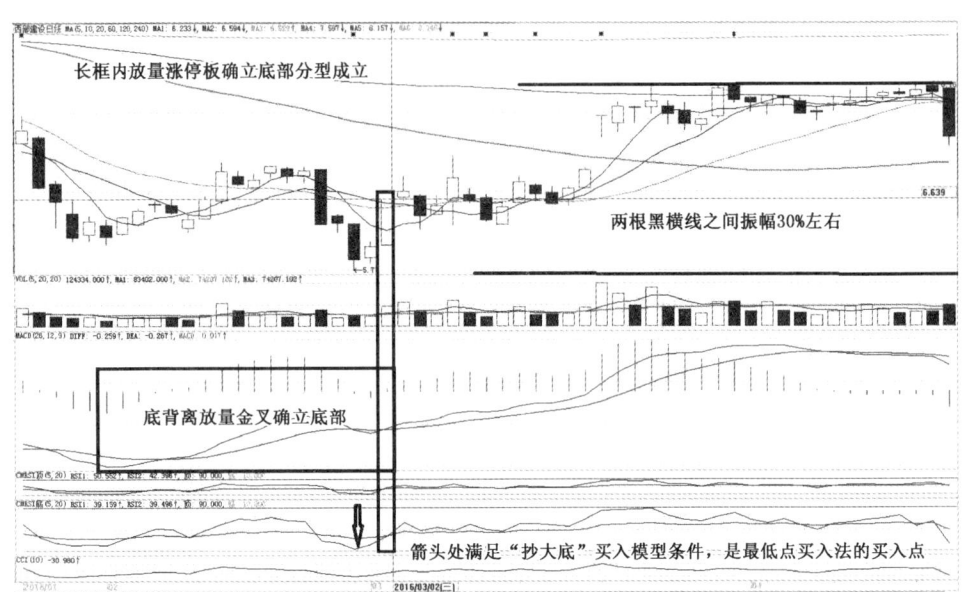

图 2-36

震荡的幅度在 20％～30％。在其月线、周线 MACD 指标的柱状体向下运行的过程中,它的超短线、短线的每一次缩量拉升,都可以理解为是为了更好地出货。具体操盘核心就是利用整个高位震荡过程中,所形成的上下轨震荡区间进行相关操作,下轨附近看见小一时间周期四位一体指标体系有形成放量全多头现象之时择机介入,在上轨附近看见有超短线疲软迹象时就立刻卖出。绝不能盲目乐观做打持久战的打算。

所以稳健的投资者是不对此类个股进行买入操作的,而对于激进的短线投资者来讲,建议在操作此类个股时,要严格按照"小仓位快进快出"的原则进行超短线的择机参与。在高位震荡后突然之间拉大阳放巨量过后,该类个股往往不会继续上涨,反而立刻缩量下跌,这是后继无力的具体表现特征,说明这种大阳线或涨停板是庄家在急于尽量拉高自己手中的筹码以便卖在相对高位离场。

在一波主升浪行情的复合时间周期指标数值都到过极高位的行情尾端的时候,有时会有那种衰竭性涨停或勉强而为的中大阳线出现的,而这种衰竭性涨停或勉强而为的中大阳线一般都是庄家急于派发筹码行为的具体表现。

此时,对投资者来讲仅存在理论上的短线价值,应该坚决做到快进快出,绝不恋战,实在不行了,就必须果断止损离场。一旦这种高位贯杀性的下跌形成,其杀伤力是无比巨大的。

其实,确认衰竭性涨停或勉强而为的中大阳线的判断方法很简单:

(1) 在复合时间周期指标数值都到过极高位后出个涨停或出根中大阳线的当天成交量特别大,为近期天量,且第二天放不出更大量了,股价也不能创新高了,那它就很可能是衰竭性涨停。

(2) 涨停出现后的 2 个交易日里,股价出现反转向下结果的,就可以确定为这个涨停就是衰竭性涨停。

说实在话,股价持续大涨后,成交量反而越来越少了,就表明庄家为防止高位筹码松动增加其在更高目标位出货的压力,所以不愿在目前价位展开宽幅震荡出货,但是一旦后期哪天股价高开快速大幅放量回落,就说明庄家认定的顶部到了,他在坚决抛货离场了,那我们散户也应该立刻离场不留一股了。

有时这种衰竭性涨停也会出现在顶部区域构筑连续顶背离的回光返照的垂死挣扎虚晃一枪行情中。然后在短短的 3 个交易日内形成"倒 V 形反转下跌"走势。在上升趋势中,如果前一根的涨停 K 线被吞没,则绝对说明上升行情结束了,股价即将进入震荡下跌趋势了。

图 2-37 为本次行情我从其起涨点参与到其终点站的 002302 西部建设飙升到满足我的极强势龙头股"七数已尽"卖出 K 线模式和最高点卖出法"乐极生悲"卖

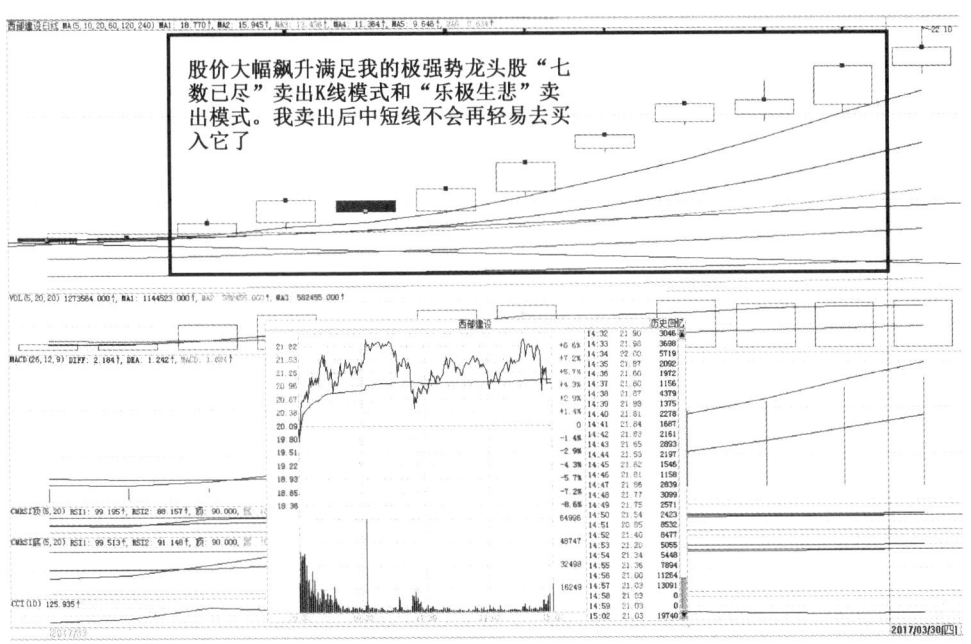

图 2-37

出模式条件之时的走势图和分时图上出现的衰竭性涨停的示意图。这种情况下，我卖出后中短期内不会再轻易去买入它了。

第四节　根据不同特征和模型做不同涨停板的精准方案

一、结合"四星上将"分时图追涨模式抓涨停

"四星上将"分时图追涨模式是指分时图中的即时成交价线与均价线出现同方向的大于60度角度上涨形态，其分时图上的成交量也出现同方向的大幅度上升，其分时图MACD指标的两条曲线和柱状体都同方向大角度上升的，其5分钟、15分钟、30分钟、60分钟、日线图中都形成了放量全多头现象；同时，其这些时间级别的CCI指标参数数值都是已经上穿到＋100以上的个股做的一种预警模型。这些现象都满足在一个个股身上，它就很容易大涨，甚至涨停了。这是成熟投机客捕捉短线极强势股启涨时的一个极其重要的信号。"四星上将"形态一旦出现，通常股价最多在盘中出现两次回调即涨停。当然必须再加上周线级别的柱状体首次放量拐头向上或周线级别的放量金叉的共同配合。如果其所隶属的板块也正好强势启动在板块指数量比涨幅榜前列的话，就是绝佳的中短线炒作品种。那么它的超短线、短线甚至中长线暴涨行情及时来到，就不用大惊小怪了。在它从预警框里弹出来之时，迅速分仓买进是当务之急、重中之重。

图2-38为本次行情我从其起涨点参与到其终点站的002302西部建设在2017年3月20日第一次出现"四星上将1"追涨模式买点信号后第二天经过了一次快速的单日缩量洗盘后，于22日形成标准的"四星上将"追涨模式分时图。

图2-39框内为本次行情我从其起涨点参与到其终点站的002302西部建设在2017年3月20日第一次出现"四星上将1"追涨模式买点信号后第二天经过了一次快速的单日缩量洗盘后，于22日再次形成标准的"四星上将1"追涨模式买入信号时的5分钟四位一体指标体系要素条件示意图。

图2-40框内为本次行情我从其起涨点参与到其终点站的002302西部建设在2017年3月20日第一次出现"四星上将1"追涨模式买点信号后第二天经过了一次快速的单日缩量洗盘后，于22日再次形成标准的"四星上将1"追涨模式买入信号时的15分钟四位一体指标体系要素条件示意图。

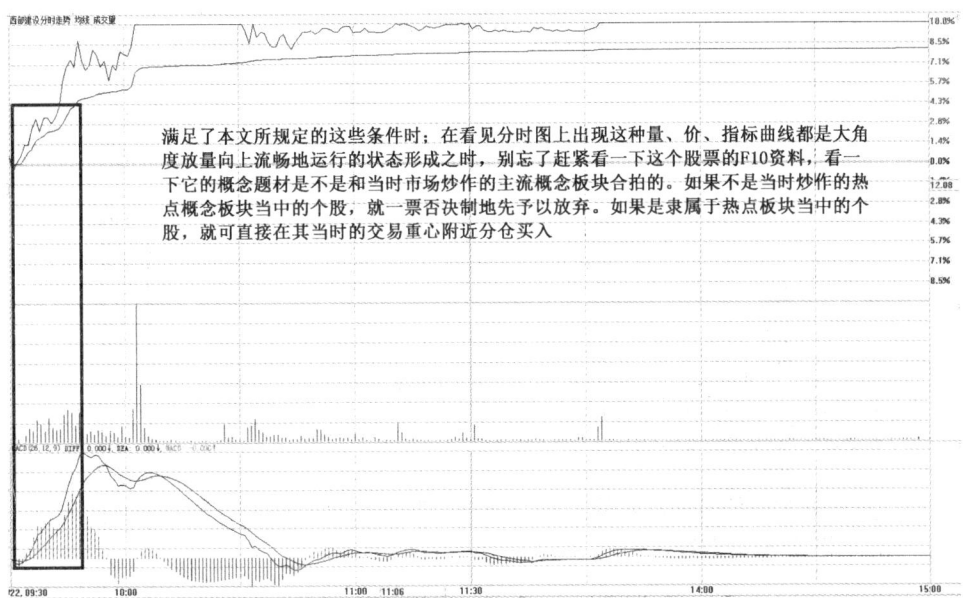

满足了本文所规定的这些条件时;在看见分时图上出现这种量、价、指标曲线都是大角度放量向上流畅地运行的状态形成之时,别忘了赶紧看一下这个股票的F10资料,看一下它的概念题材是不是和当时市场炒作的主流概念板块合拍的。如果不是当时炒作的热点概念板块当中的个股,就一票否决制地先予以放弃。如果是隶属于热点板块当中的个股,就可直接在其当时的交易重心附近分仓买入

图 2-38

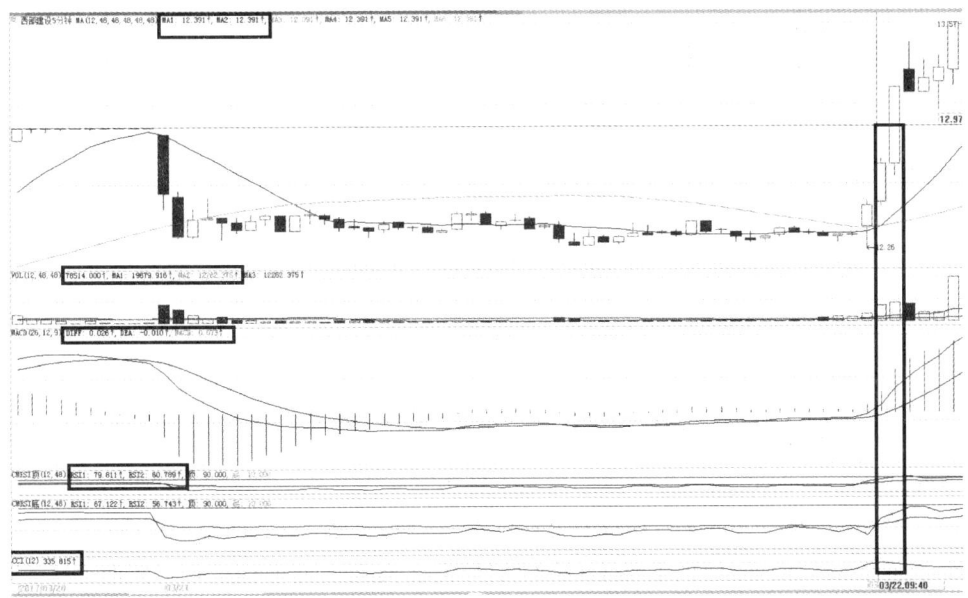

图 2-39

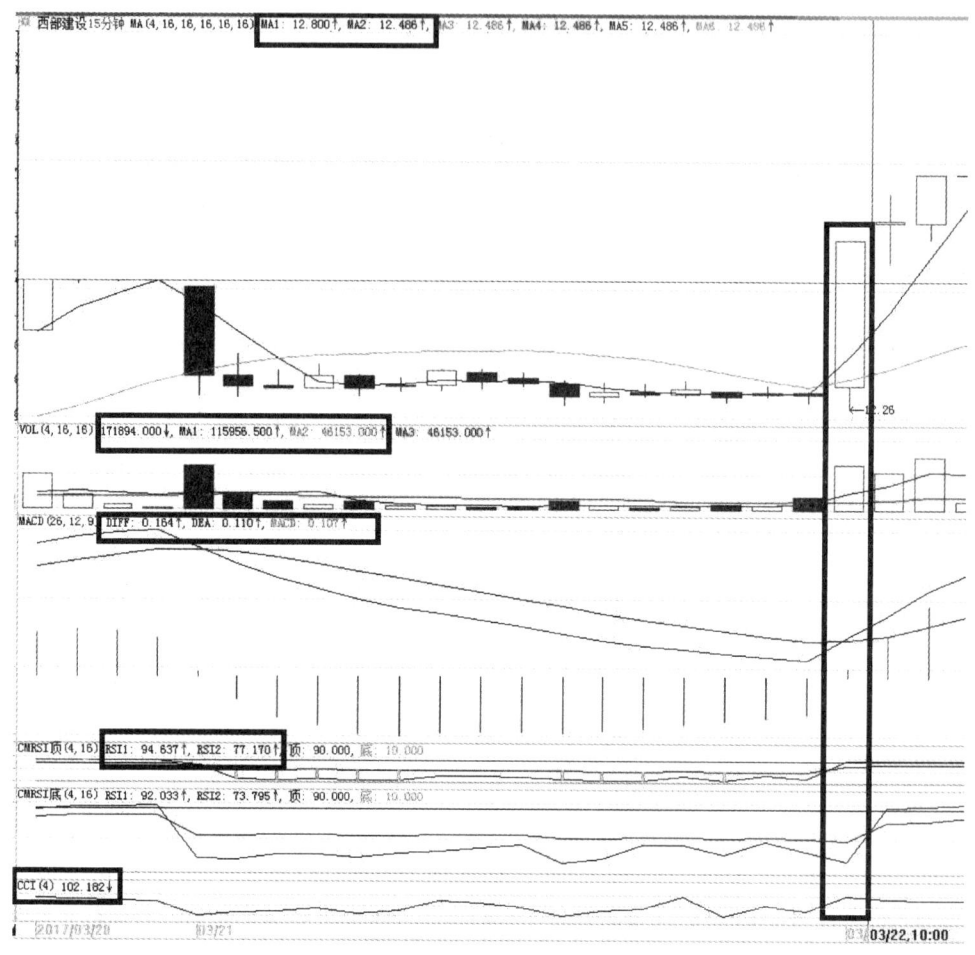

图 2-40

　　图 2-41 框内为本次行情我从其起涨点参与到其终点站的 002302 西部建设在 2017 年 3 月 20 日第一次出现"四星上将 1"追涨模式买点信号后第二天经过了一次快速的单日缩量洗盘后,于 22 日再次形成标准的"四星上将 1"追涨模式买入信号时的 30 分钟四位一体指标体系要素条件示意图。

　　图 2-42 框内为本次行情我从其起涨点参与到其终点站的 002302 西部建设在 2017 年 3 月 20 日第一次出现"四星上将 1"追涨模式买点信号后第二天经过了一次快速的单日缩量洗盘后,于 22 日再次形成标准的"四星上将 1"追涨模式买入信号时的 60 分钟四位一体指标体系要素条件示意图。

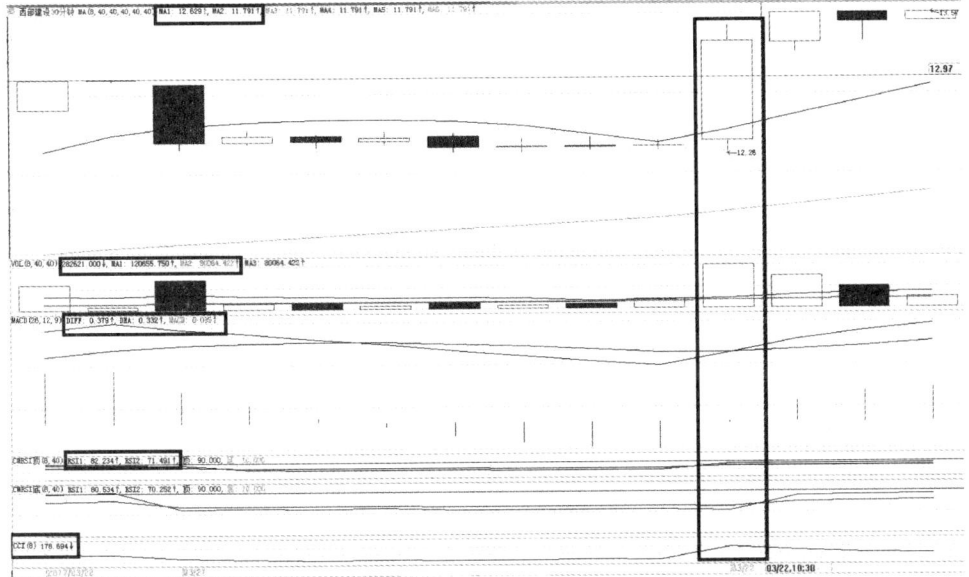

图 2-41

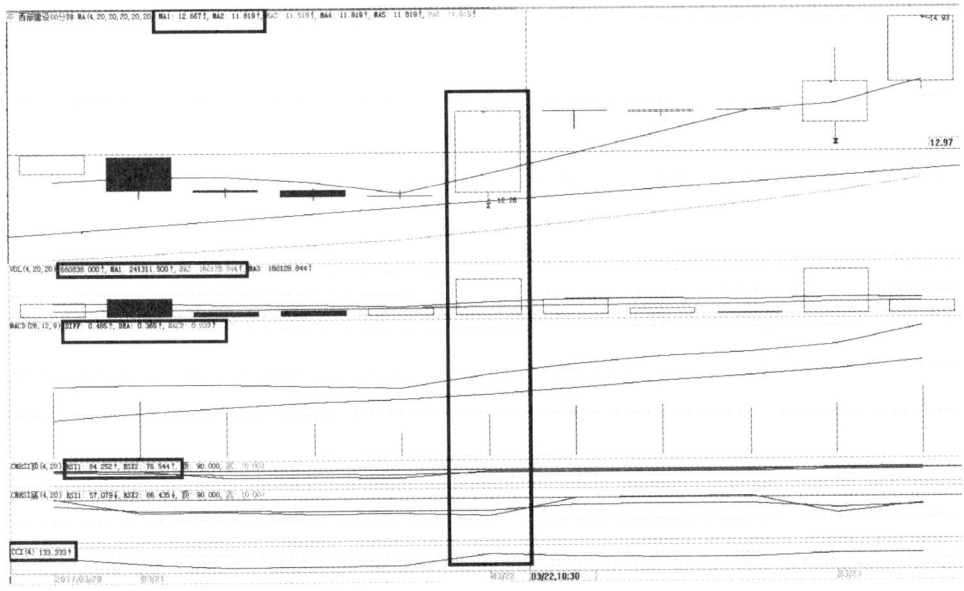

图 2-42

图 2-43 框内为本次行情我从其起涨点参与到其终点站的 002302 西部建设在 2017 年 3 月 20 日第一次出现"四星上将 1"追涨模式买点信号后第二天经过了一次快速的单日缩量洗盘后,于 22 日再次形成标准的"四星上将 1"追涨模式买入信号时的日线级别四位一体指标体系要素条件示意图。

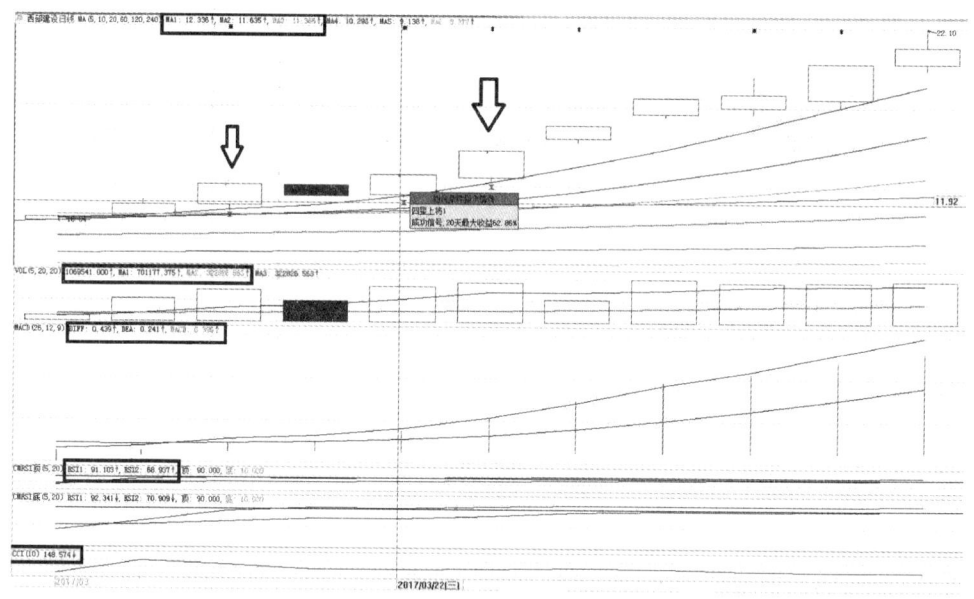

图 2-43

图 2-44 框内为本次行情我从其起涨点参与到其终点站的 002302 西部建设在 2017 年 3 月 20 日第一次出现"四星上将 1"追涨模式买点信号后第二天经过了一次快速的单日缩量洗盘后,于 22 日再次形成标准的"四星上将 1"追涨模式买入信号时的周线级别四位一体指标体系要素条件示意图。

二、"底部横盘涨停战法"

如果股价持续经历过中长线的超过 70% 以上的较大跌幅,然后又在大跌后再无量横盘窄幅震荡了数月,然后在 60 分钟、日线、周线级别的 MACD 指标当中的柱状体依次向上震荡的这一基本夯实了阶段性底部信号出现后,出现区域底部第一次得到了月线、周线、日线、60 分钟这四个时间周期四位一体指标体系刚刚形成放量全多头现象配合的立地而起的长阳线甚至涨停,筹码图上显示 90% 左右的筹码都是小有获利的,同时其月线、周线、日线的 CMRSI 顶指标当中的 RSI2 数值并

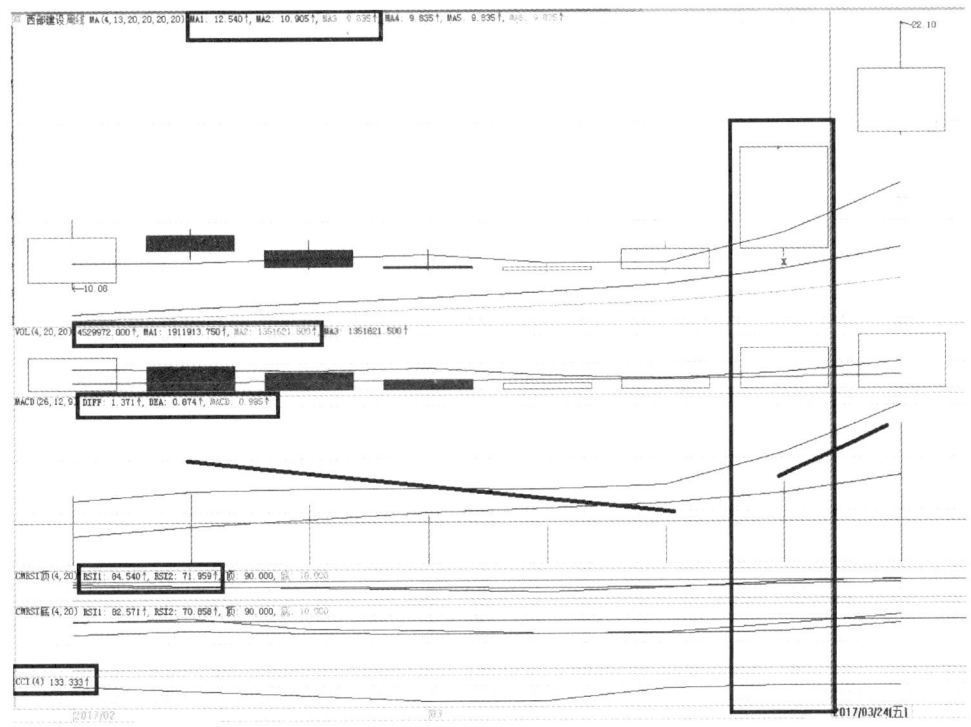

图 2-44

不是都已经到 80 以上的话,并且当时的热门题材也与其完全契合的,同一题材的
个股也成建制地正出现板块性上涨的,则其后市的中短线爆发力则往往比较强劲。
所以这时候出现的"齐头并进"系列买入模型买点信号是一定要珍惜的,一旦这样
的买点出现要及时在其当时的分时图交易重心附近分仓买入。这种买入点是非常
容易吸引各路跟风资金的,说不定就能引发一波翻倍行情。这样的底部涨停就是
符合"底部横盘涨停战法"的"齐头并进"系列买入模型所有条件要求的好目标
品种。

图 2-45 光标处为 002302 西部建设在 2017 年 1 月份开始在月线级别走势图
上出现"底部横盘涨停战法"的"齐头并进"系列买入模型所有条件要求都得到满足
之时的月线四位一体指标体系走势示意图。

图 2-46 为 002302 西部建设在 2017 年 1 月份开始在周线级别走势图上出现
"底部横盘涨停战法"的"齐头并进"系列买入模型所有条件要求都得到满足之时的
周线四位一体指标体系走势示意图。

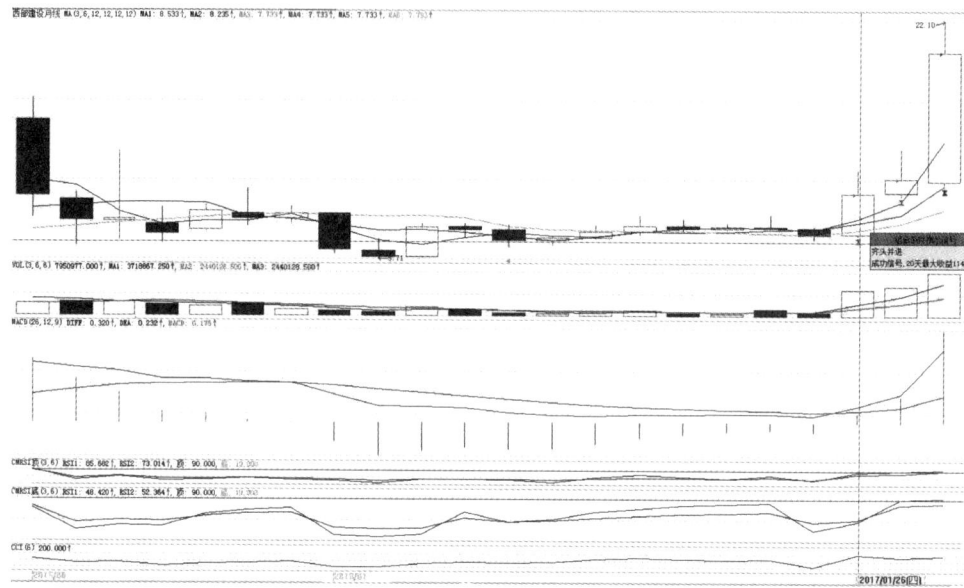

图 2-45

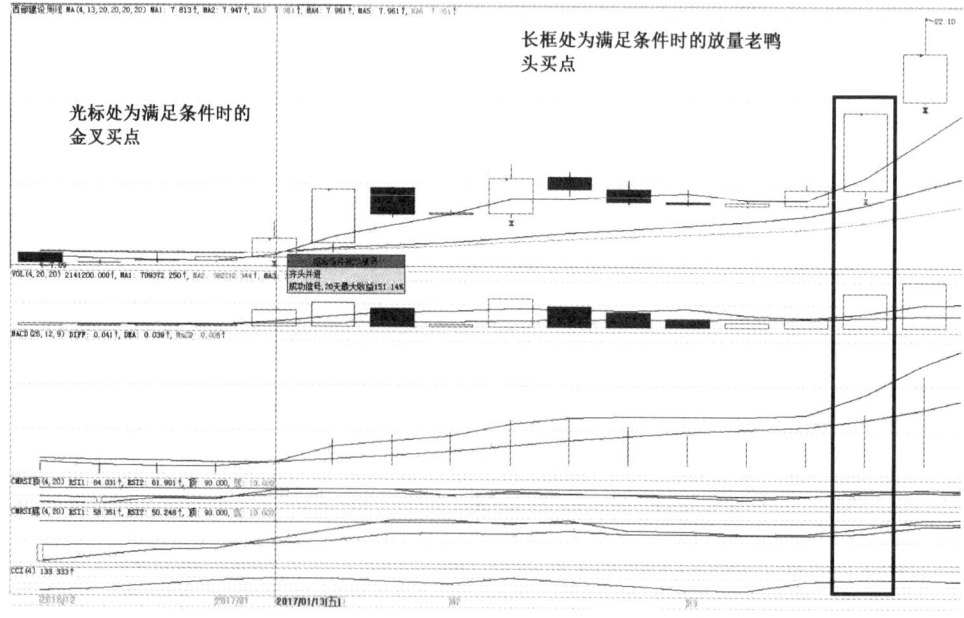

图 2-46

图 2-47 为 002302 西部建设在 2017 年 1 月份开始在日线级别走势图上出现"底部横盘涨停战法"的"齐头并进"系列买入模型所有条件要求都得到满足之时的日线四位一体指标体系走势示意图。

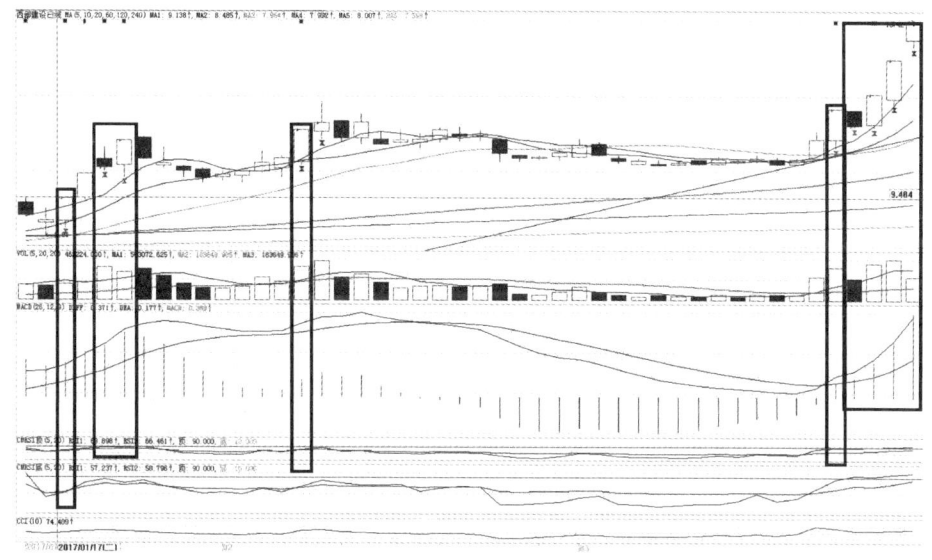

图 2-47

大家可以清晰地看见在日线图上,出现了好多次长框,在长框内也都有不同的后市走势结果买点信号出现,有些买点信号一出现,就涨得非常好,有的出现以后,却不涨反跌,那么我们究竟应该怎样去取舍呢? 这就涉及在这种模型的运用过程中,我们要结合它是不是第一次出现放量老鸭头现象、是不是第一次出现放量金叉现象、是不是在指标的高位出现老鸭头现象、是不是在几个时间周期走势图上出现了顶背离的状况下出现的老鸭头现象、后市大盘走势的强弱度,以及根据后市的主动性买盘成交量和四位一体指标体系的走势变化情况来决定。通常取舍的主要点就是在刚刚出现放量金叉或刚刚形成放量老鸭头信号的时候是最好的买点。这种买入信号出现好以后又经过了短期的快速上涨以后,再出现的买入信号就予以奢侈地放弃。已经买入的在没有出现最高点卖出法条件满足前,也没有跌破 5 日线前不做波段的卖出。

三、底部双涨停

底部双涨停是指在长期调整的底部区域,出现间隔时间不长(1 个月以内)的

两个涨停,意味着行情将要见底上涨或进入拉升阶段,是一个较好的起涨信号。底部双涨停的技术要求如下:

(1) 要求 5 日、10 日、20 日均线走平或黏合并形成金叉。

(2) 第一个涨停至第二个涨停之间的振幅在 20% 以内。

(3) 第二个涨停位置一定要略高于第一个涨停的位置。

(4) 成交量明显放大,换手积极,股价上涨放量,回调缩量。

(5) 分时走势有冲击波、攻击波出现,说明有庄家运作、吸筹、试盘。

(6) MACD 指标在底部形成放量金叉或放量老鸭头。

(7) 两个涨停前呼后应,间隔时间一般不要超过 1 个月。若间隔时间太长,就会失去技术参考意义。

当天盘面表现,在第二个涨停放量突破第一个涨停时,代表底部形态基本构造完毕,开始正式起涨。股价起涨当天,放量突破 20 日均线(或已经处于 20 日均线之上),当天资金量明显增加,盘中成交大单与特大单明显增多,分时图上出现完美的"四星上将"攻击形态。

图 2-48 为符合本文所阐述内容的 002302 西部建设在 2017 年 1 月 10 日首次放量涨停后,经过快速缩量洗盘确认突破有效后,迅速再度于 1 月 17 日形成放量老鸭头涨停过高点的方式,开始其新一轮强悍的中短线上攻行情的日线级别走势

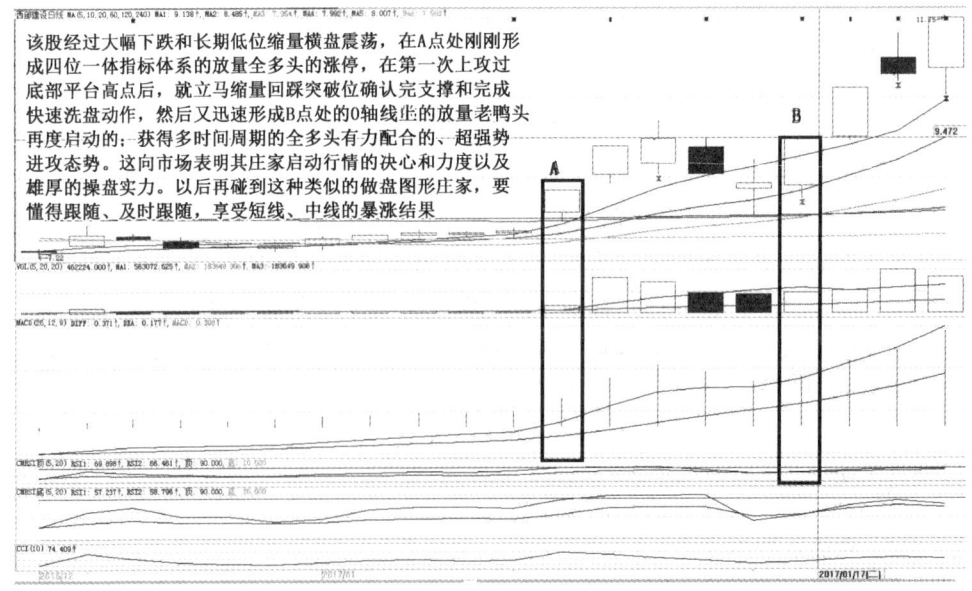

图 2-48

图。出现这种类似的"底部双涨停"的股票，只要后期指数环境不太差，后期的主动性买盘成交量不迅速持续萎缩，则中短线上涨力度和空间都不会小的。需要多留心这样的走势，在这种经典的走势图出现时及时在其当时的交易重心附近参与或在其第二天出现高开高走或震荡一下后突破当天高点创出新高时，及时在其分时图交易重心附近分仓买入就是了。

止盈位通常以极强势股的最高点卖出法"乐极生悲"模型出现预警时为准，此时超短线、短线先出来一下为好。止损位以跌破 5 日线或跌破 B 点中心位为标准来设定。

四、"底量超顶量前途无限量"买入法

一般而言，如果个股在复合时间周期指标数值的低位持续放出巨量，日 K 线已向上突破长期下跌趋势线，或突破 20 日均线，并且 5 日线已经提前拐头向上运行，此时便可在其当时的交易重心附近及时分仓买入了。因为这种股票经常容易出现涨停板甚至出现反转向上的行情。

利用此方法时应注意：

（1）股价在低位整理时间越长，短期均线组和指标曲线组在相对低位黏合横盘震荡得越久，指标形态有底背离或有股价呈平台整理形态，此区域成交量呈先有均匀缩量后有持续放量的状态过程，然后再进一步演变成突然放量形成 60 分钟和日线级别的基本上同步的四位一体指标体系的放量全多头强势上涨，才最有效。再出现巨量后股价上涨的概率加大，涨幅更高。

（2）注意低位放量区域与前一轮行情高点的距离和时间。与前期高点距离越远、与前期高点时间相隔越久、空头力量消耗得越充分，多头力量确认的可靠性越强。

（3）前期高点的成交量要远小于底部现在放出的巨量，整个下跌的过程量能要基本上依次缩量；同时，下跌过程中没有明显的、经常性的、抵抗性质的反弹出现越好。一旦某月出现底部区域刚刚形成月线级别的四位一体指标体系放量全多头态势时，其当月成交量就超过了前期高点的成交量，那么这个股票就基本上属于强势启动的极强势股了。应该及时在其当时的交易重心附近分仓介入，参与其新一波主升浪的炒作。在今后的向上过程中，如发现巨量后成交量不能有效继续放大，应引起高度重视，一旦其跌破 5 日线必须要尽快止盈止损离场观望。

图 2-49 为符合本文所阐述内容的 002302 西部建设在 2017 年 1 月出现"底量超顶量前途无限量"买入法买点信号，之后就开始其新一轮强悍的中短线上攻行情

的月线级别走势图。

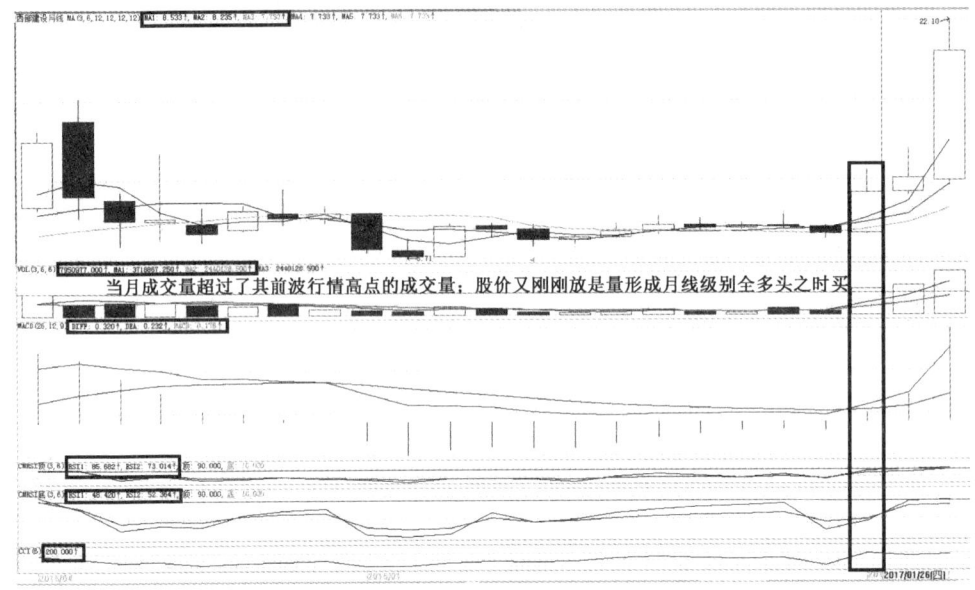

图 2-49

五、"挖坑后涨买入法"

通常来说,股价长期在月线和周线以及日线级别走势图的 0 轴线附近低位横盘震荡是催生股价起涨的一个重要条件,若盘子小,则再好不过。横有多长,竖就有多长,若某天股价放量强势突破长期盘整的区域,那么大行情出现的概率就不会小,就值得在以下条件都满足之时追进。

(1)当出现明确的买点信号,如放量金叉或放量老鸭头或 5 日线同时金叉 10 日线或 20 日线等现象时,就是最好的切入点。

(2)连续放出四五根阴线然后放量快速拉回,在此过程中,60 日线要始终是向上运行的,这是主力挖坑洗盘后要拉升时的招牌动作,此时可在其交易重心附近分仓大胆介入。

(3)当股价再度放量突破所有均线时,意味着确定无疑的进场时机的到来,后市看好。

(4)日线、周线、月线这几个级别的时间周期中的四位一体指标体系走势图上,会出现多重共振的多头向上态势,此时及时在其交易重心附近买入则盈利机会大,风险相对却比较小。

图 2-50 为符合本文所阐述内容的 600970 中材国际在 2017 年 3 月 22 日出现"挖坑后涨买入法"系列买点 1 信号之后,就开始其新一轮强悍的中短线上攻行情的日线级别走势图。

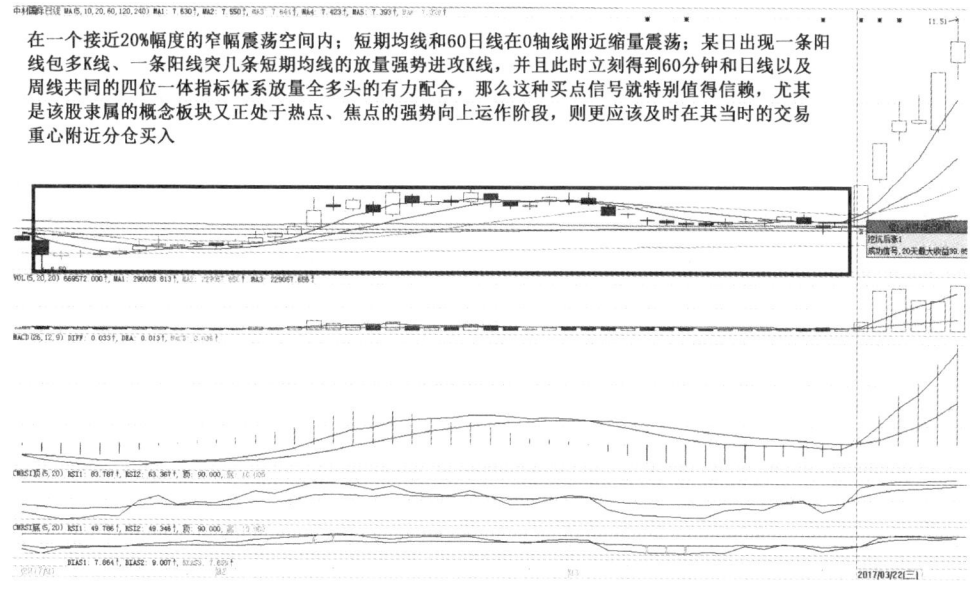

图 2-50

第五节 "日出东方""勇攀天梯"和"涨停接龙"的形态分析

一、"日出东方"模型

"日出东方"模型是指 K 线突破所有短中长期均线之后,继而开始大幅上涨的走势。这是均线有效突破的极致表现形态,其表现出的主升浪正式开始的信号强度非常强烈。实战中,熟练运用该形态可轻松捕获到短时间内的中短线翻倍黑马。

股价在出"日出东方"这种结果前已经经过了很长时间的横盘整理,底部已经构筑得非常扎实了,5 日、10 日、20 日、30 日、60 日、120 日和 240 日等均线已经都拐头向上了,周线的 4 周、13 周、20 周均线也已经全部向上运行了,月线的 3 月、6 月、12 月均线也已经全部向上运行了;日线和周线向上突破只是时机问题;突然,1

日股价放量拉抬,以长阳报收,其收盘价已经高过此前横盘区域的所有价位,创出近期新高;股价穿破均线系统,稳稳地站在均线之上。投资者应熟记该形态的构成特征,能熟练掌握并运用于实战之中。

第一,"日出东方"形态是由一根 K 线和同时被突破的多条均线共同构成,这些均线包括 5 日、10 日、20 日、60 日、120 日、240 日等日线级别的均线共同构成。"日出东方"形态也必须是由一根 K 线和同时被突破的 4 周、13 周、20 周等周线级别的多条均线共同构成;也必须是由一根 K 线和同时被突破的 3 月、6 月、12 月等月线级别的多条均线共同构成。

第二,"日出东方"是以一根放量大阳线为标志的,阳线的收盘价必须站在这些均线之上。

第三,"日出东方"形态出现时,其日线、周线、月线的四位一体指标体系走势图上要都呈现放量全多头的态势。

第四,"日出东方"形态出现时必须要使得今天 MACD 指标的柱状体数值比 50 天内的最高数值更高;本周 MACD 指标的柱状体数值比 20 周内的最高数值更高;并且要么是周线上出现了放量金叉现象,要么是周线上出现了放量老鸭头现象。

"日出东方"形态是一种强势突破的 K 线形态,是积蓄能量后的爆发,预示股价将出现大幅上涨行情。"日出东方"K 线形态发生之前,股价多数都经过了较长时间的下跌或盘整蓄势,对其水平方向的之前高点已经有过几次的摸高冲击,长短期均线上下翻飞纠缠多次,随着一根放量阳线的突破,意味着积蓄能量的集中暴发。均线由原来的有反作用力或黏合状态转向多头向上发散的态势,此时可及时在其交易重心附近作分仓买入动作,才不至于错失一大段值得预期和收获的中短线利润。如果满足了极强势股的最高点卖出法条件时或后期收盘价跌破了 5 日线的话,还是要考虑先抛一下观望的。

图 2-51 为符合本文所阐述内容的 600698 湖南天雁在 2017 年 1 月 6 日这一周出现满足"日出东方"系列买点信号条件之后,就开始其新一轮强悍的中短线上攻行情的日线级别走势图。

图 2-52 为符合本文所阐述内容的 600698 湖南天雁在 2017 年 1 月 6 日这一周出现满足"日出东方"系列买点信号条件之后,就开始其新一轮强悍的中短线上攻行情的周线级别走势图。

图 2-53 为符合本文所阐述内容的 600698 湖南天雁在 2017 年 1 月 6 日这一月出现满足"日出东方"系列买点信号条件之后,就开始其新一轮强悍的中短线上攻行情的月线级别走势图。

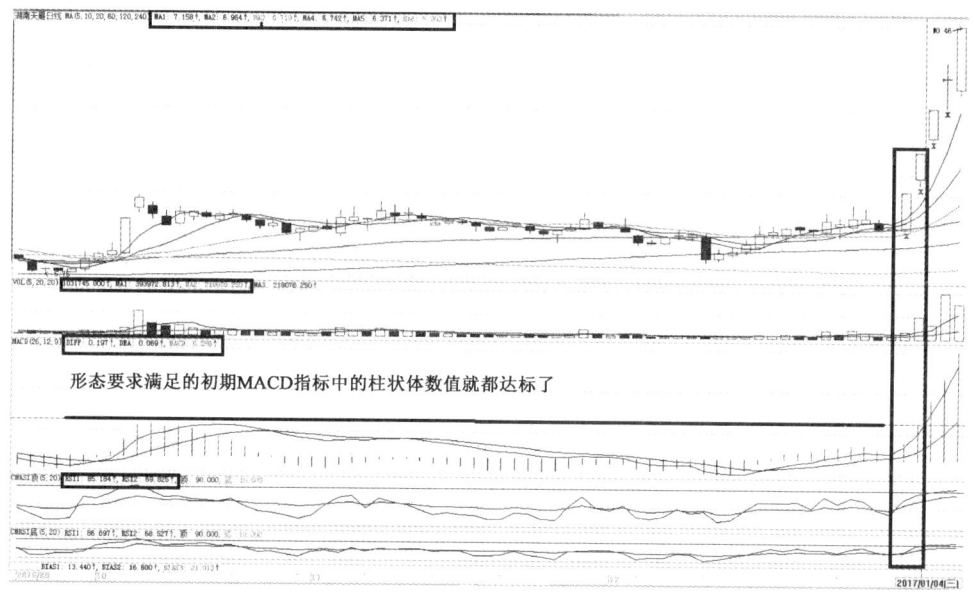

形态要求满足的初期MACD指标中的柱状体数值就都达标了

图 2-51

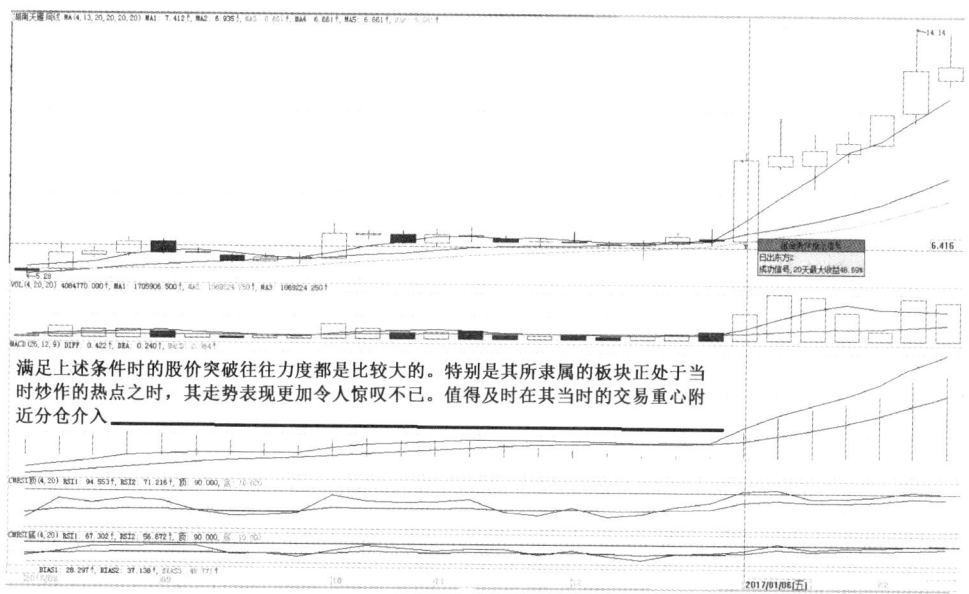

满足上述条件时的股价突破往往力度都是比较大的。特别是其所隶属的板块正处于当时炒作的热点之时,其走势表现更加令人惊叹不已。值得及时在其当时的交易重心附近分仓介入

图 2-52

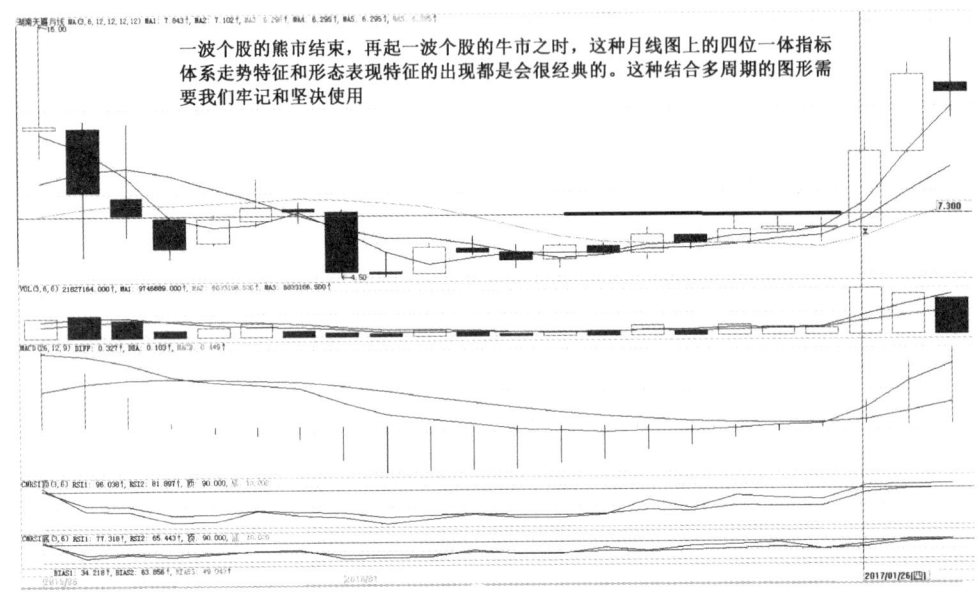

一波个股的熊市结束，再起一波个股的牛市之时，这种月线图上的四位一体指标体系走势特征和形态表现特征的出现都是会很经典的。这种结合多周期的图形需要我们牢记和坚决使用

图 2-53

二、"双剑合璧"形态

"双剑合璧"形态就是指日线的 RSI 指标当中的两条曲线形成金叉、周线中的 RSI 指标当中的两条曲线也同时形成金叉的这种共振运用。

一般来说，时间周期越短的指标，灵敏度越高，但存在随意性和骗线的可能性也越大。它容易随着股价波动的幅度而产生反应过于灵敏的上下翻飞，无法比较准确有效地以此判断未来股价的大方向，而若再结合了中线的周线周期指标来判断相对的中短线的趋势，往往能起到意想不到的、可靠的良好效果。要是从更长的月线周期指标来把握股价的走势方向和力度的话，当然就更加容易获得准确有效的结果了。这里着重在周线图上与日线的共振来寻找个股的买点。

我们说周线是反映偏中线走势的指标，当日线形态与周线形态发出共同的指示方向时，同时其日线和周线以及月线的 MACD 指标中的柱状体都是向上的，股价都几乎是同时放量站上多头向上的 5 日线和 4 周线的话，往往都会有一波不错的行情，投资者们可多加关注。遇到这两个时间周期同步发生放量金叉时可积极做多。特别是其日线、周线、月线的 CMRSI 顶指标中的 RSI1 数值都不在极高位的话,更应在盘中出现预警跳出之时及时分仓在其当时的交易重心附近买入再说。

　　不过由于行情是千变万化、错综复杂的,运用任何一个有着历史高胜算买入模型的信号,都不能不按照后期庄家主力的变化来进行后续的止盈止损操作。一旦后期行情出现向下的逆转,那也只能尊重市场实际走势和庄家主力们对个股行情方向演绎的决定权来执行及时的止盈止损纪律。这是使用模型进行买卖的绝对不容改变的规矩。客观跟随庄家主力的操作节奏永远是第一要务!

　　图2-54为符合本文所阐述内容的002307北新路桥在2017年2月6日和3月17日这两周出现满足"双剑合璧"系列买点信号条件之后,就开始其新一轮强悍的中短线上攻行情的日线级别走势图。

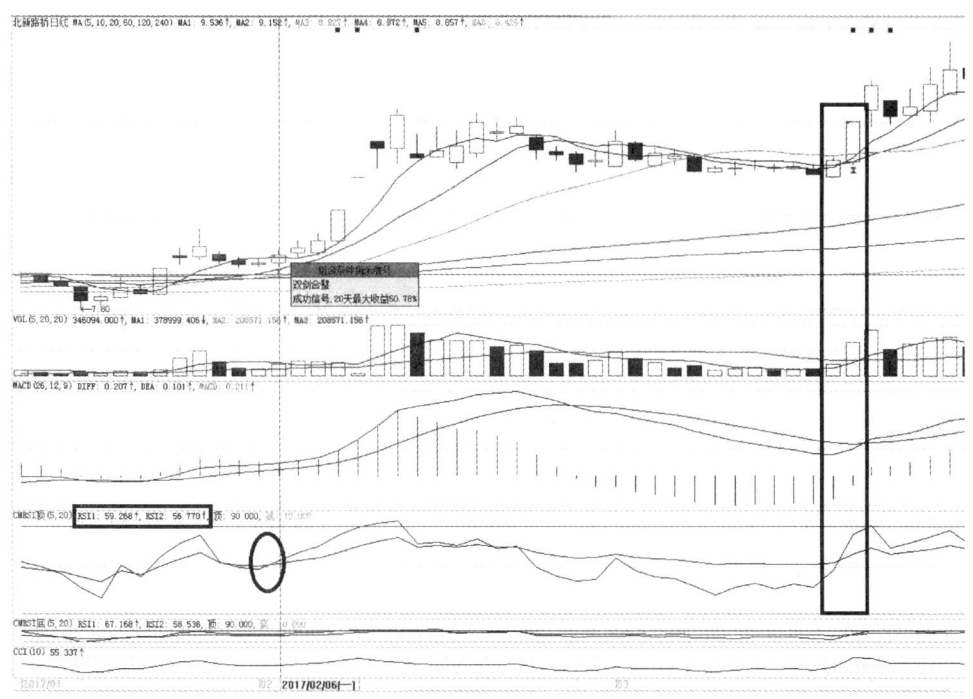

图 2-54

　　图2-55为符合本文中所阐述内容的002307北新路桥在2017年2月6日和3月17日这两周出现满足"双剑合璧"系列买点信号条件之后,就开始其新一轮强悍的中短线上攻行情的周线级别走势图。

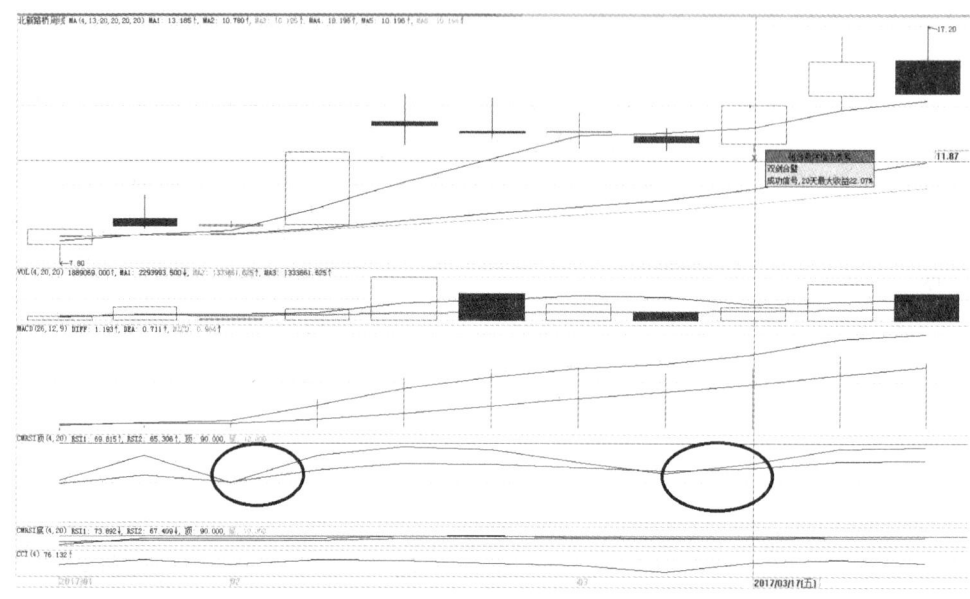

图 2-55

三、"勇攀天梯"模型

当股价出现涨停走势以后,会有三种形态:第一种就是股价连续大涨,不再给投资者以相对低位介入的机会,面对这种形态只能进行追涨操作;第二种就是强势调整形态,而强势调整的形态较多,勇攀天梯就是其中的一种;第三种就是虽然股价形成了涨停的走势,但是这个涨停板却是上涨行情的最后一涨,这样的走势往往出现在股价持续上涨的高位,在初期上涨与中期上涨阶段很少见到。

勇攀天梯属于中继买点,是在股价上升走势已形成,以及股价开始大力度上涨之时出现的形态。勇攀天梯的技术要点为:

(1)股价收出涨停大阳线(一定要涨停,否则影响形态的成功率)。

(2)股价涨停后第二天收出一根带有上下影线的星 K 线。

(3)之后几天形成的星 K 线,不允许收盘价跌破涨停后第一根星 K 线的下影线,否则需要进行止损操作,哪怕可能会止损错也要先出。

(4)收出几根星 K 线后股价突破星 K 线区间的高点时入场操作。

当股价收出涨停板后,一旦形成勇攀天梯的走势,后期上涨的概率是极大的。其技术含义为:大阳线收出表示多方攻击力度较强,随后股价调整但回落幅度极小,这体现了空方的虚弱,并且连第一根星K线的下影线都无法跌破,这更加意味着多方力度的强大。

图2-56为符合本文所阐述内容的002307北新路桥在2017年1月20日到2月9日期间出现满足"勇攀天梯"模型条件之后的中短线炒作行情的日线级别走势图。

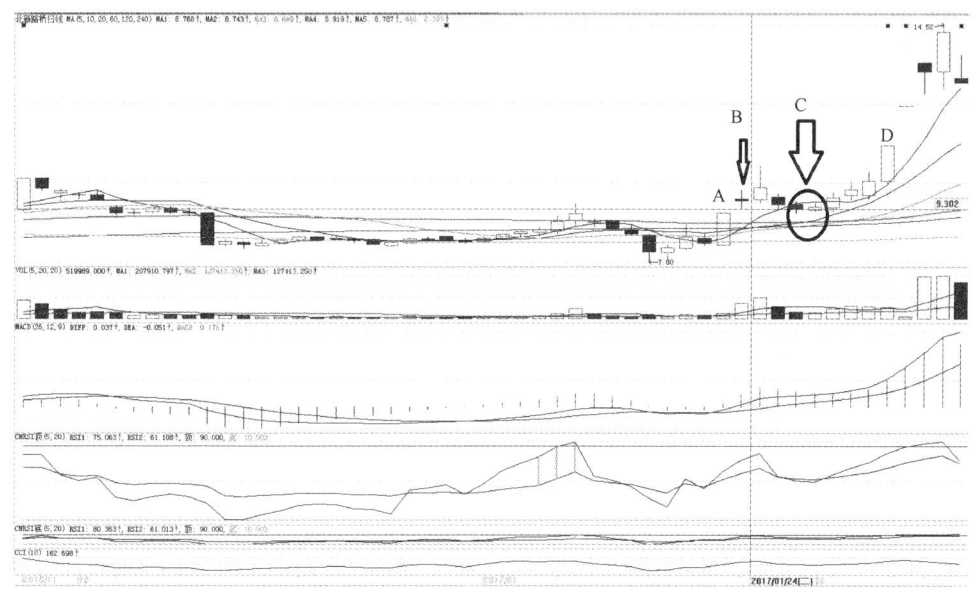

图 2-56

在图2-56中A点为一根涨停大阳线,涨停大阳线出现后,第二天在B点股价收出了一根带有上下影线的十字星线,随后股价第一次去攻击2016年11月28日的那个前期股价高点,这时我们都已经明白了,第一次去攻击前期高点往往都是不可能一蹴而就的,一定会有一次最起码的超短线或短线回调的。果不其然,后期股价出现了震荡下跌,但是这些小阴小阳K线的波动范围全部在第一根十字星K线下影线最低点的上方,当中有两天在盘中跌破过第一根十字星K线下影线的最低点,只是没有跌破收盘价而已(如果盘中跌破然后半小时内就迅速放量收上去了,并且后期不再跌破问题还不大,若盘中跌破半小时内还不能迅速放量收上去,反而越跌越多、越跌越陡地向下,那就不要再等到收盘前去确认了,就该利用盘中任何缩量反抽冲高之际止损出局再说了)。这说明股价由庄家主力在调控着,多方力量还算强大的。这种强势调整形态一旦发生D点的这种向上突破横盘区间的高点,

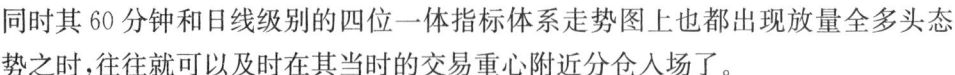
同时其 60 分钟和日线级别的四位一体指标体系走势图上也都出现放量全多头态势之时,往往就可以及时在其当时的交易重心附近分仓入场了。

四、"涨停接龙"要敢玩

这里介绍一种特殊的低开涨停组合——"涨停接龙"形态。"涨停接龙"指的是股价在前一天拉出一根放量涨停之后,次日股价低开高走,再次拉出第二根涨停。虽然股价次日低开,但却能够继续放量再次拉起封于涨停,说明市场上攻力量强大,如果这种形态组合出现在市场相对低位,后市往往短线有非常不错的惯性涨幅。在实盘操作中,第一根为放量涨停大阳线,第二根为接近涨停的低开放量大阳线,也可以视作"涨停接龙"形态。

"涨停接龙"的图形最好是在股价经历好一波充分调整之后,或刚刚底部企稳反转的时候形成的,并且伴随着"涨停接龙"形态的出现,盘中要不断地持续放量,形态才真正够完美,后市短线的盈利才能有保证。

在主升浪的加速拉升过程中,也经常出现"涨停接龙"形态,这是由于在经历好第一天股价的放量涨停后,庄家在次日想通过一次低开的快速洗盘,然后再继续向上拉升,因为股价一旦进入主升浪阶段,庄家往往都会选择一鼓作气、一气呵成,短期内强势拉升完成一波行情的。一旦用更多时间进行洗盘调整的话,万一失手有可能会前功尽弃、功亏一篑,陷自己于泥沼之中不可自拔。

当股价在相对低位拉出第一根放量涨停之后,须把该股加入自选股中,然后密切关注次日的走势,次日该股盘中一旦低开过多,超过 3 个点以上,分时图显示"四星上将"模式之时,须择机介入,也可以待该股盘中放量走高越过第一个涨停板价格时挂单买入。

在 K 线组合有可能形成"涨停接龙"走势时,一定要配合成交量的持续放大,综合研判"涨停接龙"的真实性与可靠性,"涨停接龙"形态必须是在股价的相对低位,刚启动上攻形态时出现。如果"涨停接龙"形态出现在涨幅较大的复合时间周期指标数值高位,就要谨防庄家拉高出货了,此时不能盲目乐观地去做追涨举动。

买入之后,只要股价盘中能够持续放量,该股则极有可能持续快速大幅拉升,"涨停接龙"这种形态走势一旦形成,后市股价在两三天之内极有可能出现惯性上涨行情,连续快速拉升,获得不错的短线收益。"涨停接龙"形态在股市中虽不多见,但成功率较高,值得大家多重视这种形态。

如果早盘股价低开放量上攻,在分时图中没有越过昨日涨停价之前介入,止损位可以设置在前一个涨停的开盘价附近;如果是在分时图越过前一个涨停价之后介入，止损位可以设置在前一个涨停价的二分之一位置。这样设置止损位，可以降低风险增加收益。

图 2-57 为符合本文所阐述内容的 600679 上海凤凰在 2016 年 12 月 8 日到 9 日期间出现满足"涨停接龙"模型条件的日线级别和分时图的走势示意图。

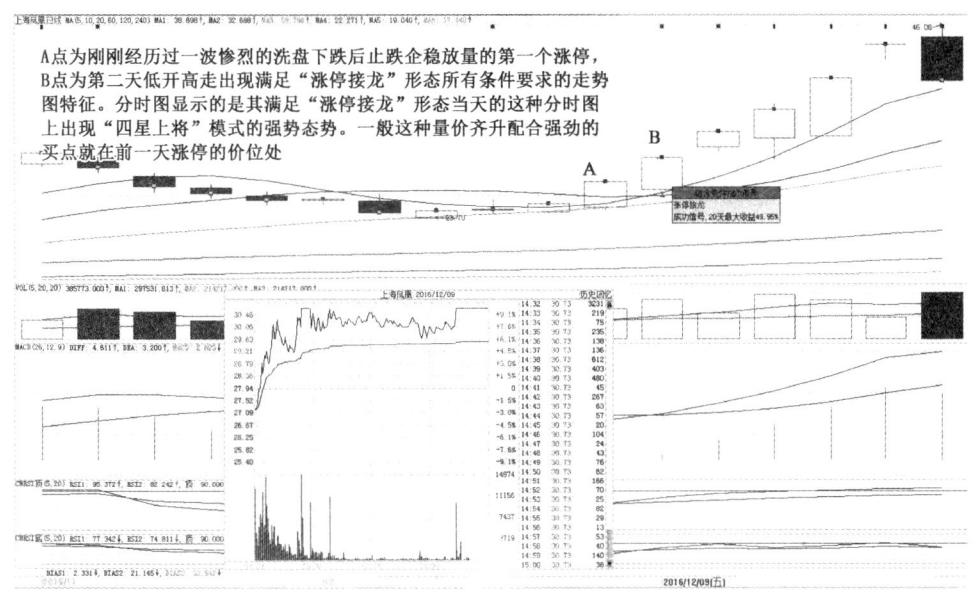

A点为刚刚经历过一波惨烈的洗盘下跌后止跌企稳放量的第一个涨停，B点为第二天低开走高出现满足"涨停接龙"形态所有条件要求的走势图特征。分时图显示的是其满足"涨停接龙"形态当天的这种分时图上出现"四星上将"模式的强势态势。一般这种量价齐升配合强劲的买点就在前一天涨停的价位处

图 2-57

五、周 K 线一阳穿多线

周线收出放量大阳线，且这根周 K 线呈现一阳穿多线的形态，该股所隶属的板块也正好处于普遍强势启动上涨阶段，那么出现这种形态的个股走牛的概率很大。

日线往往会有不少骗线，但周线、月线则很少有骗线。因为庄家主力去这样做的"犯罪成本太高"。周线上出现一阳穿多线足以证明多头的做多意图明确，并且实力强劲。当然我们也不能完全忽略股价的整体位置，如果此时刚刚发生了放量金叉或放量老鸭头之时准确性、有效性奇高，如果此时已经是在四位一体指标体系放量全多头现象出现后运行了一段时间空间了、股价已经高高在上了，即便是一阳穿多线也需要提防股价反转。另外，周线一阳穿多线只是一种趋势的判断，具体的买入点还是要看日线。此时的日线指标体系不能运行在很高的位置，最好也是刚

刚形成四位一体指标体系放量全多头的初中期才好。

图 2-58 为符合本文所阐述内容的 600801 华新水泥在 2017 年 1 月 20 日这周出现满足"周 K 线一阳穿多线"模型条件的周线级别四位一体指标体系走势示意图。

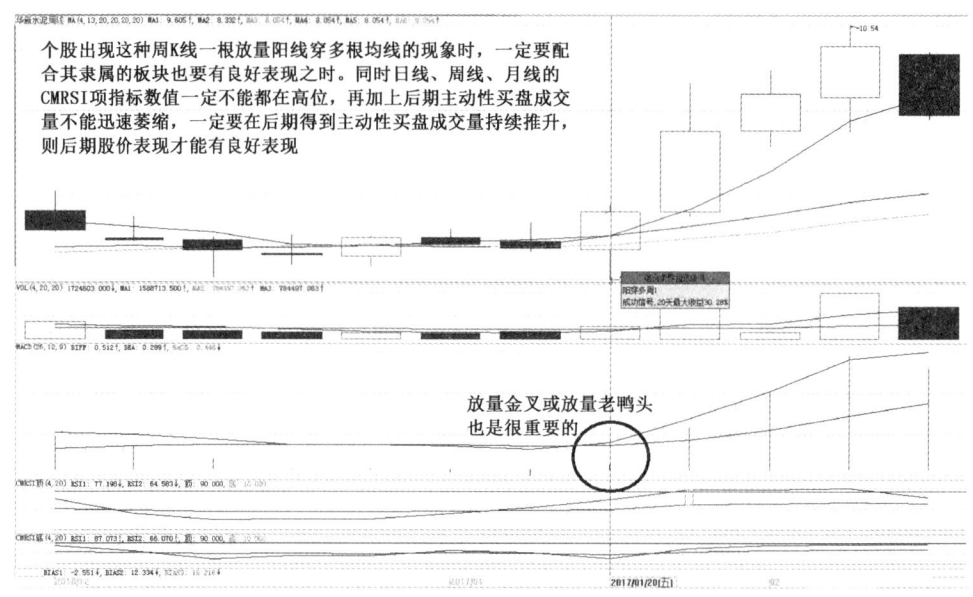

个股出现这种周K线一根放量阳线穿多根均线的现象时，一定要配合其隶属的板块也要有良好表现之时。同时日线、周线、月线的CMRSI项指标数值一定不能都在高位，再加上后期主动性买盘成交量不能迅速萎缩，一定要在后期得到主动性买盘成交量持续推升，则后期股价表现才能有良好表现

放量金叉或放量老鸭头也是很重要的

图 2-58

六、最易暴涨股买点

筹码的获利比例达到 99% 以上，且它的平均成本离开当时的股价涨幅小于 20% 以内，MACD 指标的各条件要素以及各时间周期系统都是在 0 轴上面往上走的，各时间周期的四位一体指标体系基本上都已经形成放量全多头的初中期，CCI 指标处于上穿 +100 或已经在 +100 之上之时，股价已经有效突破前期高点或形态位置的颈线位或高点位置的，这种股票最容易暴涨。一旦后期量价、指标继续能够完美配合，通常在股价放量突破前期高点平台或者突破颈线位或者突破历史高点附近的时候最容易发生涨停板的现象，投资者需要及时买入。

图 2-59 为符合本文所阐述内容的 002302 西部建设在 2017 年 3 月 20 日出现满足"最易暴涨股买点"模型条件的日线级别四位一体指标体系走势示意图。如果这种现象集中体现在某一个板块上，那么这个板块也会暴涨，更遑论其中的强势龙头股了。

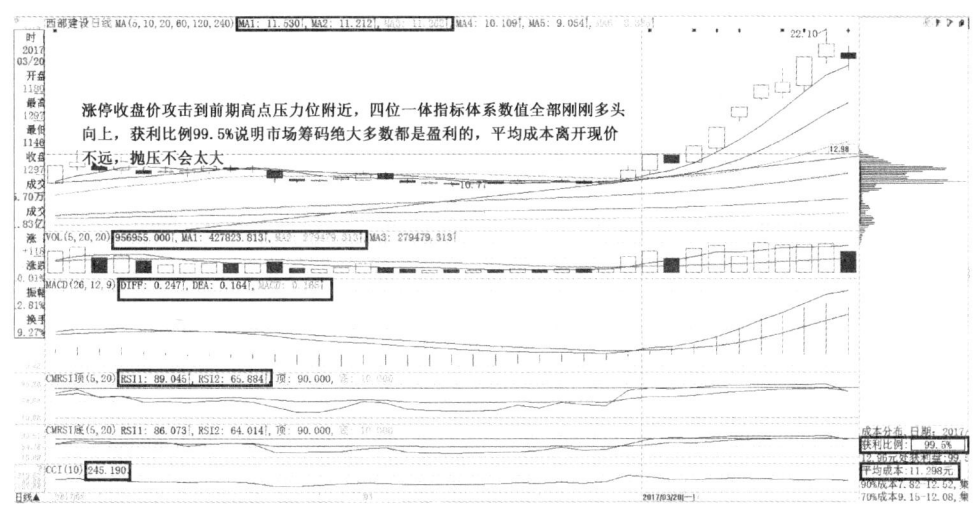

涨停收盘价攻击到前期高点压力位附近，四位一体指标体系数值全部刚刚多头向上，获利比例99.5%说明市场筹码绝大多数都是盈利的，平均成本离开现价不远，抛压不会太大

图 2-59

七、第一次打开涨停的操作技巧

对于指数环境处于大中小级别都是上升趋势的过程中的，在一字形涨停连续三个以内的第一次被打开涨停之后，仍然存在着超短线、短线的惯性上涨空间和可能。而此时的这种惯性上涨过程就是庄家放量出货的过程。可是在此时的大幅震荡过程中运用好"四位一体操盘术"的操作方法和严格执行好操作纪律，也能轻松获得较好的超短线、短线收益。对于经历了一波下跌行情后，一止跌就以"一字形涨停"方式上攻的，在"一字形涨停"连续三个以内的第一次被打开涨停之时，果断地在其5分钟四位一体指标体系走势图上，第一次出现放量全多头之际及时分仓介入，一般都会有较好的超短线、短线收益，只不过原则是超短线、短线操作，需要在其发生"敌疲我撤"或更强势的"乐极生悲"模型条件满足之时见好就收。因为绝大多数个股在经历过几个"缩量一字形涨停"后，超短线、短线都有一定涨幅了，反倒是绝大多数个股中短线的后期走势都是非常疲软的。所以即使有些股票有点超短线、短线的小机会，你想参与也必须快进快出谨小慎微地执行好买卖纪律，坚决做好止盈止损的工作，以免因小失大不可收拾。

图 2-60 为 603007 花王股份的日线级别四位一体指标体系走势示意图。三个一字板以内的打开涨停板以后当天或第二天盘中看见 5 分钟走势图上出现四位一体指标体系放量全多头现象时可以买入，但是不能想入非非认为其还会有很大利

润空间,只要盘中满足强势股的最高点卖出法条件就需及时落袋为安。否则等到其日线柱状体往下一缩、5 日线一破,只要柱状体没放量往上拐头之前就不能提前再度进场买入它了。

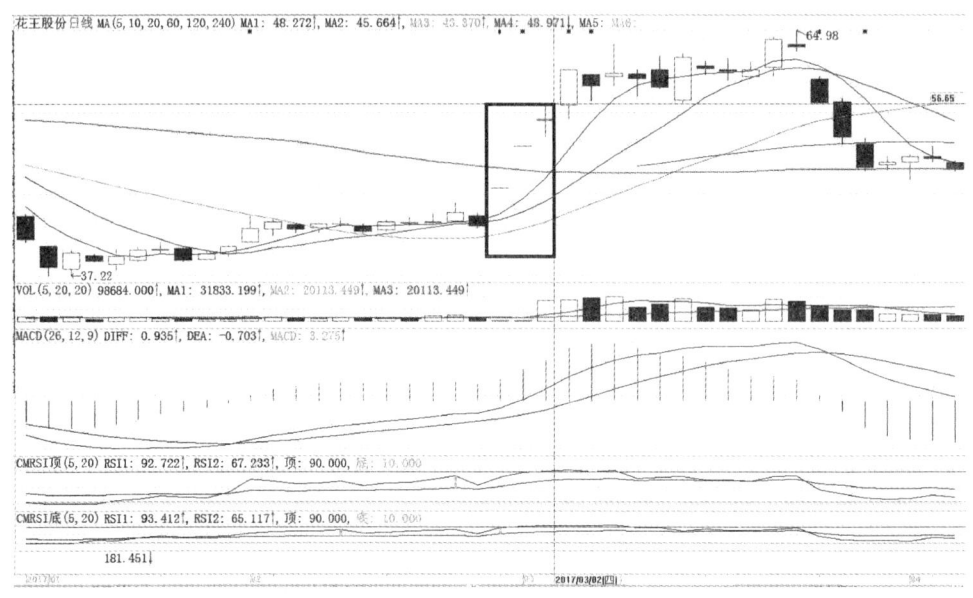

图 2-60

对于一字形涨停连续三个以内的第一次被打开涨停之后,想去操作这种走势特征的股票需要注意以下几点:一是股价必须处于复合时间周期指标数值的中位区、高位区甚至极高位区尽量不要参与。二是打开涨停后,股价不能出现放量大幅下跌,要迅速稳定得住,然后要在高位保持得住偏强势的缩量震荡的总体态势。三是在指数背景火爆时有较强的操作性,在指数背景低迷时必须小心谨慎,尽量放弃这种操作机会。

大家一定要明白,连续涨停一定是庄家发动的,连续涨停的封单是来自于庄家"虚伪的买单",而打开涨停的行为也一定是来自于庄家主动性的抛售行为,打开涨停的抛盘也一定是来自于庄家的"真实的抛单"。一般而言,在连续缩量涨停的上涨过程中,大多数投资者都不会抛出所持股票的,而在涨停打开时,往往会担心股价出现进一步下跌而立即抛售。因此,第一次打开涨停板的时候庄家多数无法顺利实现全部出货的目的。所以有时会逼迫庄家不能让股价调整的时间过久、幅度过大。庄家为了让自己手中的筹码能够在高位顺利派发,就会有更进一步的继续推高股价的意愿，只有再次封住涨停并且让股价再向上运行，把市场平均持仓成本向上抬了以后，抛压才能够得到一定程度的释放。

　　所以在第一次打开一字涨停时，往往会出现巨量现象，有大量的筹码得到换手，在此堆积了大量的筹码，这一位置很可能会形成今后一段超短线、短线时期的一个支撑点或压力点。一般而言，第一次打开涨停的附近，既是一个支撑点，也是压力点，这当中的关键就是看第一次打开涨停后的股价走势。如果第一次打开一字涨停后，股价继续强势上行，那么此一字涨停价格位置就成为短期的一个支撑位。如果第一次打开一字涨停后，股价出现下跌走势的，那么此一字涨停价格位置就成为短期的一个压力位。

　　一字涨停打开后，出现以下两种盘面走势时，就绝对不能超短线、短线再去参与其中的炒作了：

　　（1）打开一字涨停后，若当天股价大幅放量下跌，以跌停或接近跌停收盘。那就表明庄家主力是真的拼命在出货了。

　　（2）起涨时先以实体阳线上涨，而后再以连续的多个一字涨停加速上涨，这种情况下放量打开涨停后股价也会呈现出货式的下跌，因此也不能急于短期参与。

　　针对这种股票走势，想参与其后市的炒作的最早介入时机，是符合抄极强势股或强势股的回调最低点买入法条件满足之时，才可以考虑分仓买入。相对更稳妥的买点是60分钟四位一体指标体系走势图上，第一次发出放量全多头买入信号之时，才可以考虑在其当时的分时图交易重心附近进行分仓买入动作。更多的个股是需要等到它们的日线级别走势图上开始出现放量老鸭头第一根 K 线时或MACD柱状体出现放量拐头向上现象以后才可动手买入。

　　所以经过无数的实战血泪经验总结出来的"一字板"打开后的买入法需要重点让大家一起牢记的是：个股由于有特大利好，造成了缩量"一字板"的形式上攻，只要你之前没有买入的，此时再想买往往是无法买到的。但"一字板"打开后，往往有机会让你在适当的时候介入，从而获得在此之后的再次上攻时的短线获利机会。"一字板"打开后有很多个股会先有一次放量下跌然后迅速过渡到缩量下跌的过程，你可耐心等待股价缩量回调到大角度上涨的 10 日均线附近，结合"四位一体操盘术"当中关于抄极强势股或强势股调整最低点买入法的条件满足时，进行第一笔短线买入操作。也可在股价回落以后再次出现 60 分钟四位一体指标体系的放量全多头时，在其分时图均价线或交易重心附近进行分仓买入。

　　一般而言，对绝大多数股友，我建议尽量等到 60 分钟四位一体指标体系走势图上出现放量全多头现象时，并且得到差不多日线级别的四位一体指标体系走势图上也将或刚刚出现放量全多头现象时,再加上周线级别的柱状体也开始放量拐头向上时买入,这样更加保险和有效。

然后在其放量上攻到盘中符合强势股的最高点卖出法"敌疲我撤"或极强势股的最高点卖出法"乐极生悲"模型条件满足之时及时抛出,也可在出现放量滞涨时及时退出。

运用此方法买入的话,在技术方面应注意在 10 日均线附近企稳得了的,说明盘面强势依旧,股价仍有上攻动力,一旦击穿 10 日均线支撑而不能很快恢复,那么多头反攻将遭到重挫,今后的上涨势头将大打折扣。

此外,要注意再次上攻时需要的是温和放量上涨,而不是立刻出现快速的放巨量上涨,因为一旦一企稳就立刻出现快速的放巨量上涨的话,可能会造成阶段性头部的迅速形成。再就是要理解"放量滞涨时退出"这句话的重要含义,这里包含两层意思,即放量和滞涨。一般而言,放量但不滞涨,可以继续持有;滞涨但不放量,也可以谨慎持有。当两者同时出现时,见顶的概率就大增。对付这种"一字板"打开后再度买入的个股,等到运行到符合强势股的最高点卖出法"敌疲我撤"或极强势股的最高点卖出法"乐极生悲"模型条件满足之时及时抛出就是了,后面即使还存在可能的利润空间也不必去赚足了,往往此时已经是它一波行情真正的头部了。

八、T 字形涨停有奥妙

T 字形涨停与一字形涨停在形式上比较类似,也是以涨停价开盘,以涨停价收盘。不同之处在于:其涨停中途曾被打开过,打开后或立刻被重新封上,或在收盘前被再次封上,K 线图上形成一个 T 字形,故称 T 字形涨停。这是 K 线的一种特殊形态,除最低价外,开盘价、收盘价、最高价三个价位完全相等,通常出现在市场的转折点,也可以出现在持续的行情中,具有强烈的反转或持续征兆。

投资者在遇到这种图形时,应把握好以下几个要点:

(1)关注成交量变化。在升势过程中,成交量非常重要,除非确认其是绝对控股了的个股,而且其上涨过程是流畅的、强势的,比其小一级时间周期指标数值的形态特征也没有明显怪异的,那还说得过去,还算相对正常,否则一般来说,缩量上涨肯定是不牢靠、不踏实、不可持续的。但突然之间放出巨大的天量也要小心,孤零零的单日巨量更要小心难以为继。特别是 T 字涨停之前连续以一字形涨停上涨的,一旦不能维持一字形涨停而打开时,很容易出现极其罕见的超过 20% 的换手率的巨量。通常来说,若换手率在 10% 以下的还可以相对视为正常的范畴,若换手率超过 20%,同时复合时间周期 CMRSI 指标的 RSI1 数值又都在极高位的话,就应当引起足够的警惕,需要小心头部的立刻形成或即将形成。

图 2-61 为 603138 海量数据 2017 年 3 月 30 日的日线级别四位一体指标体系走势和当时的分时走势示意图。其从开始上市交易起,连续以一字板形式上涨,但是花无百日红,一旦其在复合时间周期 CMRSI 指标的 RSI1 数值又都在极高位放巨量换手率打开涨停板的话,就应当引起足够的警惕,需要小心头部的立刻形成或即将形成。如果当天或第二天盘中看见柱状体开始持续向下运行,股价的分时图均价线开始持续疲软态势运行,则需及时止盈止损。一般而言,后期只要其日线和周线级别的 MACD 指标当中的柱状体没放量往上拐头之前,就不能提前再度进场买入它的筹码了。

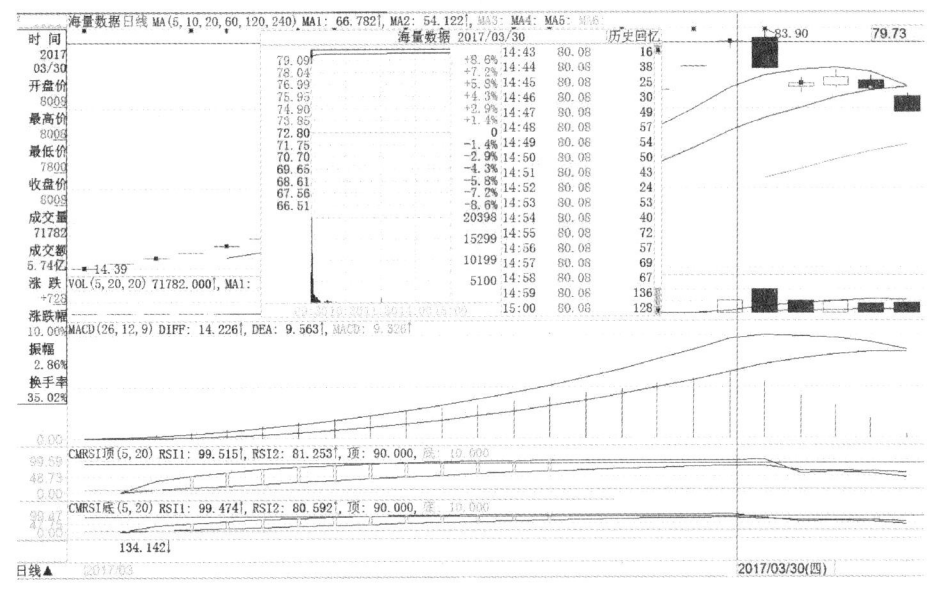

图 2-61

在跌势结束后的回升过程中,成交量更显得重要,再度上涨或反弹时,至少要大于下跌过程中的成交量,无量反弹一般都持续不了多久。

(2) 有的 T 字涨停板的下影线是在开盘的一瞬间庄家主力主动打开的,或者盘中瞬间庄家主力主动打开涨停的,在甩掉了一些不坚定的跟风盘浮筹后,迅速就有力地、极其强势地收回到涨停板位置,并且再没打开涨停板。从打开涨停到重新封停的持续时间很短,下探幅度也不深(短暂的在 5 分钟内就迅速重新封停的、下跌幅度不超过 3% 然后就迅速重新封停的为好)的,这表明此庄家实力强大,后市仍有一定的超短线、短线上升空间。当日下探幅度大小所反映出来的强弱度与其下影线长短呈正比。当日股价下探幅度小,表明空方力量弱,多头筹码锁定性、稳定性较好,后市容易上涨。若下探幅度较深,则后市向弱势方向变盘的可能性就较大。投资者遇到激烈波动时,还是应本着谨慎的态度,利用盘中缩量反抽机会先出来持币观望一下再定为好。

图 2-62 为 600149 廊坊发展 2017 年 4 月 7 日的日线级别四位一体指标体系走势和当时的分时走势示意图。其在雄安新区概念股开始爆发时,属于跟风炒作的,先是连续以一字板形式上涨,若其并没有出现复合时间周期 CMRSI 指标的 RSI1 数值都在极高位放巨量换手率打开涨停板,同时其隶属的板块仍然在强势暴涨阶段的话,是可以适当分仓买入的。特别是如果第二天盘中没有跌破其 T 字涨停板当天的最低价时,不用止盈止损。一般而言,后期只要其日线和 60 分钟级别的 MACD 指标当中的柱状体一直能够保持强势向上运行态势的,以及最高点卖出法条件没出预警前持股待涨就是了。放量往上拐头之前,不能提前再度进场买入它的筹码了。

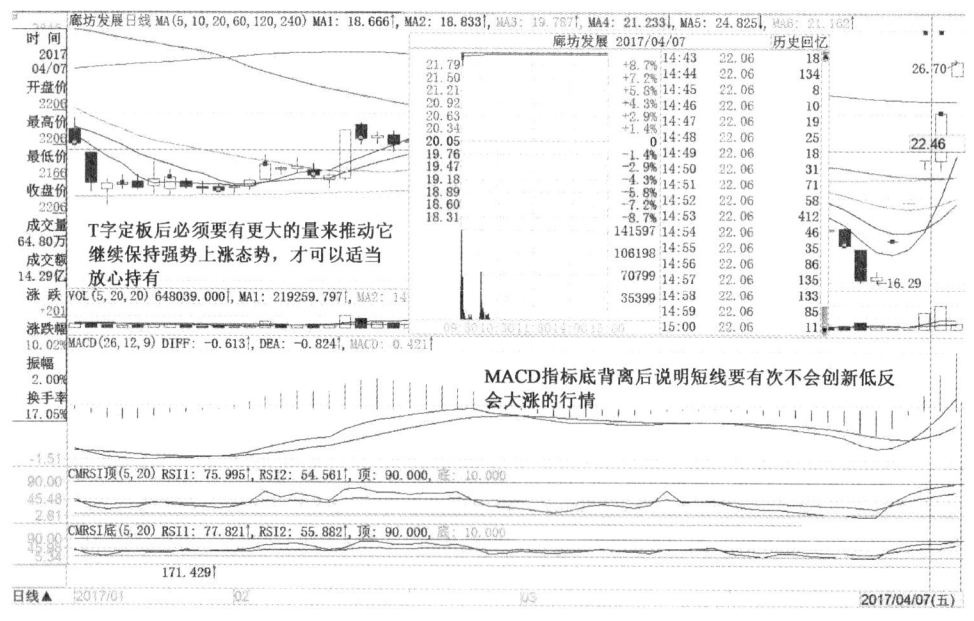

图 2-62

(3)有的 T 字涨停板是迫于指数当时非常弱势,盘中大量浮筹纷纷在涨停板价位上抛货给庄家后逃跑,致使庄家难以招架,终因资金实力不济无法坚持封死涨停板，导致盘中产生快速下跌，但庄家为了尽量维持盘面的热度，想在更高、更后的时候有机会从容出逃，最终还是勉强把股价重新拉回到涨停位置，这种元气大伤过的走势是需要对其后市行情产生怀疑的，尽量谨慎小心些吧。虽然也有人说出现 T 字涨停当天下影线要越长越好，出现 T 字涨停当天其日线的 MACD 指标的柱状体一定要向上的，说明其见底信号越强烈。但是真正的确认点除了在其向上的过程当中 60 分钟四位一体指标体系一定要全多头向上这个确认点外，其实还是要靠它的第二天走势来加强确认。在出现 T 字涨停的第二天，股价必须要继续放量走强才算是好的。如果盘中出现下探，那么在下探之后必须被持续地放量大幅拉起，且收出超过前 1 天涨停板价格的有良好的量价配合的强势上涨阳线，投资者才可以加仓跟进做多。如果第二天股价出现下跌走势，且股价收于前 1 天的交易重心下方，那么投资者非但不能买入还需要止损了。一旦盘中确实有疲软态势出现，尽量先出来一下，不失为在这种凶险市场中一种有效的、求生的本能反应，这也没有什么错。

　　图 2-63 为 603626 科森科技 2017 年 2 月 17 日打开涨停板及今后一段时间的日线级别四位一体指标体系走势示意图。其先是连续以一字板形式上涨，一旦其放巨量换手率打开涨停板后，如果第二天盘中分时图走势非常疲软，60 分钟和日线级别的 MACD 指标当中的柱状体开始拐头向下，那在 60 分钟四位一体指标体

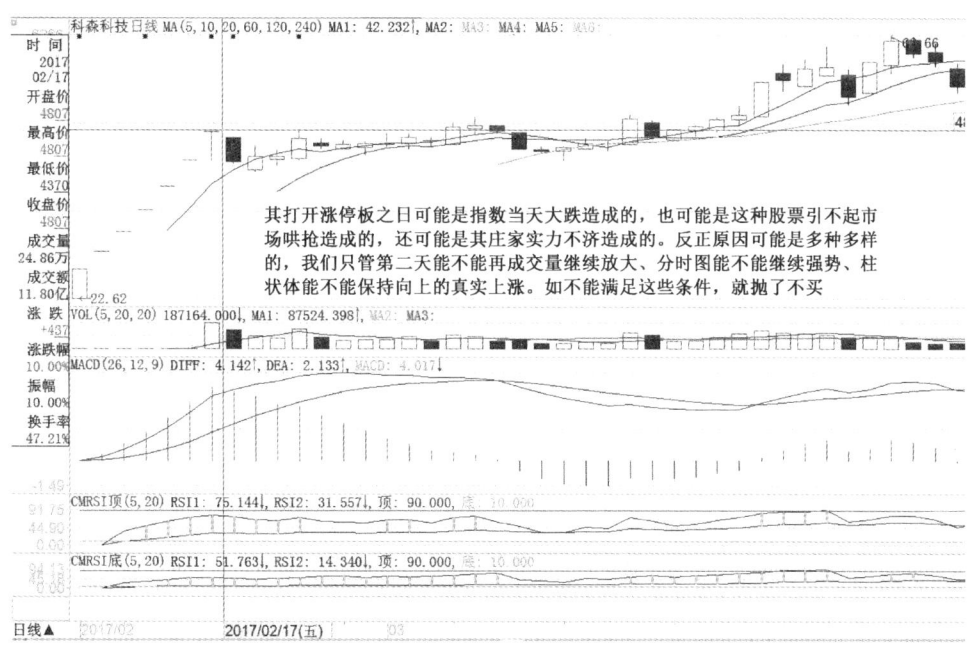

图 2-63

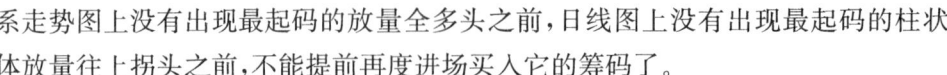

系走势图上没有出现最起码的放量全多头之前,日线图上没有出现最起码的柱状体放量往上拐头之前,不能提前再度进场买入它的筹码了。

(4) 分析当日 T 字涨停产生的时间早晚。T 字涨停形成时间越早,后市上涨动力越大,越往后盘面越弱,特别是临收盘前几分钟才再次封盘的 T 字涨停,后市要小心,很可能第二天就会出现低开震荡走势。

(5) 分析当日 T 字涨停的开板次数。股价涨停以后,可能出现一次或多次打开涨停现象。一般而言,打开涨停的次数越多,后市向下变盘的可能性越大。在 T 字涨停中,打开一次就很快封盘到收盘,其上攻力量最强,其后依次递减。

图 2-64 为 300620 光库科技 2017 年 3 月 30 日打开涨停板及今后一段时间的日线级别四位一体指标体系走势示意图。其完全符合本文第(4),第(5),第(6)条阐述的内容。对于这种先是连续以一字板形式上涨,一旦其放巨量换手率打开涨停板后,基本上都可以当天就抛了了事。如果第二天盘中分时图走势非常疲软,60分钟和日线级别的 MACD 指标当中的柱状体开始拐头向下,那更加应该止盈止损了结掉。然后在 60 分钟四位一体指标体系走势图上没有出现最起码的放量全多头之前,日线图上没有出现最起码的柱状体放量往上拐头之前,不能提前再度进场买入它的筹码了。

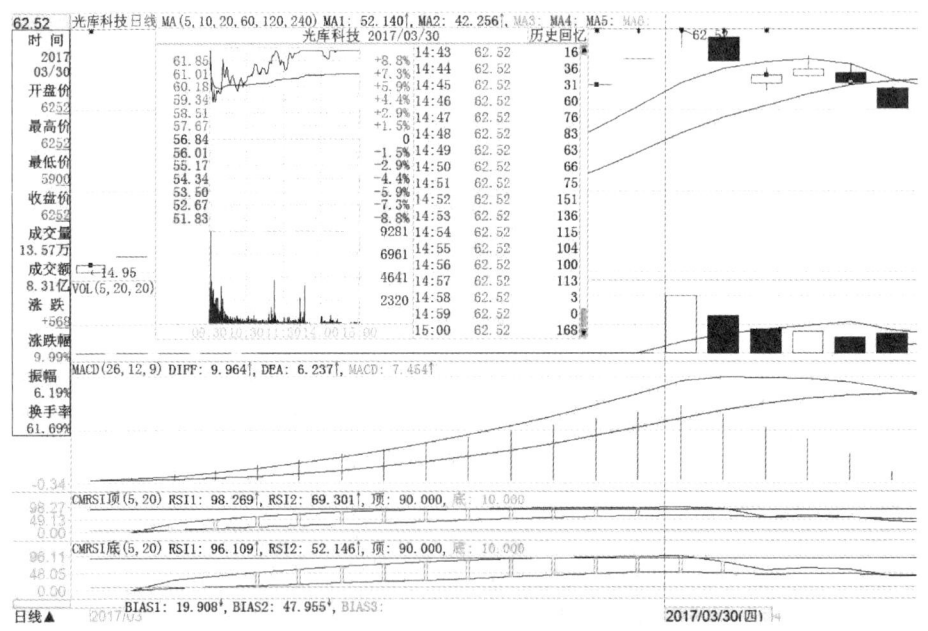

图 2-64

　　(6)涨停封板后成交量的变化具有很大的参考作用。如果封板后立即缩量,涨停板上的封盘没有大幅减少,成交只有一位数、十位数的,那表明市场上主动性的主力抛盘少了,主力控盘能力还是非常强和好的,其短线的上涨势头还算是健康良好的。如果封板后成交量依然很大,持续出现百位数或千位数成交量,那就先出来一下再说吧。

　　(7)T字涨停出现在股价已经有一段下跌行情的低位或短线复合时间周期指标数值已经都到低位,显示趋势极度超跌,表明下档有较强的买盘介入了,股价就很可能会出现止跌回升或反转的走势。此时投资者应密切关注其后的走势,若盘中量价配合情况出现同步放量强势上涨理想态势的话,则可及时在其分时图的交易重心附近积极介入做多。

　　若在T字涨停的第二天,股价还能继续保持了强势上涨态势甚至是再出涨停走势,则表明其上涨的根基已经非常踏实了,其中短线的上涨会得到全市场越来越多的各方认同和助推。

　　图2-65为000897津滨发展2017年3月31日到4月6日期间及今后一段时间完全符合本文阐述内容的日线级别四位一体指标体系走势示意图。

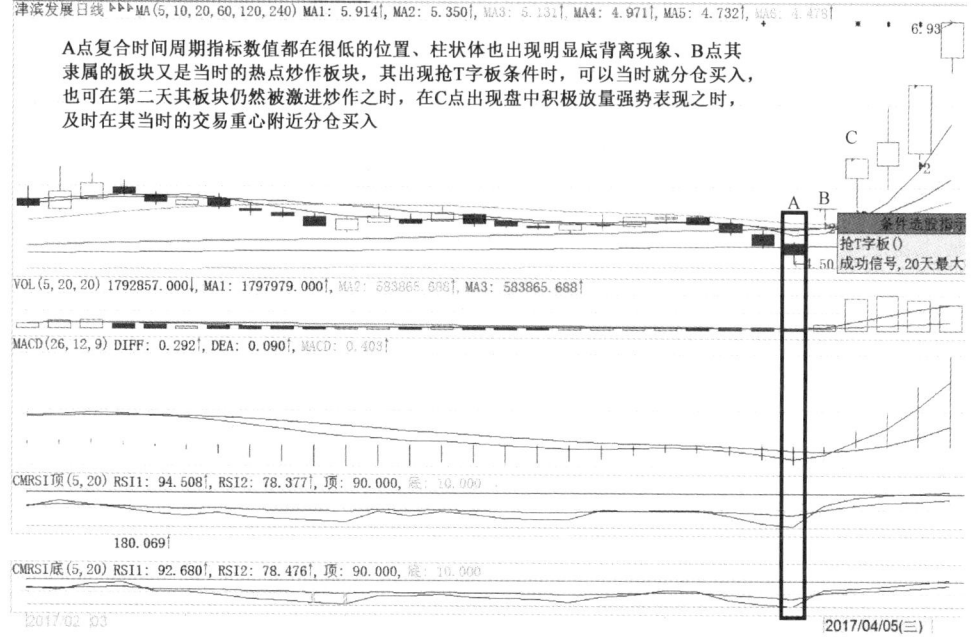

图 2-65

针对以上所介绍的各种各样位置的 T 字涨停,以及它们当时的 60 分钟、周线以及月线级别的四位一体指标体系数值和形态的位置,我们可以大体上分清楚低位 T 字涨停和上涨中途 T 字涨停以及顶部 T 字涨停的各自特点和后市容易碰到的不同结果。

下面总结的是我们在实战中应掌握的要点:

(1)股价必须经过长期、中期、短期的若干次下跌,股价下跌幅度越大越好、离开它的下跌平台越远越好、复合时间周期指标数值越低越好、低位调整时间越长越好,这样止跌企稳的可能性就越高。其发生的低位 T 字涨停你若去及时参与,准确性、可靠性就越高,短期获利空间就越大。

(2)在出现 T 字涨停之前,成交量通常都会出现或长或短时间的极度低迷状态,成交量越小,说明抛盘越轻,股价见底的可能性就越大。

(3)在出现 T 字涨停的当天,如果出现放量的话,投资者应观察这部分成交量是否是在股价回升时放出的量。若是回升时放出的成交量,则说明主动性买盘大举介入,此时可以坚定地做多。如果是股价下跌时放出的成交量,则说明盘中主动性抛压较大,投资者应引起注意,一旦股价出现走弱,应离场观望。

(4)虽然说出现 T 字涨停当天下影线要越长越好,出现 T 字涨停当天其日线的 MACD 指标的柱状体一定要向上,说明其见底信号越强烈,但是真正的确认点除了在其向上的过程当中 60 分钟四位一体指标体系一定要全多头向上这个确认点外,其实还是要靠它的第二天走势来加强确认。在出现 T 字涨停的第二天,股价必须要继续放量走强才算是好的。如果盘中出现下探,那么在下探之后必须被持续地放量大幅拉起,且收出超过前 1 天的涨停板价格的有良好的量价配合的强势上涨阳线,投资者才可以加仓跟进做多。如果第二天股价出现下跌走势,且股价收于前 1 天的交易重心下方,那么投资者非但不能买入还需要止损了。

(5)当 T 字涨停出现在极强势股的上涨途中时,有时真的是一个日间洗盘结束的信号,具有助涨作用,表明股价将继续上涨,因此是一个买入信号。

如果庄家在底部已经积极建仓完毕,并经过较彻底的整理过程,股价一旦成功脱离底部或盘整洗盘区域,在各时间周期四位一体指标体系都刚刚形成全多头现象,并且周线或月线走势图上即将或刚刚在出现 MACD 指标的放量金叉或放量老鸭头现象时,此时出现 T 字涨停,则极有可能是在极强势股上涨途中的一个日间洗盘结束的信号,具有助涨作用,预示着股价将继续上涨,因此是一个难得的在其交易重心附近介入的大好买入信号。

(6)在发生 T 字涨停前,股价必须脱离底部盘整区域,其 60 分钟的 4 小时股价移动平均线、5 日股价移动平均线、4 周股价移动平均线、3 月股价移动平均线必须要形成大于 60 度角度向上运行的态势中,但其最新的一次 5 日线拐头向上前的最低价到目前为止的总体上涨幅度不宜太大,一般涨幅在 50%以内为好。整个指数环境要已经处于最起码的短线强势态势之中,才更容易有助涨作用,指数环境最好不能有短线四位一体指标体系的反作用力态势来捣乱。

在 T 字涨停当天,成交量必然会出现放量现象,但这些成交量要大多是在股价再次向上拉升时出现的,是主动性买盘不断持续涌入所致的才行。如果所放大的成交量,主要是来自于盘中的主动性卖盘的,那后市就不应乐观而需谨慎了。再次上涨时的主动性买盘成交量要是超过不了下跌时放出的主动性卖盘成交量的,基本上后市不会有什么好结果的。即使涨也是有限的,更多的是容易反转向下。

(7) 在 T 字涨停之后,股价出现快速下探,且击穿 5 日或 10 日均线的支撑,之后股价又很快被放量拉起收在了仍然大于 60 度向上的 5 日均线之上,同时 5 分钟四位一体指标体系出现放量全多头之时,投资者可以立刻分仓买入。在 T 字涨停之后,股价出现快速下探,且击穿 5 日线的支撑,之后股价又很快被放量拉起收在了 5 日线之上,但是此时 5 日线如果只是从拐头向下刚刚转变为走平或略微上翘,不是大于 60 度向上的话,则须看其 60 分钟四位一体指标体系刚刚出现放量全多头之时,投资者们才可以立刻分仓在其当时的分时图均价线或交易重心附近买入。

(8) 在股价连续有超过 30%以上的快速上涨的较大涨幅之后的高位,特别是股价在暴涨行情之后,复合时间周期指标数值已经都到过极高位时才出现 T 字涨停,甚至在高位区已经出现了 60 分钟级别的放量顶背离现象,或出现日线级别的放量顶背离现象,多周期 MACD 柱状体已经同步开始向下走时,投资者应多加小心。需要当心是因为连续大涨以后累积的丰厚的获利盘,随时有可能出现获利回吐,一旦主动性买盘成交量放不出来了,萎缩了,那么主动性卖盘力量就立刻会不断地倾泻而出,就会很容易导致股价下跌,终结原先极强势的上攻势头。所以此时投资者最重要的是应密切关注盘面变化,一旦发觉盘口显示 K 线或均价线以及指标体系有上攻无力迹象时,就应坚决出局、获利了结、落袋为安,别忙着介入。

九、"巨幅涨停"淘真金

"巨幅涨停"是指股价从大幅低开到涨停收盘的一根近乎光头光脚的放量大阳 K 线形态。这种涨停方式是一种极其罕见的极端走势,它往往标志着一波洗盘行情的结束或一波下跌行情的结束,是明确的多头反击的开始信号。其盘口表现往

往都先是以跌停或近乎跌停方式开盘,盘中突然被连续的巨大买单快速吃掉,股价就像火箭般地经过短暂的几波上冲至涨停价位,直至封死涨停板。

如果会区分清楚转势性、洗盘性和出货性"巨幅涨停"特征的话,对于实盘操作是大好事。

(1)在大幅下跌到复合时间周期指标数值的低位,产生的"巨幅涨停"多数为转势性信号的涨停。那就需要在其当天的交易重心附近买入。

图 2-66 为 300311 任子行 2017 年 1 月 17 日出现的"巨幅涨停"结束一波下跌行情见底回升现象的日线级别四位一体指标体系走势示意图。

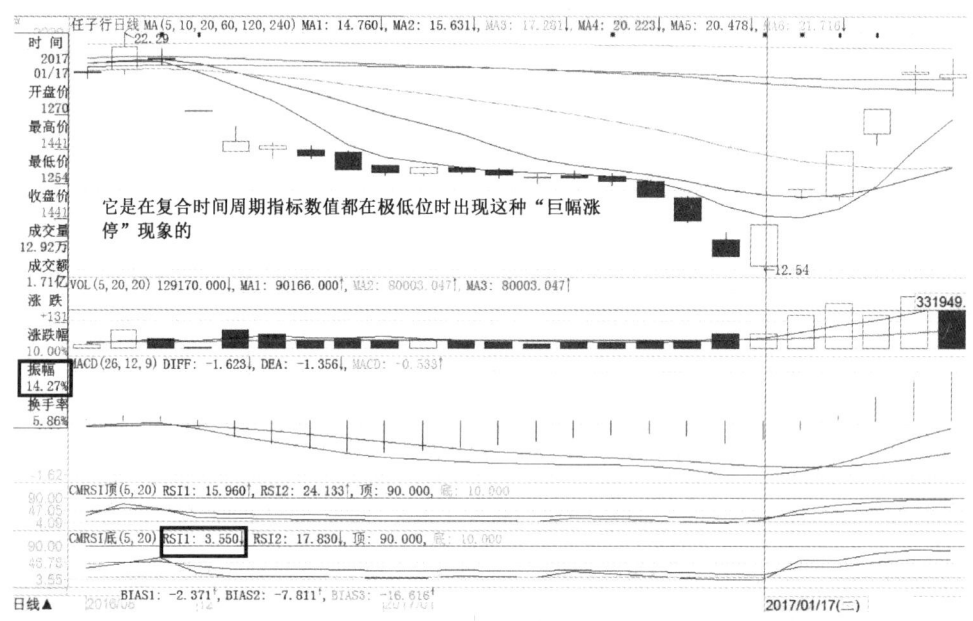

图 2-66

在涨幅不大、多周期四位一体指标体系走势图上刚刚形成放量全多头的"巨幅涨停",多数是洗盘结束点的涨停,需要在其当天的交易重心附近买入。

图 2-67 为 002346 柘中股份 2016 年 12 月 26 日出现"巨幅涨停"标志着洗盘结束再度开涨现象的日线级别四位一体指标体系走势示意图。

在股价刚刚经历过一段连续大幅快速上涨后才出现的"巨幅涨停",多数就是出货性涨停。那就需要在其主动性买盘成交量刚刚开始萎缩,同时在其 MACD 指标当中的柱状体开始再度向下萎缩之际,利用盘中缩量冲高的机会清仓出局,持币观望。

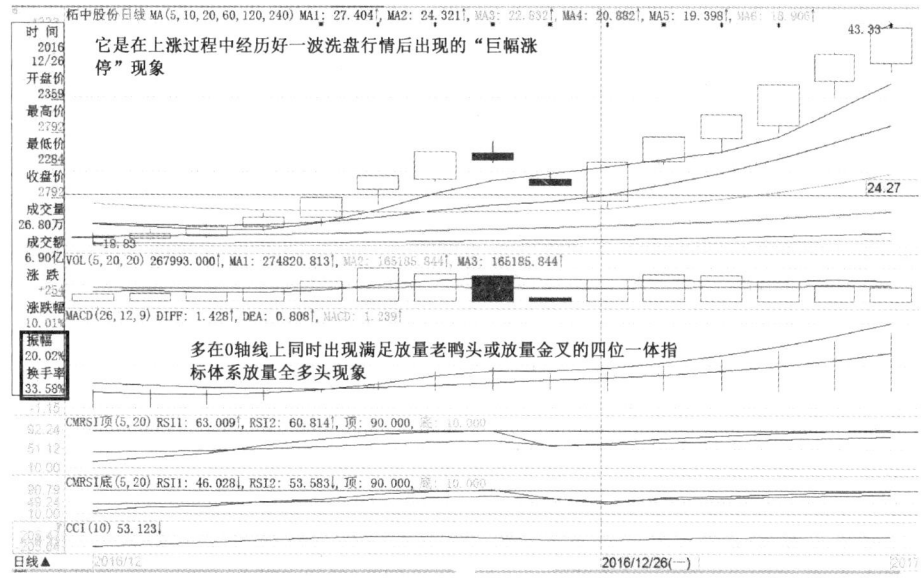

图 2-67

图 2-68 为 002164 宁波东力 2017 年 3 月 16 日出现"巨幅涨停"后见顶回落现象的日线级别四位一体指标体系走势示意图。

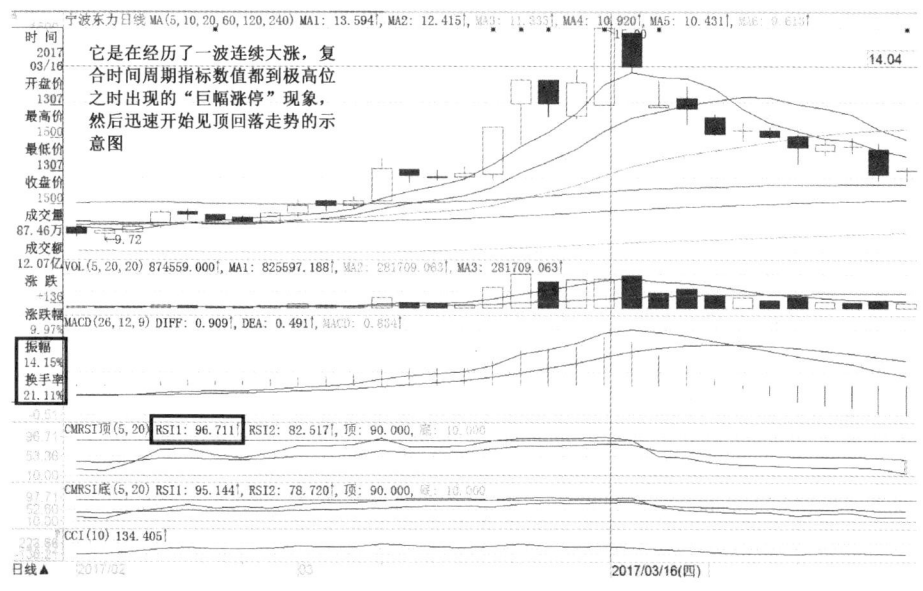

图 2-68

　　（2）牛市结束后不久,其在均线呈陡峭下跌状的空头排列时,第一次出现大力度反弹就以这种"巨幅涨停"形态表演的,投资者需要小心其是否属于自救反弹性质的涨停。它的中短期持续性通常不强。除非其持续放量并且股价持续站在不断向上的5日线上才不至于很快结束反弹。

　　图2-69为603007花王股份2016年11月21日出现的刚刚见了日线、周线两个级别的共同顶部回落过程中,第一次反弹时发生"巨幅涨停"现象后又再度大幅回落现象的日线级别四位一体指标体系走势示意图。

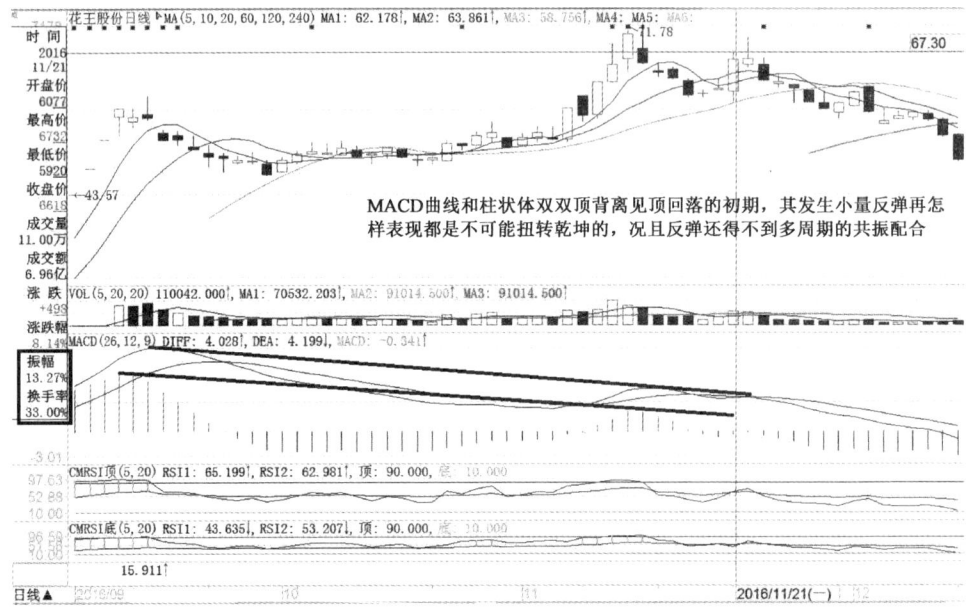

图 2-69

　　（3）无论何种性质的"巨幅涨停",其日后成交量都不能立即出现萎缩,其日后MACD指标当中的柱状体都不能立即出现再度向下的萎缩状态,一旦柱状体再度向下萎缩,就说明筹码出逃,那后市就失去了短线上涨的潜力,就必须利用盘中缩量冲高的机会清仓出局,持币观望了。

　　（4）次日能够在分时图上和四位一体指标体系走势图上延续无明显疲软破绽的强势上涨状态的话,则短期仍然可以持股待涨,或因前1天没及时买入的,今天仍然可以根据其发生"巨幅涨停"当日的分时图均价线和交易重心的附近价格挂单买入。一旦反弹至我在《四位一体操盘术》一书中讲的"最高点卖出法"条件满足之时要舍得先卖一下。如果次日盘面走弱或下跌,在其主动性买盘成交量刚刚开始萎缩，同时在其 MACD 指标当中的柱状体开始再度向下萎缩之际，利用盘中缩量冲高的机会清仓出局，持币观望。

（5）同样是"巨幅涨停"，由于性质的不同会走出截然不同的走势，重要区别除了股价所处的形态位置高低、股价所处的趋势方向的不同之外，很重要的、需要牢记的是：下跌趋势中的"巨幅涨停"，只要放出非常夸张的巨量，不仅不能马上上涨，还会继续下跌，后面至少还有 20％～30％的下跌空间。

图 2-70 为 002825 纳尔股份 2017 年 2 月 13 日出现的刚刚见了日线、周线两个级别的 CMRSI 顶指标共同顶部后，在回落过程中，第一次反弹时发生"巨幅大阳线"现象后又再度大幅回落现象的日线级别四位一体指标体系走势示意图。

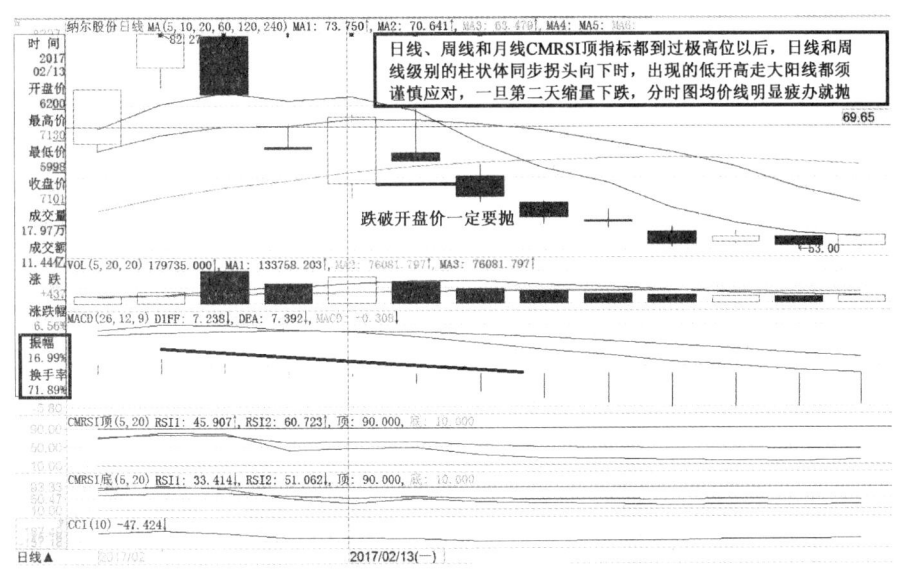

图 2-70

这是因为庄家主力为了吸引市场跟风盘去接盘，制造这种反弹的时候运用对倒盘来造成有新增资金来进场抄底的假象。庄家经过快速的大换手把筹码倒给了蜂拥而入的跟风盘后，第二天往往以大幅低开甚至跌停开盘，迅速将跟风者悉数套牢，而后再通过连续的大幅下跌，会在很短时间跌破"巨幅涨停"此根 K 线的开盘价，逃之夭夭。

十、盘中开板后再次拉封涨停前买入法

涨停了的个股在什么时候买入最合适？解决这个问题时首先要有一个绝对不

容忽视的大前提,即指数环境当时是处于良好的、强势的中短线上涨趋势过程中的,其隶属的板块又是当时的焦点、强势板块的,并且其板块属于刚刚极强势爆发的初期或刚刚洗盘结束开始暴涨阶段初期的。

此时若该股股价是本波段涨幅小于30%的启动后的第一个涨停开板时,其60分钟和日线级别四位一体指标体系刚刚同步产生放量全多头现象,当天已经涨停板过,又因为各种各样的原因而盘中曾经打开涨停板,经过短暂的(5分钟内)、小幅的下跌(涨停板价格往下不超过3%)后,快速大角度再次拉封涨停前的一刹那买入。

为什么要等开板后的再次封停瞬间去买入呢?

第一,这样的开板是庄家在大幅拉升前最后一次清洗短线不坚定的市场浮筹的机会。一旦开板,那些获利的不坚定市场浮筹就会争先恐后地夺路而逃,这样次日的拉升就不会有多大的阻力了,毕竟新进的筹码的成本要高了许多,这些筹码次日大量卖出的可能往往比较小。

第二,再次封停表明庄家确实是只想洗掉不坚定筹码,没改变庄家要继续做多的决心和步骤安排。而且这种时候往往本身就是或低位震荡整理平台完成后向上突破的阶段,或上涨过程当中经过短暂洗盘整理结束后再度启动之时的大好时机。这种买入法所限定的位置本身的安全性、有效性、准确性就已经很高了,再加上后期本就已经建立好的止盈止损卖出纪律做保障,可以完全做到输的是小钱、赢的是大钱,那何乐而不为呢?

图2-71为000897津滨发展2017年4月5日清明节刚刚过后爆发的一波雄安新区概念股疯狂炒作时,其作为跟风炒作品种的启动和买入以及后期上涨的一系列过程的日线级别四位一体指标体系走势示意图以及6日打开涨停板买入的分时走势示意图。

2017年清明节期间,国家出台了雄安新区开发的特大政策利好,造成了开盘后跟"雄安新区概念股"只要沾一点点边的股票全线涨停。那些相对更正宗的龙头股更是一路缩量一字板到第一波行情结束都没有打开过,很多股民只能退而求其次先选择可以买得到的跟风股先上车再说。津滨发展是一只地域性还稍微有点相关联的个股,其前期也没有大幅被炒作过,复合时间周期指标数值当时还在相对低位,4月5日时一字板封死的,6日开盘后很快就放出比5日更大的量,并且于当天在已经形成60分钟级别的放量全多头形态后,更形成日线和周线级别的四位一体指标体系放量全多头现象攻击上封涨停板,而后又打开涨停板经过浅幅调整很快就又封上了涨停板,此时分仓买入是理所应当的,从后面的结果来看也确实还是不错的。

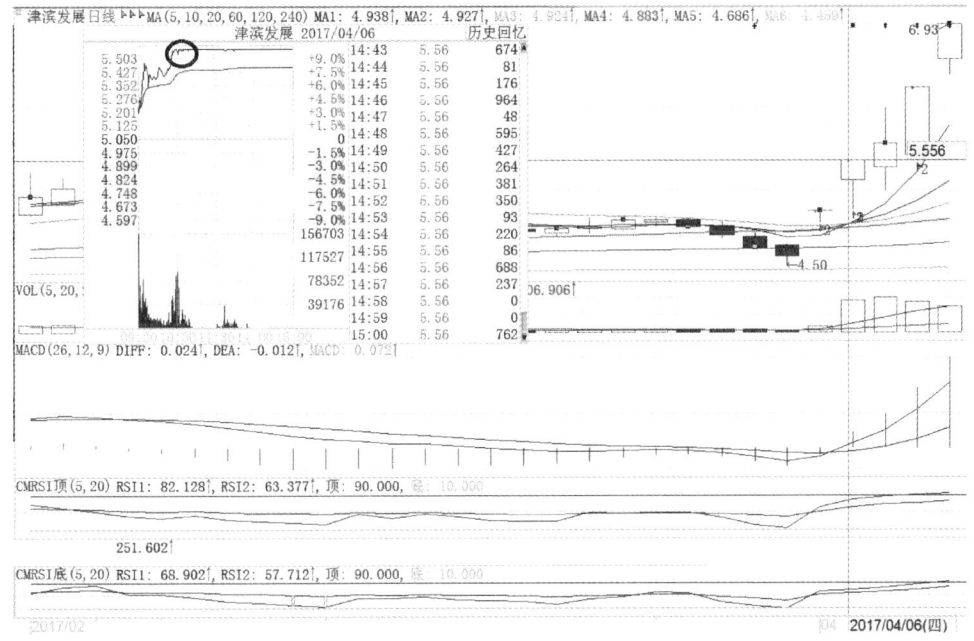

图 2-71

一只股票涨停后，如果又在盘中多次打开(虽然封死涨停的比不打开的更好)，但只要复合时间周期指标数值不是在太高的位置，当时的指数环境也比较安全和强势的，该股所隶属的板块也确实仍然非常强势向上运行的，那投资者也不必过分紧张，只要股价的分时图均价线仍然是强势上涨着，盘中就是不跌破分时图均价线，就可以继续持有。如果股价跌破分时图均价线，分时图均价线也确实表现的不够强势的，那才应该先考虑卖出一下再说。

第六节　有些看似高位的涨停板还能追买

一、为什么还要去追买持续性涨停

持续性涨停至少是一波行情中的第二个涨停，它通常是在股价形成有效突破后至下一个见顶反转形态出现之前的中途呈现的一种积极进攻状态。它通常表示之后股价还将进一步向上推高，使现在已经在运行着的上升趋势表现出更加强劲的态势。因此,这种持续性涨停表现形式是主升浪行情必不可少的一种主要标志。

一般情况下,在强势逼空行情和单边上涨的超强势行情之中,大多会有多个涨停出现,有的是在股价上行的过程中连续性不间隔地出现涨停,有的是在股价上行的过程中出现会有一天或几天的间隔稍息后再接一个或多个的涨停。中间可能夹着一根小阴小阳或十字星类强势调整意味的 K 线,但没影响到其总体趋势保持快速拉升状态。总之,这是涨势十分强劲的在走主升浪行情的主要特征。

图 2-72 为 002836 新宏泽 2017 年 3 月 14 日其作为新股次新股概念龙头之一被疯狂炒作时,启动之初出现符合"飙升在即"买入模型预警时的情形以及后期上涨的一系列过程的日线级别四位一体指标体系走势示意图。

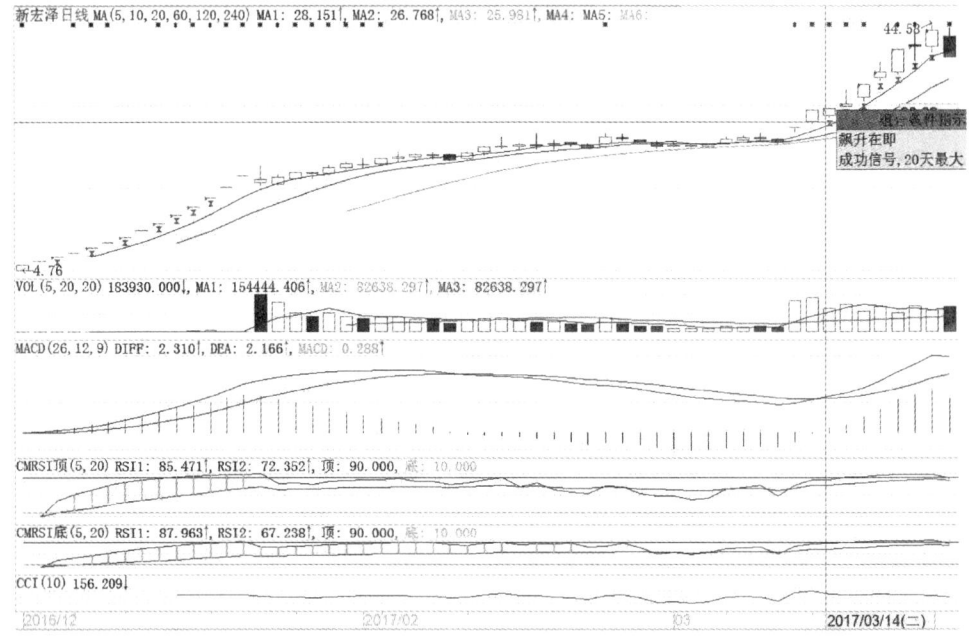

图 2-72

其作为一个新股,从上市以来,经历过疯狂的连续涨停板,也经历了缩量洗盘的震荡,3 月 10 日时其再度放量涨停,站在了所有均线之上、站在了前期股价平台高点之上,第二天继续能够放量向上作出涨停攻击形态,并迅速形成了 5 日线、4 周线、3 月线大于 60 度角度向上的极强势股形态,同时其日线、周线、月线都能够在 0 轴线上强势向上多头运行;日线、周线、月线级别的四位一体指标体系同时满足放量全多头态势。这样的表现集于一身的话,就意味着此时该股即将运行一波主升浪了。那在其5分钟四位一体指标体系走势图上,第一次出现放量金叉或者放量老鸭头的这种四位一体指标体系放量全多头现象时,就应该是一个非常好的及时介入买点。此时追涨是应该的和必需的。但是在接下来的5日线同一上涨波段过程当中,如果说第二次出现买入信号的时候,同第一次出现买入信号时的股价相比,已经超过了10%以上涨幅的话,需谨慎应对第二次出现的这种买点信号。如果在5日线的同一上涨波段当中,经过短期连续大幅上涨,再出现第三次、第四次买点信号,可以予以放弃,因为我们都知道风险是涨出来的,大幅的上涨容易会带来短期的股价震荡风险和下跌风险,特别是在出现买入信号时,复合时间周期指标数值都已经在80以上的高位或极高位以后,更加不可以再去追涨,反而应该在复合时间周期指标数值都已经在极高位以后利用分时图上已经出现满足条件的上豁口现象时,即满足了最高点卖出法条件之时,予以先落袋为安,获利了结,更加靠谱。

　　在实盘操作中,很多散户看到股价有了一两个涨停后基本就不敢买了,也会有很多人会说"已经涨这么多了,就不要再去买它了"的话。那么究竟什么样情况下的持续性涨停可以追? 究竟什么样情况下的持续性涨停就不必追了呢? 下面结合一些重点来阐述清楚这些疑问并拿出切实可行的方法以便落实执行好。

　　个股能够出现连续性飙升涨停的原因可能有很多。个股有实质性利好消息刺激,表面上可能是最正常不过的一个由头。股票内在价值得到大幅增长和提升,肯定是造就大牛股、催生主升浪的最主要的因素之一。不管这个原因是来自于业绩稳步增长还是爆发性增长,或由大亏转大盈,或持续高增长,或是资产增值,或股权增值等各色各样的内在原因,还是来自于高送配、产品价格大幅上涨、资产重组、收购、注入热门资产、重大行业性利好等其他各方各面。也不管是不是纯粹因为极度超跌了需要技术性反弹或报复性反弹,还是目前行情转强了所有股票都在涨,也把它逼得涨起来了。

　　我这里还是用一个话糙理不糙的、简单有效的话说出来一条颠扑不破的真理:很多时候,股价涨不涨就看庄家拉不拉,只要庄家有兴趣、有实力,就可以把股价炒上天。一个股票再有投资价值还得要有资金的推动才能使股价上涨,股价上涨是靠市场中庄家主力与市场中的跟风盘一起齐心协力共同用钱和"信心"堆上去的。庄家主力不去强拉此股价,此股再好又能怎样。在我们这种诚信体系不健全的全民投机的市场中,股价永远是远高于其自身的真实价值的。绝大多数时候股价上涨的根本动力,就只是来自于场内外资金一时的或持续的推动而已,不必说得有多"高大上",不必去钻天打洞、装神弄鬼、净整些玄乎的禁不起推敲的理由和数据来自欺欺人、安慰自己。庄家主力愿意买了、愿意持续买了,他们买得多了、抛得少了自然就容易涨了。在他们想让手里握的大量的低位筹码变换成落袋为安的钱时,就会想方设法制造一个概念题材,然后拉升、持续地拉升以吸引市场跟风盘的注意力,在上涨的过程中对倒出一波连续飙升的带有多个涨停板的光彩耀人的主升浪行情。当他们买得少了、卖得多了,行情就基本接近尾声了,当他们拼命卖不再买了,那上涨行情就结束了,下跌甚至暴跌趋势行情就展开了。此时原本被粉饰的美好无比的题材概念瞬间失去了任何价值。烟花散尽空留下一幕黑夜,"拔了毛的凤凰不如鸡",只留下一地鸡毛惨不忍睹。在我们这种上涨的根本动力还是靠资金推动的市场中,在同样价值体系和题材环境的情况下,不同级别的买入量和不同级别的上升势头角度力度,可以直接决定股价上涨的力度和高度。因此,不管你是所谓的价值投资者也好还是价格投机者也好,都应该踏踏实实地去重点研究资金推动股价的力度和持续度的问题。

针对那些有实质性利好消息刺激而连续飙升的个股,你一定要相信"春江水暖鸭先知"这句话。当你看见那些有实质性利好消息刺激的个股开始飙升时,其月线、周线级别的四位一体指标体系一定要同步出现放量全多头现象才可能会连续飙升!若主力庄家他们在长线、中线没有提前潜伏好,收集好足够多的相对低位的筹码,怎么可能先替市场中的套牢盘解套抬轿呢?只有当其月线、周线、日线、60分钟这几个时间周期级别的四位一体指标体系全部同步出现放量全多头现象时,那么后期连续飙升的行情就必定来到!当你发现他们这几个时期的四位一体指标体系刚刚形成放量全多头之时,你可及时介入。如果有点晚了,他们已经涨了两三个涨停板了,是不是还能跟进?怎么进?答案是肯定能进,只不过更加要讲究介入的方式方法了,只不过你要降低短线获利的预期值了,你要多注意控制短线风险了。

一般而言,一波中短线主升浪行情,庄家主力从拉涨停板突破启动位置前的最近一次 5 日线拐头向上的低点价位起算,绝对不会只涨 50% 以内的。特别是龙头股从其突破最近的平台高点价格起算绝对不会只涨 50% 以内的。只要他们在大幅上涨的过程中,你没看见其月线、周线、日线、60 分钟这几个时间周期级别的 CMRSI 顶指标当中的 RSI1 数值都全部到 90 以上,其就仍然有冲更高价位的可能,现在的价位就仍然还是相对低位。你就可以在其分时图的交易重心附近分仓买入或在其 5 分钟四位一体指标体系走势图上发现刚刚形成放量全多头之时分仓买入。然后只要最高点卖出法"乐极生悲"模型条件没有满足前持有,不要轻易卖出。除非在此过程中该股收盘价跌破 5 日线,那只能先出来观察观察再说了。一轮上涨的牛市行情的时间都是有限的。机构为了多赚钱，通常也会在有限的时间内尽量地多拉升股票，经常性的洗盘或反技术操作只有在机构刚建仓时、没有充分准备好主拉升时才会反做，真正拉升起来的时候，其上涨形态也经常显现那种特别简单的规律性图形，哪还有时间和必要去反做。

所以，投资者不要老是绞尽脑汁地担心机构会反做的问题，要尽量阳光一点、简单一点、大气一点做人，不要一直在一些细枝末节上斤斤计较、纠缠不清、自乱阵脚。

二、什么样的高位涨停可以买

高位涨停不是一概都不能追。大家去看看历史上绝大多数疯狂拉升主升浪的个股，在它们进行主升浪快速飙升阶段的以涨停为代表的起涨点位置，有几个复合时间周期指标数值是在 50 以下的？绝大多数个股涨停启动主升浪时，其复合时间周期指标数值通常差不多都在 70～80 之间的。所以说有的高位涨停确实是可以介入的，但必须以短线为主，快进快出，见好就收。这种高位涨停要分清楚是不是只是超短线、短线 CMRSI 顶指标数值在高位，还是中短线 CMRSI 顶指标数值都在高位，还是超短线、短线、中长线 CMRSI 顶指标数值都在高位发生的涨停。对于各种各样级别的 CMRSI 顶指标数值高位涨停采取的操作方案是不一样的。一般超短线、短线 CMRSI 顶指标数值确实可能处于高位，但是其止跌开涨到目前发生刚刚涨停之间，没有经历过连续急速放量大涨的，同时中长线 CMRSI 顶指标数值却仍然处于中低位的，那就应该忽略其超短线、短线 CMRSI 顶指标数值的所谓高位，而应该在当天的交易重心附近及时进行分仓买入动作。如果当天没有及时买入，也可以尽量在其第二天盘中根据其当天的量价强势配合特征、根据其当天的分时图均价线强势走势特征，在其都满足强势表现的前提下，及时在其交易重心附近分仓介入。

如果在涨停之前刚刚出现过连续几天的缩量整理现象，今天刚刚一开涨就能够做到放量涨停，并且当天也没有出现异常夸张的巨幅放量，盘中量价齐升的强势态势没有什么特别怪异表现的，并且得到了比其小一个时间周期（即 60 分钟）和比其大一个时间周期（即周线）的四位一体指标体系放量全多头现象共同配合的，那有什么理由再去纠结什么高位低位涨停能不能追的问题了？必须先分仓在其交易重心附近买入再说。这应该是只分今天在其交易重心附近买，还是明天在其交易重心附近买的问题了。当然如果涨停次日股价能够放量高开高走，或者放量平开，或略低开后迅速大幅放量拉高，以涨停收盘或者大涨收盘，则其后市就更加值得看好，更加说明其股价上涨空间再次打开了。如果次日股价未能持续放量走强，但也没有出现大幅下跌,基本维持在涨停当日大阳线的三分之二以上位置强势震荡,说明盘面气势依然强势,后市仍可看高。如果第二天股价大幅低开,并且不能迅速放量拉起,在涨停当日大阳线的交易重心下方收盘,才表示此根涨停板可能是高位诱多转折 K 线,其后市股价下跌的可能性较大,这时才需要及时止损出局,或利用后市盘中缩量反抽之际尽量高抛止盈止损。

一般来讲,能够有效突破前期高点或历史高点,解放所有的上档套牢盘,使得筹码理论所说的获利筹码大于 90% 以上甚至 100% 左右,那么只要整个指数环境不是在极其高位或严重恶化状态,那它就很可能成为一支有连续震荡上涨潜力的黑马股。根据我总结的筹码理论分析规律,既然庄家能够解放所有的上档套牢盘,那么只要其获利筹码价格没有远离其平均筹码成本 20% 以上的话,K 线就不太会提前出现明显的见顶回落可能。股价就会不断地震荡向上拓展更高的空间,就容易在出现《四位一体操盘术》一书中写的极强势股最高点卖出法模型"乐极生悲"条件全满足之时再抛。

股价上涨之后,我采取的策略就是以大阳线上端实体的三分之一处进行止盈止损,因为对于快速上涨的个股来说,它们往往不会破掉昨天的阳线收盘价。相对激进的人也可以进行适当的调整,只要不跌破大阳线三分之一就持股,破掉就先减半仓。减仓后,可把止盈重新调整为跌破这根阳线的开盘价就清仓。而后的震荡,如一直在止盈位上方,那就继续按兵不动。

只要其出现后市主动性买盘成交量不再持续放大了、出现特别经典的见顶 K 线和 K 线组合了、其分时图均价线走势已经出现很疲软的态势了、跌破了其上升过程当中的 5 日线了,或跌破了最靠近其上涨过程当中的 K 线前一根有量有实体的中大阳线的交易重心了,或其小一个时间周期的四位一体指标体系当中基本上已经形成全空头排列之时了,可以先立刻利用盘中反抽机会抛清该股再说就是了。

万一这个个股确实后期走势非常强悍,它后期迅速又放量站上了其上升过程当中的 5 日线,或后期迅速又产生阳包阴走势了,或后期迅速又放量让其小一个时间周期的四位一体指标体系形成全多头排列之时,那是需要及时再在其当时分时图的交易重心附近分仓买回来的。因为这是一个其再度恢复强势运行态势的有效买入并持有的信号了。特别是其所隶属的板块如果也正好强势启动在板块指数量比涨幅榜前列的话,则更是绝佳的中短线炒作品种。

图 2-73 为 603628 清源股份在 2017 年 2 月 7 日至 4 月 6 日期间符合本文所阐述内容的各个出现"高位涨停"现象后不同的中短线走势结果的走势示意图。大家可以结合本书所有阐述过的内容,结合其周线、月线走势特征以及其 60 分钟四

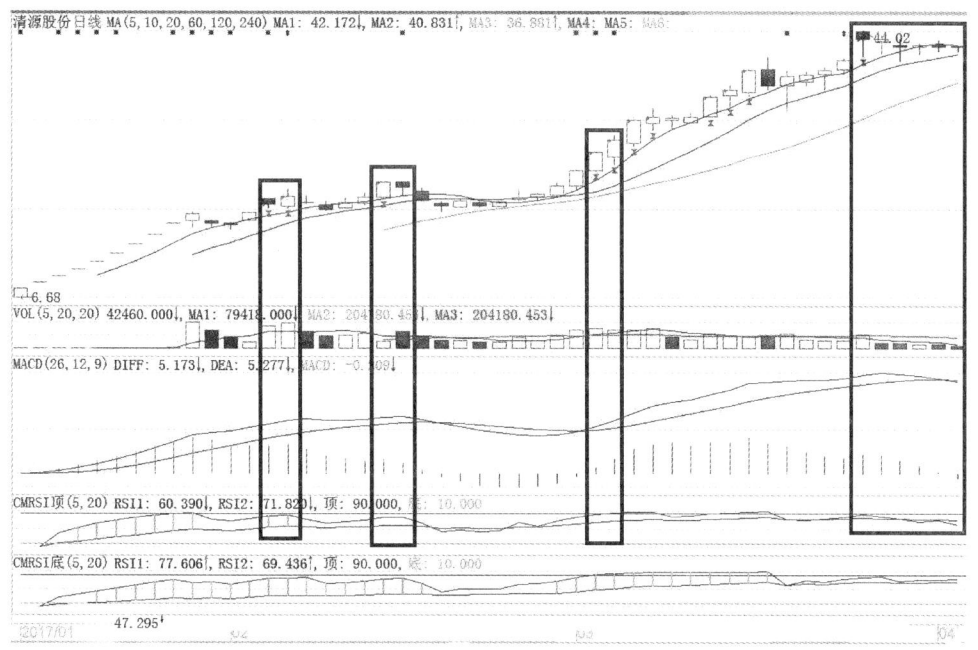

图 2-73

位一体指标体系的走势图来认真仔细地体会。相信通过学习和对照这种经典的走势图揣摩体悟以后,一定会形成条件反射,今后只要预警一出就懂得怎样取舍个股了。

图 2-74 为 603628 清源股份在 2017 年 2 月 7 日至 4 月 6 日期间符合本文所阐述内容的各个出现"高位涨停"现象后不同的中短线走势结果的 60 分钟时间级别的走势示意图。大家可以结合本书所有阐述过的内容,结合其周线、月线走势特征以及其 60 分钟四位一体指标体系的走势图来认真仔细地体会。相信通过学习和对照这种经典的走势图揣摩体悟以后,一定会形成条件反射,今后只要预警一出就懂得怎样取舍个股了。

这样反复、有效精准的高抛低吸操作以后,你发现其 4 周线和 5 日线都被跌破了、其周线和日线的 MACD 指标当中的柱状体也都拐头向下了,就尽量抛弃不要再去跟其纠缠不清了。因为已经基本确认其要结束强势行情开始震荡回落走弱势行情去了。若后期你发现 4 周线和 5 日线也都拐头向下了,那就更加确定其大级别震荡下跌势已经开始了,这时就绝对不能再留一股在手了。在上涨过程中 10 元的这个买入价格会有机会让你涨到 20 元的,那这个时候做买入动作就是对的。而

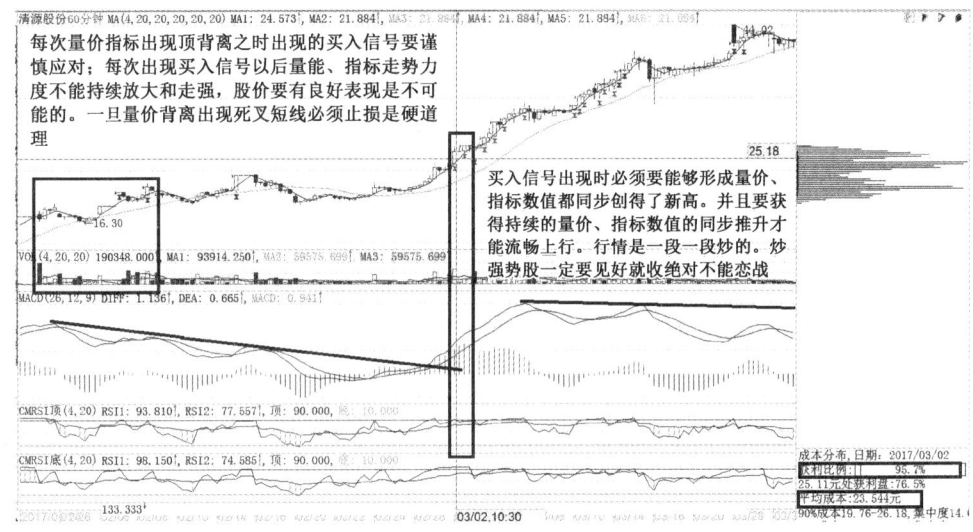

图 2-74

从 20 元的这个最高价再回落到你之前买入过的 10 元这个价位,意义已经完全不同了,此时你还去买入或持有的话,那你只有奉献的份了。

请充分相信我说的这句话:上涨势里人人都容易赚钱,此时是赚钱容易输钱难;下跌势里输钱容易赚钱难。我接触过的顶尖高手实在太多了,可是熊市里一直在赚钱的人我还没见到过一个!

第七节 避免陷入涨停陷阱

涨停是营造上升行情中的最极端的操盘方式,也是短期快速获暴利的大好机会。每一只股票涨停都有其内在因素,包括庄家资金、技术形态、盈利能力和宏观利好等,这些内在外在因素构成了股价涨停、持续涨停甚至翻倍、翻几倍的基础条件。因此大多数个股在低位时出现的涨停,是非常值得短线参与的。但当一只股票处于高位的时候,涨停就可能是诱人入瓮的美丽陷阱。如何避免掉入庄家设置的涨停陷阱呢? 以下方法可供参考。

(1)要习惯成自然地从全局的高度和整体的角度,去审视股价当时所处的位置。看看它是处于哪种趋势行情中的高位、中位还是低位。处于上涨趋势的高位或下跌趋势的高、中位置的涨停是很危险的,需要特别小心,尽量不要去参与。在上涨趋势的高位或下跌趋势行情中的高位、中位出现涨停，尽量秉承"宁可错过、不要做错"的原则，尽量选择放弃这种介入的机会。

（2）凡是股价已经处于各时间周期指标都在高位或极高位以后，很快就出现低开高走拉出巨量、巨大换手率的大阳线的涨停，基本上都可以理解为诱多陷阱。

（3）要看形态位置是否相对安全。是否有多周期四位一体指标体系放量全多头的刚刚好的配合。如果脱离安全位置较远、连续上涨天数太多了，这时尽量不要追涨。若连续涨停过多了，也暂时不考虑买入。多周期四位一体指标体系有反作用力的、形态走势走得不流畅的个股，勉强拉涨停也不能买入。在高位反复打开涨停的，更应选择放弃。要坚持自己牢靠的、得心应手的买卖股票的一整套完整操作体系，不可耐不住性子手痒，盲目、冲动地介入似是而非的个股炒作，一旦被套而失去你拿得准的涨停机会，心态和节奏都会出问题的，那就真的因小失大，不划算了。

（4）如果股价已经处于复合时间周期指标数值高位，从盘中分时图均价线和即时成交价线的走势来看，都属于依次下滑状态了的，且量放得很大，这就坚决不能再进了，必须坚决回避退出。

（5）当股价处于高位或者相对高位，出现明显快速拉尾盘动作，那是庄家主力想蒙骗不明就里的投资者，为随后的出货制造机会和空间，是一个彻头彻尾的大陷阱。

（6）要看推动股价涨停的题材或利好是否足够大。如果是国家层面级别的重大题材概念利好，就算第一个涨停追不上，第二个、第三个也可以考虑追买。若是牵强附和的庄家主力生搬硬套制造出来的相对朦胧或让人感觉云里雾里不太靠谱的概念题材机会，就尽量小心谨慎点吧。

（7）要看资金介入是否坚决和是否迅速？在涨停之前数日，若无明显的资金强势介已升温炒作着的迹象，涨停当日最好又能有量比达到10倍甚至更高大幅放量行为的，那在其交易重心附近介入还是相对靠谱的。只不过其后市一定要强势稳定地保持量价配合的良好态势才不会是涨停陷阱。

（8）另外真正要涨停、会涨停的个股，一般显示出来的委买盘并不会比委卖盘大，因为真正的主力急不可耐向上攻击的买盘是即时成交的，在显示屏上多数是看不见的。那种用很大的委买盘托着股价晃晃悠悠、慢慢上升的个股，有时其实可能是庄家主力在见机行出货之事。

只要能够准确识别出减仓为目的的、诱多的假涨停，那短线收益将会大大提升。一般以减仓为目的的涨停通常都要么发生在复合时间周期指标数值都在极高位时，要么是在3月线、4周线拐头向下，同时月线、周线的MACD指标当中的柱状体都呈向下萎缩阶段。上述这些时候发生的任何有让人不放心现象的涨停板都要尽量当心，一旦疲态显现立刻止盈止损出局。也有庄家连续涨停后出现放量大幅回调，通常短线快速回调幅度超过30%，说明主力已经出货，这时看似底部的位置出现大阳次日再放量滞涨或大幅低开低走，通常为主力通过涨停或大阳线吸引市场眼球出掉最后筹码，若这种现象做实就必须及时止损出局。有些实力不济的庄家主力往往会在大盘涨至压力位附近，通过涨停来进行提前减仓的主动调整回避风险，所以一般在大盘容易出风险的阶段应该慎重进场或干脆主动见好就收，回避掉可能到来的不涨、下跌风险。

一下子猛拉至八九个点，而未触及涨停，尤其是早盘开盘不久，主力在吸引注意力跟风盘之后掉头向下，往往是诱多，应快跑。

今天虽然封死在涨停上，但第二天立马低开低走，就是出货。因为今天进去的，明日低开没获利，不情愿出，主力要出在你前头，而今天没追进的，第二天以为捡了便宜，跟风盘较多。不光是涨停板，有些尾市打高的，也是为第二天低开便于出货。那种突然放量很大，一下又迅速缩小，说明主力心很虚，也会引起追涨盘的怀疑；再有就是看委托盘，真要涨停的股票，一般显示出来的买进委托盘不会比委托卖出盘大，因为主力的真正买盘是及时成交的，在盘口委买显示栏上是来不及看到的，那种很大的买盘托着股价在复合时间周期指标数值的高位阶段慢慢上涨的，基本可以认为是主力在出货，不能盲目乐观轻易追进。另外，在股票本身技术形态不好的情况下，勉强去拉涨停，但是不封死，在涨停板位置慢慢出货，即使收盘最后以涨停报收，第二天也走不了多高。

图2-75为000877天山股份在2017年2月7日到4月11日期间多次发生涨停板现象的走势示意图。2月7日是天山股份第一次在日线级别四位一体指标体系刚刚放量全多头之时产生的涨停板，当时的这个涨停板是其复合时间周期指标数值还在80以内，这种时候的涨停是可以相对比较放心地追的。随着它后期逐步的增加一个一个的涨停，在C、D、E点这种涨停位置时，它的复合时间周期指标数值迅速地攀升到了极其高位的位置。那此时的涨停就尽量不用去追了，如果之前已经买入的，应该在复合时间周期指标数值都到极高位以后，分时图上出现满足条件的上嗑口时考虑抛出了。当F点出现又一次涨停时，这种涨停因为得不到四位一体放量全多头的有效配合，60分钟走势图上又有明显的顶背离现象，同时复合时间周期指标数值又都在极其高位，那么这种类型的涨停板买入机会就可以尽量放弃。至于到了G点和H点的时候，它们的这种涨停更加不应该去追，因为此时它的量价背离和指标顶背离越来越严重了，就存在着极有可能的诱多嫌疑。特别

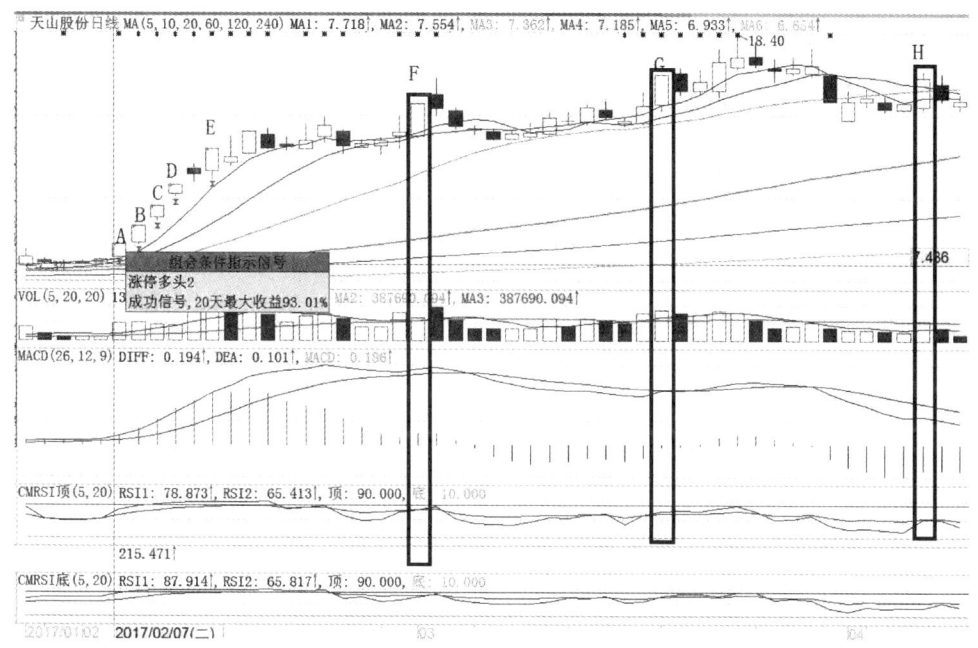

图 2-75

是在 H 点的时候，其日线、周线级别都已经形成了柱状体拐头向下的弱势形态。那么只要在弱势过程当中，出现的不符合四位一体指标体系放量全多头要求条件的这种涨停就基本上都存在着是美丽陷阱的可能性，就应该能够火眼金睛一眼识破这种看似机会，实质是陷阱的，类似于下跌途中的一步三回头的套人把戏。

第八节　涨停板发生以后买入和卖出的判断技巧

一、全多头向上的第一次涨停后的回调买入法

股价在日线和周线级别走势图上出现放量止跌后，形成的脱离底部的四位一体指标体系刚刚放量全多头上升的初期，在其发生第一次离开大角度上升 5 日线稍微有点远的涨停后，庄家为了洗一下短期获利盘或诱使更多的套牢盘割肉交给其筹码，有时会来一次震仓洗盘的。相对比较强势的震仓洗盘，从相对高点开始，到洗盘结束再开涨的天数一般在 5 个交易日之内。这种相对比较强势的震仓的底

线支撑位大多在 5 日均线附近,即使偶有跌破也经常会被迅速放量拉起。震仓洗盘一结束,就又会在 10 日线、20 日线始终多头向上的顶托下,展开再一轮的上升趋势行情。因此可以在 5 日均线附近看有没有出现符合《四位一体操盘术》一书中说的抄底条件满足时抄底,也可在再度放量形成 60 分钟四位一体指标体系全多头之时,在其当天分时图上的交易重心附近分仓买入,必有厚报。

　　凡是日线和周线级别四位一体指标体系都刚刚放量全多头上升的初、中期,第一次缩量回踩多头向上的 5 日线附近,或第一次缩量回踩多头向上的 10 日线附近,或第一次缩量回踩多头向上的 20 日线附近,看有没有出现符合《四位一体操盘术》一书中说的抄底条件满足时可抄底,也可在再度放量形成 60 分钟四位一体指标体系全多头之时,在其当天分时图上的交易重心附近分仓买入,短线必有厚报。

　　图 2-76 为 000635 英力特在 2016 年 12 月 13 日到 12 月 23 日期间多次发生刚刚产生四位一体指标体系放量全多头涨停板后就遭遇短线偏强势洗盘现象,再在满足"龙回头"抄底模型条件时买入短线获利的走势示意图。

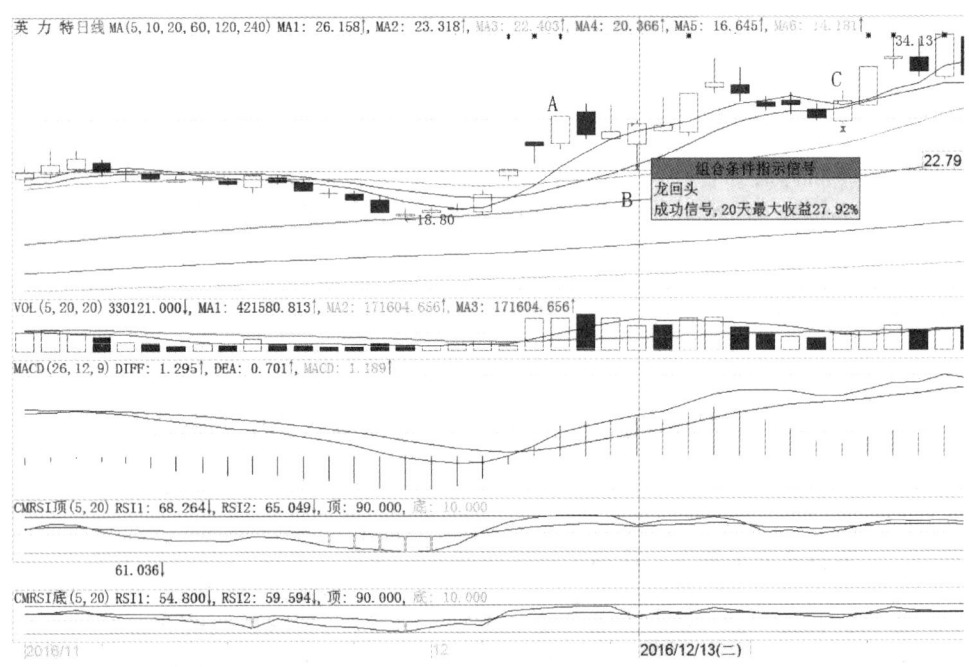

图 2-76

　　但是这种"龙回头"抄底模型条件买入法,绝对不能轻易用在刚刚经历过一波连续大幅快速飙升过的、见了大顶以后放量开跌的股票身上。此点必须切记!即使按照这种方法买入,也要跟其他买入方法一样,不要抱一口吃成胖子的想法,还是必须要根据后市量价配合情况和分时图表现的强弱度来随时随地准备见好就收、落袋为安。后期止盈止损纪律的执行绝对不能有丝毫的懈怠。

同理,凡是日线和周线以及月线级别四位一体指标体系都刚刚放量全多头上升的初、中期,第一次缩量回踩多头向上的 4 周线附近,或第一次缩量回踩多头向上的 13 周线附近,或第一次缩量回踩多头向上的 20 周线附近,看有没有出现符合《四位一体操盘术》一书中说的抄底条件满足时可抄底,也可在再度放量形成 60 分钟四位一体指标体系全多头之时,在其当天分时图上的交易重心附近分仓买入,必有厚报。

图 2-77 为 002110 三钢闽光在 2016 年 11 月 25 日这一周刚刚出现了日线和周线以及月线级别的共同四位一体指标体系的放量全多头现象,本应该继续向上拓展空间的,结果碰到指数环境不好或所隶属于的板块出点问题等各种各样意想不到的问题,导致第二周快速缩量回踩,再在满足"龙回头"抄底模型条件和再度形成 60 分钟、日线、周线这三个时间周期,柱状体共同放量拐头向上时买入短线获利的走势示意图。

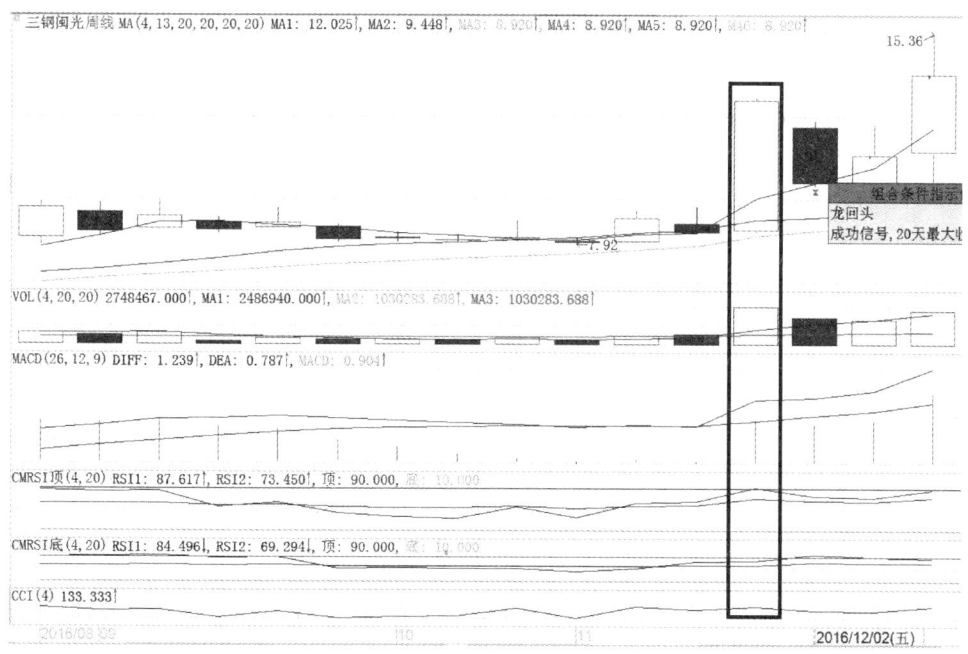

图 2-77

同样需要重点提醒的是:这种"龙回头"抄底模型条件买入法,绝对不能轻易用在刚刚经历过一波连续大幅快速飙升过的、见了大顶以后放量开跌的股票身上。此点必须切记! 即使按照这种方法买入,也要跟其他买入方法一样,不要抱一口吃成胖子的想法,还是必须要根据后市量价配合情况和分时图表现的强弱度来随时随地准备见好就收、落袋为安。后期的止盈止损纪律的执行绝对不能有丝毫的懈怠。

二、操作涨停股不可不知的涨停次日操作原则

参与涨停股操作,本身就有一定的风险。很多时候是需要快进快出,不能太犹豫的,不能不严格执行止盈止损的纪律的。追涨停板的这种战术,要秉承"打得赢就打、打不赢就逃"的游击战规矩。千万不能因为赢了就盲目乐观,一味追求利润尽可能的最大化。也不能因为下跌了、没赚钱、甚至小套了,而痴心妄想地靠后市憋一憋、等一等盈利以后再出来。遇到这种事与愿违的下跌套牢情况出现时,还是必须先早出为妙,使一次的亏损不要再扩大。通过对近几年市场出现涨停的个股进行分析,虽然短线介入涨停个股,次日平均收益大大高于其他个股的收益率。但是也有很多股票是在发生了涨停板以后短线甚至中长线一蹶不振很长时间或下跌了很大空间的。所以研究涨停个股的次日走势尤为必要。以下的一些应对纪律一定要牢记并且执行:

(1)涨停次日如果该股开盘继续涨停,则不必急于抛售,但要死盯着上面的买盘数量。一旦买盘迅速减少,就有打开涨停的可能,此时须不管后市如何先立即抛售,获利了结。如果一直涨停至收盘,则不必要抛,继续观察第三天的走势。直到封不住了,或分时图均价线不再向上延伸了,即时成交价线又持续疲软跌破前一个放量大阳线交易重心了,那就必须采取及时卖出的应对措施。

(2)涨停次日要密切盯住盘面变化。一旦同时出现如下的涨势疲软现象,如股价回调频繁跌破当天分时图均价线,并且使得分时图均价线也开始拐头向下。同时出现,其日线级别的柱状体也开始向下缩短,成交量不能持续放大等这些表现形式的话,则应立即利用当天盘中缩量冲高机会及时卖出。

(3)涨停次日一旦出现涨势疲软,股价回调屡次跌破涨停板当天分时图均价线的,同时其日线级别的柱状体也开始向下缩短,则应立即利用当天盘中缩量反抽之际及时卖出。

(4)涨停次日若低开并且在开盘后半小时内一波比一波低地往下走,同时其日线级别的柱状体也开始向下缩短,则要利用当天盘中缩量反抽之际及时卖出,并且尽量要保证在第一个小时内迅速卖出成交掉。

（5）涨停后的第二天，开盘 15 分钟内还一直都在昨日涨停板价下方的，无论盈亏最好都尽量要先出局观望观望再说。

（6）如果第二天开盘 30 分钟左右又拉至涨停，则可以大胆持有。如果第二天各时间周期 CMRSI 顶指标当中的 RSI1 数值都满足"敌疲我撤"或"乐极生悲"这种最高点卖出法条件时，就该考虑先行卖出。若此时成交量大幅放大，而分时图均价线却是依次向下的，则有量价顶背离的嫌疑，应利用盘中冲高机会尽量先逢高出局观望观望再说。

（7）此涨停个股若属于主流龙头板块当中的龙头品种，且其从最近一次的 10 日线由原来的下跌状态转为向上大角度的整个上涨波段过程中，其最低价到目前为止还没超过 50% 涨幅的话，则允许有一定的盘中振幅。但是仍然不允许其日线级别柱状体有往下缩短的现象出现，一旦这种柱状体缩短现象出现，往往意味着后市走势偏复杂和不流畅了，那尽量利用盘中冲高机会先逢高出局观望观望再说。

（8）涨停股次日高点与大盘强弱的关系通常都非常密切。如果当时大盘是放量长阳强势上攻的（在极强势的市场中，尤其是每日都有 5 只以上个股涨停的情况下，可以适当大胆追涨停。极弱势市场中切不可轻举妄动追涨停，因为获利概率相对偏小一些），次日大多数都有安全的高点。如果当时大盘处于弱势之中，第二天指数环境还是不强势，则对涨停股次日高点就别期望太高，反而需重点加强风险的管控。

在涨停第二天看盘时和今后一段日子里，要盯紧分时图均价线的方向和角度以及均价线对即时成交价线的支撑力度、要盯紧主动性买盘成交量的力度和持续度、要盯紧 60 分钟四位一体指标体系放量全多头态势能不能得到持续地向上发展。如果这些极其重要的强势特征都没有得到改变，那就可以继续买入和持有。如果这些极其重要的观盘重点要素有多个要素表现都显示开始疲软了，就必须尽快利用盘中缩量反抽之际及时快刀斩乱麻地进行抛出、果断行动。若这些极其重要的观盘重点要素全部都显示开始疲软了，那更不能犹犹豫豫、患得患失了，必须第一时间利用盘中缩量反抽之际迅速进行抛出。因为它们这些要素疲软了，就说明庄家开始出得多、买得少了，就是明确的出货征兆。此时若大盘走势和其板块走势也有诸如此类的疲软态势出现的话，超短线、短线甚至中短线见顶回落的判断准确率可以超过 90%。

由于篇幅限制，本节内容的图例可参考书中其他章节里面的图形对照观看体会。此处不再一一对应列出。

第九节　什么情况下容易出涨停

之前出版的《四位一体操盘术》一书里,和本书前面的内容中,已经把容易出涨停板的时间、位置、外部各种条件的配合情况等阐述得非常清楚了。现在只是把条件再苛刻地设置一些硬指标。

投资者在追涨时可参考以下几点:

(1)成功有效地确认突破了平台、趋势线、均线、高点、颈线、筹码成交密集区以及大阴线等构成的压力位后的个股。

(2)追涨成功突破平台整理区的个股。

(3)追涨摆脱下降趋势压制的个股。

(4)追涨成功突破前期高点的个股。

(5)追涨成功突破密集成交区的个股。当股价出现第一个平台突破时,满足突破的有效性,此时就可以作为买进的第一个点,随后也会出现很多这样的点,投资者们如果把握住机会,会有相当不错的收益。在此再次强调突破的有效性:股价突破此平台高点价位以后升幅超过2%～3%,当然越多越好;时间3天,3天内盘中不跌至平台高点价位内确认支撑有效;量能要有效配合强势放大做配合。

(6)绝对不能有轻指数重个股的念头,指数环境一定不能忽视。参与个股炒作时,指数环境一定要选在指数上升期、指数下跌末期、指数放量止跌企稳期。除此之外,尽量放弃似是而非的机会。要想买股票的时候,只要板块指数涨幅榜的第一版上有三个以上板块涨幅超过2%以上或平均涨幅最起码超过1%以上,只要更多的板块和个股满足60分钟四位一体指标体系放量全多头的现象,日线和周线上具有一定代表主动性买盘成交量意义的MACD指标当中的柱状体能够不断地持续向上推动,那就值得以迎接中线好行情的心态,去争取买进就涨停和争取获得做好一波高抛低吸的中短线强势震荡向上的行情。

要尽量以当日收盘价成功放量突破前期平台、趋势线、均线、高点、颈线、筹码成交密集区,以及大阴线的顶部等幅度超过3%以上、时间超过3天以上为最重要的标准。

在选择突破方向后,被突破的对象会发生反向变化。压力变支撑,支撑变压力。在突破后的回踩中需要注意这些支撑或压制的作用,这也是我们需要3天时间来确认的意义。在主力突破以后,回踩也可以洗掉浮动的获利筹码,释放抛压,当然也存在很多不回踩直接突破的情况,可以实时追进。所以也应该根据当时盘面的行情强势程度来随机应变，切勿刻舟求剑式地生搬硬套、机械使用。

第十节　一波指数行情中的一些涨幅倍数规律和时间规律

一波指数的长线超级大牛市中，符合各时间周期四位一体指标体系放量全多头的极强势的龙头板块当中的龙头股的累计涨幅没有低于10倍的。一波指数的长线超级大牛市中，符合各时间周期四位一体指标体系放量全多头的极强势的小盘股的累计涨幅没有低于10倍的。换言之，符合各时间周期四位一体指标体系放量全多头的极强势的龙头板块当中的龙头股的累计涨幅没有超过10倍以上的话，一波指数的长线超级大牛市不会轻易结束。

例如，创业板指数从2012年年底见底上涨到2015年5月见顶回落的这一波长线超级大牛市中，符合各时间周期四位一体指标体系放量全多头的极强势的龙头板块当中的龙头股的累计涨幅超过10倍以上的有30多个个股。有的甚至超过了40多倍。

例如，上证指数从2005年6月见底上涨到2007年10月见顶回落的这一波长线超级大牛市中，符合各时间周期四位一体指标体系放量全多头的极强势的龙头板块当中的龙头股的累计涨幅超过10倍以上的有130多个个股。甚至超过100多倍的也有好多。

一波指数的长线超级大牛市不会在12个月内结束。一波指数的长线超级大牛市不会在日线、周线、月线的CMRSI顶指标当中的RSI1指标数值都还没共同到过90以上就结束的。

例如，上证指数从2005年6月见底上涨到2007年10月见顶回落的这一波长线超级大牛市中，整个震荡上涨的牛市延续了29个月。上证指数从2013年6月见底上涨到2015年6月见顶回落的这一波长线超级大牛市中，整个震荡上涨的牛市延续了25个月。

每一波指数的长线超级大牛市，在日线、周线、月线的CMRSI顶指标当中的RSI1指标数值都经历过共同到过90以上不少于3次以下结束的。

通常而言，一波日线级别的上升行情，在MACD指标的DEA线数值没有拐头向下之前，不要轻易地说一波短线上涨行情结束了；反之，在一波日线级别的下跌行情中，在MACD指标的DEA线数值没有拐头向上之前，不要轻易地说一波短线下跌行情结束了。

通常而言，一波周线级别的上升行情，在 MACD 指标的 DEA 线数值没有拐头向下之前，不要轻易地说一波中线上涨行情结束了；反之，在一波周线级别的下跌行情中，在 MACD 指标的 DEA 线数值没有拐头向上之前，不要轻易地说一波中线下跌行情结束了。

通常而言，一波月线级别的上升行情，在 MACD 指标的 DEA 线数值没有拐头向下之前，不要轻易地说一波长线上涨行情结束了；反之，在一波月线级别的下跌行情中，在 MACD 指标的 DEA 线数值没有拐头向上之前，不要轻易地说一波长线下跌行情结束了。

一波指数的中线上涨或反弹波段大行情中，符合各时间周期四位一体指标体系放量全多头的极强势的龙头板块当中的龙头股（刚上市开始交易的新股除外）的累计涨幅没有低于 3 倍的。一波指数的中线波段大行情中，符合各时间周期四位一体指标体系放量全多头的极强势的小盘股（刚上市开始交易的新股除外）的累计涨幅没有低于 3 倍的。换言之，符合各时间周期四位一体指标体系放量全多头的极强势的龙头板块当中的龙头股的累计涨幅没有超过 3 倍以上的话，一波指数的中线波段大行情不会轻易结束。一波指数的中线波段大行情不会在 3 周内结束。一波指数的中线波段反弹行情或上涨行情不会在日线、周线的 CMRSI 顶指标当中的 RSI1 指标数值都还没共同到过 80 以上就结束的。

那些主流板块当中的跟风股在一个稍微有点量价配合力度和持续度的反弹波段中，或在一个稍微有点量价配合力度和持续度的上涨趋势过程中的上一个台阶的拉升过程中，其拉升幅度也不太可能低于 30% 涨幅的。所以只要有一波指数的反弹行情或上涨行情出现了，你只要及时在当时的主流板块当中的个股当中，随便买入一个不是月线级别仍然坚定不移地往下走的，而是刚刚底部放量站上 5 日线，并且 5 日线已经拐头向上的个股，在其身上利用我在《四位一体操盘术》一书里教的高抛低吸的方法，也基本都能轻松地赚到起码的 30% 的无风险套利的钱。

第十一节 主升浪即将启动的征兆

要启动一波主升浪行情，总会在盘面上露出一些征兆。下面这些现象就是主升浪即将启动的信号：

（1）股价位置。股价有的是刚刚形成不同时间周期级别的四位一体指标体系放量全多头突破缩量震荡平台高点，有的是突破近 1 年内高点或突破历史高点，筹码分布图上表现为底部筹码单峰密集状态,股价站在筹码密集区线上方,筹码获利比例接近甚至多数就是 100%,平均成本非常接近现价。一般来说,当起涨点出现后,股价再次出现大幅度调整的可能性极小,偶尔出现的回调也可能是正常的洗盘走势,或是突破后的回抽确认过程,通常会在短期内结束(一般在一周左右)。在洗盘过程中,股价一般不会去跌破上升途中的 5 日线、更不太会去跌破上升途中的 10 日均线,极限位置应该在上升途中的 20 日均线附近结束突破后的回抽确认过程。即使有时故意击穿一下均线系统,也必须在 2~3 个交易日内拉回。

(2)上涨幅度。一波主升浪真正发动之前,其股价离开其最低价底部区间涨幅,一般已在 50% 以上,更有甚者个别股离开其最低价底部区间涨幅,已在 100% 以上才出现主升浪的。其股价离开其最低价底部区间涨幅不到 50% 的股票一般不会出现主升浪。极少数“妖股”则另当别论。

(3)K 线形态。在出现主升浪时 K 线形态为频繁地放量长阳或假阴真阳,与左侧未起之时的小阳小阴形成明显的气势上的不同。K 线沿大于 60 度的 5 日股价移动平均线上升,一般不会有效跌破也大于 45 度以上角度的 10 日和 20 日股价移动平均线。在大阳线突破之前,成交量必须出现过大幅萎缩,才可以说明做空力量几近衰竭,股价随时会出现向上突破的可能。如果成交量保持高度活跃状态,说明盘中仍有抛盘压力,往往容易形成下跌中继整理平台区域。在大阳线突破的当天和随后几天里,成交量必须持续放大,才能显示有主动性买盘不断地在介入,否则后市上涨高度有限,甚至会导致上涨行情提早夭折。

在大阳线突破之后,股价必须要有持续强势走强的气势,在大阳线突破之后,股价后期表现必须要有力度,不能表现得拖泥带水犹犹豫豫,突破后股价要能够迅速向上脱离该区域。如果第二天或随后几天里股价出现上涨乏力的弱势态势,要尽量及时减仓或离场等待其真正再度走强后再进场介入。

(4)均线形态。股价站在几乎所有均线之上,日线和周线甚至月线时间周期的短期均线组都呈多头排列,并且是呈现向上发散状态。

(5)成交量。成交量大于 5 日均量线和 20 日均量线,多数情况下 5 日均量线还大于 20 日均量线,5 日均量线和 20 日均量线基本上都是多头排列。在分时走势中,当天盘中交易大单与特大单急剧增多;成交手数要大幅增加;分时图均价线走势要强势流畅地多头向上做攻击态势。在出现股价和均价线不断向上攻击时,在分时走势中,要同步出现特征明显的典型的攻击式涨潮量峰波形强势结构特征。

(6)技术指标。60 分钟、日线、周线的 MACD 指标都是在 0 轴线以上多头排列向上的攻击形态,有很多个股在飙升之时其各时间周期的 MACD 指标还出现我所定义的"MACD 强势多头"状态。在日线图或周线图或月线 MACD 指标走势图上同步伴随着放量金叉或放量老鸭头现象出现。各时间周期 RSI 指标基本都在 50 以上的强势区上做多头攻击状态。

股价向上突破阻力位时,各时间周期最快的股价移动平均线一定要有大角度向上的气势,K 线和分时图均价线一定要有气势,要呈现干脆利落的强势表现态势,同时与其相邻的两个时间周期(比其小一个时间周期和比其大一个时间周期)的四位一体指标体系,要有强势的多头表现力度及时同步配合的。

(7)此时只要板块指数涨幅榜的第一版上有三个以上板块涨幅超过 2% 以上和平均涨幅最起码超过 1% 以上,只要更多的板块和个股满足 60 分钟四位一体指标体系放量全多头的现象。日线和周线上具有一定代表主动性买盘成交量意义的 MACD 指标当中的柱状体能够不断地持续向上推动,那就值得以迎接中线好行情的心态,去做好这波中短线震荡向上行情。

以上这些条件必须是绝大多数条件、甚至全部条件同时具备,才能产生一个完整的有效信号,才可能启动一波主升浪行情。

主升浪启动信号出现后,一旦被投资者及时发现并介入,当然是短期获得暴利的最佳时机,所以这种启动信号一直是广大投资者最关注的时点。

图 2-78 为 000672 上峰水泥在 2016 年 12 月 1 日出现了符合上文所有条件要求时的主升浪启动买点的日线级别走势示意图。

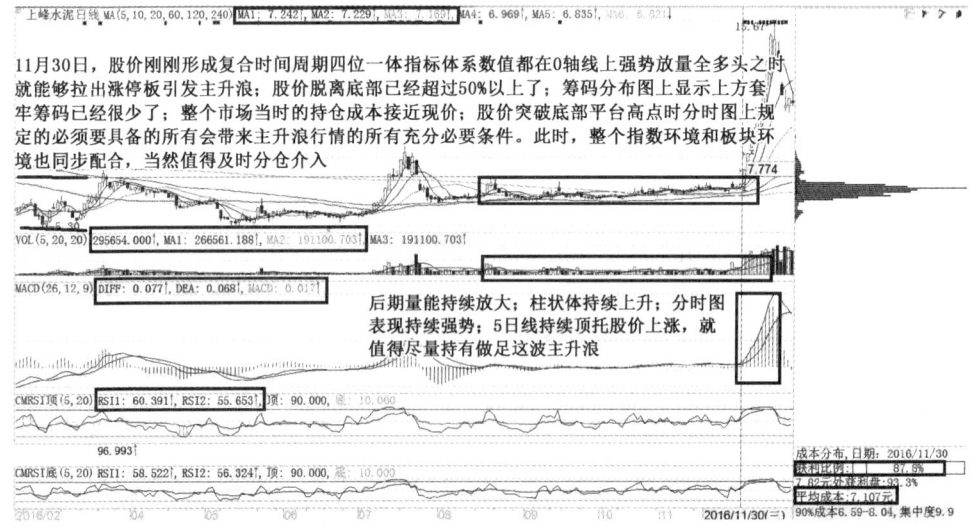

图 2-78

第十二节　主升浪的拉升规律和调整规律

因大势环境和状况不同、因个股的质地和题材不同、因股价的位置和走势不同、因庄家的获利目标和操盘手法不同,股价的主升浪拉升方式都有各种不同。依据实战对主升浪的规律进行了相关总结,发现主升浪的拉升方式基本上都选择的是 5 日线大于 60 度的直线向上拉升方式。

它表现在盘面上是股价飞速上涨,极少调整甚至几乎不调整,呈直线式上涨。采用这种方式拉升的庄家属于资金实力比较雄厚的。其之前在低位收集了大量的低价筹码,达到了高度控盘,操作手法极其凶狠,一旦上涨其势如破竹,任何压力位都一气呵成地连续攻击掉。既节省了资金,缩短了拉升时间,又可以打开上升空间。在日 K 线图上,常常连续拉出涨停,或连续出现"一字形""T 字形"式的最强悍 K 线,且连续跳空高开留下短期不被回补的缺口,形成一波"井喷"式行情,然后干脆利落地放出巨大换手抛清手中筹码潇洒地走人。有时经过快速的下跌后再反弹一波形成 MACD 指标的顶背离后彻底结束一波炒作。

其在拉升过程中,成交量通常都同步放得很大,但以跳空涨停形式出现时,成交量又经常表现出很小,不过这些极其强悍的表现又往往是说明庄家已经高度控盘了。这种方式大多出现在小盘股或中盘股,通常具备投资价值或有特大的利好题材作为支持,市场基础良好。直线向上拉升的股票一般都是市场中的"黑马",往往会使得投资者的追涨意识十分强烈。

这种拉升方式的庄家目的有三:一是一气呵成,急速拉高,产生坐庄利润,在高位实施出货;二是引发市场关注,诱导跟风盘介入,帮助抬轿拉高;三是若有重大利好支持,可防止消息泄露或来不及拉升而影响坐庄利润。

投资者对待这类个股时操作方法应该如下:这类个股启动前往往都有一个成交量极其萎缩的低迷期。当股价刚刚在四位一体指标体系走势图出现放量全多头现象就向上突破,或者以很小的成交量就能把股价拉到涨停且封盘不动,就应立即考虑跟庄进入,这是最佳进场时机。如果此时没有发现或没有来得及介入,而接着股价一开盘就涨停,根本无法买进时,也不必着急。这种拉升方式,由于速度快、涨幅大,庄家通常会在股价拉升过程中有若干次盘中单日短暂的回落整理洗盘走势的。可以在股价第一次回落到 5 日均线附近达到了极强势股调整到最低点买入法条件满足的时候进行买入,也可以在放量阳包阴时再及时买入。若是短暂的平台整理以后,在平台处再次放量向上突破形成了四位一体指标体系放量全多头之时,在其当时的分时图均价线附近,也可进行及时的分仓买入。

主升浪的调整规律一般是:因为股价一旦进入主升浪后,就开弓没有回头箭了,摆在庄家面前的通常都只有继续向上拉高的份,没有太多的回旋余地,否则他的坐庄计划就容易功亏一篑。所以在主升浪期间向下调整形态的回落幅度一般也不会太大,往往采取快速回调。洗盘调整时间快的当天盘中完成。上升途中调整的低点往往是在大角度向上的5日均线附近,投资者可以结合《四位一体操盘术》一书中关于抄极强势股调整最低点买入法的条件,将该点作为再次买入的参考价位进行短线操作。

采用这种调整方式的个股,调整时间绝对不可以长,不能超过2个交易日,不能连续两天在5日线下方。主升浪当中的洗盘调整一定要得到柱状体仍然是坚定不移地向上延伸来做保障的,如果调整过程中柱状体开始拐头向下了,那就不是极强势的主升浪股的盘中合理正常洗盘调整了。需要利用当天盘中冲高的机会赶紧先抛了再说了。

图2-79为002302西部建设在2017年3月20日到4月5日期间出现主升浪以后的盘中强势洗盘以及主升浪接近尾声时的高抛了结走势示意图。

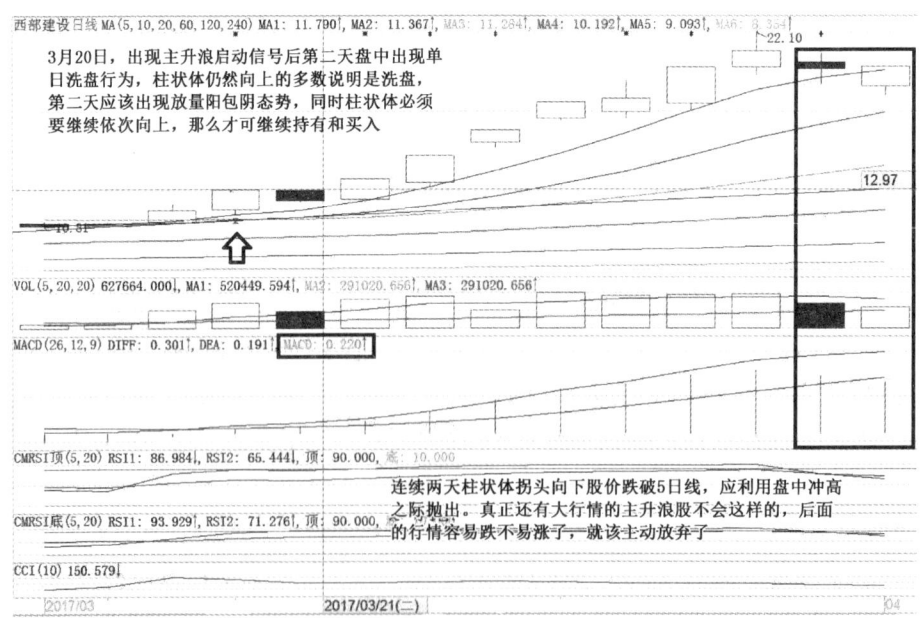

图2-79

第十三节　龙头股必须具备的条件

当发现领涨板块后,该领涨板块中符合下述所讲的龙头个股所必须具备的条件的个股即为龙头个股,实盘时要及时跟进操作。

龙头股值得我们进行操作和持有,那么我们又将从哪些方面甄选龙头股呢?可以按照以下八个标准进行甄选。

第一,优先考虑市场热点板块的龙头股,此类股票极易得到市场的青睐,最强也最安全。必须是板块整体启动,即必须是超级主力在幕后操纵,当龙头个股上涨时该板块个股全线上涨。如果仅是单个个股涨停而板块整体却在跌,则只能说明这只股是市场中的游资在单兵作战,不是真正意义上的龙头股。

第二,优先考虑新兴产业的高成长性小盘股,成长性投资已经成为当今世界成熟资本市场投资的共识。

第三,优先考虑公司即将迎来业绩拐点的股票,投资者只关心股票的未来。

第四,优先考虑股价较低的股票,股价一般不超过 20 元,利于主力资金拉升操作。个股流通盘不能太大,也不能太小,原则上我们不参与流通市值超过 100 亿元以上的大盘股的涨停(除非大盘确定进入牛市主升浪,才在绝对恰当的时候放大到不超过 300 亿元流通市值的个股的涨停板操作中去),因为盘子过大的股票拉升持续性不强。龙头股一定是出自于低价低位的,只有低价低位股才能得到大众的认同与追捧,从而在实盘拉升中尽量吸引到充分持续巨量的跟风盘。

第五,龙头股必须首先从涨停板开始,不能涨停的股票是不可能做龙头的。事实上,涨停板是多空双方最准确的攻击信号,是所有黑马的摇篮,是龙头股的发源地。

第六,龙头股上涨时最猛、调整时间最短、行情持续时间最长。龙头股正式启动了以后,一般都会起码持续梯级放量 3 日以上向上攻击。单日放量者不可能充当龙头。

第七,龙头股启动时必须同时满足日线、周线、月线这些时间周期的四位一体指标体系形成放量全多头现象,当然这些时间周期的 MACD 指标若都刚刚形成 0 轴线上的放量金叉或放量老鸭头那是更好的了。

第八,龙头股所隶属的板块一定是领涨龙头板块。该板块启动时领涨龙头个股必须涨停,且第一个涨停板就需越过短期压力位。龙头股通常在大盘下跌末端、复合时间周期指标数值都在极低位之时逆市涨停,提前见底,或者先于大盘企稳启动。

在实战中,我们需要坚持依据以上八个标准挑选龙头股,尽可能地兼顾到趋势性投资和成长性投资,只有两者有机结合,使用擒拿龙头股战法才能立于不败之地。

当某一板块、某一题材或某一概念启动时,必定会有一只股票率先起升并第一个冲上涨停板。此时,再结合狙击涨停板目标股的若干个选股标准,即可快速确定相应龙头股。这个选股标准就是:选择具备题材或概念的股票;选择某 1 日突然跳空高开并快速攻上涨停板的股票;选股价长期在底部盘整、未大幅上涨,目前刚刚开始形成多周期四位一体指标体系放量全多头启动的股票;选择强势主升一段时间后在强势整理末期而再次涨停的股票。

当市场处于强势格局中,尤其是在每个交易日都有 5 只左右的股票涨停的情况下,就可以大胆利用龙头战法狙击涨停板。但是在极弱势的市场中,尽量不要去追各时间周期四位一体指标体系有严重的反作用力现象的涨停板,做这种类型的所谓强势股短线被套的风险将大大增加。

图 2-80 为 000877 天山股份在 2017 年 2 月 7 日出现满足了以上所有条件时,跳出来"暴涨起点"系列模型"暴涨起点 3"预警信号后,形成的一波主升浪行情的走势示意图。

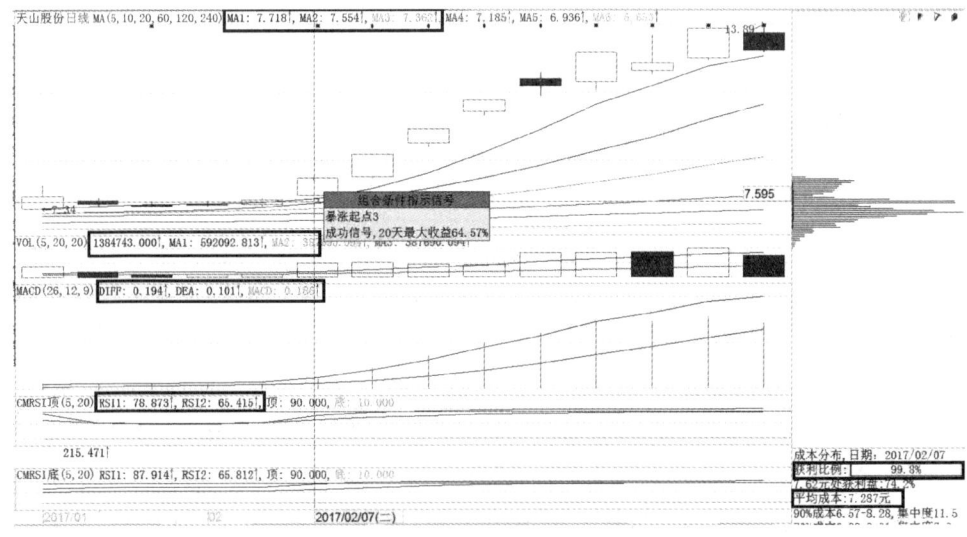

图 2-80

第十四节　狙击龙头一号股的战法

要确定一个板块是否具备较好的炒作价值和较强的联动性，主要是要看当天同一板块是否有多只股票涨停，有多只同板块的股票大涨，这个板块是很有希望成为短期炒作热点的。

要操作一个主流板块，自然应该重点狙击这个板块当中的龙头一号股啦。在当天同一板块3只涨停的股票中，哪只股票最先涨停，往往就会被市场确定为龙头一号股。在最初的炒作中，一般哪只股票最先涨停，市场就确立其为龙头一号股进行大幅炒作，当龙头一号股的涨幅过高了，市场才会选择涨幅较小，具备较好题材的股票作为新的龙头股。

一般来说，担当一号、二号龙头股的，其流通市值相对都比较小。而且它们启动的位置一般都是在长期调整之后的相对低位展开的，往往第一个涨停就站在了所有均线之上，往往第一个涨停时就刚刚形成或即将形成四位一体指标体系放量全多头态势。因此，即使不考虑该股所具备的题材因素，仅是从单纯的技术分析的角度出发，在该股出现第一个涨停之后就及时介入的风险也是较小的，较适合采取激进的涨停价买入法的位置去及时参与，即使在当时的最高暂时被套了，只要判断该题材具有较大的上涨空间，那么往往在经历了短暂调整一段时间之后，一般至少也还会出现第二波的上涨行情。前1日涨停的股票，即使在次日低开，也不一定就表示当天的走势就不佳，只要可以较为流畅有力地快速站回前1日的收盘价之上，而且大部分时间均在前日收盘价上方运行，那么走势往往也不会差。

一般而言，当天的分时均价线走势强不强、个股前期的涨幅大还是小、个股所具备的题材获得政策支持的力度大不大、大盘当时的市场人气强还是弱，这些因素跟个股之后的强弱度都有密切关系的。

个股具备的题材越强大，之前的涨幅越小，当时市场人气越旺盛，那么个股之后的走势往往也越强。

此外，在调整的过程中没有出现单日大阴线的调整形态更佳，而且启动前的最小量能往往至少要低于最近最大量能的40%以下才好，这样才表明调整可能快要结束了。

当然，突破的级别越大，通常后续的上涨力度也越大，持续的时间往往也会越长。

在突破长期重要阻力位之后，中长期持续大涨的股票第一次调整通常会在20日均线或是之前的重要阻力位上方附近获得支撑。只要20日均线或是之前的重要阻力位没有被有效跌破,日线或周线的柱状体没有拐头向下,那么后期走势就不用过于担心,后续还将再创新高的可能性就很大。

下面讲的这些方法是有助于大家在未走出连板上涨前,尽可能当天提前就知道谁是龙头老大的方法。

在实战操作中,投资者在主流热点龙头股未走出连板上涨之前,常遇到无法准确辨别哪只是未来的龙头股的难题,特别是同板块的两只个股同日涨停将如何分辨。下面,我根据操盘经验列举判断个股上涨趋势最强的一些基本方法,其中包括当下市场上涨趋势最强的个股判断,同板块多只个股哪只为龙头股的判断,供大家交流分享。

1. 连板数量

连板数量毫无疑问是判断个股上涨趋势最强的第一条法则,而无须考虑个股上涨过程具体的 K 线形态如何,这是判断当下市场个股趋势最强的基本准则,也是判断主流热点龙头股与跟风板块龙头股的基本准则。

2. 有无换手、最先涨停、开板时长、封量大小

个股当日涨停上涨强度的判断还依赖于当日有无换手率以及换手率的大小,谁最先冲击涨停板、封停,盘中打开涨停板的次数和时长,收盘封板量等参照指标。这是判断市场所有涨停个股和同板块个股涨停强度的基本方法。

3. 阳 K 线强于阴 K 线

按 K 线理论来说,阳 K 线表明多方力量大于空方力量;相反的,阴 K 线表明空方力量大于多方力量。所以,按这个标准,很容易判断出同板块个股谁的上涨强度最大。

预测强势热点概念中龙头老大股一波飙升的目标位的方法:简单来说就是:龙头老大股的重要的阶段性高点往往是该股第一次出现涨停的收盘价乘以 2 的位置。例如 600149 廊坊发展作为当时炒作的恒大系概念股的龙头老大从 2016 年 8 月 1 日第一个涨停板的收盘价 16.16 元开始,那它的一波目标位应该是 16.16 乘以 2 等于 32.32 元。结果它到其一波 DEA 曲线数值拐头向下前上升到了 36.58 元,超过了 32.32 元这个理论目标位。

这种预测方法仅适用于热点板块的龙头老大股,不适合热点板块的第二号、第三号龙头股,更不适用于热点板块中一般的跟涨股。因为一般的热点板块往往只有龙头老大股才具备在短期内翻倍的潜力。

图 2-81 为 600149 廊坊发展在 2016 年 8 月 1 日出现满足了本书所阐述的主升浪龙头股应该具备的所有条件时,作为龙头老大股的理论涨幅和怎样判断一波

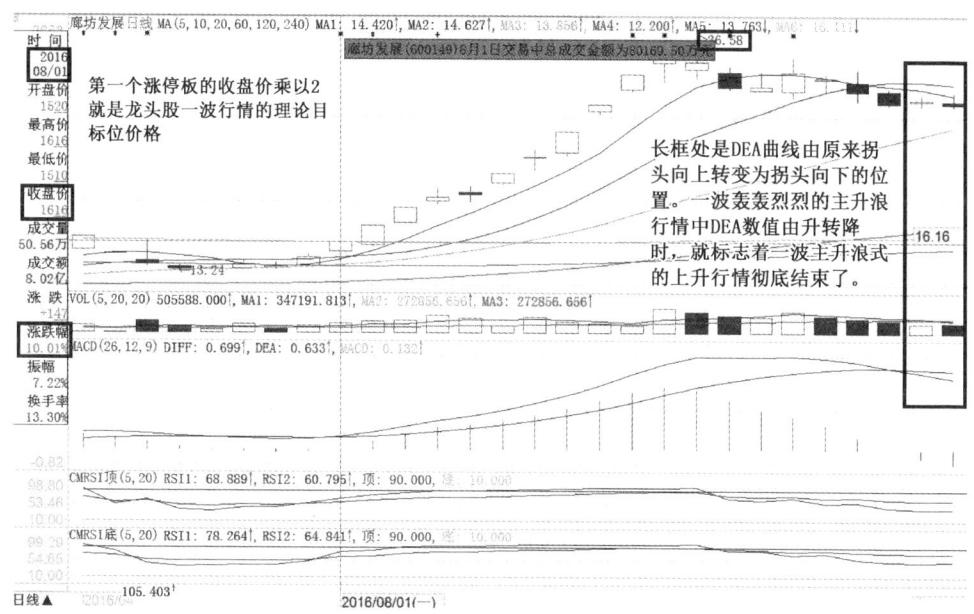

图 2-81

主升浪的上升行情彻底结束的测算走势示意图。

2017 年 2 月 7 日强势涨停开涨的 000877 天山股份作为当时的水泥股龙头从 2 月 7 日其第一个涨停板的收盘价是 8.44 元,那么 8.44 元乘以 2 应该是 16.88 元,结果它到其一波 DEA 曲线数值拐头向下前上升到了 16.29 元,离开其目标位 也只不过咫尺之遥(尽管后期它在日线图上又做了顶背离还是超过了其应该到的 目标位,但是我们测算的依据规则还是以其从第一个涨停板的收盘价到其一波 DEA 曲线数值拐头向下前上升到最高价为准的。这种规矩不能轻易改变)。

那么对于我们广大参与龙头老大炒作的散户来说,你在它三个涨停板之内去 及时介入,只要其后市柱状体没有连续拐头向下前、DEA 曲线数值没有拐头向下 前,短线只先想着赚它个 20%~30% 的钱不是不费吹灰之力了吗? 万一后面确实 越走越强,流畅的一波上涨让你赚够利润,你就当它是额外的惊喜,不是蛮好的吗?

第十五节 紧盯龙头三剑客做好主升浪

发现了主流热点概念龙头板块以后,就需要尽快在主流热点概念龙头板块里面找到"龙头三剑客"去择机买卖。下面就详细讲解捕捉主流热点板块当中的龙头股的买卖点方法。

（1）主流热点概念板块当中的"龙头三剑客"是一波上升行情中主流热点板块里涨得最好、最大的 3 个股票。当然此 3 个股票当中数龙头老大涨得更加厉害了。一般龙头老大一波上涨最起码 50% 以上到翻倍，更有甚者会翻几倍，但是龙头老二或者龙头老三的一波涨幅基本上只是龙头老大涨幅的二分之一甚至三分之一。所以我们在炒作主流热点概念板块的时候，尽量最先选择龙头股进行投机，在没有及时介入龙头股的时候才退而求其次选择"龙头三剑客"中的其他两个稍微差一点的龙头股进行买入炒作。

（2）主流热点概念板块在其最初强势启动的时候一定会有一个基本特点发生。那就是在其最初强势启动的瞬间会使得其板块指数的 4 个小时线、5 日线、4 周线同时以大于 60 度角度的方式飙升起来的。而且以后每次碰到强势启动的时候，其板块指数的 4 小时线、5 日线、4 周线都会同时以大于 60 度角度的方式飙升起来。板块指数涨幅榜、板块指数量比排行榜上，它一定会排在最前列的。同时其各时间周期四位一体指标体系也会稍微有点先后形成着放量全多头配合情况。当主流热点概念板块指数经过一个短期的震荡在其他各小级别时间周期 CMRSI 底指标当中的 RSI1 指标数值都到过 30 以内后，再度开始要放量上攻之际，必须要特别留意这个板块当中"龙头三剑客"的盘中表现。一旦"龙头三剑客"中任何一只股票率先在分时图上形成放量"四星上将"启动形态时，赶快在它们的 5 分钟和 60 分钟四位一体指标体系走势图上，去确认一下是不是正在形成放量全多头态势，如果其 5 分钟四位一体指标体系走势图上，已经确认形成了放量全多头态势，60 分钟四位一体指标体系走势图上也已经可以基本上确立正在形成放量全多头态势的话，就不要去买其他跟风股，而是立刻下单追涨这个板块的龙头老大。若因为龙头股已经快速涨停后，只能退而求其次买"龙头三剑客"当中的其他两只个股就是了。俗话说得好"擒贼先擒王"。这种追涨龙头股的方法，就是充分利用龙头股具有先板块启动而起、后板块回落而落的特点，进行的针对龙头股的反而安全系数高、有效性强、及时性准、可操作性高的选股操作模式。收益绝对远高于随意炒作其他跟风股。

一般而言，追涨龙头股每次 60 分钟四位一体指标体系放量全多头刚刚形成时的买入点为最佳。如果投资者错过了龙头股启动时的买入机会，也可以在其拉升阶段的第一个涨停处追涨为最佳。请大家永远牢记龙头股的第一个涨停最安全，第一个涨停后分时图上仍然呈现出量价配合非常强势的、复合时间周期指标数值并没有都超过 80 以上的、获得了各时间周期四位一体指标体系放量全多头配合的追涨买点也是比较安全的买点,后市它都最起码有一个中短线强势上冲的获利过程的。这足以使投资者能够有从容地获得短线良好收益和在"乐极生悲"最高点卖出法条件全满足之时在其波段最高点全身而退的机会。

最忌讳的是那些走势极其强悍的龙头股出现时,你老去犹豫这个题材到底靠不靠谱,它的真实性、有效性会不会有诈,它是不是只会有这点的涨幅,它是不是已经见顶了等莫名其妙不该你一个小散户整天胡思乱想的、没办法及时考证的问题。要充分相信任何一只极强势的龙头股,一旦出现它就绝对不可能一波只涨50%以内的。除非其上涨过程中整体市场环境突然变得特别恶劣,那就只能另当别论了。

对于没有用四位一体操盘术公式模型来做及时盘中预警的散户来说,在盘中明显发觉这个板块、这个股票是在四位一体指标体系放量全多头配合的情况下,有涨停启动的现象了,你可以观察它最靠近此涨停的 5 日线拐头向上前的低点价位到现在的价位之间振幅是否超过了 30%以上,若没有超过此振幅,它又是第一次或者最多第二次刚刚发生 5 分钟或 60 分钟时间级别的四位一体指标体系放量全多头现象后开始飙升起来的,你就仍然可以立刻在其均价线附近分仓买入。虽然它已经大幅上涨,但它超短线、短线仍然还会让你赚到一点快钱、猛钱的。大资金全力以赴去炒作的龙头股,绝对需要很大的空间才能获利顺利脱身。我们只要客观地去看它目前的走势是不是获得了 60 分钟、日线、周线这几个时间周期四位一体指标体系共同多头向上的顶托,其 5 日线、4 周线、3 月线是不是已经都大于 60 度角度向上运行了,这是很关键和很重要的一个确认标准。它在获得了 60 分钟、日线、周线四位一体指标体系共同多头向上的顶托向上放量攻击的时候,其 5 日线、4 周线、3 月线也已经都大于 60 度角度向上运行了,其这几个时间周期的 CMRSI 顶指标当中的 RSI1 数值,还没有共同达到"乐极生悲"模型这种最高点卖出法所要求满足的数值前,那就仍然可以在其当时的分时图上的交易重心附近进行分仓买入。在"乐极生悲"模型所要求的条件没满足前不要轻易抛了它就可以了。

我一直在反复告诫大家一个最简单的规律:为什么在上升过程当中看见其各超短线、短线、中线、长线指标周期都四位一体多头向上时要敢于及时介入?那是因为"春江水暖鸭先知"!任何一次指数或个股的大行情要爆发前,庄家主力一定是第一时间掌握信息的!一定是他们在筹码资金各方面准备工作万事俱备都到位后,决定要拉升时,才不顾一切地奋力暴涨发力的!其各超短线、短线、中线、长线指标周期四位一体指标体系都呈现放量多头向上的初中期是没有系统性风险的!

这种形态特征表现是靠庄家主力自己真金白银打出来的！是不可能存在骗线的可能性的！此时是主力庄家最容得和跟风盘一起哄抬股价的阶段，是庄家主力最容易、最难得让大家一起赚钱的阶段。

只要这些龙头股在暴涨阶段，它的成交量是一天比一天大的，它的后一天的最高价都是比之前的最高价高的，它的后一天的分时图均价线位置都是比之前的分时图均价线位置高的。只要这些龙头股在其暴涨阶段都是沿着大于 60 度角度上扬的 5 日均线、4 周均线、3 月均线大幅飙升的，只要没有盘中跌破 5 日线都仍然可能再创新高的，即使盘中跌破 5 日线只要半小时内又能够放量收到 5 日线上方并且不再在当天再度跌破 5 日线的话，它就仍然有再创新高的可能。任何一只大幅拉升的股票，肯定会沿着 5 日均线不断攀升，即使偶尔回落到 5 日均线之下，也会很快复位继续上涨（一般而言，在其没有满足"乐极生悲"模型卖出条件前不要轻易卖出。就算其跌破 5 日线你卖出了，万一这只个股确实后期走势非常强悍，后期迅速又放量站上了其上升过程当中的 5 日线，或后期迅速又产生阳包阴走势了，或后期迅速又放量让其小一个时间周期的四位一体指标体系形成全多头排列之时，那是需要及时再在其当时分时图的交易重心附近分仓买回来的）。

股票进入真正的主升浪阶段，股价是会不断地采取以连续涨停板或连续的大涨小回式快速震荡上涨方式进行急速拉升的，不会出现涨一天跌两天的状况的。大资金采用快速拉升才可以减少拉升成本，大资金跟我们散户一样都是奔着赚差价的盈利目的进场买卖股票的。其在相对中位、低位反复折腾进的筹码，是有价格成本的，是有风险成本的，是有时间成本的，是有利息成本的。其要赚钱就必然要经过大幅拉升股价，吸引住跟风盘人气，然后在相对高位或上涨到其平均筹码成本获利超过 30％，才抛给被疯狂上涨激发起愿意参与疯狂的击鼓传花游戏的、蜂拥而入愿意接盘跟风炒作的散户的。只有等到其抛得差不多了，或其抛完了而高位接它盘的跟风人接不了、接不完其抛的筹码，而其也不再去维护股价的上涨后，才开始自由落体般的拐头向下开始下跌趋势了。

如果你看见了它出现了中短期 CMRSI 顶指标当中的 RSI1 数值都到了 90 以上的极高位之后出现了满足条件的"上豁口"，出现特别经典的见顶 K 线之时，收盘前一刻跌破了其上升过程当中的 5 日线，或跌破了最靠近其目前 K 线前一根有量有实体的中大阳线的交易重心，或其小一个时间周期的四位一体指标体系当中基本上已经形成全空头排列之时，则先不管三七二十一就立刻利用盘中反抽机会抛清该股再说！此是倒真的是当务之急、重中之重的第一反应砍仓操作了。

在龙头股经历了一波极其强势的中短线大幅拉升后，都会有一次强势回调整理期。即使最强劲的龙头股行情，中途也会有整理过程。这期间投资者若要想参与此龙头股今后的操作，须要耐心等待和把握其休整好后再度启动之际的中短线投机机遇。一般而言，当龙头股的 20 日线已经空头排列后，一定要最起码等到其 60 分钟时间周期级别的四位一体指标体系出现放量全多头之际，并且得到日线和周线级别的 MACD 指标当中的柱状体同步向上运行的时候，才可以在其当时的分时图交易重心附近分仓下一笔买单。然后在其再度上涨过程中重点关注抛点的产生和止损点的产生来及时落袋为安。而在龙头股已经明确超短线（60 分钟）、短线（日线）、中线（周线）的 MACD 指标图上的柱状体同步见顶回落向下运行之时，投资者不必盲目追涨买入。此时买入容易超短线、短线、中线甚至长线先被套。被套的日子总归是不好受的，没必要此时去承担风险、承担痛苦、承担损失。

这种操作模式的主要风险在于，其成功与否取决于龙头股能否顺利封死涨停。若是不能，二号龙头股往往也会随之回落；反之，二号龙头股往往也会有一定的涨幅，在市场人气较旺时，很有可能也封死涨停板。

若是同一板块中已经有两只股票先后封死了涨停板，马上找出该板块中涨幅第三大的股票，若是有两只股票的涨幅相差不大，就选择大形态较好、量比大、走势流畅、流通盘较小的股票马上买入。此为"龙头三剑客买入法"当中迫不得已这样做的，也是"先上车再买票"的一种方式。不过在第二天还是要准备一些资金及时找机会切入一号龙头股里面去。

一个题材概念究竟具备多大的炒作价值，在炒作初期不是我们哪个人能够判断得清楚的。很多情况下，往往在大盘阶段性下跌末期或大盘阶段性上涨的初中期，会出现题材概念股较好的操作机会。往往每一波主流热点都会先于大盘启动。指数的企稳或拉出一波上涨行情，通常都是必须要靠一个有持续性和爆发力的飙升板块去做先锋的！依据热点板块的表现情况，才会使得大盘或很快阶段性见底，或产生一波向上拓展空间的行情。它的炒作结果和当时大盘的位置、当时市场的人气强弱、这个题材的级别性质、龙头股的大形态以及启动时的位置，以及庄家主力们今后一段时间内主动性买盘成交量是否持续释放等各种因素有密切的关联。各方面条件只要基本都具备了，那它后期就一定能出现连续大涨甚至连续涨停的情况。我们只需先进场再说，此时需要"不怕做错就怕错过"的大无畏革命精神。必须抱着反正大不了跌破 5 日线止损就是的执行纪律的果断底线，先参与进去再说。由于篇幅关系本节案例不再作图例说明了。请对照书中前期所有极强势龙头股的上涨前、上涨时、震荡过程中、下跌回调时的图例，以及对照任何年份的行情龙头股，按照本文所阐述的全部内容仔细观察体会领悟。

第十六节　操作涨停板和龙头股以及主升浪的诀窍

买入了强势启动的涨停板和主升浪的股票以后,通常有三种盘面现象:一是涨停板或主升浪形态出现之后立马拐头向下弱势运行;二是涨停板或主升浪形态出现之后缩量横盘震荡整理;三是涨停板或主升浪形态出现之后继续保持强势向上的运行格局。显然,第三种情况是最强烈的盘面表现形式,这是引发主升浪不可或缺的最强走势。

如果涨停板或主升浪形态出现之后股价一直在这根启动大阳线的三分之一位置之上强势运行,一直维持在大角度向上的5日线上方运行的话,并且不断地保持着新高不断,低点也不断抬高,说明市场依然保持强势状态,说明空方力量处于下风,多方已占据绝对的盘面主动优势。这种情况下后市股价绝对值得看高。若后期股价没有明确收出经典的见顶K线组合;小一个时间周期的四位一体指标体系走势图上没有出现任何明确的"顶部三宝"或"全空头"疲软态势现象;没有明确的满足之前所述的止损条件前,不要管盘面上怎么震荡,尽量以中线持有的思维和纪律去做买入和持有的操作。只要收盘价仍然能够处于依次抬高的中大阳线的三分之一位置之上、仍然能够处于依次抬高的5日线之上,四位一体指标体系走势图上仍然没有出现任何疲软态势现象,则说明市场总体还是保持着强势的格局,后市还是能够维持震荡盘升走势的。即使盘中有想T+0操作的想法,也尽量最多以半仓的方式去进行,不要轻易把它做飞掉。甚至可以依照大角度向上的4周线为止盈止损位来做中线波段保障。即只要收盘不跌破大于60度角度向上的4周线、周线的MACD指标当中的柱状体没有拐头向下之前、5日线没有拐头向下之前不要轻易抛出一股。

只有在那些非常确定的风险阻力位即将到来之时,才需要适当多关心一下是不是有分时图或60分钟级别走势图上,出现了没出明确疲软的信号,来决定是不是主动调整一下筹码和现金的比例。即使主动卖出了仓位,等到风险短暂释放好以后,在其分时图和5分钟以及60分钟四位一体指标体系走势图上又出现转强的四位一体指标体系放量全多头买点信号之际,仍然第一时间再将它买回来。

一般而言,如果处于底部吸货区域、中途整理区域、日线、周线、月线级别的CMRSI顶指标数值在中高位区附近的、现价就在庄家持仓成本20%以内的,若此时其向上突破则真突破的概率较大。若处于极高位派发区域,日线、周线、月线级别的CMRSI顶指标数值都在极高位区附近的、现价在庄家成本20%以上的,此时其向上突破，则其假突破的概率就较大。

已经经过充分蓄势整理了以后，再对诸如三角形整理、楔形整理、旗形整理、箱体整理等形态进行放量突破的话，往往都会是有效突破。之后更容易获得再加速向上运行的结果。特别这种时候还得到大盘偏强势以及政策面、基本面偏强势配合的话，更是会锦上添花、意犹未尽。

一般来说，在突破前期高点时，至少要大于前期顶点时的成交量，且在突破点之后还要持续放量一段时间，这样才能够相对表明突破有效。但如果突破时成交量比前期高点还小，突破后即缩量，分时图上均价线也迅速疲软，则说明此突破为假突破的可能性较大，此时倒确实是应果断卖出股票，降低仓位。

如果个股突破之前放量上扬，拉出中大阳线，而突破时放量跳空，则可信度较高，正常情况下在市场大幅度上升的同时，成交量也应大幅度增加，这说明市场承接方对股价的向上还是很有信心的。

一般而言，如果突破后连续两天股价继续突破后向上方发展，这样的突破就是有效的突破，同时突破后第二天分时图上仍然能够表现出非常完美的量价配合的强势态势的，说明突破是有效的。若第二天的交易价是在突破日当天的交易重心下方疲软地运行的，那多数说明此次突破是假的，应及时做空。

大家都必须明白，在牛市中，每一个中期向上波段的低点都基本上是高于前一个中期向上波段的低点的规律性的道理。

所以，只要每次在5日线和日线MACD走势图上柱状体同步和5日线一起拐头向上的前期，股价K线走势图上的那两个最低点所组成的不断抬高的低点连成的上升趋势线是在不断上升的，只要股价都在这条短期上升趋势线上运行的，此时就应该充分利用其波段上涨行情尽量赚足钱。

要特别注意的是，周线发出的信号往往慢于日线，所以应该以日线趋势为主。如果4周线和MACD指标的柱状体都在向上过程中，5日线和MACD指标的柱状体也都在向上过程中，60分钟四位一体指标体系没有产生弱势态势前，则中期上升趋势就不会轻易结束。

这些短期低点也好、中期低点形成之时也好，往往在走势图上很容易看见此两个低点拐头向上之时，MACD指标当中的柱状体都有明确的放量拐头向上现象做确认的。

知道了股价运行的规律后，最重要的就是利用这些"趋势拐点"来安排仓位和设置买卖点、止盈止损点了。要执行好各自级别的趋势行情安排节奏，不要自己再去搞乱自己的操作力度和节奏。牛市要不怕涨、涨不怕。

　　我们必须要养成"不在上涨趋势当中分析哪个点位是最高点，也不在下跌趋势当中分析哪个点位是最低点，而是去分析上涨或下跌趋势是否会结束或已经结束"的良好思维习惯。这才是科学的、有效的分析判断手段。

　　趋势理论的运用价值就在于：对于一段比较明显的上涨或下跌走势，要判断股价是否改变弱势格局，要看反弹的高点是否超过了上一波反弹行情的高点。判断股价是否已经结束强势行情，要看回调的低点是否已经击穿了上一次回调的低点。

　　这与习惯性思维最为明显的区别就是：股价在运行上涨趋势时，最重要的不是去预先预测判断压力位置在哪里，而是要看支撑位置是否能够得到保护；而股价在运行下跌趋势时，最重要的不是预先预测判断支撑位置在哪里，而是要看压力位置是否有效起作用。这对于中长线行情和短线行情都是一样的。

　　一切从跟随庄家主力的实际操作节奏变化出发，具体问题具体对待。必须根据盘中走势的变化，采取不同的操作，趋势走好你就进场，趋势走坏你就空仓，趋势向上就买，趋势向下就抛，不同的走势，采取不同的操作方式。

　　任何事物运动都有普遍性，但特殊性难以把握。我们作为市场的跟随者，只能随着主力的千变万化来调整，除此之外别无他法。除非你觉得你所跟随的这个股票的庄家操作实在让你太不可捉摸，你可以选择"惹不起咱躲得起"抛了它不跟它玩，换一个你看得明白、跟得住的股票再去进行及时有效的买卖操作。

　　我们都知道：主升浪是指个股由震荡上升转变为快速加速上升阶段的走势，个股能出现主升浪往往是大资金在里面运作的结果。主升浪拉升速度快、涨幅大，是庄家拉出获利空间的重要手段。操作进入主升浪的个股能快速实现暴利。

　　一旦连续两根放量的中大阳线刚刚出现在复合时间周期四位一体指标体系全多头的态势下，基本上就可确定要运行一波加速上涨走势主升浪了。对于股票投资者而言，抓住股价上升趋势中的加速上涨波段，时间成本很低，一旦抓准了加速启动点，往往能够在短时间内获得巨大收益。

　　图2-82为002302西部建设在2017年3月17日和3月20日两天，连续放两根中大阳线后形成一波主升浪的走势示意图。

　　一般而言，底部形成强支撑确认之后，再获得四位一体指标体系放量全多头配合的加速上涨，就是主力明确地告诉市场：这个底部已经反转向上了。股价后续的走势往往就选择向上突破，很容易出现一波短线暴涨行情。

　　图2-83为601008连云港在2017年3月24日形成多周期的加速冲刺变轨向上现象，而后产生一波主升浪时的买点信号走势示意图。

　　有的个股原来是以小阴小阳盘升的主基调运行的，之后在四位一体指标体系

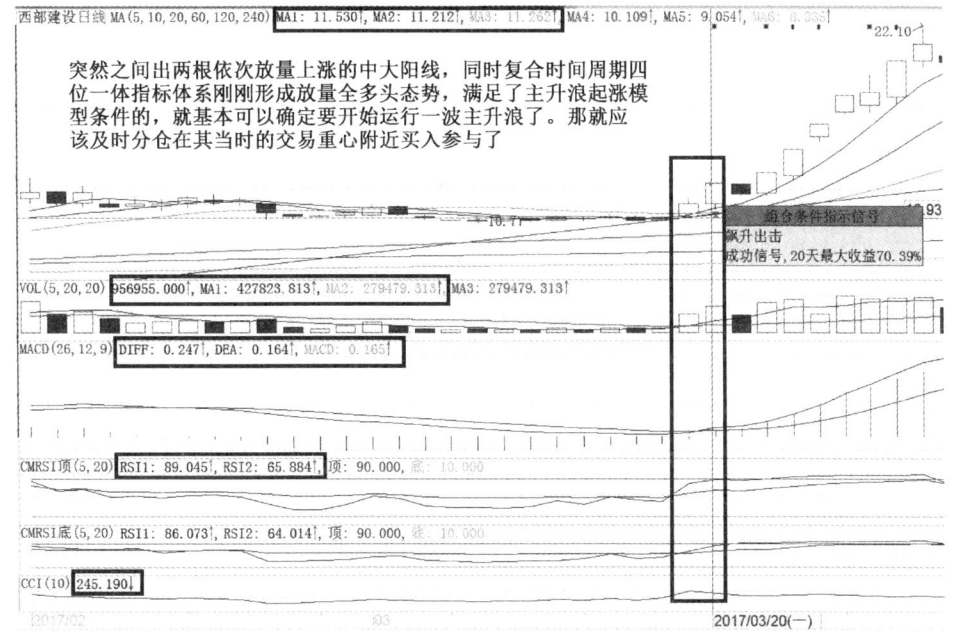

突然之间出两根依次放量上涨的中大阳线,同时复合时间周期四位一体指标体系刚刚形成放量全多头态势,满足了主升浪起涨模型条件的,就基本可以确定要开始运行一波主升浪了。那就应该及时分仓在其当时的交易重心附近买入参与了

图 2-82

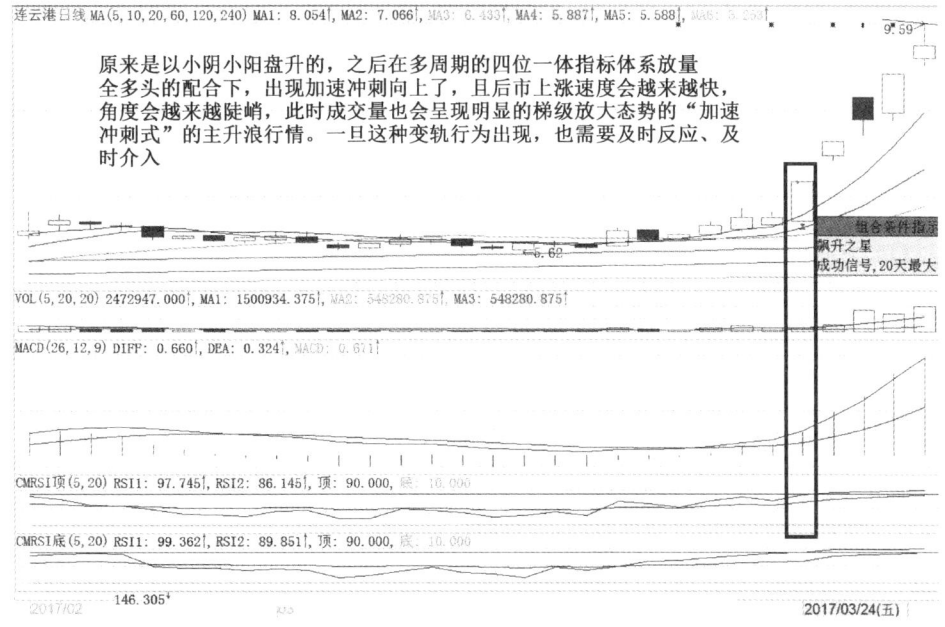

原来是以小阴小阳盘升的,之后在多周期的四位一体指标体系放量全多头的配合下,出现加速冲刺向上了,且后市上涨速度会越来越快,角度会越来越陡峭,此时成交量也会呈现明显的梯级放大态势的"加速冲刺式"的主升浪行情。一旦这种变轨行为出现,也需要及时反应、及时介入

图 2-83

放量全多头的配合下连续再一出两根放量的大阳线后,极易出现加速冲刺向上的主升浪。且后市上涨速度会越来越快,角度会越来越陡峭,此时成交量也会呈现明显的梯级放大态势。"加速冲刺"是上涨过程中最凶猛、最疯狂的阶段,也是最引人注目的过程,有时又往往会是上涨行情即将结束的时段。此时,如果满足了我《四位一体操盘术》一书中所说的极强势股最高点卖出法条件的"乐极生悲"模型所有条件的话,原则上就应该先及时抛股离场。

在此期间,也有些个股在日 K 线和周 K 线级别的四位一体指标体系走势图上都已经形成了放量全多头态势,构筑了一小波拉升态势后,突然出现一根大阴 K 线,但次日开盘迅速上涨形成放量阳包阴的这种个股,后市也会加速起飞的。

图 2-84 为 002302 西部建设在 2017 年 3 月 17 日至 3 月 22 日这 4 天内,出现主升浪启动信号,又经过单日洗盘后,再度呈现阳包阴拉升,最终完成一波主升浪的走势示意图。

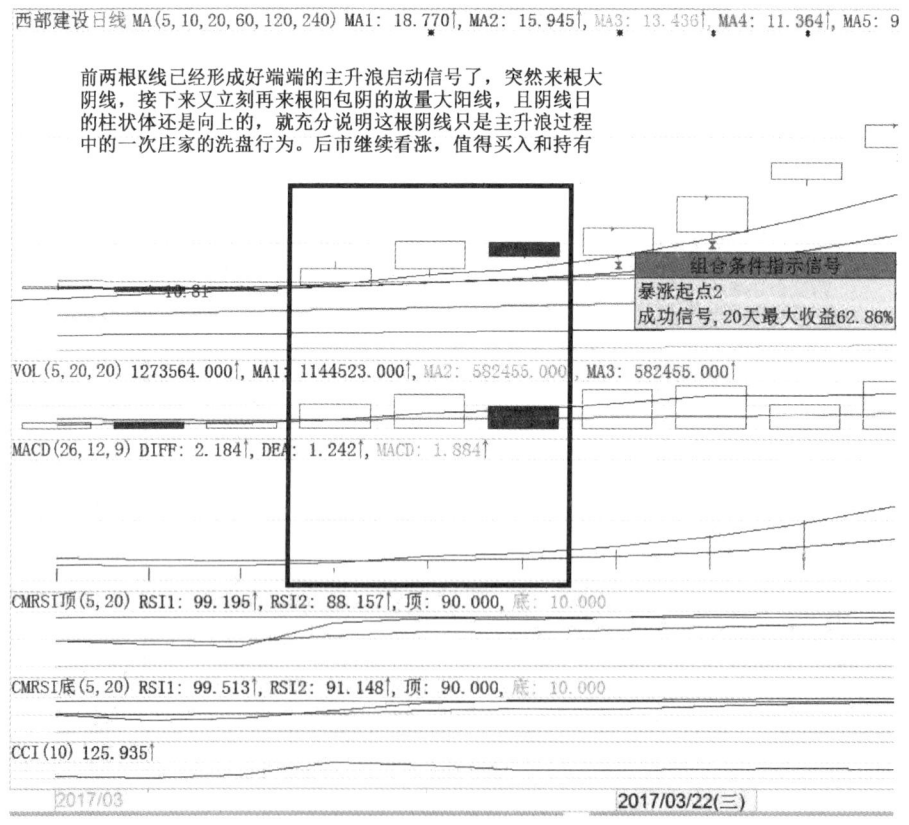

图 2-84

　　还有的庄家在股价本身已处于日K线和周K线级别的四位一体指标体系都已经形成了放量全多头态势了,但是个股还没有经历快速上涨,反倒先快速打压10%~20%的跌幅后,再用巨大的主动性买盘快速拉起,并迅速在3天内创出最近的一个高点,成功构筑一个"黄金坑"形态,日K线和周K线级别的四位一体指标体系又再度形成了放量全多头态势,这往往也是个股开始要加速拉升主升浪的标志。

　　图2-85为600874创业环保在2017年4月5日至4月26日期间,出现本身已处于日K线和周K线级别的四位一体指标体系都已经形成了放量全多头态势,但是个股在快速上涨过程中受到快速打压后,再用巨大的主动性买盘快速拉起,并迅速在3天内拉出更高点,成功构筑"黄金坑"形态,60分钟、日K线和周K线级别的四位一体指标体系又再度形成了放量全多头态势,出现加速拉升主升浪的走势示意图。

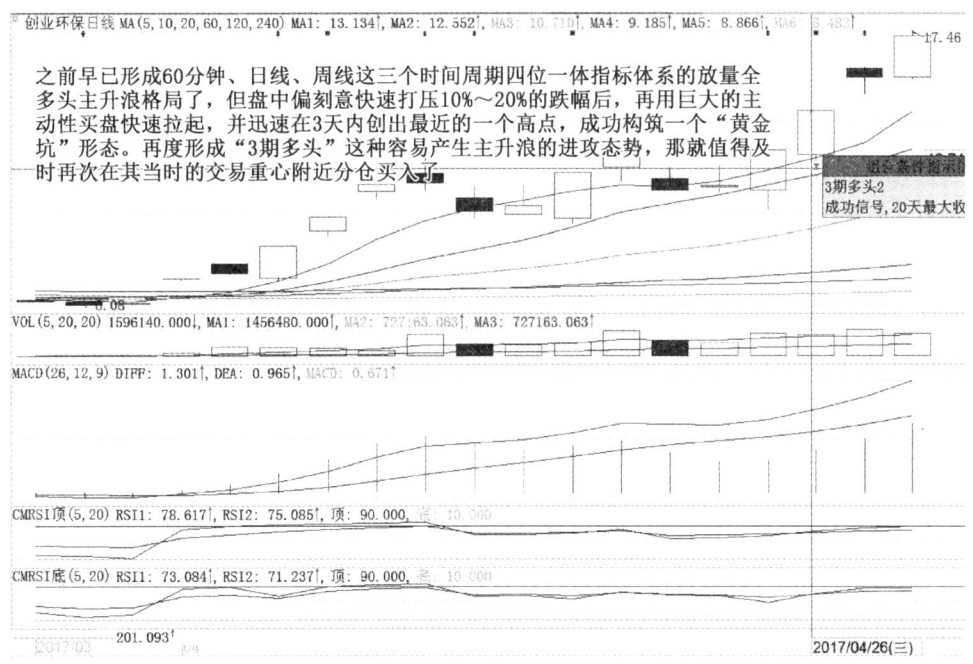

图 2-85

　　所以在四位一体指标体系放量全多头这个前提得以体现后,再加上5日均线、4周均线开始大角度上行这个动作,辅助于20日均线,20周均线也开始加速多头向上的角度上行的话,说明庄家拉高在即,主升浪开始了。股价由缓慢爬升转为加速上升,当日出现明显放量大阳线向上突破上升通道上轨线,日K线中上升趋势角度出现明显变化,这是股价开始进入加速上升的转折点。股价进入主升浪时,个股日K线的上升角度出现明显加速趋势。在跟踪上升通道个股走势时,对于那些股价出现放量大阳线向上突破上升通道时的品种,必须有足够的敏感和重视,往往意味着它们的大涨机会已经来临。连续的这两根放量大阳线就是判断加速上升行情是否展开的关键,把握好这一要点是判断主升浪的核心,也是我们开启财富之门的金钥匙。

对那些具备强势涨停基因的股票,使用涨停板战法时可胆子大一些、仓位重一些。对那些缺乏涨停基因的股票使用涨停板战法时就务必要慎重些。涨停基因是我们使用涨停板战法时重要的参考维度,这是基于对历史的尊重,虽然有些股票有时也可能莫名其妙地一改往日颓势,从不涨停的股票却突然来了个涨停板,但这是基因突变,是小概率事件,小概率事件很多时候是可以忽略不计的。

首先,选择要买卖的股票的股性一定要活跃,要正在大幅飙涨,或刚刚经历过一波底部平台启动涨幅没有超过50%、现在缩量回调以后刚刚再度放量出符合“四位一体操盘术”买点模型信号的个股。“炒股票就是炒概率”,股价平时表现一直是一潭死水式的,偶尔被动性跟随指数上涨而小幅上涨的股票,其走势通常都难有乐观表现的;相反,量价配合表现为健康完美的大起大落的个股,其股性已经被充分激活的股票,其背后的主力往往更为凶悍,上涨的惯性也会更大。

其次,一定要熟悉、了解、关注目前盘面形成的是什么热点题材。每天复盘对所有强势表现着的个股的走势要进行有理有利有节的分析和预判。复盘的目的就为了挑选出、理解、熟悉各个板块题材的龙头品种现在所处于炒作的哪个阶段,即将在接下来什么情况下进行怎样主动、被动的操作。

最后,选股时必须要首选各时间周期四位一体指标体系走势图上已经刚刚形成放量全多头的、同时确定已经放量突破有效的个股。

每天都要将两市涨停的股票加入自己的预警框中进行实时预警,一旦后市满足我“四位一体操盘术”一书中的买入条件,同时其板块和指数环境也具备良好操作环境时,就可以及时精准地进行买入。

一、识别股票大涨前的秘密

谁都想买到买了就涨而且是大涨的股票,但又怕掉入诱多陷阱,所以准确地判断拉升真伪尤为重要。那么出现哪些技术信号才可以采取行动呢?即使买不到第一个买点,第二个买点怎么把握?出现以下几个信号你就要注意了:

(1)当天出现跳空,涨幅超过5%,并留有跳空缺口。

（2）当天成交量超过近几天日均量的2倍以上，至少也要是近期最大量。

（3）5日均线上升角度接近或超过60度，越陡峭越好。如5日线和10日均线也变成大角度上扬则更佳。如长期均线也走平上翘，必须充分关注，可放手一搏，回报会相当丰厚。

（4）其月线、周线、日线的CMRSI顶指标当中的RSI1数值尽量不要都在90附近甚至以上，且此三个时间周期四位一体指标体系的各要素条件不能有明显的弱势反作用力，要都刚刚形成全多头态势或正在可以充分预期地形成全多头态势中。

（5）流通市值中小盘，这是因为出现这种K线组合，往往后面跟着连续的上涨，资金消耗很大，撬动大盘股需要的资金更巨，所以选择中小盘，成功率和涨幅都比较理想。

如果以上的几个条件都出现了，你就要准备行动了。

图2-86为002457青龙管业在2017年4月6日至4月7日期间，出现60分钟、日K线和周K线级别的四位一体指标体系形成放量全多头态势，开始拉升主升浪时的走势示意图。

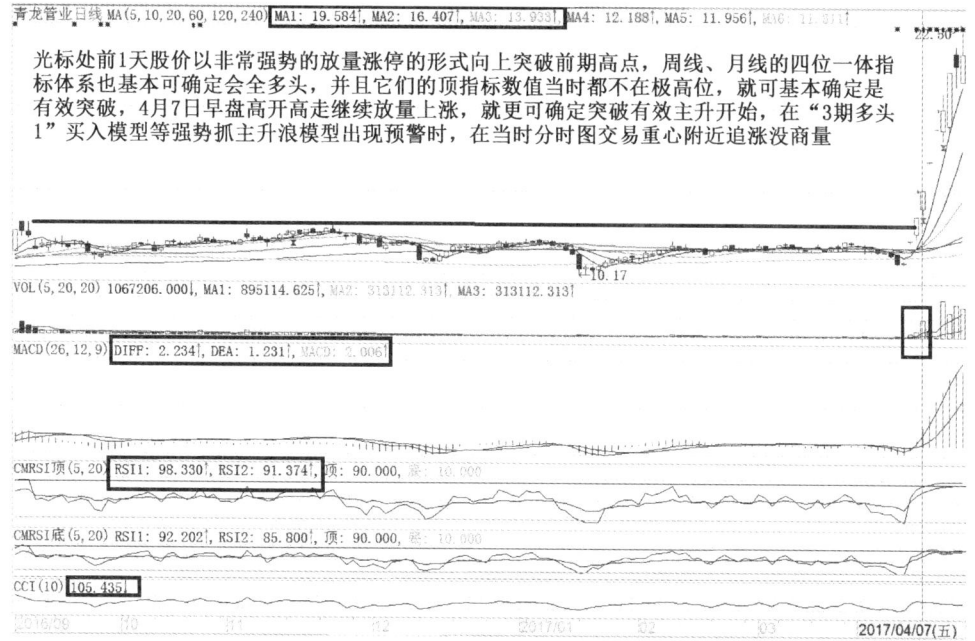

图 2-86

二、大牛股在上涨过程中换手率为什么都很大

在股价上涨过程中,人们因担心股价跌下来会使他们已经到手的利润失去,从而较快地抛出手中的获利筹码。所以在股价上涨过程中,成交量会不断变大,或者维持在一个较大的范围之内。而在股价的下跌过程中,人们又期望股价能够重新上涨,因而不愿意轻易抛出筹码。所以在股价下跌过程中,成交量会出现明显的下降。

通常,那些中短线极具爆发力的大牛股在它们上涨过程中的换手率都是十分惊人的,换手率多数都是超过 10％以上的,成交是非常活跃的。在其快速大幅向上震荡上涨的阶段抛盘很大,但是接盘更大。只是今天的买盘会变成未来潜在的卖盘,价格上涨越快,卖盘兑现的时间也会越短。随后市场往往只会出现两种情形:一种是随着价格不断地上涨,成交量开始萎缩,股价上涨的斜率会减缓,并最终形成头部;另一种是随着价格的不断上涨,爆出天量然后很快伴随着股价的大幅震荡,股价再没上涨的势头,转而形成经典的头部 K 线形态,形成四位一体指标体系的 A 形反转向下形态。

在成交量这个环节中,最重要的就是成交量的持续性和稳定性。正常情况应该是伴随着股价的节节攀升,所对应的主动性买盘成交量要持续向上演变。有的时候成交量会先急剧放大后又迅速萎缩到平日的低位量能水平,这样的量能变化往往会导致上涨行情迅速结束。当遇到这种状况时,若同时碰到日线级别的 MACD 指标当中的柱状体开始向下缩短,我们应该先进行离场操作,无论是亏还是赚。等量能和价格稳定后,再度形成新一轮四位一体指标体系的放量全多头之际并且其大一个时间周期的 MACD 指标当中的柱状体也在开始向上运行之时再及时进场买入持有。

股价有效突破历史新高后,将会到达什么样的更高位? 我通过长期深入的研究和总结,根据黄金分割线等的基本原理发现,通常突破后股价理论上可升至突破历史高点价格乘以 1.618 的价位。打个比方,此股票原来的历史高点价格是 10 元,则乘以 1.618 等于 16.18 元。计算出理论的高点后,多数情况都是会震荡上涨达到这个价位附近的。当然此过程中还需要根据当时市场情况来定,如果之后市场仍然属于牛市,那往往会涨过头,如果之后市场风向突变转为熊市了,那往往会到不了这么理想的位置,所以惯例不能当特例,同样特例不能当惯例。股价今后的走势和自己今后的止盈止损策略还是必须严格按照市场主力所作出的方向力度来决定怎么执行。

一般而言，上涨空间越大，持续时间越长；上涨空间越小，持续时间越短。通过对近10年出现的主升浪股票进行分析总结，我得出如下数据：通常情况下，一般股票的主升浪拉升幅度在50%左右，真正大幅上涨的天数在5～10天；较强势的一波主升浪拉升幅度超过100%甚至200%左右，真正大幅上涨的天数在10～30天。超级大牛市中极强势的龙头股的整个月线级别的主升浪可能达到4～5倍以上，时间在3个月以上。

通常，一只庄股的整体涨幅不小于1倍，流通盘较大的在80%左右。基本面较差又无可以看好理由的，在60%～80%。小盘股、热门股的涨幅预期较高，可能达到2～3倍，甚至4～5倍以上。庄家坐庄手法不同，其拉升幅度也有个性化差别。相对多数的个股是以一个波段接一个波段，或以一个台阶接一个台阶的方式去做拉升运作的。一个波段或一个台阶的拉升幅度在30%左右，然后以几个波段或几个台阶的总的幅度在1倍以上来完成一次底部进场、顶部离场的炒作的。

一个股票拉升的空间，取决于个股炒作题材、市场人气、股价定位、技术形态、股本大小、筹码分布、庄家成本和庄家获利目标等，其中庄家的意愿是决定性的。股价拉升幅度一般都可以参考一个股票从一波月线级别0轴线下柱状体拐头向上之前的底部最低价起算，然后按涨幅的30%、50%、80%、100%、150%或者200%以上来分别预计拉升可能到达的价位。

当然这只是一般的规律，大家在学习和运用的过程中，不能机械式地完全以此测算方法去进行波段操作。还是必须尊重实盘过程中主力庄家对行情高度的决定权，只要没有满足极强势股的"乐极生悲"卖出模型条件前，它的波段行情高点就仍然在向上拓展过程中。一旦这种最高点卖出法条件都得到满足之时，应该第一时间在盘中先落袋为安、抛筹观望为宜。当然有时主力庄家因为各种各样的原因突然在盘中改变了上攻的节奏，使行情提前夭折也是有可能的。那么一旦上攻过程中跌破了5日线、出现了经典见顶K线、要么放量开跌、要么连续两天以上持续缩量疲软后，在60分钟四位一体指标体系走势图上已经明确产生或死叉或顶背离现象之时，超短线、短线也就先抛股离场观望一下再说。

需要注意的是，判断主升浪行情上升空间的力度与空间的大小，应当以所依托的均线作为判断依据，主升浪一般都以5日均线作为上涨依托的，当股价有效击穿5日均线后，就意味着该波极强势的主升浪已经要休整了，或已经要结束了。如果一波主升浪行情当中，股价放量有效击穿了20日均线，且在3日内不能顺利放量再度站稳在20日均线上，那通常就意味着这波主升浪行情已经结束了。

第十七节　暴涨的几种先兆特征

一般情况下,暴涨有如下几种先兆:

(1) 刚开始上涨或经回调后刚一见底止跌开涨即以涨停形式上攻的后市极可能大涨。

(2) 大跌后或经持续缩量回调后刚开始上涨即放量大幅上涨的个股后市极可能大涨。

(3) 刚形成放量全多头开始上涨即立刻突破颈线的个股后市极可能大涨。

(4) 刚形成放量全多头开始上涨即突破盘区或创近期新高的个股后市极可能大涨。

(5) 不管是什么级别的底部一到,就能够在止跌后立刻出现持续放量强劲三连阳的个股后市极可能大涨。

(6) 在均线系统和 MACD 指标的柱状体走势图上共同形成放量老鸭头的时候出现强势中大阳线时,是即将加速大幅上涨的前兆。

(7) 在前高点附近震荡蓄势很久,然后在刚刚形成四位一体指标体系放量全多头的两天内就拉出放量强势涨停的个股,后市极可能继续上涨。

(8) 前一波流畅的强势上涨波段行情结束后,经过连续大幅的二浪回调,在日线和周线级别的 CMRSI 底指标数值都双双调整到低位后,再度形成 60 分钟或日线级别的四位一体指标体系放量全多头之际,就能够立刻出现强势大阳线甚至涨停板的个股,其后市往往还会像它前一波那样的凶悍上涨。

(9) 刚形成 60 分钟或日线级别的四位一体指标体系放量全多头之际,就能够立刻出强势大阳线,并排在涨幅排行榜前列的个股,其后市极可能有连续性的大涨行情出现。

(10) 在复合时间周期指标数值低位出现换手率接近或超过 10% 的中大阳线是即将会连续上涨的先兆。

(11) 发生后量超前量或底量超顶量的同时刚刚形成 60 分钟或日线级别的四位一体指标体系放量全多头的个股,其后市极可能大涨。

图 2-87 为 000877 天山股份在 2017 年 2 月 7 日时满足后量超前量和底量超顶量的同时,满足了图例中所述的其他相关条件后发生一波主升浪时的走势说明示意图。

图 2-88 为 000877 天山股份在 2017 年 2 月 7 日时满足后量超前量和底量超

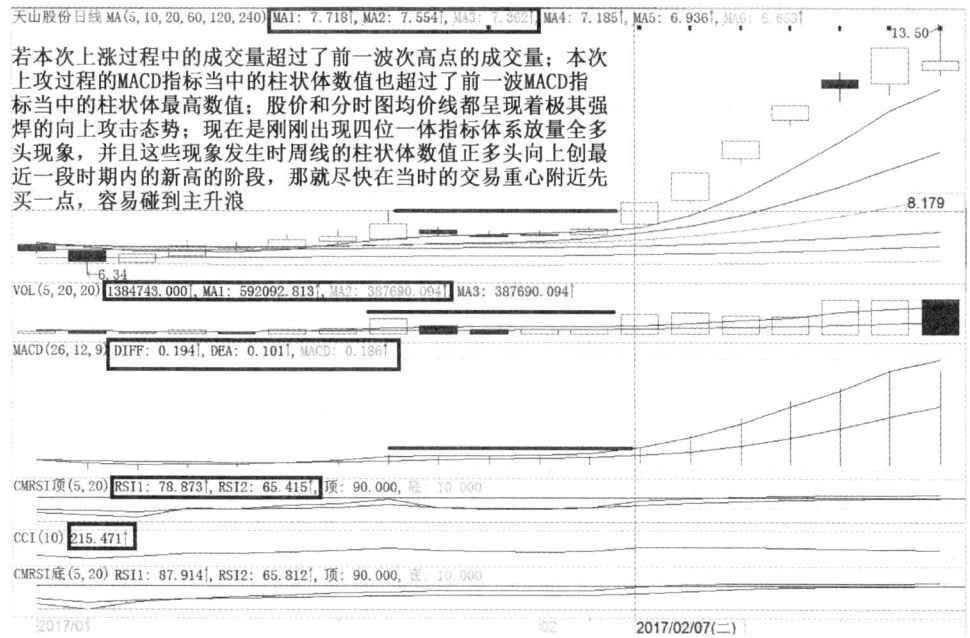

若本次上涨过程中的成交量超过了前一波次高点的成交量;本次上攻过程的MACD指标当中的柱状体数值也超过了前一波MACD指标当中的柱状体最高数值;股价和分时均价线都呈现着极其强焊的向上攻击态势;现在是刚刚出现四位一体指标体系放量全多头现象,并且这些现象发生时周线的柱状体数值正多头向上创最近一段时期内的新高的阶段,那就尽快在当时的交易重心附近先买一点,容易碰到主升浪

图 2-87

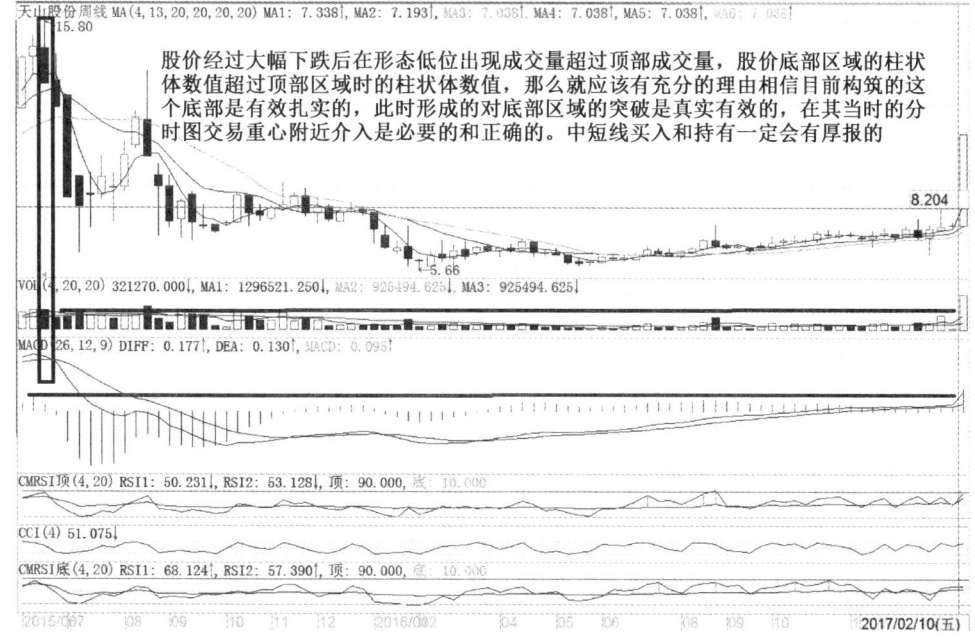

股价经过大幅下跌后在形态低位出现成交量超过顶部成交量,股价底部区域的柱状体数值超过顶部区域时的柱状体数值,那么就应该有充分的理由相信目前构筑的这个底部是有效扎实的,此时形成的对底部区域的突破是真实有效的,在其当时的分时图交易重心附近介入是必要的和正确的。中短线买入和持有一定会有厚报的

图 2-88

顶量的同时,满足了图例中所述的其他相关条件后发生一波主升浪时的周线级别走势示意图。

(12) 行情只有连续放量,才有可能一气呵成,迅速上涨。不能持续梯级放量,或放量形态松松垮垮、不紧密的,就只是一般的上涨行情了。

图 2-89 为 000877 天山股份在 2016 年 12 月到 2017 年 3 月期间不同成交量表现形态下的不同行情走势的说明示意图。

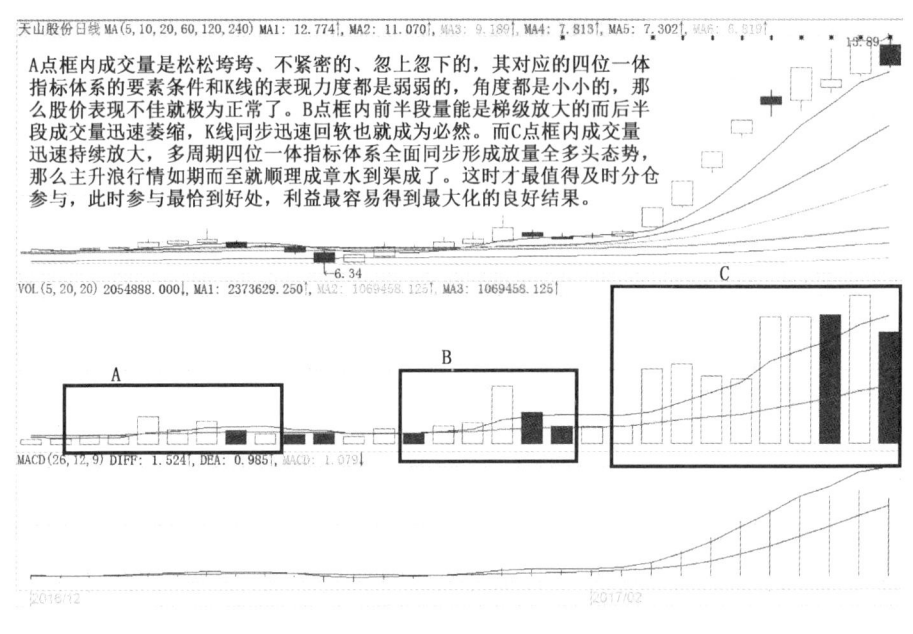

图 2-89

第十八节　及时把握板块启动和退潮信号

在证券市场中,板块炒作是有一定规律的。它的炒作节奏和起承转合的每一步,是受到国家产业政策的支持或打压与否、指数环境好坏与否、主力资金大力度进出与否、运行趋势的高低与否等综合因素密切影响的。一轮指数或板块的多头行情中,往往遵循从低到高顺序,一般需要经过三大波段以上的起承转合轮换波动向上的。引导指数向上的那些主力板块中的某一板块炒过头之后,会进入暂时的休整甚至下跌过程之中,而由另一主力板块很快接过领涨接力棒,继续引领指数维持热度或继续向上,直至所有主力板块都不同程度呈现根本性疲态以后,则指数的牛市也就可以确立结束了。只要大家掌握了板块轮动的规律，搭准了各板块运行的高抛低吸节奏，就可望从一个胜利走向另一个胜利。那么我们究竟如何在第一时间把握一个板块启动和退潮的信号呢？下面我抛砖引玉地从这几个方面跟大家阐述一下。

一个板块启动的信号主要有以下几点：

（1）看此板块目前是不是有利多政策或利多信息影响。在政策市中，利多利空政策或利多利空信息的影响是非常重要的。利多利空政策或利多利空信息，绝大多数情况下是可以直接影响到主力对指数、板块以及个股运作趋势的方向把握和节奏力度的。

（2）看个股涨幅榜。如果在沪深 A 股涨幅榜第一版中，某一板块的个股占据了四分之一以上时，并且连续一段时期都出现过这样类似的情况，这就可初步断定该板块目前是处于强势启动状态中的了。也可以直观地先去看板块指数涨幅榜，如果在板块指数涨幅榜第一版中，某一板块的涨幅和量比都排在靠前 10 名左右的，并且连续一段时期都出现过这样类似的情况，这就可初步断定该板块目前是处于强势启动状态中的了。

（3）重点看其板块指数的 60 分钟、日线、周线、月线级别的"四位一体指标体系"数值的位置高低和成交量的缩放涨跌的变化方向和力度。如果其方向都是向上的，则只要它们的数值不要都在极高位，就可以以积极乐观的心态在其当时的交易重心附近去进行分仓买入的动作了。在其没有出现"最高点卖出法"条件满足前和没有出现收盘价跌破 5 日线之前不要轻易抛出。有时候 60 分钟、日线、周线、月线级别的"四位一体指标体系"数值会有不同步，则要根据我《四位一体操盘术》一书中写的看其不同级别的趋势变化规律法则，去判断一下其属于是存在大级别顶部反制？还是大级别底部支持来指导实盘买卖操作。

（4）看其板块中大市值、中市值、小市值各一只代表性的个股的走势强弱变化拐点是不是基本同步，如果其大市值、中市值、小市值各一只代表性的个股的走势强弱变化拐点基本上都是同步的，则其板块启动以及能够获得中短线持续性上涨的信号会更加可靠有效。

一个板块衰落的标志有以下几点特征：

（1）看此板块目前是不是有利空政策或利空信息影响。在政策市中，利空政策或利空信息影响是非常容易致命的因素。利空政策或利空信息，绝大多数情况下是可以直接影响到主力对指数、板块以及个股的运作趋势的方向把握和节奏力度的。

（2）看上升空间。一般来说，一个个股主力从相对低点启动到相对高位派发，一个上涨大波段至少要有筹码获利幅度大于 20％ 以上的上升空间。如果在一个级别较大的多头行情中,某一主力龙头板块启动后,涨幅不足 30% 的区间内可视为相对低风险投机区;涨幅在 30%～50% 的区间内可视为相对高风险投机区;涨幅超过 50%,板块指数一般不太容易离开 20 日线超过 20% 以上的,如果超过了基本都可以认定为是高风险投机区。当某一板块股价进入相对高风险投机区附近时,就要警惕该板块的主动性买盘成交量是不是已经在开始萎缩? 上升 K 线的力度是不是已经在疲软? 如果即将或已经出现"最高点卖出法"条件满足、出现收盘价跌破 5 日线现象、刚刚出现 60 分钟的四位一体指标体系的全空头排列等现象时,需要及时抛出以回避即将到来的横盘整理或下跌风险。

(3) 看其板块的前 3 名龙头股的表现。若其板块的前 3 名龙头股大多数复合时间周期指标数值都到过极高位以后开始持续放量跌破 90 的顶线后,已经连续几天呈现缩量无力反抽的现象;顶部高点已经连续 3 天过不了,多项指标都呈现顶背离死叉的现象;20 日线和 DEA 线已经出现拐头向下的调整态势,说明该板块的中短线炒作已近尾声,调整已近在咫尺、迫在眉睫,快速有力的下跌阶段即将来临了。

(4) 看其板块中大市值、中市值、小市值各一只代表性的个股的走势强弱变化拐点是不是与板块指数的见顶节奏基本同步。如果其大市值、中市值、小市值各一只代表性的个股的走势的变化拐点基本上都是同步的,则其板块容易见顶的信号会更加可靠有效。

第十九节　连续会涨停的极强势股的识别和其主要的配套条件

寻找昨天涨停,今天再涨停的股票,要根据个股的实际状况,有时可用低吸的方式买入,但更多的时候需要用追涨的方式买入。这种涨停操作法操作的目标个股一定要是:指数环境当天不是比较弱的状态;当日开盘幅度适中,不过度高开,但也不能过度低开;其日线、周线、月线的四位一体指标体系和复合时间周期指标数值的技术状况良好。最重要的是分析上升趋势的持续性及攻击力度的持续性。我们应主要选择以下两大类股票:①出现突破性质的涨停,包括下降通道上轨被涨停板突破、上升通道的拐点涨停或上轨被涨停板突破、一般箱体的拐点涨停或箱顶被涨停板突破;②放量涨停处于关口位置,有望形成或进一步放量向上突破的。

涨停股有一个必要条件,即向上通道一定要完好,或者扭转本身的调整趋势的力度要大和坚决,向上发力的时候要得到所有四位一体指标体系强有力的放量多头向上的有力完美配合。能够连续涨停的股票，向上通道一定是完好的，但不是所有向上通道完好的股票都能连续涨停，这点需要投资者注意。一般情况下，股价以涨停的形式突破关键位置，之后再出现一次涨停，只要当时股价和均线以及四位一体指标体系的其他要素都是能够持续保持同步向上发展的，那么这样的股票在指数环境尚可的情况下，大多数都具备连续涨停的潜力。

再就是需要确认：①涨停板的次日高开幅度不能过大，可以有适当的高开，但是一旦高开 5% 以上，而后迅速就出现连续两波分时图上的依次向下的回调的话，操作风险较大宁可放弃；②低开超过 2% 以上的也需要谨慎应对，特别是低开低走的则需放弃；③开盘最好在昨日收盘价附近，集合竞价及开盘后头几笔成交单有明显放量，并于开盘后有满足"四星上将"分时图追涨模式拉升之时，在当时的交易重心附近及时分仓介入。

若一个个股某日放量涨停，且此涨停发生在重要关口即将突破的位置，且当日放量属阶段性天量。若刚刚形成日线级别的四位一体指标体系放量全多头现象就立刻出现涨停板，那基本上就可判断其次日继续涨停的可能性非常大了。

若一个个股某日放量涨停，且此涨停发生在突破较大级别箱体，各时间周期四位一体指标体系都是放量全多头状态了的话，说明其趋势正处于加速上涨之中，接下来其大幅上涨甚至再出涨停板的确定性更大。

图 2-90 为 603969 银龙股份在 2017 年 3 月 24 日和 4 月 5～6 日及随后几天里连续快速大幅拉升和再度回调时即符合本文所阐述的买卖要点的日线级别走势示意图。

若一个个股在不久前连续大涨甚至经常出现连续涨停板式的上涨，最近一段时间处于一个相对缩量横盘震荡的阶段，今天突然形成日线级别的四位一体指标体系放量全多头态势，同时立刻拉出了一根强势的大阳线或涨停板，且这根强势的大阳线或涨停板 K 线刚好突破前几天横盘震荡过程中的高点甚至两个以上的上升过程和震荡过程中的高点，那其次日继续大涨甚至涨停板的确定性就很大了。

若一个个股在不久前刚刚经历了一波出现过涨停板的中短线上涨行情，最近一段时间处于一个相对幅度也比较大的震荡下跌行情，这种之前刚刚强势表现过的个股在调整结束后，往往都会在其真正形成 60 分钟四位一体指标体系放量全多头之时，有机会再次出现涨停的。对这种个股需根据其回落过程中的迅速持续缩量情况，以及 K 线形态的止跌情况多加留意。一旦发现其强势形成 60 分钟四位一体指标体系放量全多头之时，要及时分仓在其交易重心附近买入，享受后期的涨停板或再度连续大涨。

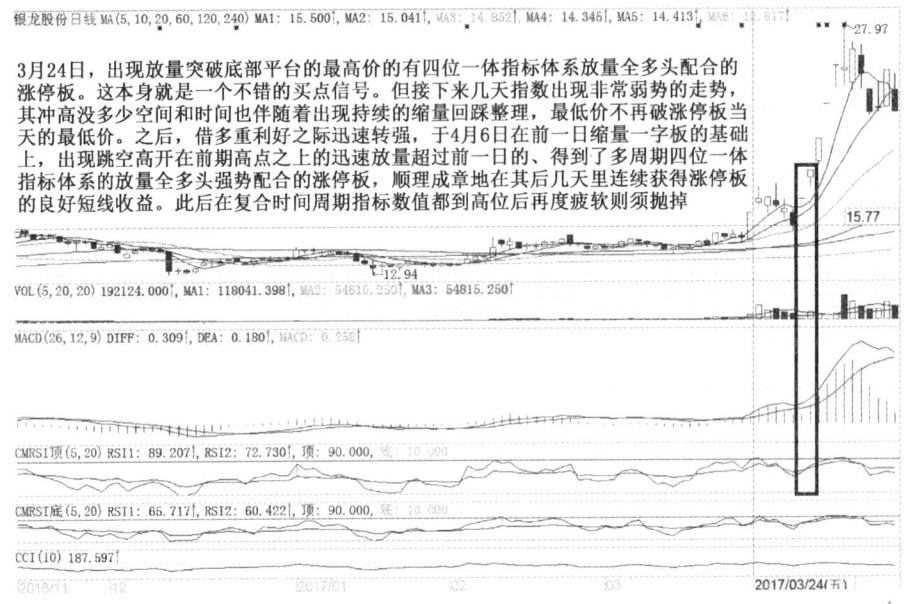

3月24日，出现放量突破底部平台的最高价的有四位一体指标体系放量全多头配合的涨停板。这本身就是一个不错的买点信号。但接下来几天指数出现非常弱势的走势，其冲高没多少空间和时间也伴随着出现持续的缩量回踩整理，最低价不再破涨停板当天的最低价。之后，借多重利好之际迅速转强，于4月6日在前一日缩量一字板的基础上，出现跳空高开在前期高点之上的迅速放量超过前一日的、得到了多周期四位一体指标体系的放量全多头强势配合的涨停板，顺理成章地在其后几天里连续获得涨停板的良好短线收益。此后在复合时间周期指标数值都到高位后再度疲软则须抛掉

图 2-90

图 2-91 为 000605 渤海股份在 2017 年 4 月 5 日到 4 月底期间符合本文所阐述的买卖要点的日线级别走势示意图。

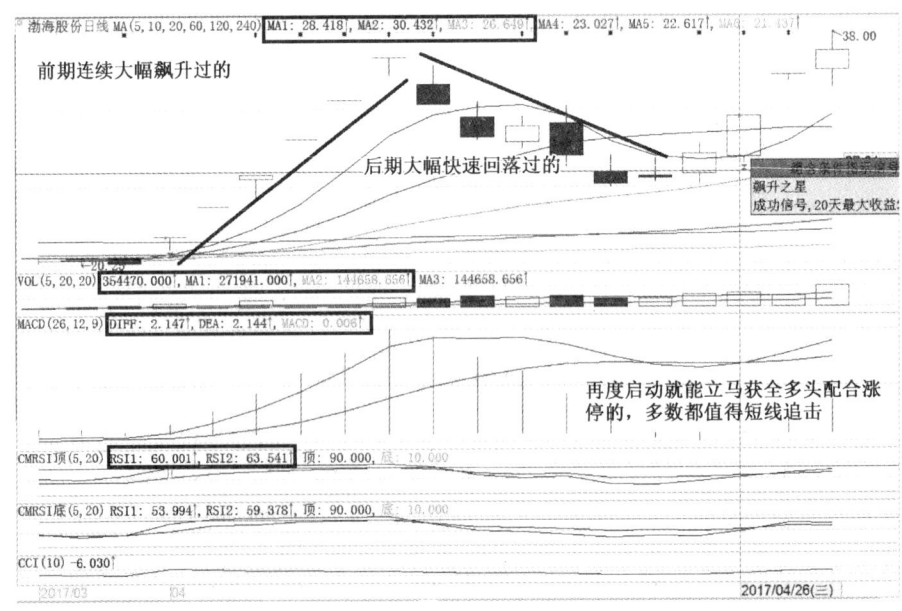

图 2-91

　　弱势中或者刚刚结束一波下跌行情，已经迎来一波反弹或反转行情时，须特别留意上市后尚未有过像样行情的次新股，如果再加上其他各有利条件的配合的话，这种股票最有望被庄家主力用来进行大肆、疯狂炒作。

　　通常，对于新股或次新股来说，若在四位一体指标体系多头配合的情况下，出现一根放量阳线突破上市以来的新高，就意味着打开了一个没有"帽子"的上涨空间，后期股价如何拉升，股价又能涨到哪里，是不用去猜的，此时主动权完全掌握在主力手中。后期只要股价没有出现明显的调整迹象或者见顶K线形态，持有此股的投机客们应该用足够的耐心随着主力做好、做足其相对都比较大的波段的运作。此时最好能够结合周线、月线指标来进行通盘考虑的操作。一般而言，周线柱状体没有拐头向下前，其震荡向上的总基调不会轻易改变。新股或次新股一旦创新高后的操作空间基本上都是非常巨大的，而且往往无法想象，经常可以看到新股、次新股都比当时市场上的绝大部分个股走得强、涨得多。

　　图2-92为603036如通股份在2017年2月13日到3月期间符合本文所阐述的买卖要点的日线级别走势示意图。

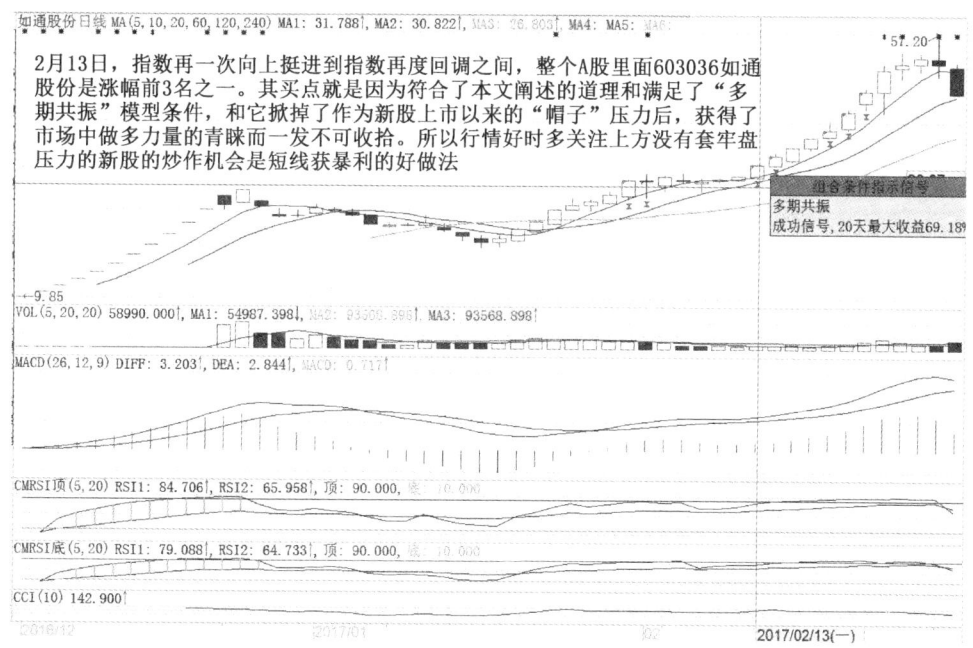

图 2-92

第二十节　有效做"妖股"和极强势股

1."妖股"和极强势股的特征

股市中通常把那些股价走势十分怪异、颇为另类的股票称为"妖股"或极强势股。近年来,妖股或极强势股横行,大有愈演愈烈的态势。妖股或极强势股的走势常与大盘走势相悖,经常离经叛道于基本的技术分析和基本面分析特征,部分逆势而动的股票并没有良好的业绩支持,也没有确定的利好消息提振,经常暴涨暴跌让人难以适应,无法轻松踏准节奏。明明这家上市公司亏损,却连连拉出涨停板;明明这家公司的股票不应该到这么高的估值,股价却离奇地大幅上涨,在短短的时间内,大幅跑赢同行业中所有同类股票的价格和涨幅。那么这些妖股或极强势股都有哪些共同特征呢?

（1）大部分妖股或极强势股为各种疯狂炒作的题材概念的龙头股。市场的热点题材可以带动人气,特别是国家级的政策题材概念股,容易受到市场追捧,特别容易被游资爆炒。如特力A、上海普天傍着国企改革"头衔",潜能恒信、安硕信息有资产重组概念,梅雁吉祥为"救市概念",暴风科技、迅游科技为"互联网＋"题材。妖股或极强势股都有自己的炒作题材。

（2）大股东持股比例较高。前十大股东里没有太多的基金,甚至根本就没有基金。一般都是一些个人股东,这是因为如果有很多机构在里面,就没有人愿意给基金去抬轿的,这也是一个很实用的选股技巧。如特力A、上海普天、潜能恒信等,大股东持有股份比例都在50%左右甚至以上。

（3）总股本较小,实际流通股数量较低、流通市值比较小。个股流通盘小的"袖珍股"便于庄家控盘,也容易获得游资的青睐。在2015年的十大妖股中,只有梅雁吉祥的流通股本在18.9亿股,其他9只股的流通股本都在4亿股以下,实际流通股本最高的也只有上海普天为2.5亿股,其余均在2亿股以下。其中,世纪游轮总股本不足1亿股,实际流通股只有0.3亿股。

（4）机构持股呈现两极分化。据数据显示,上海普天的机构持股占总股本的50%以上,特力A、全通教育等个股的机构持股占总股本的20%～50%,其他个股机构持股比例大多在10%以下。

（5）换手率一直维持在较高水平。在妖股或极强势股运行过程中,换手率普遍都较高,在其大幅开涨的那些交易日里日均换手率达到10%甚至更高些都是正常的。

（6）当然业绩较好或行业前景较好也是成为妖股或极强势股的一个重要因

素。有高增长的业绩,有高送转的潜力或讯息的个股,更容易受到投资者青睐。

当符合以上几个要素时,就有可能产生妖股或极强势股。当然具备上述特征的不一定都是妖股。大家一定要理解股票大幅被炒作最重要和最根本的理由只有一条:那就是庄家现在愿意去持续大力度地买入它! 去参与它的疯狂炒作。股票的价格是被市场买家推上去的。只要钱仍然在持续不断地大力度地进场推升它,那它就仍然还会涨。我们只需要研究用些什么方法,能够尽量在妖股或极强势股启动的初中期及时介入就可以了。

2. 成功捕捉妖股或极强势股的技巧

(1)妖股或极强势股多数不是出现在牛市行情时,也不是出现在大盘下跌阶段,而是在每次大盘刚刚经历过大幅下跌之后的,相对有企稳迹象的,横盘震荡过程中横空出世的。刚经历过大幅下跌之后的相对有企稳迹象的横盘震荡阶段是妖股的高发期。此时,市场中有些相对激进的投机客们,特别是游资和私募开始积极营造市场概念热点向上运作了,然后这个市场热点随着不断夺人眼球的“妖股”的强势表现,逐步地吸引更多的资金介入炒作。一个刚开始不为人知、不为人信的“童话股事”经过短线的连续爆炒,终于让市场逐步认知、认同,并且让更多人、更多的钱参与其击鼓传花的疯狂炒作过程中去了。随着妖股的出现,在妖股的暴炒过程中,必然不断地伴随着这个行业、这个题材的前景有多么多么好、公司基本面有这样那样的利好讯息,在市场上不断刺激着大家的眼球和神经,让市场由开始的茫然到知晓了这个股市故事,再到逐步相信这个股市故事,然后再进一步的决定投钱参与,参与其击鼓传花的疯狂炒作过程中去了。只要不是最高位拿着不放的人,都或多或少的在这个向上疯狂炒作的过程中赚到了快钱。往往这种纯粹概念故事炒作的妖股,会一波直接涨到复合时间周期指标数值的最高位,然后等我的极强势股“乐极生悲”最高点卖出法条件全部满足后开始暴跌,最后经过见顶震荡回落,形成股价哪里来又回到哪里去的一地鸡毛现象。

(2)“妖股”或那些走势极其强悍的股票出现时,其实散户用不着管这个题材到底是不是靠谱的、真实的、有效的,也用不着去猜测它会有多大涨幅,不用去猜它什么时候见顶,是不是已经见顶了。任何一只“妖股”或极强势股不可能一波只涨50%以内的。对于没有用我“四位一体操盘术”公式模型来做及时盘中预警的散户来说,在盘中明显发觉这个股票是有涨停启动的现象了,你可以观察它最靠近此涨停的5日线拐头向上前的低点价位到现在的价位之间振幅是否超过了30%以上,若没有超过此振幅,你还可以立刻在其均价线附近分仓买入。虽然它已经大幅上涨,但它超短线、短线仍然还会让你赚到一点快钱的。大资金全力以赴去炒作的龙头股,绝对需要很大的空间才能获利顺利脱身。我们只要客观地去看它目前的走势是不是获得了 60 分钟、日线、周线这几个时间周期四位一体指标体系共同多头向上的顶托,这是很关键和很重要的一个确认标准。它在获得了 60 分钟、日线、周线四位一体指标体系共同多头向上的顶托向上放量攻击的时候,这几个时间周期的 CMRSI 顶指标当中的 RSI1 数值,是不是还没有共同达到"乐极生悲"模型这种最高点卖出法所要求满足的数值? 在没有满足最高点卖出法条件前,那就仍然可以在分时图上的交易重心附近进行分仓买入。在"乐极生悲"模型所要求的条件没满足前,不要轻易去抛它就可以了。

(3) 为什么在上升过程当中看见其各超短线、短线、中线、长线指标周期都四位一体多头向上时要敢于及时介入? 那是因为"春江水暖鸭先知"! 任何一次指数或个股的大行情要爆发前庄家主力一定是第一时间掌握信息的! 一定是他们在筹码资金各方面都万事俱备到位时,才决定要拉升的,才会不顾一切地奋力暴涨发力的! 其各超短线、短线、中线、长线指标周期四位一体指标体系都呈现放量多头向上的初中期是没有系统性风险的! 这种形态特征表现是靠庄家主力自己真金白银打出来的! 是不可能存在骗线的可能性的! 此时是主力庄家最容得下跟风盘跟他一起哄抬股价的阶段,是庄家主力最容易、最难得让大家一起赚钱的阶段!

(4) 绝大多数的"妖股"在暴涨阶段的成交量都是一天比一天大的。它的后一天的最高价都是比之前的最高价高的;它的后一天的柱状体数值都是比之前一天的柱状体数值高的;它的后一天的分时图均价线位置都是比之前的分时图均价线位置高的;所有的"妖股"和极强势股在其暴涨阶段都是沿着大于 60 度角度上扬的 5 日均线、4 周均线、3 月均线大幅飙升的。均线系统可以直接判断股票运行的强弱度、持续度的。任何一只大幅拉升的股票,肯定会沿着 5 日均线不断攀升,即使偶尔回落到 5 日均线之下,也会很快复位继续上涨,不然就不算"妖股"和极强势股了。如果个股均线系统混乱,存在着反作用力,那肯定不是极强势股了。它在飙升过程中只要柱状体天天是向上的,只要没有盘中跌破 5 日线都仍然可能再创新高的,即使盘中跌破 5 日线只要半小时内又能够放量收到 5 日线上方并且不在当天再度跌破 5 日线的话,它就仍然有再创新高的可能。股票进入真正的主升浪阶段,股价是会不断地采取以连续涨停板或连续的大涨小回式快速震荡上涨方式进行急速拉升的,不会轻易出现涨一天跌两天的状况。大资金采用快速拉升才可以减少拉升成本,大资金跟我们散户一样,都是奔着赚差价的盈利目的进场买卖股票的。它在相对中位、低位反复折腾进的筹码,是有价格成本、风险成本、时间成本和利息成本的。他要赚钱就必然要经过大幅拉升股价,吸引住跟风盘人气,然后在相对高位或上涨到平均筹码成本获利超过 30％，才抛给被他疯狂上涨激发起愿意参与疯狂的击鼓传花游戏的、蜂拥而入愿意接盘跟风炒作的散户。只有等到他抛得差不多或他抛完了而高位接盘的跟风人接不了、接不完他抛的筹码，而他也不再去维护股价的上涨和下跌速率后，才开始自由落体般地拐头向下跌了。

如果你看见它出现了中短期 CMRSI 顶指标当中的 RSI1 数值都到了高位之后出现特别经典的见顶 K 线之时，跌破了其上升过程当中的 5 日线，或跌破了最靠近其目前 K 线前一根有量有实体的中大阳线的交易重心，或其小一个时间周期的四位一体指标体系当中基本上已经形成全空头排列之时，则先不管三七二十一就立刻利用盘中反抽机会抛清该股再说。此是当务之急重中之重的第一反应。

（5）妖股和极强势股真正开涨之时，涨起来会涨得很凶猛，但一旦跌起来同样也会跌得很恐怖。所以不能像赌徒般把所有钱都买这一个股票，控制仓位防范风险永远是操作纪律当中的首要关键。任何时期的操作，它都是最重要的关键点。妖股或极强势股一旦被主力庄家获利了结、落袋为安后，那它今后的跌幅也会变得很厉害。往往都是从哪里涨起来的，就跌到哪里去的！所以一旦确认其日线、周线的 5 日线、4 周线和这两个时间周期的 MACD 指标当中的柱状体，都同步开始拐头向下了，那就绝对要利用盘中缩量反抽之际尽快抛出，不留一股！

图 2-93 为 002751 易尚展示在 2015 年 11 月 2 日到 2016 年 1 月期间符合本

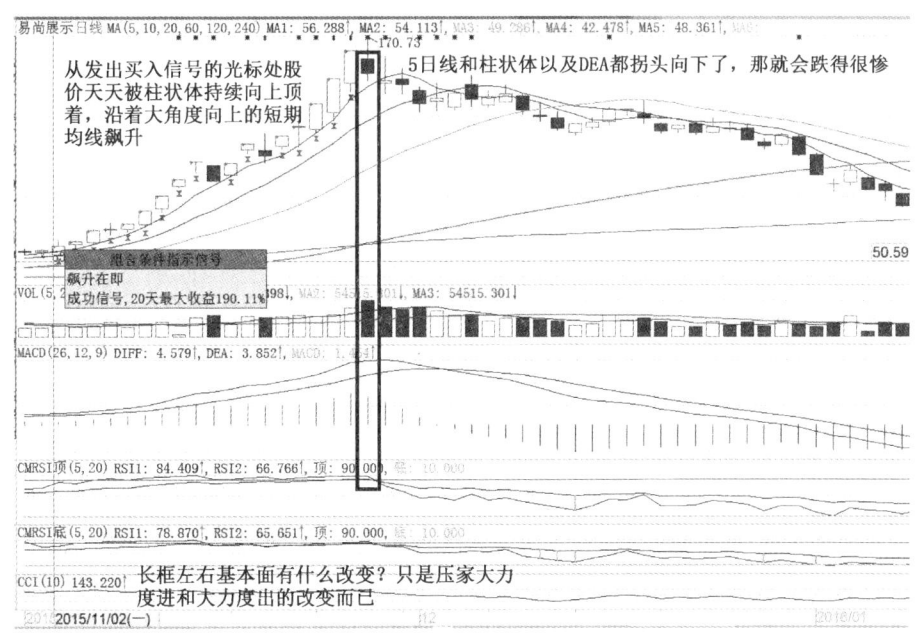

图 2-93

文所阐述的买卖要点的日线级别走势示意图。

大家自己去看看昔日那些年的大牛股如 000025 特力 A、300359 全通教育、300028 金亚科技、000935 四川双马、300431 暴风集团、000877 天山股份等当初和如今的走势,你是不是会嘘唏不已? 然后进一步明白本文所阐述的这么多清晰的、准确的、有效的道理和参与的方法以及判断的依据?

第二十一节　如何第一时间抓到龙头股

一般而言,一个比较大的热点形成后,通常要持续较长一段时间。抓热点、抓龙头个股一直是跑赢大盘的关键,因为热点聚集主力的资金,决定着市场运行方向。因此进入市场就要先找准方向,就要找准市场热点。通过板块指数涨幅榜可以很快找到涨得最好的板块,然后在涨得最好的板块里面找到涨得最好的热点个股。这样的选股方式可以提高及时发现的效率。在震荡市或"小牛势"行情中,热点板块和热点龙头股一般上涨最快、幅度最大。不是热点里的、不在焦点的主流快速上涨的股票范畴中的话,要么不涨,要么涨幅明显落后于大盘,"赚了指数没赚钱"的原因就在于手中股票不在热点里。

判断龙头股的简单方法是看同一板块中,谁是最早开始上涨的,谁的上涨速度和幅度是最大的。龙头股一般居涨幅前列,并刺激同一类概念板块股上涨,成交量、股价呈量增价涨走势,在资金流向榜上排行位居前列的。

如在沪深板块涨幅排行榜中位列第一的是水泥板块,那要找龙头股就要在水泥板块中找,然后再寻找哪只股票先放量上涨、哪只股票成交量大和全天涨幅大的,这个股往往就是龙头股。然后再看其是不是已经率先形成了四位一体指标体系的放量全多头形态了。龙头股开始上涨的基本形态一定是满足四位一体指标体系放量全多头形态的,并且往往还是复合时间周期四位一体指标体系全部满足放量全多头形态的。

对于怎么抓龙头股而又不被套,有以下方法。

1. 必须是涨幅靠前的个股,特别是涨幅在第一榜的个股

涨幅靠前,这就给了我们一个强烈的信号,该股有主力资金,且正往上拉高股价。必须是开盘就量价配合、健康良好的正在大幅上扬的个股。因为各种主力在开盘前都会制定好当天的操作计划,所以开盘时的行情往往表现了庄家对当天走势的看法。造成开盘大幅拉升的原因,主要是庄家十分看好后市,准备发动新一轮

的个股行情,而开盘就大幅拉升,可以不让散户在相对低位买到筹码。

2. 必须是量比靠前的个股

量比是当日成交量与前5日成交量的比值。量比越大,说明当天放量越明显,该股的上升得到了成交量的支持,而不是主力靠尾市急拉等投机取巧的手法来拉高完成的。

3. 必须是股价处于形态低位启动关键区域

股价处于形态低位启动关键区域时,涨幅靠前、量比靠前的个股,就能说明主力的真实意图在于拉高股价,而不是意在诱多。若已经在高位区域出现涨幅靠前、量比靠前的个股,其中可能存在陷阱,参与的风险则相对较大。

4. 四位一体全多头形态做保障

如果四位一体指标体系都是呈现放量全多头态势的初、中期的,技术形态是向上攻击或突破的;同时,其复合时间周期指标数值还不是都在相当高位的,则这种股票就属于发出买入信号的好股票,甚至可能是值得尽快买入的龙头品种或直接就是龙头股了。

第二十二节　在降低风险的同时抓到涨停板

大资金全力以赴地要去炒作一波主升浪时,我们一定要相信他们绝对不会贸贸然地随便发动的,"春江水暖鸭先知"! 任何一次指数或个股的大行情要爆发前庄家主力一定是第一时间掌握信息的! 一定是他们万事俱备筹码资金各方面都到位决定要拉升时,才不顾一切地奋力暴涨发力的! 其启动主升浪的初期各超短线、短线、中线、长线指标周期四位一体指标体系必然会都呈现放量多头向上的。这是很关键和重要的一个确认标准。并且这种阶段的消息面和技术面以及政策面等各方面要素,会"恰逢其时"地完美、和谐地、统一在一起出现的,这是我们这种庄家横行的投机市里的鲜明特色。你充分了解和理解了这个特色,就会在这种完美的各要素共同推动这个板块或个股刚刚开始放量启动之时,果断下单买入了。各超短线、短线、中线、长线指标周期四位一体指标体系刚刚都呈现放量多头向上的初中期,是没有任何系统性风险的! 这种形态特征表现是靠庄家主力自己真金白银打出来的! 是不可能存在骗线的可能性的! 此时是主力庄家最容得下跟风盘跟他一起哄抬股价的阶段,是庄家主力最容易、最难得让大家一起赚钱的阶段!

（1）投资者必须明确且毫无动摇地坚持这样一个选股标准，即股价在日线和周线的多头向上的20日线和20周线上方运行；日线、周线甚至月线的柱状体都是上升形态的，指数环境也是在多头上升的"牛势"趋势中的。其他情形下涨停的个股，都不是我们选择的目标，这样投资者就可以将股票限定在一定的范围之内。

（2）一定要选择处于突破过程中，或者即将突破关键位置的股票。这里所说的即将突破，指的是当前股价离前期最高点不超过3％，离得越近越好；并且之前在此附近已经充分蓄过势，或之前已经屡次被冲击过而小幅折返过了的。

（3）要选择股价在突破过程中离20日线和20周线尽量不能超过20％以上的股票。

（4）要选择股价始终由60分钟四位一体指标体系放量全多头走势做依托的股票，并且60分钟K线图中的4小时和20小时均线保持稳定向上并且是大角度向上发展态势的。

（5）在股价大幅上涨的时候，成交量最好不要超过前期成交量的3倍以上。成交量放得太大，后期成交量能否得到持续就会存在很大的问题。同时，MACD指标的两条曲线长期处于中轴以上，并且红柱最好不要已经长时间存在过了。因为长时间出现红柱，会消耗掉多头推高股价的耐心，也会消化掉市场中大量的做多筹码，限制后期股价拉升的空间，使涨停持续性存在很大疑问。我经过长期的、大量的针对各个时期的极强势股的分析总结，发现在一波MACD指标的两条曲线连续上涨超过20天以后，或在柱状体不断震荡向上经历过三次以上0轴线上的老鸭头现象后，个股表现基本上已经被严重透支了，后期先要有一波震荡下跌是多数股票的表现形态。

按照以上五点要求来操作，在市场中不断地实践和总结，慢慢就会提高抓涨停的成功率。

图2-94为002302西部建设在2017年2月底之前符合本文所阐述要求的走势示意图。

而且一旦启动了一波轰轰烈烈的主升浪行情，绝对需要很大的空间才能获利后顺利脱身。它在获得了60分钟、日线、周线四位一体指标体系共同多头向上的顶托向上放量攻击的时候，这几个时间周期的CMRSI顶指标当中的RSI1数值，是不是还没有共同达到"乐极生悲"模型这种最高点卖出法所要求满足的数值？那就仍然可以在分时图上的交易重心附近进行分仓买入。在"乐极生悲"模型所要求的条件没满足前不要轻易去抛它就可以了。

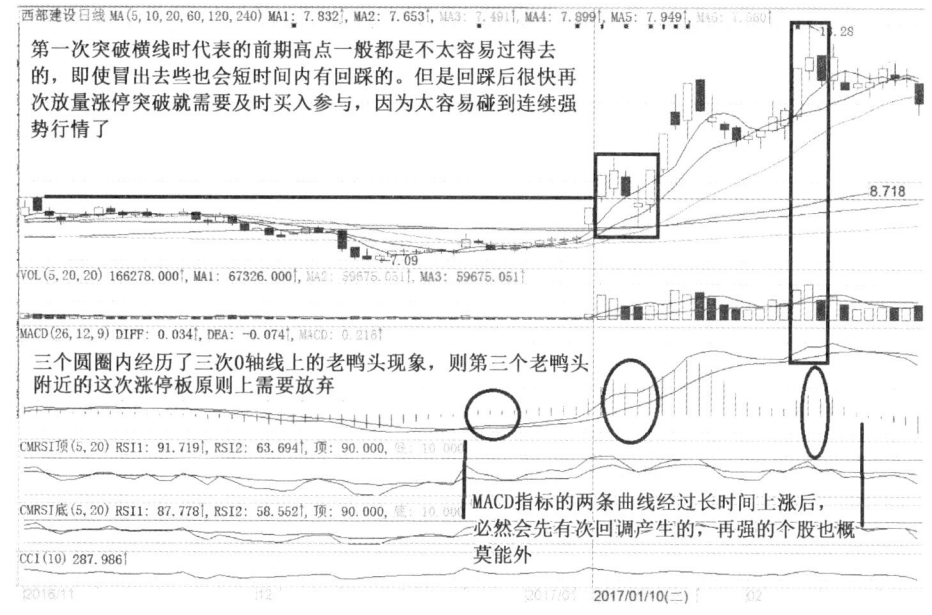

第一次突破横线时代表的前期高点一般都是不太容易过得去的,即使冒出去些也会短时间内有回踩的。但是回踩后很快再次放量涨停突破就需要及时买入参与,因为太容易碰到连续强势行情了

三个圆圈内经历了三次0轴线上的老鸭头现象,则第三个老鸭头附近的这次涨停板原则上需要放弃

MACD指标的两条曲线经过长时间上涨后,必然会先有次回调产生的,再强的个股也概莫能外

图 2-94

第二十三节　利用量比抓牛股的几个重要点

当某只股票从底部走出进入上升通道并且成为大牛股,必须要有成交量的配合,这是股市中的一个常识。有成交量的股票才会出现持续的上涨,否则只是超跌反弹而已。

在股市交易过程中,量比放大的股票常会有较大的行情出现,它对牛股的形成往往起着先导性的作用,这常常成为在盘中寻找黑马的重要指标。判断黑马股本身必须与量比结合起来。就一般情况而言,应在当日开盘涨幅前 50 名之中去选择在开盘后半个小时内量比排行榜上也靠前的股票。当天量比放大至 3 倍以上,同时最好选在震荡洗盘后的刚刚放量形成 60 分钟四位一体指标体系全多头表现时,以及获得日线以及周线多头向上趋势支持的放量主升阶段的股票。一般来说,刚刚形成 60 分钟四位一体指标体系放量全多头的,同时日线四位一体指标体系走势图上形成全多头态势的股票,只要周线、月线走势图上也同步配合着向上态势的,都是有助涨倾向的,第二天一般仍将会有较大的上涨机会。也可重点选择有明显的复合时间周期指标数值都到过底部,然后经过放量企稳以后刚刚形成多时间周期四位一体指标体系的放量全多头的;恢复了 5 日线、4 周线、3 月线大角度向上这一明确启动信号的;并且其 20 日线和 20 周线也起码都在 30 度角度以上向上多头运行的,成交量又能够有明显的连续梯级放大的股票。也可多选在股价的箱体震荡的低点,或颈线位,或最高点突破以后回敲确认后,受到小一时间周期四位一体指标体系刚刚形成放量全多头发力之际的拐点附近,及时分仓介入。

在选择黑马的过程中,持续放大的成交量和均线向上的大角度,以及多时间周期的四位一体指标体系的共同多头配合,是非常重要的因素。在实践中,会发现不少股票看上去技术形态较佳,但没有当时和后续成交量的有力配合,就常会出现虎头蛇尾的走势。对成交量的方向变化必须要有足够的、清醒的认识,因为它是投资者捕捉黑马的重要依据。再加上有明确的多时间周期短期均线大角度向上做趋势指引,那就等于上了多重保险。

从牛股产生的规律看,必须要有较斜的上升通道,一旦上升通道形成后,个股将会呈持续上涨的势头。此后只要其分时图的均价线位置也伴随着其股价的高点在不断地上移,60 分钟和日线以及周线的 MACD 指标当中的柱状体的新高也不断地向上延伸,成交量能够持续稳步向上推动,则轰轰烈烈的一波大涨行情就不会轻易结束。

图 2-95 为 002302 西部建设在 2017 年 3 月 17 日 20 日出现符合上述内容的

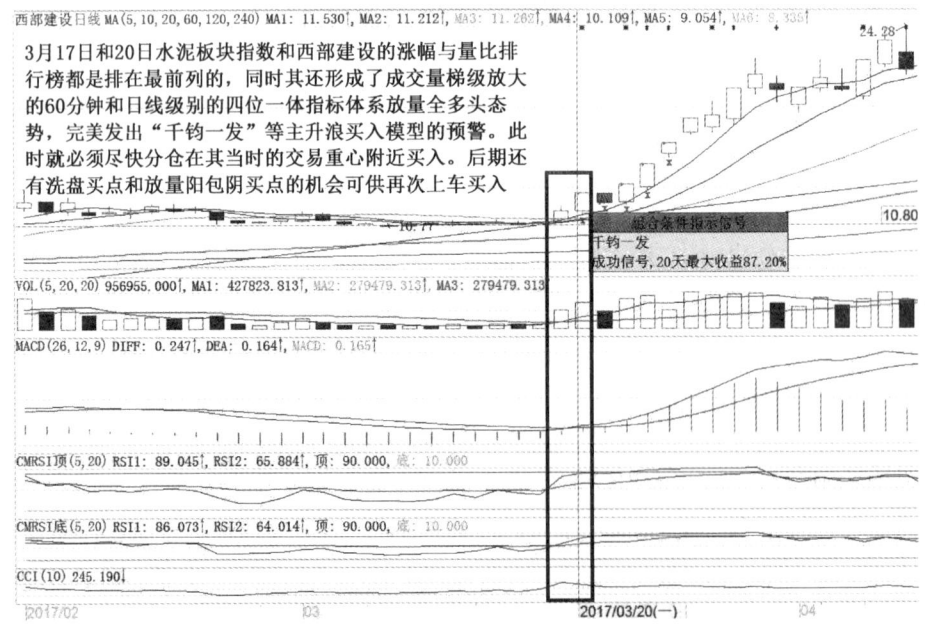

图 2-95

买点和获得了持续强势放量攻击的上升行情演变的走势示意图。

第二十四节 主升浪启动后能否持续的判定标准

一个主升浪启动信号产生以后,能否有效持续下去需要以下四个条件来共同确认:

(1)主升浪信号出现后,必须继续保持 5 日线、5 日均量线和柱状体不断向上流畅地强势上涨态势。

(2)主升浪信号出现后,必须继续得到主动性买盘成交量的持续放大,以及那种完美的涨时放量、跌时缩量的量价配合表现的有力配合(因惜售而出现缩量涨停现象的除外)。

(3)股价必须始终在启动信号当天的分时图交易重心或分时图均价线上方不断震荡向上拓展空间,形成更多更高的有效支撑位,并且一直站稳在后期形成的这些更多更高的有效支撑位上方。

(4)第二天开始,各时间周期四位一体指标体系的放量全多头现象要得到更进一步的加强。特别是 4 小时股价移动平均线绝对不能被迅速跌破甚至导致 4 小时线很快就拐头向下。4 小时股价移动平均线很快就被跌破,或 4 小时股价移动平均线很快就拐头向下的话,说明该股短期之内连续快速大幅上涨的可能性严重不足,此前的启动信号可能存在变数,可能是陷阱也可能得后期的上涨行情会演绎得不流畅、不强悍。那面对这种有缺陷的个股机会即使放弃也不可惜。等到它什么时候再度满足主升浪买入条件,在预警框再次弹出来时,再及时买入也不迟。一般这种股票多数都会在启动信号的收盘价附近,做短暂的强势震荡整理,并且在强势整理过程中,成交量并没有大幅萎缩,有的经过几个交易日或一段时间的强势整理后,在没有跌破向上运行的 20 日线的底限前,股价再次形成四位一体指标体系的放量全多头上涨,从而形成真正的主升浪行情。有的经不起考验的虚假的"主升浪信号股"仍然会选择原先的运作节奏去进行,那这种股票就进不了我们的视线。

有些股票在主升浪信号产生以后还会有一次回抽确认信号是否有效的过程。在主升浪信号经过再次检验成功后,股价才出现真正强悍的连续上攻主升浪行情。

这种回抽确认不一定就在第二天出现,可能经过几个交易日甚至一段时间以后再进行回落。主升浪信号的再生成应满足以下五个条件:

(1)后期回抽确认的这个低点不能低于前期最后一个低点(极限位置)。后面的这个低点必须高于前面最后一个低点的幅度要超过 3%以上。

（2）后期回抽确认后再度上涨的高点必须高于突破时形成的高点。如果低于突破时产生的高点，则突破力度不强，十有八九成为失败走势。前高成为阻力区。后期回抽确认后再度上涨的高点，必须高于突破时形成的高点起码超过3%以上的幅度。

（3）后期回抽时必须是持续缩量的，回抽结束后必须要马上强势地放量开始新一波大力度的上涨。在回抽结束后重新上涨时，成交量一定要大于突破时的量能。如果成交量很小，与突破时的大成交量相差很大，就很有可能是一次失败的假突破真回跌。

（4）需要一个新的、再一次的四位一体指标体系的放量全多头主升浪信号来进一步加以确认。

（5）它回踩确认的止跌底限位，是绝对不能够再跌破上涨过程当中的20日均线的。

图2-96为000877天山股份在2017年1月24日出现了满足上述要求的主升浪买入信号，也出现了本文所阐述的回踩确认现象，后又迅速再度形成主升浪买入信号后在获得所有保驾护航的条件的持续有力配合下，一骑绝尘的走势示意图。

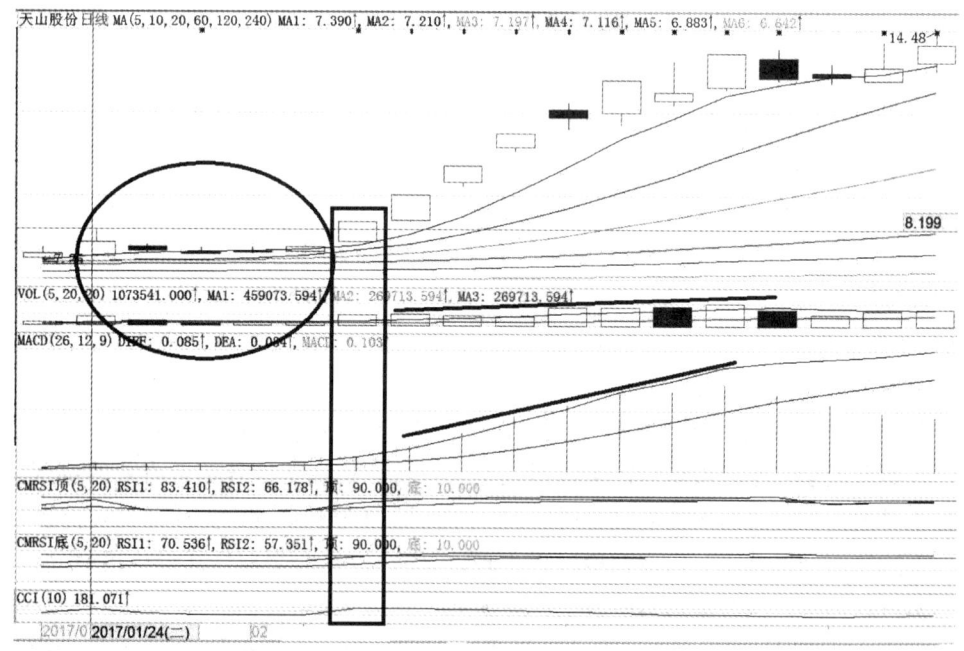

图 2-96

第二十五节　利用月线来做大波段操作的诀窍

在指数有一波上升趋势之时,选择一个周线、月线刚刚明确形成放量拐头向上的目标个股做 T+0 操作,无疑是最安全有效的方案。这是因为:中长线刚刚经历好一波调整后从底部放量拐头向上启动了的个股,其未来的上升空间一般都比较大和稳,此时持有一部分短中长线的底仓后,在指数仍然有上升表现的时间和空间的有利配合下,其股价的上涨更加容易,那么这个时候再去顺水推舟、顺势而为"T+0"操作,特别容易让交易者获得丰厚的利润。所以很多人会在周线、月线形成放量金叉或放量老鸭头的个股上去寻找一个理想的四位一体指标体系放量全多头的切入机会,然后通过不断地进行有上升趋势做保障的"T+0"高抛低吸操作来获取比较轻松有效的、事半功倍的操作结果,提高获胜的概率,赚取更多的中短线利润。

当月线级别的 K 线图上,股价经过长时间的大幅下跌,成交量极度萎缩,下跌 K 线的幅度也越来越小,甚至有跌无可跌的感觉,这时候放出一根中长阳月 K 线,当月量柱比之前一根月线量柱明显放大有 1 倍以上,MACD 指标当中的柱状体也已经开始由原来的依次向下转变为向上运行了,RSI 指标也由原来处于 20 附近甚至高低的位置开始放量大角度的向上产生金叉了,此时就是长线可以开始建仓的信号。这样表现出现后的个股,就可以在它的日线级别四位一体指标体系的走势图上,选择一个符合确定无疑的买点信号产生点进行第一次的底仓买入,或者等待日 K 线图上出现第一次回调,然后在回调的底部区域第一根放量阳线处进行底仓建仓。激进型的投机客可以在 5 日线没拐头向下的向上拓展行情中反复高抛低吸做"T+0"。稳健型的投机客可以在 20 日线没拐头向下的向上拓展行情中反复高抛低吸做"T+0"操作。

跌破 5 日线时激进型的投机客最起码要减一半仓,5 日线拐头向下的话,激进型的投机客一定要利用盘中一切缩量反抽机会止损出局。跌破 20 日线时稳健型的投机客最起码要减一半仓,20 日线拐头向下的话,稳健型的投机客一定要利用盘中一切缩量反抽机会止损出局。

图 2-97 为 000877 天山股份在 2017 年 1 月 23 日这一天、这一周、这一月同时满足"齐头并进"这种符合本文所阐述的条件的买入模型预警后,可以开始参与其月线大波段行情的月线级别走势示意图。

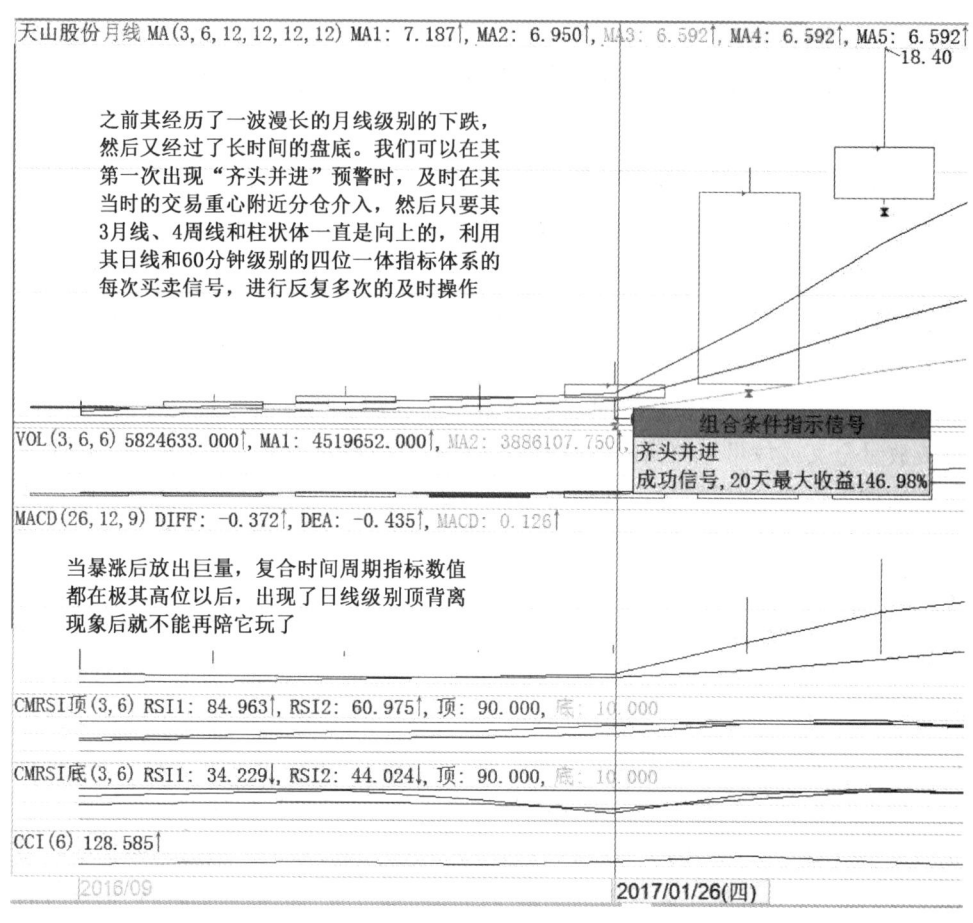

天山股份月线 MA(3,6,12,12,12,12) MA1: 7.187↑, MA2: 6.950↑, MA3: 6.592↑, MA4: 6.592↑, MA5: 6.592↑
18.40

之前其经历了一波漫长的月线级别的下跌，然后又经过了长时间的盘底。我们可以在其第一次出现"齐头并进"预警时，及时在其当时的交易重心附近分仓介入，然后只要其3月线、4周线和柱状体一直是向上的，利用其日线和60分钟级别的四位一体指标体系的每次买卖信号，进行反复多次的及时操作

组合条件指示信号
齐头并进
成功信号,20天最大收益146.98%

VOL(3,6,6) 5824633.000↑, MA1: 4519652.000↑, MA2: 3886107.750↑

MACD(26,12,9) DIFF: -0.372↑, DEA: -0.435↑, MACD: 0.126↑

当暴涨后放出巨量，复合时间周期指标数值都在极其高位以后，出现了日线级别顶背离现象后就不能再陪它玩了

CMRSI顶(3,6) RSI1: 84.963↑, RSI2: 60.975↑, 顶: 90.000, 底: 10.000

CMRSI底(3,6) RSI1: 34.229↓, RSI2: 44.024↓, 顶: 90.000, 底: 10.000

CCI(6) 128.585↑

2016/09　　　　　　　　　　　2017/01/26(四)

图 2-97

图 2-98 为 000877 天山股份在 2017 年 1 月 23 日这一天、这一周、这一月同时满足"齐头并进"这种符合本文所阐述条件的买入模型预警后，可以开始参与其月线大波段行情的日线级别走势示意图。在 A 点曾经连续两天股价跌破 5 日线那此时需要超短线、短线先止损出局一下（跌破 5 日线必须考虑止损，跌破 5 日线第二天不能放量站上 5 日线更要止损；若此时 5 日线拐头向下了更加必须要止损。哪怕错也要这样先去执行！这是纪律！必须要不折不扣地去执行好）。但是第三天它又出现了 5 分钟四位一体指标体系的放量全多头的买入信号，同时股价又放量站上了仍然大角度向上的 5 日线了，此时不管之前你抛的价格比现在买入的价格高还是低，都必须考虑把它买回来。后期股价天天在 5 日线上方持续放量强势运

行你就持有，并且在B点出现5分钟四位一体指标体系放量全多头之际，还可以加仓买入。但是如果此时其已经满足极强势股最高点卖出法"乐极生悲"条件要求时，则坚决不能急于买入，只能先抛。我在图中画了三条黑线：一条是指示柱状体不断向上的，柱状体不断向上就标志着股价会不断震荡向上，一条是指示柱状体不断向下和发生柱状体顶背离的，柱状体不断向下就标志着股价会不断震荡向下。柱状体出现顶背离的，往往股价也会再度产生下跌态势。上面一条是指示MACD指标当中的两条曲线在发生顶背离的，但凡两条曲线发生顶背离的，或者柱状体在依次下跌的，再加上周线的柱状体也在往下走的话，多数都是凶多吉少下跌为主的。所以在C点的这种可能转瞬即逝的机会，一般在有量持续向上的情况下尽量浅尝即止，如果量能放不出或跟之前量能比明显低很多的话还是干脆放弃更保险。

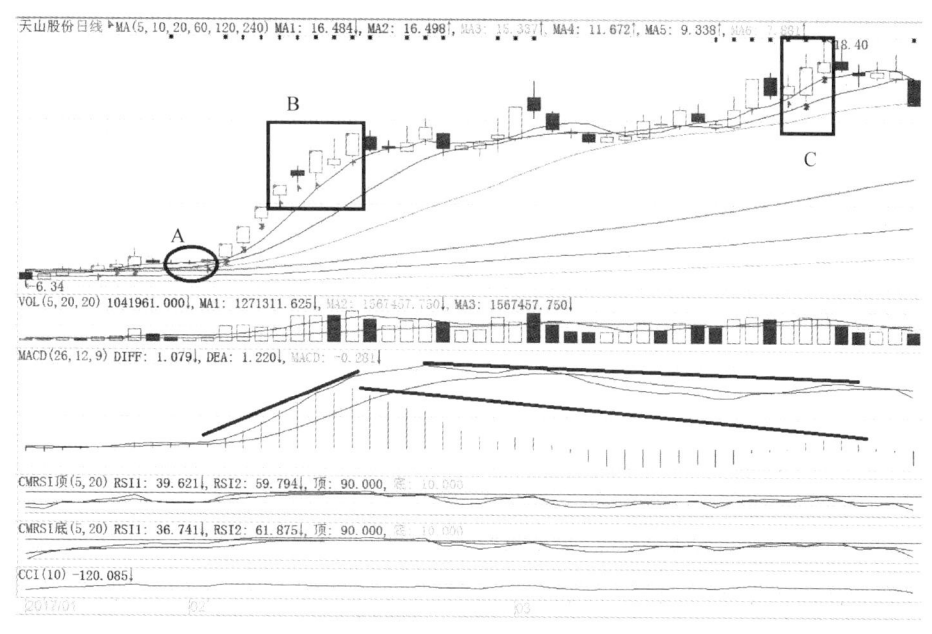

图 2-98

第二十六节　如何捕捉主升浪

1. 利用"月线定乾坤"模型捕捉主升浪

可根据月线基本特征寻找主升浪。根据经验总结，近几年市场上涨幅居前的

牛股大多具有如下特征:

第一,3月和6月的两条VOL均量线一定要多头排列,最好还是已经多头向上过后的第二次多头排列。只有3月和6月的两条VOL均量线多头排列的个股,才有强烈的攻击性。

第二,MACD指标一定要在0轴线上方出现多头向上。要么是在0轴线上方出现放量金叉时,要么是在0轴线上方出现第一根放量老鸭头时,要么是在0轴线上方出现放量强势多头现象过程中。

第三,3月股价移动平均线多头向上甚至以大于60度角度的力度多头向上。

第四,月线CCI指标的参数为6的数值出现刚刚从+100下方上穿+100之时,或已经在+100上方再次向上拐头之时。

同时满足上述四个条件时,股价突破其之前的成交密集区平台高点或历史高点时,即出现突破性上涨的个股,可以大胆在其交易重心附近分仓积极参与,一般持股1个月以上,起码会有50%~100%的高回报。

图2-99为002158汉钟精机在2017年4月底出现满足上述所有"月线定乾坤"买入模型条件时,及后市表现的月线级别四位一体指标体系放量全多头走势的示意图。

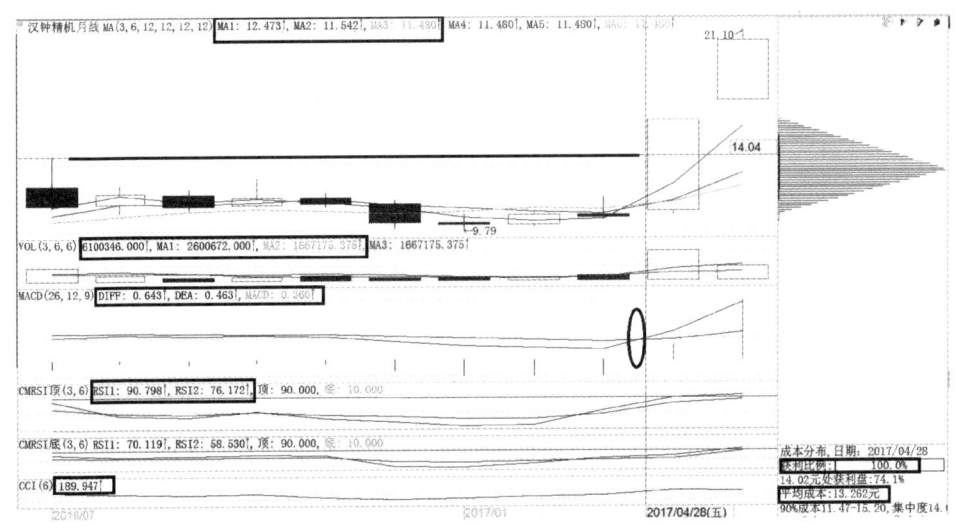

图2-99

2. 利用"高量大阳"抓主升浪

这种方法的要求是:今天的这根K线的成交量要高过前1天的成交量1倍以

上。此时这根强势的放量大阳线发生时，得到刚刚发生日线级别的四位一体指标
体系放量全多头的强势配合，得到刚刚周线级别的四位一体指标体系放量全多头
的强势配合，得到刚刚月线级别的四位一体指标体系放量全多头的强势配合，那么
此时通常就是一波强势大波段行情的最佳启动点，也就是我们的最佳买入点。
此时，最低止损点就设在这根高量柱所对应的大阳 K 线的最低点。只要这个最
低点不跌破就持有。随着股价今后的不断震荡上涨，会出来新的一根高量柱所
对应的大阳 K 线，此时再将原来的最低止损点上移到此根高量柱所对应的大阳
K 线的最低点处。不断地以此类推，随着指数或个股的不断震荡走高且没有跌
破这种不断上移的止损点的位置，你可以相对轻松地获得一个中线大波段的主
升浪利润机会。期间只要日线和周线的 MACD 指标当中的柱状体没有同步都
出现拐头向下走势，你不要对它盘中任何不触及底线的折腾动摇持股待涨的信
心。用这种方式去做中线主升浪的股票，风险小利润大且不用整天看盘和提心
吊胆。

　　图 2-100 为 002158 汉钟精机在 2017 年 4 月 5 日至 5 月期间发生多次"高量
大阳"的现象的日线级别走势示意图。

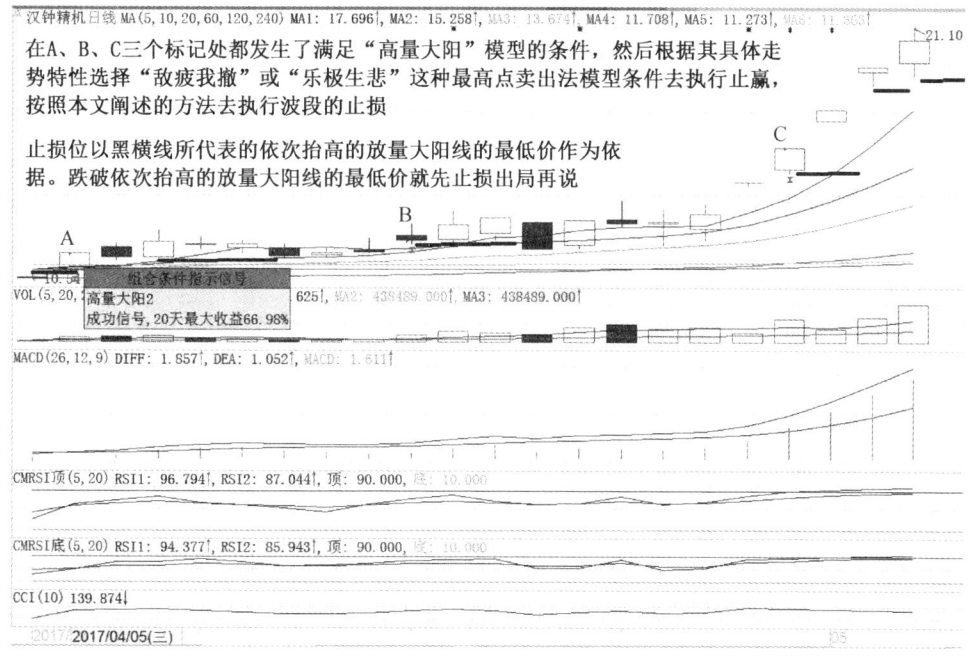

图 2-100

一般来说,每次发生倍量加上涨停过之前高点的,都为最佳买入点;每次放量加上大阳线过之前高点的,都为次佳买入点,且形成此大阳线当天的实体越强越大越好,其当天的分时图上量价配合的表现越强势的越好。同时,上述条件出现时其60分钟、日线、周线级别的四位一体指标体系也几乎同时形成放量全多头态势的话,则一波气势恢宏的快速流畅飙升的主升浪就开始了。中短线50%以上的涨幅基本上没有异议的。

第二十七节　中线黑马的若干个最佳买入点

一、中线黑马的形态特征

日K线图是研判股票走势的重要工具,中线黑马的吸筹周期较长,虽然主力一定会刻意掩饰,但是仍然有许多迹象会泄露主力的真实意图。

1. 阳线量大,阴线量小,阳多阴少

与一般股票不同,中线黑马股的K线图上显示阳线的成交量数倍于阴线成交量,预示着该股主力买入的意愿比较强烈而卖压相对较轻。这样的话只要大盘环境相对不太差,股价容易在形成各时间周期四位一体指标体系的多头氛围下展开拉升上涨行情。

2. 股价上行而成交量递减

与一般的价涨量增的股价运行规律不同,中线黑马由于多数筹码被主力锁定,导致盘中筹码稀少,仅须较小的成交量就能将股价推高,并且越推高成交越小。我们可以看到均价线不断上行而均量线不断下行的特别现象。但是这种现象背后是需要周线级别的MACD指标当中的柱状体和4周线不断向上来做有效支撑的,并且不能出现MACD指标当中的两条曲线出现死叉并且向下的情况。如果这两个条件得不到保证,那就不能不当机立断了结其波段操作了。

3. 高位地量——中线黑马的最佳介入点

在主力基本完成吸筹洗盘之后,主力已经到了拉升的临界点附近时,有的主力有时也会再做一次试盘动作,检验一下其个股的市场卖压大小。所以有时候会在月线和周线的CMRSI顶指标高位,突然在20日线还是大角度向上的日K线图上没有任何不良症状的前提下,形成连续两根以上的依次快速缩量的中大阴线,或一连串地缩在两条均量线下方的地量小阴小阳K线,然后在周线月线的最短期均线和柱状体都没有任何向下萎靡的前提下，迅速的实现 60 分钟和日线的四位一体指标体系走势图上再度形成放量全多头态势，这种情况一般会形成较高位置的底量成交。因此，确认中线潜在黑马后可以在高位底量的尾市介入，捕捉次日展开的拉升行情。

二、中线大黑马的均线特征

采用(20,60)均线系统，中线大黑马在拉升前夕和上涨阶段都会形成一条多头平滑向右上方升的通道，其间股价极少会跌破 20 日均线，更遑论跌破 60 日线了。中线大黑马在周线级别的均线走势图上的拉升前夕和上涨阶段都会形成一条(13,20)周均线系统多头平滑向右上方升的通道，其间股价极少会跌破 13 周均线，更遑论跌破 20 周均线了。

图 2-101 为 002307 北新路桥在 2017 年 2 月 7 日到 5 月初期间，多次出现满足本文中所阐述的"中线黑马"买入模型条件时的买点示意图。

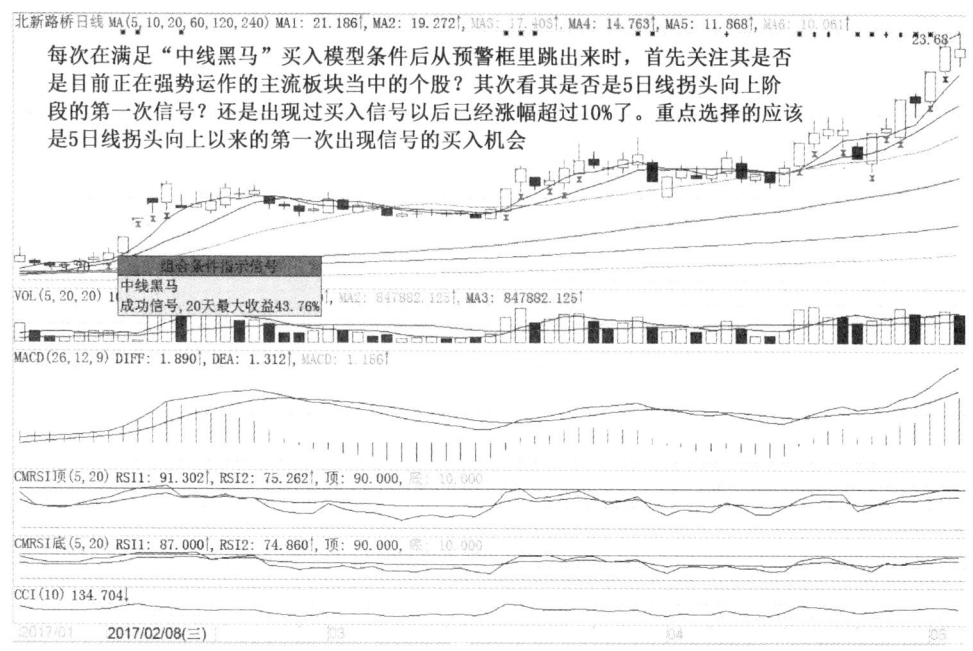

图 2-101

利用每次 5 日线拐头向上后第一次出现买点信号时和第一次出现买入信号后没有涨幅超过 10％以上的第二次出现买入信号时，及时分仓买入这种当时行情中的主流板块里面再度启动的个股,是做其中短线行情的好买点。买入以后持股待涨到出现"敌疲我撤"模型或"乐极生悲"模型条件满足时先高抛止盈一下。一定要懂得执行好大牛股也要适当地去做好分段做的道理和动作,以尽可能地回避掉风险,提高收益。

第二十八节 追涨停板的时机

首先得明白,我们不是为了打板而打板,如果看到要涨的股就去打,牛市还可能争取到一定收益,熊市是会爆亏的。那什么情况下可以打板呢?我建议按照以下的重要程度排序。

1. 市场氛围

这是重中之重!一定要有充分感知市场氛围到底是否真实、冷暖的能力和方法。

如果涨幅榜第一版都是5%以上的,还要看跌幅榜第一版上没有跌幅超过5%的个股。此时,只要板块指数涨幅榜的第一版上有三个以上板块涨幅超过2%以上和板块指数涨幅榜的第一版上平均涨幅最起码超过1%以上,只要更多的板块和个股满足60分钟四位一体指标体系放量全多头的现象,日线和周线上具有一定代表主动性买盘成交量意义的MACD指标当中的柱状体,能够不断地持续向上推动,那才是最起码的可以适当追涨涨停板的市场气氛。

如果跌幅榜上躺着众多跌停或者大跌5%以上的个股,意味着市场氛围很差,大环境不好,这时候要小心,不轻易出手。如果指数当时的60分钟和日线以及周线的MACD指标当中的柱状体,都呈现的是不同程度的向下运行的时候,是千万不能去追涨停板的!

如果指数或板块和个股当时的60分钟和日线以及周线的CMRSI顶指标当中的RSI1数值都是接近90附近的甚至其月线的CMRSI顶指标当中的RSI1数值也都是超过90以上的,那尽量就不要不顾一切地冲进去了。此时就不能去追这种涨停板的!

2. 人气

对强势崛起的热点板块以及正在强势突击的主流板块要充分考虑其同一波次上涨的起始点到目前的连续涨幅程度和现在的真实强势程度,以及未来1天甚至未来3天内可能的强势延续性、可靠性,才能决定买入与否。

　　追涨停板尽量要追有人气的强势主流板块，每个阶段都有几个很有人气的强势主流板块在盘中出现的。

　　3. 是否强势

　　对于可以充分被确认的龙头板块当中的龙头股的前三板把握大的时候，看到盘中有启动冲板的可能性时，就可以不等冲板就先介入部分资金再说。而对于一般相对弱势冷门板块的没有得到完美量价配合和复合时间周期四位一体指标体系放量全多头现象配合得非常突兀的涨停板则尽量少打或不打为好。

　　追第一个涨停板的风险明显小于追第二、第三个涨停板，追前期有妖股股性的风险明显小于打别的之前没有涨停板出现过的普通类型庄家的个股。

　　弱势行情中很多时候追第二个涨停板的风险其实是极大的，强势行情的话，第二个涨停板和第三个涨停板很多时候都可以去追。

　　如果要打早盘板的话，需要对全天指数的行情做个细致的真实强弱度的预判。如果没有做好非常充分的准备，没有对其板块和个股前后期的走势特征做总体的客观评价前，不能轻易去抢涨停板的。只有万事俱备了，才可看哪种形态走势连贯、强势，才可去打这类形态的个股的涨停板。

　　本节内容的信息量其实是很大的，展开来举例说明的篇幅太大，限于本书的篇幅关系，不在此处铺陈了，留待今后出版的专著和视频课程中再用大量详细的案例图示透彻解读。

第二十九节　走出一波流畅强势行情的板块和个股都具有的四个明显特征

　　能给投资者带来极大的中短线收益的强势板块和强势股通常都具有以下几个明显的特征。

　　1. 伴有紧密的、持续的梯级巨量的出现

　　当某板块和某只股票从相对的底部或震荡向上的平台中脱颖而出进入相当强势的上升通道，成为市场中绝对耀眼的主力龙头板块和大牛股的初阶段，必然会伴有紧密、持续的梯级巨量的出现，有这种形态的成交量配合的股票才容易出现持续的大幅度的快速上涨。在股市交易的过程中，通常都是"量比价先行"的。量比放大并且持续放大的股票通常都会有较大的快速上涨行情出现，它对牛股的形成往往起着先导性的作用。判断一个板块和一个个股是不是会形成市场当中的明星黑马,必须与量比结合起来。就一般情况而言,当天量比放大至 3 倍以上的股票,第二天只要继续能够放量站在前 1 天的交易重心上方震荡向上运行,则将会有较大的上涨空间。在选择黑马的过程中,尽量及时地在第一时间发现其伴有紧密的、持续的梯级巨量的现象出现极为重要!在实战中,我们常会发现不少股票看上去技术形态蛮好的,但可惜没有得到紧密的、持续的梯级巨量的配合,常会出现虎头蛇尾的走势,无根之木容易被外界风吹草动的各种因素所左右,而相对容易被提前翻倒。

2. 各时间周期的中短期均线系统和均量线系统要有比较大角度的上升斜率

只有各时间周期的中短期均线系统和均量线系统都形成了比较大角度的上升斜率后,才会形成一波强劲的中短线主升浪态势。而当某只股票出现各时间周期的短期均线系统比较大角度的下跌斜率后,其短期内常会有较大的跌幅出现。上升斜率与下跌斜率常常是股价从量变到质变的转换。牛股产生过程的规律显示的是:必须要有大于 60 度角度的上升通道出现。一旦此上升通道形成后,个股将会呈持续上涨的势头运行一段时间和空间的。

3. 各时间周期的短期均线和上升趋势线以及 MACD 指标当中的柱状体伴随着股价始终不断地创出新高

作为牛股的最大的特征在于新高在不断地上移,其上档压力在各时间周期的短期均线和上升趋势线以及 MACD 指标当中的柱状体共同不断地向上运行的过程中,以摧枯拉朽的强势表现而被轻松突破。

4. 这些板块和个股又都是"适逢其时"的热点概念炒作当中的明星品种

图 2-102 为 002352 顺丰控股于 2017 年 2 月 22 日,满足了上述条件及之后又得到了这些条件的持续有力的配合,所形成的一波短线快速流畅的飙升行情的走势示意图。

股市是庄家主力制造故事和概念来炒作谋利的地方。一个本来就存在于市场当中的普普通通的板块和个股,因为庄家主力想要制造热点拉升其股价,而赋予了其正逢其时的"光环"后,它就会变成黑马与牛股了。我们在市场中有时还真的不能一直太理性,不能瞧不起任何板块和个股,不能主观地认为哪个板块和个股是好的或坏的,不能主观地认为哪个板块和个股一定不会有大行情,"王侯将相宁有种乎"? 哪个龙头板块是一直牛的? 哪个个股是一直牛的? 以前牛得不得了的板块和个股,一旦炒作结束以后哪个不是"拔了毛的凤凰不如鸡"? 牛熊转换都是背后的庄家主力资金运作的方向和力度使然。正所谓"说你行你就行,不行也行;说你不行就不行,行也不行"。

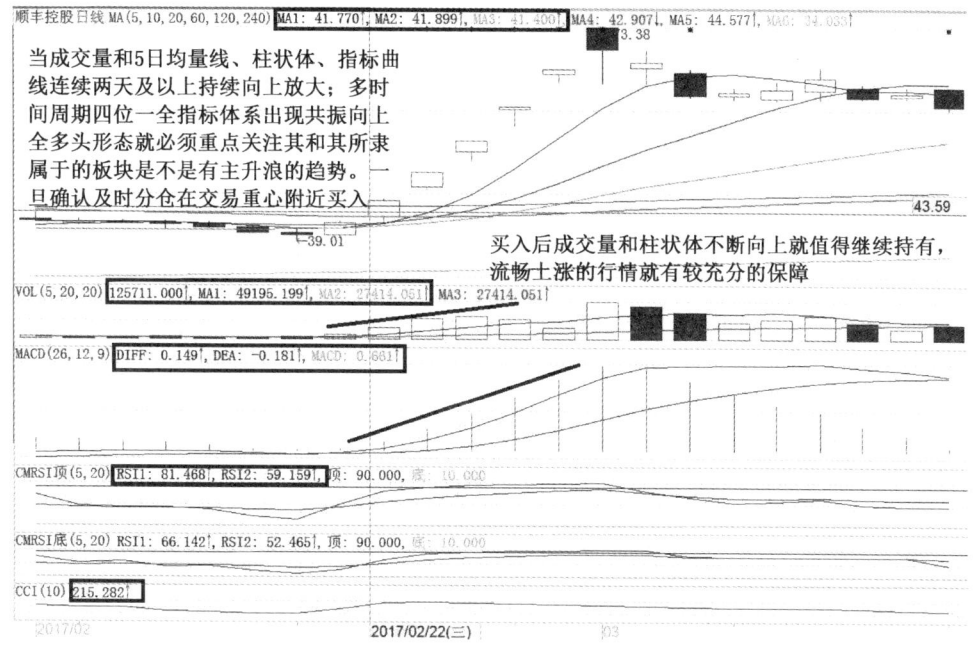

图 2-102

任何一个人在股市实战过程中,必须利用好有效的工具,掌握好股市运行的规律,在盘口一旦发现有以上条件在某个板块或个股身上全具备时,就应该尽量克服自己的人性弱点,克服自身莫名其妙的恐惧和排斥心以及贪婪心,依照主观让位于客观,理想让位于现实的原则,及时地先分仓参与其中再说。以中短线的相对宽松的买入方式,先在其盘中的交易重心附近先下单买进去,然后以比其小一时间周期的高点经典卖出信号出现之时,先短线卖出为宜。或在其短期均线或上升趋势线以及 MACD 指标当中的柱状体没有被跌破前一路持有。另外,还可以在其上涨过程中,没有皆到各时间周期指标极高位前,反复依据我的《四位一体操盘术》一书中针对极强势股的操作模式的买卖点方式方法去进行有效准确的高抛低吸,以便赚足其波段的更多利润。

第三十节　妙用周线炒稳主升段

很多投资者在日常看盘分析和操作个股的时候,基本上都只是紧盯着日 K 线图或 60 分钟走势图来看和做买卖判断依据的。一般而言,效果往往都是不很理想的。能够结合周线、月线看得很少,且通常对周线、月线的技术走势图研究不多。但是一旦投资者们能够熟练地运用周线看盘和选股技巧以后,再结合日线走势图和月线走势图特征去做客观判断的话,则会有一个对其整体更加客观的、有效的、准确的判断,同时会减少操作中的失误,达到事半功倍轻松做对的奇效。

下面为大家简明扼要地介绍一下周线使用技巧:

(1) 抄中、大级别底时,要懂得起码去结合日线、周线的 RSI 指标线数值是否都到了,或都到过 20 以内。另外你所选的标的股基本面要没有什么大问题,如果一个个股的日线、周线甚至月线的 RSI 指标线数值都刚刚缩量跌到了,或都刚刚缩量跌到过 20 以内后,则中短线甚至连中长线的底部转折点就很可能将在再度放量拐头向上之际出现了。

(2) 通常股价的上涨都是以一波接一波的方式运行的。有差不多 70% 的个股的牛市过程是经历几个“一波三折”的高低转换节奏来完成的。对于绝大多数个股的庄家运作节奏规律来说,每一波中级行情的高低点间累计振幅差不多都在 30%～50% 的范围内。一般而言,每次个股的 5 日线、10 日线和 20 日线、5 日均量线和 MACD 指标中的 DIFF、DEA 曲线数值,通通出现放量拐头向上现象后,只要成交量不是很快萎缩;整个指数体系不要太过疲软,则比较容易会有一波 30% 左右振幅的向上行情出现的。当然周线级别走势图上出现这种现象的话,其准确率、有效性和空间厚度则会更明显、更靠谱。

(3) 要客观分析判断清楚各个高低转折点的放量意义。当股价连续缩量震荡下跌到日线、周线甚至月线的 RSI 指标线数值都到了,或都缩量到过 20 以内后,再度放量站上 5 日线、4 周线之时,要考虑及时分仓在其当时的交易重心附近买入,参与其新一波震荡上扬的波段炒作当中去。通常而言,此时若“底量超顶量”的现象出现,更应及时介入。而一个新的波段累计上涨幅度超过 30% 以后的相对高位以后的放量,要根据日线、周线的 RSI 指标线数值是否都到了或都到过 80 以上,开始有符合我定义的强势股或极强势股最高点卖出法条件以及分时图“上豁口”等见顶疲软态势时,准备高抛。特别是日线、周线的 RSI 指标线数值是否都到了或都到过 80 以上,开始出现日线级别的 MACD 指标的柱状体缩短之时,更应减仓或退出观望。如果此时周线级别的 MACD 指标的柱状体开始有缩短之时,更应尽快出逃。

(4) 4 周均线为重要的波段趋势转折点指标。如果某股在到了指标高位后放量,其后又跌破 4 周均线,则后市走势多数将进入震荡下跌阶段了,此时应先考虑退出观望。再等到其放量站上 4 周均线并且 4 周均线多头向上之时,再考虑结合日线级别的四位一体指标体系表现特征来判断是不是需要重新在其当时的交易重心附近积极介入。

(5) MACD 的死叉和金叉点的重要性。放量后形成的周线金叉,通常都会形成一段震荡向上的波段上涨行情。特别是伴随着的是"一波比一波高的放量金叉"或是"底量超顶量后的金叉",其后一波的震荡向上的波段上涨行情更会力度加大。而一旦高位放量后形成了死叉,则非常容易形成持续震荡下跌的弱势行情。

(6) 4 周线经过放量拐头向上的变化之时,意味着新一波的震荡上涨波段行情开始了。4 周线经过高位放量拐头向下的变化之时,意味着新一波的震荡下跌波段行情开始了。一旦这种相关态势出现,在短时间内通常不太容易会被改变的。在出现拐点变化之时及时客观地顺势而为,其准确性、有效性都是相当高的。这必须引起大家的足够重视。

在妙用周线炒稳大波段甚至是主升波段的使用过程当中,一定得注意与日线和月线结合使用。它能轻松地帮助你选择到一个相对最安全、可靠、有效、正确的时机去进行稳定的做对操作,赢得一个又一个的复利操作的胜利结果。

图 2-103 为 002302 西部建设在 2015 年 6 月中旬见头回落到 2017 年 4 月上

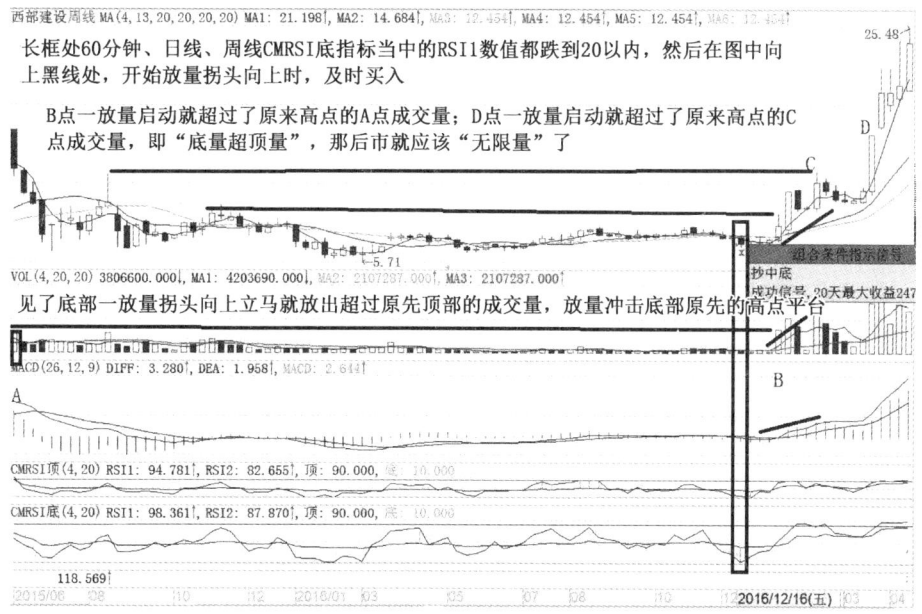

图 2-103

旬期间发生过多次符合本文阐述的所有要点内容的周线级别走势示意图。

我在本书中是以很少的图例在阐述和介绍文章中的内容,这是因为我想在有限的篇幅中,尽量教给大家更多的方法和重要点。大家在看懂这些文字和图例的前提下,可以针对历史上和当时的所有指数和个股的复合时间周期四位一体指标体系走势图,去认真对照体会。这样可以非常快地融会贯通掌握我在书中阐述的这些知识点。要真正把我教的变成你自己的,以便今后在实战过程中,一看到这样的图形,就会有条件反射般的及时反应,那样的话,效果、效益就出来了。接下来最重要的就是及时的执行力了。

第三十一节　一击即中的起爆点买股绝招

1. 起爆点的盘面特征

(1) 成交量放大。主力经过一段时间的缩量下跌或缩量横盘窄幅震荡后,在股价起爆前,一般来说成交量都会伴随有两根 K 线或两根 K 线以上的梯级放大现象。

(2) 放量冲过试探性拉升高点。股价正式起爆前,主力一般会先作一次或若干次的突发性的短暂小幅试探性拉升,来测试一下市场的追高意愿和预热盘面。股价正式起爆时,一般都会很强势坚决地形成放量冲过前期的试探性拉升高点的走势的。

(3) 正式起爆前通常会做最后一次洗盘动作。在正式起爆前,往往股价会有一段时间的阴阳交替、错综复杂的窄幅震荡或相对的宽幅震荡出现,意在将跟风盘的持仓成本抬高,降低跟风盘的短线抛压。在正式起爆前或正式起爆时,其交易重心必定会、也必须要同步突破之前震荡区间的交易重心高点。

(4) 迅猛快速地放量拉升。庄家主力们在化解完指标体系的反作用力等那些不利因素后,会快速放量拉升脱离成本区。绝大多数以大阳线甚至是涨停板形式出现爆发的,并以持续地放量大阳线甚至是连续涨停板形式向上运行,后期其凶悍的逼空方式通常都会令人咋舌。

2. 两个起爆点买入方法

第一起爆点:其是短线操作的第一个买点,也是买入价位相对比较低的最佳买入点。该起爆点就是个股刚刚形成四位一体指标体系放量全多头之时!

买入方法:在股价放量向上突破创出新高的第一根阳线之时,观察一下其小一时间周期的四位一体指标体系是不是已经形成了放量全多头现象了。如果已经获得了确定，同时其当时时间周期级别的四位一体指标体系也已经或差不多全部形成了放量全多头现象了，则当时就可尽量在其分时图交易重心附近买入了。

第二起爆点：其是短线操作的第二个买点，也是买入价位相对比较稳的最佳买入点。这是股价放量向上突破创出新高后的第一次回敲确认（一般会回挡回敲其之前形成的形态颈线位上方附近一点的位置）后，再度上涨之时的买入点。

买入方法：股价在形成第一买点后经过一段时间和空间的上涨后，由于短线获利盘太多，主力有时会做一次主动的强制洗盘。经过一段不超过 8 天时间的迅速快速缩量整理后，再度形成其小一时间周期的四位一体指标体系放量全多头现象，同时其当时时间周期级别的四位一体指标体系也已经或差不多全部形成了放量全多头现象了，则当时就可尽量在其分时图交易重心附近买入了。后市其上涨力度一般不亚于上一波起爆点力度的。

图 2-104 为 002302 西部建设于 2017 年 1 月 10 日至 4 月中旬期间，多次发生满足本文所阐述内容的"一击即中的起爆点"——"三期全多 1"买点信号时的注意点和后市的日线级别走势示意图。

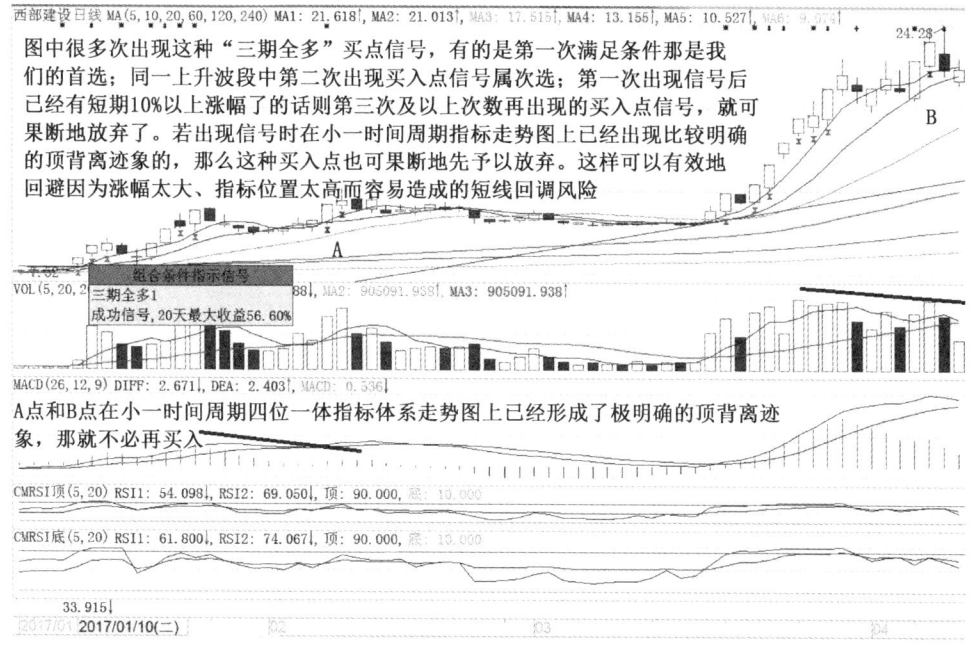

图 2-104

第三十二节　选择短线翻番大黑马的方法

　　能翻倍的大黑马股票起码必须满足周、月均线黏合并且横向行走或方向微微朝上，经历的时间越久，黏合越紧密，爆发的行情越大！只有超级大庄家才能将图表形态构筑得如此规律漂亮、整齐完美，对此我们一定要坚信不疑。这是中外运作大资金的顶尖高手最为看重的分析研判和实战操作依据，也是他们能够超越众人的关键所在。在这种前提下，如果再在日线四位一体指标体系刚刚发出放量全多头之际买入，并且指数环境也配合、后期主动性买盘成交量也持续放大做配合，那么短线翻番易如反掌。相反，周、月均线系统向下的股票表明庄家要么正在进行战略性派发，要么正处于洗盘震荡下跌期，期间偶然出现的上涨多数都是庄家为了出货或后续的高抛低吸所做的浅幅行情，绝对不会出现一般人所梦想的翻倍行情，跟风盘对此一定要有清醒的认识。

　　图 2-105 为 002457 青龙管业于 2017 年 4 月 6 日发生满足本文所阐述内容的"四上强多 1"买点信号时的注意点和后市的日线级别走势示意图。

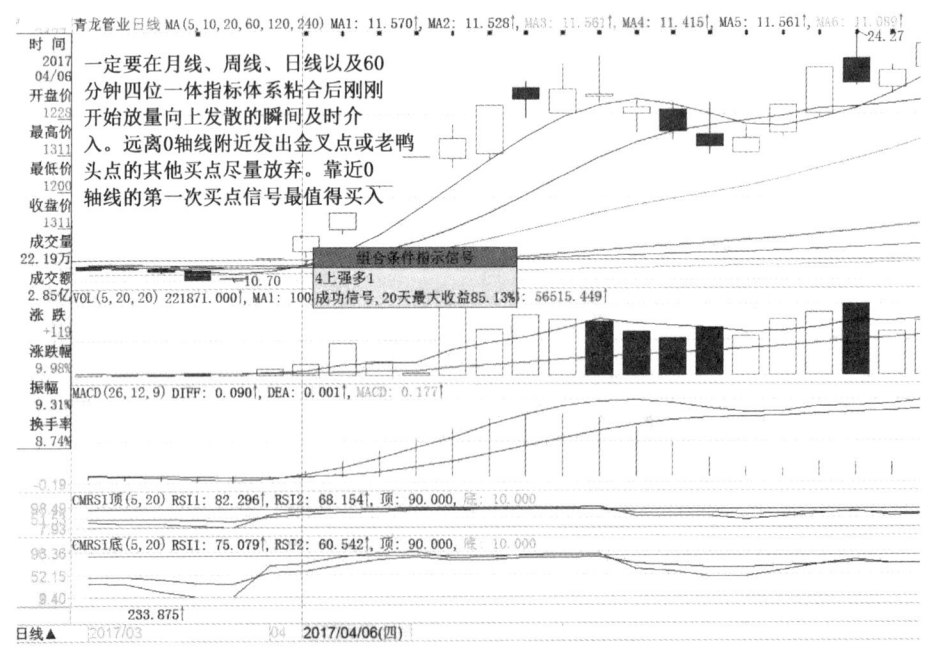

图 2-105

图 2-106 为 002457 青龙管业于 2017 年 4 月 6 日发生满足本文所阐述内容的
"四上强多 1"买点信号时的注意点和后市的周线级别走势示意图。

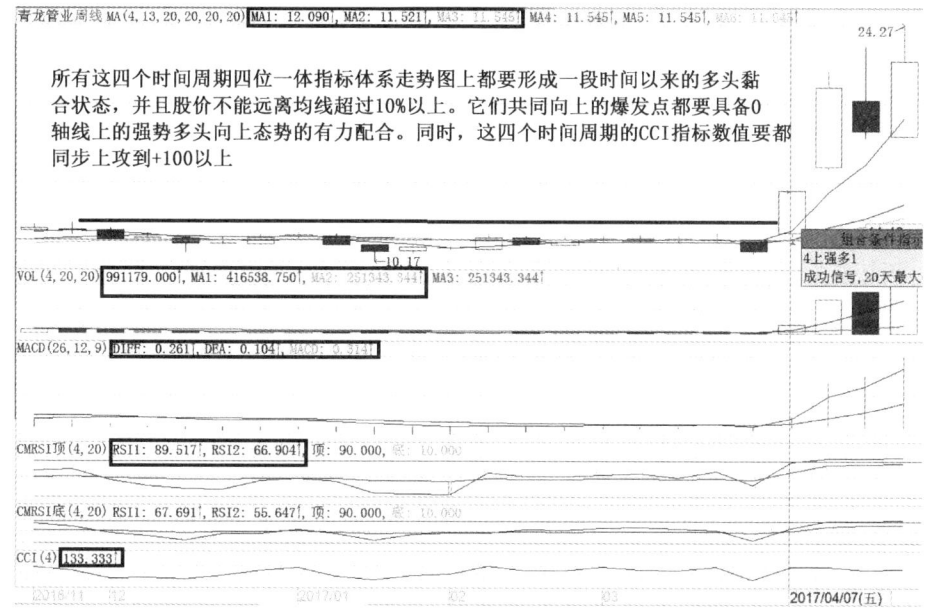

所有这四个时间周期四位一体指标体系走势图上都要形成一段时间以来的多头黏
合状态,并且股价不能远离均线超过10%以上。它们共同向上的爆发点都要具备0
轴线上的强势多头向上态势的有力配合。同时,这四个时间周期的CCI指标数值要都
同步上攻到+100以上

图 2-106